생명의 눈으로 보는 동학

박맹수 교수의
새로운 동학강좌
동학시대로 가는
상서로운 조짐을
이야기한다

생명의 눈으로 보는 동학

우리가 사는 이 땅에서 정말 제대로 된 생각을 가지고 제대로 된 삶과 사회를 만들려고 한
다면, 시간적으로는 동학으로 갈 수밖에 없는 것 아닌가 합니다. '생명'이라는 가치입니다

박맹수 지음

도서 모시는사람들

동학으로 가는 상서로운 길

서(西)로 활짝 열린 '동학'

한 가지 질문으로부터 독자 여러분께 말 걸기를 시작하려고 합니다. 여러분은 동학에 대해서 아시는지요? 200~300만 명이 목숨을 걸고 싸웠던 동학(東學), 세계사에 유례가 없는 최대 민중운동이자 민족운동인 120년 전의 동학농민혁명(東學農民革命)에 대해 아십니까? 갑오(1894)년 조선 인구가 1,052만 명이라는 기록이 있습니다. 그 가운데 최소 1/4에서 1/3, 즉 200만 명에서 300만 명 정도가 혁명 대열에 참여했더라고요. 물론 다 죽창을 든 것은 아니고 뒤에서 도운 사람들을 포함해서요. 그리고 그중에서 30만 명이 희생됐습니다. 이 기록은 전라북도 익산 출신 오지영 선생의 『동학사』에, 상해 임시정부 최초 대통령인 백암 박은식 선생의 『한국독립운동지혈사』에 명확하게 나옵니다.

현재 우리가 쓰는 한글에는 한자의 음과 한글의 음을 결합시켜서 한자화된 게 많습니다. 그 중 하나가 '동(東)'자 인데요. 일반적으로 아는 '동'은 광의로서 '동녘 동'이죠. 동쪽이라는 방위를 뜻하고 있어요. 그런데 방위로서 '동'은 원래 우리말이 아니었대요. 많은 사람들이 동학 창도의 배경을 서세가 물밀듯 들어오고 우리 정체성에 위기를 느껴서 그걸 극복하고 대항하기 위해 만든 것으로 알고 있죠. 대부분의 역사교과서에서 그렇게 서술하고 있습니다. 그런데 그 '동' 자가 '동녘 동'이 아니라, '족속, 또는 무리로서의 동'이라는 해석이 있습니다. '동족'과 '이족'이 합쳐져서 우리 조상 '동이족'이 되었다고 합니다. 경남 양산의 효암학원 이사장으로 계시는 언어고고학자 채현국 선생의 견해입니다.

그러면 고대 역사 속의 동이족은 어떤 민족일까요?「산해경」이라든지「위지동이전」같은 중국의 옛 문헌에 나타난 동이족의 특성은 '호생불살생(好生不殺生)', 즉 '생명을 살리기를 좋아하고 죽이기를 싫어하는 민족'이라고 되어 있습니다. 2년 전에 일본 교토에 체류할 때, 서울대에 유학하여 한국철학을 전공한 오구라 기조(小倉紀藏) 교토대학 교수와 같이 공부한 적이 있는데, 이분 말씀도 동학을 서에 대한 동으로 해석하는 것은 '동'의 진짜 의미를 제대로 못 본 거라고 해요. 원래 한민족의 무대가 중앙아시아잖아요. 거기에서부터 동으로 동으로 이동합니다. 이동 경로가 실크로드와 거의 평행하죠. 밝음과 광명과 빛과 생명을 찾아서 동으로 온 것입니다. 바로 그 1만 5천 년 전의 역사적 기억을 수운 최제우 선생이 다시 19세기 판으로 재현한 게 동학이라는 것입니다. 채현국 선생님 이야기와도 상통합니다. 이처럼 우선 동학에 대한 이미지부터 바꿔야 할 것 같습니다. 서에 대한 동, 서학과 대립되는 동, 서를 극복하는 '동'이 아니라, 생명·살림·빛·광명을 내포하는 동, 그것을 사랑하고 좋아하고 아꼈던 조상들의 마음을 새롭게 되살린 게 동학인 것입니다.

수운 선생 당대에도 동학에 대해서 여러 시시비비가 많았던 것 같습니다. 동학 수련의 핵심이 21자 주문(至氣今至 願爲大降 侍天主 造化定 永世不忘 萬事知)인데, 거기에 '천주(天主)'라는 말이 나오잖아요. 그 '천주'라는 말이 그 당시 널리 유행하던 천주학의 천주와 같다고 해서 서학이 아니냐는 오해를 받기도 했습니다. 제가 2009년에 번역한 『동경대전』에, 수운 최제우 선생께서 동학과 서학의 관계에 대해 직접적으로 설명한 내용이 있습니다. 제자들이 "도대체 선생님의 가르침인 동학과 서학이 어떤 관계이고 어떤 차이가 있습니까?"라고 질문하니 이렇게 간단히 답을 했어요. "운즉일(運則一)이고 도즉동(道則同)이며 이즉비(理則非)라." 운은 하나요, 도는 같으며, 이치는 다르다. 우선 '운'이란 것을 학자들이 풀어서 '모더니티'라고 합니다. 근대라는 새로운 시대의 요청으로서 서학이 한국 사회에 받아들여지는 것이나 동학이 등장한 것이나 똑같다, 이게 운즉일입니다. 이 말씀을 통해서 본다면 수운 선생은 상대방인 서학을 100% 인정하고 있어요. 그런데 그보다 더 중요한 건, 도즉동이라고 했다는 사실입니다. 서학(지금의 천주교, 가톨릭을 말합니다)이 추구하는 길이나 동학이 추구하는 궁극적 길은 똑같다는 겁니다. 도의 보편성을 얘기한 거죠. 다른 종교에 대해서, 다른 사상에 대해서, 요즘 언어로 표현하면 다원주의적 사고를 그대로 보여주고 있는 것입니다. 하지만, 이치는 서로 다르다고 했습니다. '내가 서 있는 자리, 내가 살고 있는 현장은 다를 수밖에 없지 않느냐, 나는 동에서 태어나서 동에서 도를 받았기 때문에, 어떻게 이것을 서학이라고 할 수 있느냐? 동학이라고밖에 표현할 수 없다.'는 겁니다. 이건 내가 서 있는 이 자리의 상황에 충실한다는 얘기인 동시에 나의 주체성, 개성을 말하고 있는 것입니다. 이렇게 한편으로 타 종교나 사상·문화에 대해서 전면적으로 개방적 태도를 취하면서도 나는 내 길을 갈 수밖에 없다는, 열려 있으면서도 자기 주체성을 갖는 것이 바로 동학인 것 같아요. 보편적인 걸 인정하면서도 내가 서 있는 지금 바로 이 자리에 충실하는 것. 따라서, 1860년에 등장했던 동학은 제 나라 제 땅에서 제대로 된 생각을 가지고 제대로 된 세상과 나라를 만들려고 했던 사상이었습니다.

이처럼 동학은 미래지향적인 실천운동이었는데, 실패했다는 이유로 120

년간 짓밟히고 폄훼 당하고 왜곡 당했던 역사가 아닌가 합니다. 동학이 만약 민족주의적 사상에 머물렀다든지, 다른 가치를 전면 부정하는 사고였다면 지금 우리가 이것을 다시 쳐다볼 이유가 없겠지요. 이제 120년이 된 지금, 바로 그 진정한 의미를 되물어서 살려 내는 새로운 첫 출발의 해로 삼아야 하는 것 아닌가 합니다.

살림의 사상, 살림의 군대

1860년~1894년까지 이 나라와 이 땅은 국운이 급전직하하고 있었고, 그 속에서 동학이 등장했습니다. 수운 최제우 선생이 1861년에 세상을 향해 선포한 「포덕문(布德文)」에 자신이 동학을 만든 이유를 다음과 같이 표현하고 있습니다. '아국(我國)은 악질(惡疾)이 만세(滿世)하여 민무사시지안(民無四時之安)하니, 시역(是亦) 상해지수야(傷害之數也)라.' 즉 '우리나라는 나쁜 병이 가득차서 모든 백성들이 한시 한때도 편안한 날이 없으니, 이 또한 생명들이 다 상처를 입는 운수다.'라는 뜻입니다.

밖으로는 서세동점이라는 서양 열강의 침탈 위기, 안으로는 삼정문란이라는 내적 위기, 여기에 콜레라와 장티푸스 같은 전염병들이 10년 간격으로 유행하고 기근과 흉년이 끊이지 않았습니다. 동학이 창도될 그 무렵에 이 땅의 민초들은 단 한때도 편안하게 숨쉬고 살 수가 없었어요. 나라가 제대로 역할을 하지 못하니 백성이 죽어 가던 시대였던 것입니다. 농민들이 왜 죽창을 들었겠습니까? 나라가 민초들을 억압하고 백성들의 생활과 생명과 생업을 보장하지 못했잖아요. 도리어 압살하고 억압했죠. 바로 이런 시대상황 속에서 동학이 '보국안민(輔國安民)'의 하나의 계책으로 등장합니다. 나라와 민초들을 살리려고 등장한 것입니다. 부족한 나라, 모자라는 나라, 잘못되어 가는 나라를 바로잡고 돕는 것의 궁극적 목적은 바로 '안민'입니다. 그럼 동학의 궁극적 지향은 어디에 있다고 봐야 할까요. 투쟁과 저항? 아닙니다. 살리는 데 있었던 거죠.

　동학농민군이 일어나던 당시 상황을 볼까요? 흔히 동학의 역사에서 갑오년에 해월 선생과 전봉준 장군이 대립한 것으로 알고 있습니다만, 해월 선생은 전봉준이 병사(兵事)를 일으켰다는 소식을 듣고, 그러면서 동학 도인들이 타살 당한다는 소식을 들으시고, "호랑이가 집에 쳐들어와서 사람을 물어 죽이고 있는데 앉아서 죽을 수가 있느냐. 참나무 몽둥이라도 들고 나가서 싸워라."라고 했습니다. 이 얘기는 김구 선생의 『백범일지』에 나옵니다. 그런데 지금까지 모든 학자들이 그걸 갑오년 9월로 해석하고 해월과 전봉준이 대립한 것으로 말해 왔습니다. 동학의 역사가 왜곡되어 온 것이죠. 그렇다고 해서 해월 선생이 폭력을 인정한 것은 아닙니다. 해월 선생이 내린 명령을 보면 "우리 동학농민군은 칼에 피를 묻히지 않고 이기는 것을 으뜸으로 삼고, 어쩔 수 없이 싸우더라도 사람의 목숨만은 해치지 않으며, 행진하면서 지나갈 때 남의 물건에 해를 끼치거나 민폐를 절대 끼치지 말고, 충신과 효자와 열녀와 존경받는 학자가 있는 동네에는 절대 주둔하지 마라."라고 했습니다. 일본 외교 사료관에 보관되어 있는 『조선국 동학당 동정에 관한 제국 공사관 보고일건』이라는 문서에 동학농민군들이 갑오년 당시에 선포했던 행동강령과 규율 관련 문서에 나오는 내용입니다.

　갑오년 혁명 당시 풀뿌리 백성, 농사짓던 사람들이 전국 각지에서 일어나 1년 이상을 처절하게 싸웠습니다. 그 많은 농민군들이 어디서 먹고 자고 어떻게 생활했을까요? 동학군들이 내세웠던 보국안민의 슬로건에 공감했던 전·현직 관리들은 말할 것 없고, 지방의 뜻있는 지식인들과 부자 양반들이 뒤에서 몰래 도왔던 것입니다. 전라도 쪽 상황을 보면, 군수나 현감들이 무기고나 군량창고 열쇠를 놓고 슬며시 도망가 버립니다. 그러면 동학군들은 아무런 저항 없이 들어가서 밥 해 먹고 또 이동하고, 그렇게 뜻있는 관리들과 부자들이 몰래 도왔더라고요. 그래서 1년 이상 버틸 수 있었던 것입니다.

2010년에, 동학농민군을 토벌한 미나미 고시로(南小四郞)라는 일본군 대대장의 후손 댁에서 발굴된 갑오년 당시 압수해 갔던 동학 문서 35건을 입수해 국내에서 전시한 적이 있어요. 그 문서 속에는 뒤에서 몰래 동학농민군을 도와 줬던 관리들 10여 명의 죄상을 적은 120센티미터 짜리 두루마리 문서가 들어 있었습니다. 특별히 여산부사 유제관(柳濟寬)에 대해서는 별도의 보고서가 따로 첨부되어 있었습니다. 그 문서에 유제관 여산부사가 전봉준을 도왔던 대목이 나옵니다. 군량미 300석과 짚신 3천 켤레를 제공하고, 농민군 지도부가 여산을 지나갈 때는 소 일곱 마리를 잡아서 걸게 대접했다는 내용이 적혀 있었습니다.

이렇듯 갑오년 동학혁명 당시에 현직 관리를 비롯하여 생각이 있는 모든 사람들이 혁명 대열에 가담했더라고요. 왜 그랬을까요? 저항사상으로서의 동학, 또는 투쟁 부대로서의 농민군만으로는 설명할 수 없습니다. 동학농민군이 실현하고자 했던 세상, 실현하고자 했던 가치에 나름대로 공감과 이해가 있었기 때문이라고 봐야 하겠죠.

시천주와 유무상자: 한국적 평등사상과 공동체 정신

동학에 대한 그 시기 민중들의 폭발적 반응을 보여주는 이야기들이 있습니다. 1863년에 선전관 정운구가 수운 선생을 체포하라는 조정의 명령을 받고 내려갑니다. 그 보고서에 따르면 문경 새재쯤 갔더니, 그로부터 경주가 400리(160km) 정도인데, 그 길을 가는 내내 동학 주문이 아니 들리는 날이 없고, 골짜기 마을마다 아니 들리는 곳이 없다고 나옵니다. 경상도가 동학 판이 되어 버린 거죠.

수운 선생이 1860년 4월 5일에 득도하고 나서 첫 번째 한 일이 바로 집에 데리고 있던 어린 여자 종 두 명을 해방시켜서 각각 며느리와 수양딸로 삼은 것이었습니다. 후에 어린이운동 하셨던 소춘 김기전이라는 분이 경주에 가서, 수운 선생 당시 노비이다가 수양딸이 된, 80대의 주(朱)씨 할머니를 만나서 인터뷰한 기록이 남아 있습니다. 수운 선생 당대 때 상황을 얘기해 달라고 하니, 용담에 신인이 났다는 소문이 나서 사람들이 몰려오는데 그냥 오는 게 아니라 집지(執贄; 스승을 찾아뵐 때 가지고 가는 예물)로써 한지(韓紙) 한 다발이나 곶감을 주로 많이 가져왔다고 합니다. 그 곶감을 먹고 남은 가지를 버렸더니 집 앞에 산을 이룰 정도라, 마을 사람들이 나무하러 산으로 올라가지 않고 용담정 앞에 쌓여 있던 나무를 한 짐씩 가져갔을 정도로 엄청 났다고 합니다. 그리고 그 주씨 할머니의 어렸을 적 회상 속에 용담정을 찾아오는 수많은 사람들을 위해서 힘들게 밥하면서 고생했다는 이야기가 나와요. 그렇다면 수운 선생 당시 무엇이 그 수많은 백성들의 마음을 움직였을까요?

우선 동학의 핵심 사상인 '시천주' 가운데 '시(侍)'라는 내용 하나만 간단히 소개하면, 「논학문」이라는 글에서 수운 선생이 이렇게 해설합니다. '내유신령(內有神靈)하고 외유기화(外有氣化)하며 일세지인(一世之人)이 각지불이자야(各知不移者也)라'. 즉 안으로 신령함을 가지고 있고, 밖으로는 널리 사람들을 감화시키는 작용이 있으며, 온 세상 사람들이 옮기지 못할 것임을 철저히 깨닫는 데 있는 것이라는 말이에요. 이걸 제 나름대로 간단히 얘기하면, '시'의 상태는 영성과 혁명이 통일된 상태, 자기완성과 이웃사랑이 통일된 상태예요. 내유신령이라는 게 자기 완성, 즉 영성이라고 한다면, 외유기화는 이웃사랑, 곧 세상 혁명이에요. '시=모심'의 경지에 있는 사람은 안으로 늘 신령스러운 상태를 유지하고, 즉 영성의 상태를 늘 발휘할 수 있고, 밖으로는 그런 영성의 바탕에서 모든 사람을 요즘말로 한 차원 높은 경지로 업그레이드 시키는, 정신적으로 사상적으로 한 단계 더 높이는, 이게 '시'의 상태라고 설명할 수 있어요. 그러므로 수운 선생의 '시'는 한국적 영성과 혁명을 통일시킨 사상입니다.

양반이나 상놈이나 어른이나 어린이나 늙은이나 젊은이나, 모두가 다 시천주 상태로 태어나고 그것을 가지고 있다는 게 수운 선생의 가르침입니다. 모든 사람은 제 안에 가장 성스럽고 거룩한 존재를 모시고 있다는 이 말씀이 사람들에게 파고들면서 1860년대 초반에 동학이 거대한 속도로 퍼져 나갑니다. 경상도 상주에 있는 도남서원과 우산서원이라는, 동학을 탄압하고 배척했던 서원들 간의 연락문서에 이런 내용이 나옵니다. "동학은 신분의 등위가 없어서 술장사들과 백정들이 좋아하고, 남녀의 차별이 없어서 홀아비와 과부들이 좋아하고…." 굉장히 악의적인 표현이지만 또한 굉장히 상징적인 표현이죠. 그 뒤를 이어 "있는 사람과 없는 사람이 서로 도우니 가난한 사람들이 좋아한다.", "당시에 이 세상이 이대로 가선 안 된다고 고민하는 일부 호기심 많은 지식인들도 다투어 동학에 뛰어들었다."고 나옵니다. 시천주가 결국은 우리 근대 한국의 한국적 평등사상으로 정립된다는 증거를 발견할 수 있죠.

이런 내용은 갑오년에도 그대로 이어집니다. 매천 황현(1855-1910) 선생이 갑오년의 상황들을 기록한 『오하기문』이라는 굉장히 중요한 역사책을 남겼는데 최근에 한글로 번역되었습니다. 거기에 보면, 한 집에서 양반과 상놈이 같이 동학에 뛰어든다는 내용이 나옵니다. 어제까지는 분명 나으리고 종이었는데 오늘부터는 서로 동학 교도가 되어서 양반이 종한테 맞절을 하니까 종이 견딜 수가 없는 거죠. 주종관계가 어떻게 갑자기 바뀔 수 없잖아요. 그래서 그 절을 못 받고 노비들이 도망간다는 내용, 서로 맞절을 해 사람 차별이 없었다는 대목이 수없이 나옵니다. 이처럼 동학을 배척하고 탄압하고 비판했던 보수 지식인으로부터도 동학 조직의 평등함을 표현한 내용들이 아주 풍부하게 기록되었습니다. 이 평등사상이라는 게 엄청나게 민중들을 휘감았던 것 같아요.

두 번째, 동학에 뛰어들면 굶는 사람이 없었다고 합니다. 유무상자(有無相資)입니다. 단순히 부자가 가난한 사람을 돕는다거나 일방적으로 주고받는 것이 아니고, 재물이 있는 사람 없는 사람이 서로 도왔다는 것입니다. 재물이 있는 사람은 재물로, 없는 사람은 노동으로, 많이 배운 사람은 문자를 못 배운 사람에게 깨우쳐주고, 기술이 있는 사람이 없는 사람을 가르쳐주고, 이러한 유무상자가 갑오년까지 끊이지 않고 실천되었습니다. 갑오년에 충청도 서산에서 농민군 접주가 되어서 싸우다가 가까스로 살아남은 홍종식이라는 분이 「동학난 실화」라는 증언을 남겼는데, 후배들이 찾아가서 "선배님은 어떻게 갑오년 동학혁명에 뛰어드셨습니까." 하고 물으니 "동학에 뛰어들면 우선 첫째는 굶는 사람이 없었다." 유무상자(有無相資)죠. "또 하나는 동학에 하루 늦게 들어가면 하루 늦게까지 상놈으로 있고 하루 먼저 들어가면 하루 먼저 양반이 된다. 그런 말을 들어서 양반과 상놈들이 서로 맞절을 한다." 이렇게 동학에 들어가면 굶는 사람이 없고 차별을 받지 않았기 때문에 뛰어들었다고 대답했어요. 바로 그런 부분이 1860년부터 1894년까지 모든 민초들이 동학에 다투어 뛰어들게 된 결정적 요인이 아닌가, 시천주(侍天主)라는 만인평등 사상, 유무상자(有無相資)라는 공동체적 요소, 이런 것들이 사람들을 동학에 끌어들인 결정적 요인이 되지 않았을까 합니다.

조선왕조 500년, 유교적 이데올로기가 지배하던 사회 체제에서는 상상도 할 수 없는 민초들 차원의 새로운 생활양식, 삶의 실천이 동학 접포 조직에서, 누가 시켜서가 아니라 밑에서부터 올라오는 움직임들이 갑오년(1894) 또는 그 이전인 경신년(1860) 무렵부터 조선 사회를 휩쓸었습니다. 그 핵심 키워드 하나는 '살림'이고, 또 하나는 '개벽'이었습니다. 새로운 사회로 만들어보자는 대안적인 삶의 양식들을 동학이 참으로 모범적으로 보여줬던 것입니다. 바로 이것을 기반으로 갑오년 동학군들이 일 년 이상 싸울 수 있었고 수백만 명이 뛰어들고 30만 명이 희생되는 것으로 나타난 게 아닌가 합니다.

사람이 하늘, 밥이 하늘 - 해월 사상의 구체성

그런 동학을 있게 한, 가장 결정적으로 큰 공을 세운 분이 해월 최시형(1827-1898) 선생입니다. 1861년에 동학에 뛰어들어 1898년에 처형될 때까지 38년 동안 전국을 돌아다니면서 동학사상을 전파하고 제자들을 기르고 조직을 재건하고 경전을 집성하고 전국을 네트워크로 연결했습니다. 해월 선생은 무엇보다 동학의 핵심 가르침을 평범한 주부나 어린이, 노비, 평민들이 누구나 알기 쉽게 대중화하고 사회화한 공이 제일 큰 것 같습니다. 예를 들어, 1890년대 초에 동학이 널리 퍼지니 조직의 문제가 발생할 수밖에 없었는데, 그런 접이나 포를 다시 일으키는 방편으로 편의장(便義長)이라는 제도가 있었습니다. 전북 익산의 백정 출신 남계천이란 분을 전라 좌도와 우도를 총괄하는 편의장으로 임명합니다. 엄청난 상징적 사건이었죠. 백정 출신이 동학 최고의 해월 선생 다음의 위계까지 올라간 것입니다. 그리고 그것에 대해서 항의하거나 이의를 제기하는 가문, 문벌 중심 사고를 가졌던 제자들을 설득 혹은 제압해 버립니다. 그 뒤에 남긴 말씀이, 당신이 젊었을 때 머슴살이를 했는데, 그때 양반들이 머슴놈, 머슴놈 하는 말을 듣고 한이 맺혔다, 사람이 하늘인데 어떻게 천대할 수 있느냐, 이게 해월 선생님 평생의 화두셨다고 합니다. 인즉천(人卽天)이니, 사람 섬기기를 하늘처럼 하라(事人如天), 그런 맥락에서 남계천 얘기를 한 거죠. 또한 매우 흥미로운 것은 동학혁명이 한참 진행될 때에도, 해월 선생께서는 충청북도 옥천 청산의 문바위골에서 수련과 공부를 시킨 거예요. 전국 각지에서 농민군 지도자, 대접주, 접주들이 봉기해서 난리가 나고 있는데도 교대로 올라오게 해서 수련을 시킵니다. 갑오년 혁명의 정국 하에서도 제자들을 끊임없이 공부시켰다는 것, 굉장히 의미심장한 사실입니다.

　어느 날은 청주를 지나가면서 서택순이라는 제자 집에서 하룻밤 머무는데, 밤늦게 건넌방에서 베 짜는 소리가 들리니 "저 소리가 무슨 소리냐?" 하고 묻습니다. 제자가 답하길 "며느리가 베 짜는 소리죠." 하니 안타까워하면서, "며느리가 베 짜는 소리가 아니라 '하늘님'이 베 짜는 소리다."라고 하죠. 여기에 한국적 양성평등 사상의 원형이 나옵니다. 또 1889-90년 사이에 경북 김천 복호동에 숨어 있으면서, '앞으로 오는 시대에는 여성들 가운데 도통한 사람이 많이 나올 것이다. 그러니 여성들이 공부하고 수도해야 한다.'는 뜻에서 여성 수도 규칙 「내칙」과 「내수도문」을 선포합니다. 다가올 시대에 역할 해야 할 여성들의 위상을 확실히 보여주는 수도 규칙입니다. 그 「내칙」, 「내수도문」에는 가장 소중한 생명을 어떻게 기르고 잉태하고 가꿔야 하는지에 대한 내용들이 구체적으로 나와 있습니다. 그 가운데 어린이에 관한 말씀이 "어린이를 때리지 말라. 어린이를 때리는 것은 하늘님을 때리는 것이다. 하늘님은 생명의 기가 꺾이는 것, 상하는 것을 제일 싫어한다."라는 내용입니다. 그리고 또한, "도가에 손님이 오셨으면 손님이 오셨다고 말하지 말고, 하늘님이 강림하셨다고 말해라." 이런 내용들이 해월 선생 말씀 속에 나옵니다.

　또 하나, 밥 이야기입니다. 1888년은 조선 땅에 대가뭄이 드는 해입니다.

무자년(戊子年) 대흉년은 기록에도 나올 정도로 굉장히 큰 가뭄이었어요. 전라도, 충청도 쪽은 거의 황토밭으로 변해 버렸다고 합니다. 사람들이 다 굶어 죽어 갈 수밖에 없었죠. 바로 그때 해월 선생의 '밥'에 관한 법설이 나옵니다. '밥 한 그릇의 이치를 알면 온 우주의 이치를 안다.'는, 만사지(萬事知)가 식일완(食一碗)이라는 법설입니다. 이게 의미하는 바는, 해월 선생 말씀이 어떤 시대 상황이라든지 구체적 현실과 동떨어진 추상적 말씀이 아니라 모든 사람들이 가장 절박하고 절실하고 간절하게 무언가를 꿈꾸고 그리워한 그 시기에 나왔다는 것을 말해주고 있다는 사실입니다.

해월 최시형 선생께서 동학의 역사, 한국 근대사에서 하신 역할은 모든 사람은 거룩한 하늘님이라는 스승님의 가르침을 더욱 더 구체화하고 사회화하고 대중화하고 확대시켜서, 모든 신분 계층, 계급 관계없이 모든 사람이 하늘님으로 드러나도록 아주 실감나는 말씀으로 전파한 것이고, 또 하나는, 궁극적으로 모든 사람에서 더 나아가서 모든 만물이 다 거룩한 하늘님을 모신 존재라는 데까지 나아간 것입니다. 그 내용이 천지만물 막비시천주야(天地萬物 莫非侍天主也)입니다. 이게 최시형 선생의 역할이었습니다.

우리가 사는 이 땅에서 정말 제대로 된 생각을 가지고 제대로 된 삶과 사회를 만들려고 한다면, 시간적으로는 동학으로 갈 수밖에 없는 것 아닌가 합니다. '생명'이라는 가치죠. 그리고 또 하나는 저항입니다. 생명은 저항하는 것 같습니다. 생물학을 하시는 분이 항상성(恒常性)이라는 말씀을 해 주시더라고요. 모든 생명체는 비정상적 상태에 있을 때 정상적 상태로 가기 위해 몸부림친다는 거죠. 사람으로 보면 부당한 억압과 체제와 잘못된 것에 대해서 저항하는 것과 같습니다. 다시 말하면 그 부당한 것을 뚫고, 어떻게 정상적 상태를 회복할까 하는 것입니다. 예컨대 지금 대한민국이 정상적인 상태입니까? 저는 학생들에게 이렇게 얘기한 적이 있습니다. "기성세대 믿지 마라. 전부 사기꾼이라고 생각하고, 너희들의 몸으로, 머리로, 손발로 하나씩 확인해서 새롭게 만들어 가야 한다."라고요. 지금 우리에게 필요한 것은 이 생명이 부당하게 억압받고 왜곡당하는 지금, 그것을 정상적으로 되돌리려고 하는 항상성·저항성을 회복하려는 노력이라고 생각합니다.

일본에서도 지금 동학을 재평가하는 움직임이 일고 있다고 합니다. 가해자 측에서 없애 버리려고 무시하고 짓밟았던 그 속에서 뭔가 건져 올리려고 한다는 것, 수운 선생, 해월 선생, 수많은 무명의 동학 농민군들이 이 땅에 실현하려고 했던 정신, 가치가 나라와 국경과 민족과 계층을 뛰어넘어 울림을 주고 있기 때문에, 공감이 일어나고 있기 때문에 가해자인 일본에서도 그런 변화가 일어나는 것 아닌가, 이것이야말로 개벽으로 가는 상서로운 조짐이 아닌가 생각합니다. 각자가 그 흐름에 함께 동참해 개벽 세상을 앞당겼으면 좋겠습니다.

끝으로 어려운 출판계 상황 속에서도 독자들을 위해 좋은 책을 만들기 위해 불철주야 애쓰고 계시는 〈도서출판 모시는사람들〉의 모든 가족들, 그리고 그 대표이신 박길수 동덕님께 진심으로 감사드립니다.

동학농민혁명 120돌을 맞아
익산 연구실에서 박맹수 모심

1부

동학과 생명평화, 한살림

'생명사상'이란 한마디로 우리가 '생명'을 어떻게 이해하고 있는가, 생명을 어떻게 알고 있는가, 그리고 그 생명에 대해 어떤 태도를 취하고 있는가 등등, 생명을 둘러싼 우리들 사이의 일반적인, 공통적인, 보편적인 생각이라고 풀어 말할 수 있겠지요. 여기서 핵심은 생명이 무엇이며, 그 생명을 어떻게 이해하고 바라보아야 하며, 그 생명에 대해 어떤 태도를 취하는 것이 진정으로 생명을 제대로, 바르게, 정확하게 이해하고 대접하는 것이냐 하는 점일 것입니다.

무위당 장일순 선생님과 동학, 그리고 생명평화

제가 1983년에 결혼을 했는데 그때 집사람이 1980년부터 사북(강원 정선군 사북읍)에서 교사 생활을 하고 있었고, 1983년에는 원주시 부론면에 있는 부론중학교, 1985년에는 원주 시내에 있는 학성중학교로 전근을 와서, 그때부터 저도 자연스럽게 강원도 사람이 됐습니다.

저는 군대에서 5월 광주항쟁(1980년)을 겪었습니다. 그때 고급 정보를 취급하는 사단사령부 벙커에서 연락장교로 근무를 했는데, 매일 새벽 6시에 사단장님이 출근하면 그 전날부터 새벽까지 일어난 일을 브리핑하는 게 주된 일과의 하나였습니다. 우리나라 전체가 나오는 커다란 지도 앞에 서서 2미터 넘는 지시봉을 들고 광주에서 무슨 일이 일어났는가를 날짜별 시간대별로 브리핑하던 기억이 지금도 생생합니다.

그런데 1981년 6월 말에 제대를 하니까, 국민의 생명과 재산을 보호해야 할 우리 국군이 정반대로 국민을 학살했다는 사실을 접하고 나서부터 제대로 살아갈 수가 없었어요. 나의 의지와는 관계없이 국민을 학살하는 군대의 하수인 노릇을 한 제 자신이 너무나 비참해서 도저히 정상적인 사회생활을 할 수가 없었습니다. 1981년 9월부터 전북 익산시에 있는 원불교중앙총부에서 처음으로 교역(教役)에 임했지만 마음은 늘 "왜 광주 학살과 같은 비극적 사건이 일어날 수밖에 없었는가, 왜 나는 그때 아무런 저항도 하지 못했던가?" 하는 문제로 고민을 거듭하다가 1982년부터 삼동야학(三同夜學)이란 야학교를 만들어 후배들과 함께 야학을 통한 민주화운동에 발을 들어 놓게 되었습니다.

그런데, 야학운동을 하면서 80년 5월의 광주 학살의 문제는 어떤 개인 한 두 사람의 문제가 아니라, 한국 근현대사 및 한국 사회의 구조적 모순에서 비롯된 것이라는 생각을 하기 시작했습니다. 그래서 두 번 다시 광주의 비극이 되풀이되지 않도록 하기 위해서는 우리 근현대사를 제대로 알아야겠다는 생각이 들어서 야학운동을 병행하면서 1983년에 한국정신문화연구원 한국학대학원에 입학하였습니다. 그리고 대학원에 들어가서는 오늘의 한국사회의 문제의 근원이 1894년 동학농민혁명의 좌절에서 비롯됐다는 생각이 들어 1983년부터 본격적으로 동학 공부를 시작하여 오늘에 이르게 됐습니다.

1986년 봄에 연구자 중에서는 최초로 해월 최시형(海月 崔時亨, 1827-1898) 선생에 대한 석사논문을 마무리하고 바로 박사과정에 진학하여 공부하던 도중이었는데, 당시 한국정신문화연구원(현 한국학중앙연구원)에서 조교로 계셨던 최성현 선생으로부터 우연히 해월 선생과 동학을 무지무지하게 좋아하시는 도사님 한 분이 강원도 원주에 계신다는 이야기를 전해 듣게 되었습니다. 귀가 번쩍 뜨였지요. 왜냐하면 당시 대부분의 젊은이들이 광주 학살 때문에 충격을 받고 어떻게 해서든지 우리 사회를 변혁해야 한다는 절박한 사명감 때문에 모두들 동학농민혁명 최고지도자 녹두장군 전봉준(全琫準, 1855-1895)에 대해서만 주목하던 시절이었는데, 해월 선생을 좋아하는 도사님이 계신다니 저로서는 구세주를 만난 기분이 들었기 때문이었습니다.

그러나 도사님 소식은 접했지만 어떻게 연락 드릴 길이 없어 마음속으로만 기억해 두고는 그만 몇 달이 훌쩍 지났습니다. 그러던 어느 날 제가 원주에 내려갔더니 집사람이 무위당 선생님께서 참여하고 계신 어떤 모임에서 나온 소식지를 보여주더라구요. 그때 저는 "아 그렇구나! 간절한 마음으로 기다리고 염원하면 서로서로 기운이 통하여 만나게 되는 수가 있구나." 하는 기분이 들었습니다. 그 소식지를 보고 바로 연락을 드린 것은 두말할 필요가 없지요. 그때 무위당 선생님과 연락이 닿게 해 주신 분이 당시 '천하태평'이라는 식당을 경영하고 계셨던 선종원 선생님이셨습니다. 선 선생님을 통해 연락을 드리니 "어디어디로 나와라." 하는 연락이 바로 왔습니다. 약속한 날, 약속된 장소로 나갔더니 박준길 선생님이 무위당 선생님을 모시고 미리 와 계셨습니다. 선생님 댁에서 그다지 멀지 않은 C도로 근처 2층 횟집으로 기억되는데요, 생선회를 진수성찬으로 차려 놓고 미리 오셔서 저를 기다리시던 선생님을 처음 뵌 순간을 저는 도저히 잊을 수가 없습니다.

선생님께서 저에게 물으셨던 첫 질문도 생생하게 기억이 납니다. "얘 맹수야! 넌 다른 놈들은 다 전봉준에 미쳐서 거기에 푹 빠져 있는데, 무슨 생각으로 해월 선생을 연구하게 되었냐?" 이 질문을 몇 번이고 저에게 물으신 것으로 기억됩니다. 선생님께서는 젊은 놈이 그때의 시류와는 다르게 해월 선생을 연구한다는 말씀에 대단히 기분이 좋으셨던 것으로 기억됩니다. 그때 제가 선생님 앞에서 말이 되는 얘기, 안 되는 얘기를 4시간 가량을 떠들었는데, 선생님께서는 빙그레 웃으시면서 다 들어주셨던 것이 저 뇌리에 선명하게 자리 잡고 있고, 바로 그것이 선생님에게 사로잡히는 결정적인 계기가 되었다고 생각합니다.

이렇게 선생님과 인연이 돼서 한 달에 한 번, 또는 두 달에 한 번 꼴로 원주에 내려오면 반드시 선생님께 전화를 드리고 찾아뵈었습니다. 저는 그때만 해도 해월 선생에 대한 연구만 했지, 사실은 군대 안에서 광주 학살이라는 비극적 사건을 경험했기 때문에 '불덩어리' 그 자체였어요. 무엇이고 만나면 온통 다 태워 버릴 기세의 '불덩어리' 말입니다. 작은 폭력을 사용해서 라도 더 큰 폭력으로 민중을 압살하는 정치 체제를 어떻게 해서든지 근본적 으로 엎어 버려야 한다는 생각 때문에 대학원생 신분이었는데도 굵직굵직 한 시위나 정치적 사건에는 거의 빠짐없이 참여했어요. 그런 저를 보실 때 마다 선생님께서 귀에 딱지가 앉도록 해주셨던 말씀이 "전두환을 사랑해야 한다." 바로 그 말씀이셨어요. 군대 안에서 광주의 비극을 직접 겪었던 제가 어찌 전두환을 사랑할 수 있습니까? 도저히 사랑할 수 없는 사람을 사랑하 라니 정말 미치겠더라구요.

하지만 저는 찾아뵐 때마다 그렇게 간곡하게 당부하시는 선생님의 말씀 과는 다르게 반대 방향으로, 반대 방향으로만 달려갔습니다. 87년 6월 항쟁 때는 수원과 익산 등지에서 가두연설을 하며 데모에 앞장서는가 하면, '인 천사태' 당시에도 가두시위에 참가했고, 대통령선거 당시에는 '공정선거감 시단'을 결성하여 활동했습니다. 1988년에는 한국정신문화연구원에서 노조 발기인이 되어 노동조합을 결성하고, 이어서 어용교수 물러가라는 데모를 주도했습니다. 그랬더니 대학원에서 저의 목을 조여 오는데, 처음에는 지도 교수를 바꾸라 하더군요. 지도교수를 특별한 이유 없이 바꾸는 것은 대학원 규정에 없어 못 바꾸겠다고 했더니, 그럼 자퇴해라 그러더군요. 제가 어용 교수로 지목했던 교수가 대학원장으로 부임하여 그런 압박을 가해 오니 어 쩔 수 없이 자퇴를 결심하고, 가슴에 벌겋게 불이 난 상태로 원주로 내려 왔 습니다. 그때 저는 국사편찬위원회 연구사 시험에 응시하여 필기시험에서 는 합격했으나 면접에서 노조 활동을 했다는 이유로 불합격되었고, 데모 주 동자라는 낙인 때문에 시간강사 자리도 구하기 어려운 형편이었어요. 그리 고 대학원 박사과정 재학 시절 '북한바로알기 운동'에 호응하여 북쪽에서 간 행된 『조선전사』 보급 책임을 맡아 연구자들에게 보급했다가, 그것이 문제가 되어 안기부 수배 리스트에까지 올라가 있는 상태였어요.

그런 저에게 무위당 선생님께서는 '혁명가의 로망(희망)'에 대해 말씀해 주시면서 난을 한 점 쳐 주셨어요. "낭만주의자여야 진정한 혁명가가 될 수 있다. 1%의 가능성만 있어도 포기하지 말고 '로망(희망)을 가져야 한다."고 격려해 주시면서 "내유천지(內有天地)하면 외무소구(外無所求)니라"를 화제(畵題)로 주셨어요. "안으로 천지, 즉 온 우주를 가지고 있으면 밖으로 아무것도 구할 것이 없느니라." 네 안에 바른 중심만 서 있으면 바깥 일이 제대로 되는 것 하나 없어도 걱정할 것이 없다는 말씀은 당시 아무것도 제대로 되는 일이 없었던 저에 대한 선생님의 무한한 사랑과 격려의 말씀이었다고 생각합니다. 그 화제가 쓰인 난 한 점을 주시면서 "절대로 니가 먼저 자퇴하지 마라. 버틸 때까지 버텨라." 하시면서 응원해 주셨습니다. 선생님 말씀대로 자퇴하지 않고 10년을 버티었습니다. 10년을 버틴 끝에 박사과정에 입학한 지 꼭 10년째 되던 1996년에 가까스로 해월 선생님에 관한 박사논문을 완성했습니다. 그것이 바로 『해월 최시형 연구―주요 활동과 사상을 중심으로』라는 논문입니다. 지금 이 시점에서 지나간 80년대를 돌이켜 보면, 무위당 선생님께서 계시지 아니했더라면 저의 동학 공부는 진즉 중단되었을 것입니다.

이렇게 저는 선생님의 뜨거운 격려에 힘입어 10년을 버티면서 돈이 조금 생기면 해월 선생 은거지 답사를 계속했습니다. 답사를 마치고 원주에 오는 날이면 꼭꼭 선생님을 찾아뵙고 결과보고를 드리곤 했지요. 그런 과정에서 선생님께서는 수시로 해월 선생님 말씀을 해주시고, 시(侍)에 대한 말씀도 해주시고 그러셨어요. 선생님과 저와는 나이 차이도 많이 나고, 더욱이 무위당 선생님의 세상을 바라보시는 경륜을 생각할 때 저는 전혀 상대가 되지 않은 존재였지만, 동학을 좋아하시고 해월 선생님을 존경하고 계시다는 이유 때문에 겁도 없이 이것저것 참 많은 질문을 드리곤 했습니다. "선생님! 어떻게 동학에 관심을 가지시게 되었습니까?" "한국전쟁 무렵, 여기 원주에 오창세라는 친구가 있었어. 인격적으로 훌륭했지."라고 하시면서 그 친구로부터 동학을 알게 되고, 수운과 해월 선생 이야기를 많이 들었다고 말씀해 주셨습니다. 그런데 그 무렵 동학 천도교 쪽 분들이 '민족 자주'를 기치로 했던 혁신정당이었던 근로인민당에 많이 가입했는데 보도연맹 사건 때 억울하게 학살당하셨다고 증언해 주셨어요. 눈시울이 뜨거워지던 순간이었지요.

제가 30년 넘게 동학 공부를 하긴 했는데요, 아직도 동학의 핵심 사상이 무엇인가라고 질문을 받게 되면 주저주저하곤 합니다. 그런데 단 하나 자신 있게 말씀드릴 수 있는 것이 있어요. 동학을 '하는' 분들의 가장 큰 특징은 "제 발과 제 힘, 제 생각을 가지고 제대로 된 삶과 제대로 된 사회를 만들려고 했다."는 것입니다. 이런 점에서 동학은 특정 종교가 결코 아닙니다. 사람을 포함한 모든 생명체가 제 결대로 제대로 사는 것을 지향한 '생명사상' 바로 그것이 동학의 진정한 면모라 해도 과언은 아닙니다. 따라서 창도 당초부터 제 힘으로 제 생각을 가지고 제대로 된 삶을 지향했기에, 동학이 한국 근현대사 속에서 한결같이 '민족 자주'를 고민했던 것은 지극히 당연한 귀결이었죠. 바로 이것 때문에 동학은 외세 및 그 외세와 결탁한 세력으로부터 끊임없이 협공을 당합니다. 오창세라는 분도 그런 가운데 희생되신 분이지요.

강원도 원주는 해월 선생님과 인연이 깊은 땅입니다. 두 군데 유적이 있는데, 1898년 음력 4월 5일에 체포되신 호저면 송골이라는 곳과 1890년대 후반 몇 개월간 은신해 계셨던 수레너미라는 곳이 있습니다. 수레너미는 원주 쪽에서 올라가는 길이 있었지만 지금은 숲이 우거져 갈 수가 없습니다. 횡성에서 안흥을 거쳐 들어가는 길만 있어요. 어느 날 제가 횡성에서 택시를 잡아 타고 수레너미까지 답사를 간 적이 있었어요. 답사를 마친 뒤 선생님을 뵙고 산세가 이렇고 저렇고 말씀드렸더니 "앞으로 거기다가 한살림 수련원을 만들면 좋겠다."고 말씀하셨던 기억이 납니다. 호저 송골에 해월 선생님 추모비를 세울 적에는 원주에서 선생님과 함께 활동하셨던 '치악고미술동우회' 회원들의 합력이 컸다는 말씀도 해 주시고, 경남 하동에서 올라온 해월 선생님 후손인 도예가 최정간 선생 이야기를 많이 해 주시던 기억도 납니다.

이렇게 무위당 선생님으로부터 큰 영향을 받고 있을 무렵, 원주에서 출범한 '한살림'이 서울로 올라가고(박재일 회장님이 제기동에 '한살림농산'이라는 이름의 가게를 차린 때가 바로 이 무렵이다.), 한쪽으로는 '한살림모임'의 주도로 『한살림선언』이 나오게 됩니다. 그러던 어느 날 선생님을 뵈오니, 『한살림선언』이라는 노란색 표지의 작은 책자 한 권을 주시면서 "이것 공부해라. 네 생각이랑 많이 맞을 것이다." 그러시면서 '한살림모임'을 소개해 주셨습니다. '한살림모임'에 참여하면서 저는 김지하 시인을 비롯하여, 박재일 회장님, 김민기 선배님, 최혜성 선생님, 서정록 선생, 윤형근 선생 등을 만나게 됩니다. 그때만 해도 저는 돈 없는 가난한 대학원생이었기 때문에 가난하기 그지없는 '시인 김지하' 님께 몇 번이나 밥을 얻어먹었습니다. 가난한 '시인 김지하' 선생님에게 밥 얻어먹은 사람은 저밖에 없지 않을까 생각하니, 그 시절 그다지도 염치가 없었던 제 모습에 웃음이 절로 납니다.

저는 지금도 『한살림선언』을 처음으로 접했던 순간을 잊으려야 잊을 수가 없습니다. 그 충격이란 무어라고 할까, 제 인생에 코페르니쿠스적 인식의 전환을 가져다 준 사건이 바로 『한살림선언』을 처음 접했던 순간입니다. 저의 인식의 대전환은 무위당 선생님과의 만남에서도 이루어지지만 결정적인 대전환은 바로 『한살림선언』을 손에 넣고 읽던 바로 그때였습니다. 선언을 읽자마자 바로 떠오른 생각은 '동학이 바로 이거야!'였습니다. '동학이 바로 이거야!'란 동학이 새롭게 부활하여 나타난 것이 바로 『한살림선언』이라는 뜻입니다.

바로 이것(한살림선언)이 해월 선생께서 38년 동안 조선팔도를 전전하시면서 우리에게 전해 주고 알려 주고 깨우쳐 주시려 했던 것이라는 생각이 들었고, 바로 이게 무위당 선생님께서 평생토록 우리에게 가르쳐 주시려 했던 바로 그 (생명)사상이라는 생각이 들었어요. '바로 이거다.'라는 생각에 제가 그대로 『한살림선언』 속으로 빨려 들어가는 느낌이 들고, 그때서야 비로소 '아 내가 미친놈이 결코 아니었구나!'라는 생각을 했어요. 저는 그 전까지만 해도 선배와 친구들에게, 그리고 지금 생존해 계신 진보적 역사학자로 유명하신, 상지대 총장님도 역임하셨던 강만길 교수님께 어느 학회 모임에서 1893년 보은취회에서 해월 선생님이 하신 역할을 얘기했다가 엄청 얻어맞은 적이 있었어요. "역사학은 학문의 골키퍼인데 제대로 공부도 안 하고 그런 식으로 말하면 안 돼!"라면서 저를 엄청나게 꾸짖었어요. 잘 아시다시피 강만길 선생님은 당시만 해도 역사에 있어서는 경제적인 문제, 사회경제적 상황이 전체를 좌우한다는 생각을 강하게 지니고 계셨죠. 그런 선생님 앞에서 전봉준 대신에 해월 선생님 역할을 강조하고, 사회경제적인 문제를 제쳐두고 사상과 정신 문제를 말했으니 혼이 날 법했죠. 그런 강 선생님도 지금은 완전 달라지셨지요. 그리고 1998년 1월에 일본 홋카이도 삿포로시(札幌市)에서 뵐 기회가 있었는데, 그때는 정말 따뜻하게 저를 진심으로 격려해 주신 기억이 새롭습니다.

하여튼 사회경제적 문제 중심으로 역사를 연구하려는 경향이 지배적이었던 80년대 내내 저는 학회에서 '미친놈 아니면 조금 모자라는 놈' 취급을 당했고, 동학의 사상적 중요성이나 해월 선생을 다시 보아야 한다는 제 발언은 언제나 반대 의견을 가진 연구자들의 공격앞에서 초토화되곤 했었습니다. 그런 삭막한 상황 속에서 해월 선생님의 삶과 사상을 주목하신 무위당 선생님을 뵙게 되고, 그리고 동학의 핵심 사상을 생명사상으로 새롭게 해석해 낸 『한살림선언』을 읽었을 때, '아! 내가 80년 광주 학살 이후 그토록 찾고자 했던 동학의 핵심 사상이 죽지 않고 이렇게 살아 움직이고 있구나. 40년에 이르는 해월 선생의 고난이 결코 헛되지 않고 이렇게 부활하고 있구나!' 하는 생각이 절로 들기 시작하였고, 그때서야 비로소 '내가 나사가 몇 개 빠진 모자란 놈이 결코 아니었구나! 내가 그토록 어렵게 찾아 헤매며 해결하고자 했던 주제, 해월 연구가 결단코 무의미한 것이 아니었구나!' 하는 확신이 들고, 그렇게 확신하기 시작하면서부터 온갖 어려움 속에서도 동학 공부를 계속할 수 있게 되었습니다.

그러다가 1992년에 원불교 교단에서 '영산원불교대학'이라는 대학을 신설하게 되는데, 저는 그 대학 창립 멤버에 포함되어 강원도 원주를 떠나 전남 영광으로 내려가게 됩니다. 그때도 제가 "영산원불교대학 창립 멤버로 발령이 나서 전라도로 내려가게 되었습니다."라고 인사를 드리러 갔습니다. 무위당 선생님께서는 벌써 소식을 들으시고 "일체중생 하심공경 시수행인 청정심야(一切衆生 下心恭敬 是修行人 淸淨心也)"라는 『육조단경』 말씀을 화제(畵題)로 써서 주시더라구요. 이 글이 어디에 나오는 글귀이고 너에게 왜 준다는 그런 내용이 담긴 편지까지 미리 써서 준비해 두셨더라구요. '모든 중생(사람뿐 아니라 벌레 한 마리와 같은 미물곤충까지도 포함)을 하심(下心)을 해서 늘 공경을 해야 그게 종교의 가르침을 진정으로 실천하는 사람'이라는 말씀으로, "니가 이 경구대로만 살면 아마도 후회 없는 삶이 될 것이다."라고 하시면서 후학(後學)을 기르기 위해 떠나는 저에게 무한한 신뢰와 격려를 실어 주셨습니다. 정말 선생님의 큰 사랑을 입은 저로서는 이 경구가 영원한 화두(話頭)가 되고 있습니다.

저는 광주 학살 이후에 동학, 그중에서도 해월 선생님을 공부하면서, 그리고 무위당 선생님을 뵐 때마다 늘 가슴 한구석에 갈등과 고민을 안고 살았습니다. 저는 원불교라는 신생종교의 교역자 신분의 종교인이지만 '혁명'을 하고 싶었고, '혁명'을 하면서도 종교적인 심성, 영성을 잃지 않는 사람이 되는 것이 꿈이자 고민이었어요. 개인의 구원과 사회의 구원을 제 삶으로 통합하는 것이 꿈이었거든요. 그런데 해월 선생님에게서 그런 모습을 찾을 수 있었고, 다시 무위당 선생님에게서도 그런 모습을 읽을 수 있었습니다. 적어도 저에겐 두 분 모두 영성과 혁명을 탁월하게 통합한 어른으로 보였습니다. 그래서 박사논문에서 해월 선생님이 바로 혁명과 영성을 통합한 분이라고 주장했습니다. 그랬더니 다섯 분 심사위원 선생님들이 아무도 인정해 주시지 않습디다. 박사논문 심사를 받을 당시에는 관련 기록이 김구 선생님 자서전인 『백범일지』에만 나왔기 때문이에요. 전봉준 장군(혁명)과 해월 선생(영성)이 손을 잡고 혁명을 하는 기록이 백범 선생님 자서전에서만 나오니 심사위원들께서 근거가 약하다며 인정해 주시지 않은 것입니다.

그래서 한동안 포기하고 있다가 1997년부터 2001년까지 일본 유학을 하게 되어 일본 측 자료를 널리 섭렵할 수 있는 기회를 얻게 되었어요. 한국 학자로서는 최초로요. 4년 동안 일본 측 자료를 광범위하게 찾아보니 해월 선생께서 전봉준 장군과 협력하여 혁명을 수행하고 있는 1차 사료들이 10여 개 이상 나오더군요. 두 분이 비밀 연락 루트까지 두고 있었다는 사실도 확인되었구요. 거기서 저는 어떤 결론을 얻었냐 하면, 동학농민혁명 당시에 영성과 혁명이 통일되어 있던 분이 바로 해월 선생님이시고, 그런 온전한 인격을 갖추신 해월 선생님을 무위당 선생님께서 그토록 존경하시지 않았을까 하는 생각이 들었습니다. 그래서 해월 선생님의 참 모습, 즉 영성과 혁명을 당신의 인격 안에 온전히 통합하신 분이라는 사실을 일본어로 써서 홋카이도대학(北海道大學) 박사논문으로 제출하여 일본 교수님들로부터 인정을 받았습니다. 그리하여 저는 제 평생의 화두를 해결했다는 생각이 들어서 2001년 4월에 일본어 박사논문을 들고 귀국하자마자 원주로 편지를 드리고, 다음 해 5월에 무위당 선생님 묘소에 논문을 올리고, 그리고 술 한 잔을 올리면서 울었습니다. 그 눈물은 지난 1백 년의 비참했던 우리 근현대사에 대한 회한과 슬픔·분노의 눈물인 동시에, 제 인생 전체를 걸고 고투했던 화두를 해결할 수 있도록 인도해 주신 해월 선생님과 무위당 선생님의 크신 가르침과 삶의 모범에 대한 기쁨과 감사가 온통 어우러진 그런 눈물이었습니다.

저는 생전의 무위당 선생님을 뵈올 때마다 언제나 100년 전의 해월 선생님께서 부활하셔서 이 자리에 계시는 것이 아닌가 하는 착각을 하곤 했습니다. 저에게는 해월과 무위당이 서로 다른 두 분이 아니라 늘 한 분이셨어요. 100년 전의 무위당이 바로 해월 선생님이셨고, 현재의 해월이 바로 무위당 선생님이셨지요. 그런데 그 두 분에게는 한결같은 공통점이 있습니다. 바로 풀뿌리 민초(民草)에 대한 따뜻한 애정과 무한한 관심 그 자체 말입니다. 무위당 선생님께서 봉산동에 있는 댁을 나오셔서 시내로 오는 길은 천천히 걸어야 15분 정도 걸리는 거리입니다. 그런데 선생님께서는 늘 두 시간 넘게 걸려서 시내로 나오시곤 했다는 이야기는 너무나 널리 알려진 사실 아닌가요. 두 시간 동안 내내 걸어 나오시는 동안 길거리에서 좌판 장수를 하시는 할머니와 아주머니들과 이런저런 이야기 나누시고, 리어카 끌고 군고구마를 파는 아저씨와도 장사 이야기 나누시느라 그러셨다지요.

100여 전의 해월 선생님도 무위당 선생님처럼 민초들에 대한 시선이 똑같았어요. 알려지지 않은 이야기 하나 소개하지요. 해월 선생님 제자 중에서장옥(徐璋玉)이라는 이가 있어요. 서인주(徐仁周)라고도 합니다. 여러 기록을 종합하면, 서장옥은 의협심이 대단히 강해서 불의한 일을 보면 참지 못하는 기질의 소유자였던 것 같습니다. 저와도 약간 비슷한 성격의 소유자였던 것 같아요. 그런 서장옥의 눈에 동학을 '한다'는 죄목 때문에 동지들이 무수하게 잡혀가 억울하게 죽기도 하고, 귀양 가기도 하고, 부당하게 재산을 빼앗기는 것을 참다못해 항의를 하다가 관에 잡혀 죽을 지경에 이르렀어요. 그때가 1880년대 말엽 아니면 1890년대 초엽의 일입니다. 이 일로 인해 해월 선생께서도 신변이 위태로워져서 강원도에서 충청도 쪽으로 피신하지 않으면 안 되었어요. 종일 빗속을 뚫고 남쪽으로 내려오다가 밤이 되어 어느 이름 모를 주막에서 하루 저녁을 지내게 됐습니다. 그런데 밤이 늦어졌는데도 해월 선생께서 주무시지를 않습니다. 옆에 모시고 있던 제자가 이상하다는 생각이 들어 여쭙습니다. "종일 비를 맞으셔서 감기가 들지도 모르고 피곤도 하실 텐데 왜 주무시지 않습니까?" "장옥이가 지금 동지들을 위해 일을 하다가 잡혀 감옥에서 죽을 지경에 이르러 있는데, 내가 어찌 이만한 일로 따뜻한 이불을 덮고 편한 잠을 잘 수 있겠느냐?" 하면서 꼬박 밤을 지새우셨다고 합니다. 너무나 가슴 찡한 이야기 아닌가요?

해월 선생께서는 또 "내가 젊었을 때 남의 집 머슴살이를 많이 했는데, 그때 사람들이 '머슴 놈, 머슴 놈' 하면서 멸시를 하곤 했을 때 참 가슴이 많이 아팠느니라. 사람이 곧 하늘님이니 너희들은 사람 모시기를 하늘님 모시듯이 해야 한다."고 평생토록 강조하셨다고 익산 출신 동학 접주이자 해월 선생 제자 가운데 한 사람인 오지영(吳知泳) 선생이 『동학사』에 써 놓았습니다. 이 모두 해월 선생님 역시 민초에 대한 사랑이 지극하셨다는 것을 알 수 있는 이야기들입니다.

자 그럼 시간을 거슬러 올라가 1894년 동학농민혁명 당시 혁명 대열에 동참했던 이름 없는 민초들의 꿈이 무엇이었는가를 알아보기로 합시다.

우리들은 비록 시골의 이름 없는 백성들이지만 이 땅에서 나는 것을 먹고, 이 땅에서 나는 것을 입고 사는 까닭에 나라의 위태로움을 차마 볼 수가 없어 팔도가 마음을 합하고 억조창생들과 서로 상의하여 오늘의 이 의로운 깃발을 들어 잘못되어 가는 나라를 바로잡고 도탄에서 헤매는 백성들을 편안하게 만들 것을 죽기로써 맹서하노니, 오늘의 이 광경은 비록 크게 놀랄 만한 일이겠으나 절대로 두려워하거나 동요하지 말고 각자 자기 생업에 편히 종사하여 다 함께 태평성대를 축원하고, 다 함께 임금님의 덕화를 입을 수 있다면 천만다행이겠노라.

위 내용은 문맹률이 80~90%가 넘던 시절인 갑오년(1894) 음력 3월 20일경에 전봉준 장군을 필두로 보국안민(輔國安民)과 광제창생(廣濟倉生)을 내걸고 전라도 무장에서 전면 봉기한 동학농민군 지도부가 조선 팔도를 향해 포고한 「무장포고문(茂長布告文)」에 있는 내용입니다. 당시 민초들의 간절한 꿈이 너무나 절실하게 드러나고 있지 않습니까? 이런 꿈을 실현하기 위한 동학군들이 어찌 폭도(暴徒)요 비도(匪徒)란 말입니까?

저는 바로 이런 민초들의 모습을 가장 절절하게 이해하시고, 가장 깊게 사랑하신 분들이 바로 해월 선생님이셨고, 무위당 선생님이셨다는 생각을 하고 있습니다.

생명사상으로 보는
한살림

오늘 이야기의 핵심은 두 가지인 것 같습니다. 하나는 '생명사상'이고, 다른 하나는 '한살림'입니다. 그럼 순서대로 하나씩 이야기를 풀어가 보기로 하지요.

첫 번째 키워드인 '생명사상'이란 한마디로 우리가 '생명'을 어떻게 이해하고 있는가, 생명을 어떻게 알고 있는가, 그리고 그 생명에 대해 어떤 태도를 취하고 있는가 등등, 생명을 둘러싼 우리들 사이의 일반적인, 공통적인, 보편적인 생각이라고 풀어 말할 수 있겠지요. 여기서 핵심은 생명이 무엇이며, 그 생명을 어떻게 이해하고 바라보아야 하며, 그 생명에 대해 어떤 태도를 취하는 것이 진정으로 생명을 제대로, 바르게, 정확하게 이해하고 대접하는 것이냐 하는 점일 것입니다.

여러분께 우선 묻겠습니다. '생명'이 무엇이라고 생각하십니까? 그리고 여러분은 생명에 대해 어떤 태도를 취하고 계십니까? 결론부터 말씀드린다면, 21세기에 들어서 우리 인류는 생명에 대해 다음과 같은 이해 수준에까지 이미 도달해 있습니다. "사람만이 생명이 아니고, 동식물은 말할 것 없고, 돌이나 대지, 산맥까지도 다 생명"이라는 견해 말입니다. 제가 1980년대부터 지금까지 시간 날 때마다 읽는 선학(先學)의 글을 소개해 보기로 하겠어요. 여러분들도 한번 들어 보시고 생활하시면서 자주 생각해 보시는 생각머리(話頭)로 삼아주시면 좋을 것 같습니다.

일체의 존재, 삼라만상이 다, 우리가 아직 우리의 과학이 아직 거기까지 충분히 투시해 들어가고 증명해 내지 못하고 가설을 세우지 못해서 그렇지, 실제로 몇 천억 개가 있다는 우주, 몇 천만 몇 천억 개의 태양계와 은하계, 이 전체, 우리가 생각할 수 있는 일체 총세계, 소위 불교에서 이야기하는 '시방세계(十方世界)' 또는 '삼천대천세계(三千大千世界)'에 있는 일체의 먼지 하나까지도 전부가 우리가 아직 그 섬세한 구조를 이해하지 못해서 그렇지, 무생물인 것이 아니라 실제로는 살아 있는 〈삶(생명-필자 주)의 총체〉라고 보는 데서부터 생명의 제1차적인 개념을 잡아 나가야 되지 않겠느냐 하는 것이다(김지하, 「인간 해방의 열쇠인 생명」, 1984)

여러분! 바로 이와 같이 생명을 바라보는 입장을 일러 '생명에 대한 총체적 이해'라고 합니다. 그런데 세상에는 여전히 이 같은 생명에 대한 총체적이해가 아닌, 부분적·분리적·이원론적 이해가 판을 치고 있어요. "유기물이냐 무기물이냐, 또는 생물이냐 무생물이냐?"는 식으로 생명을 분리하고 이원론적으로 나누어 보는 견해가 여전히 사람들의 생각을 지배하고 있는 것이지요. '한살림'의 원점(原點), 한살림의 출발점이 바로 여기에 있어요. "생명에 대한 종래의 부분적·분리적·이원론적 이해를 넘어선 총체적 이해." 바로 그 지점이 우리 한살림의 출발점입니다. 이 점에 대해 한살림 운동을 제창하신 무위당 장일순(1928-1994) 선생님의 말씀을 상기하면서 '한살림'의 출발점을 생각해 보기로 해요.

우리가 이렇게 소비자협동조합, 또한 한살림, '한살림'이란 이야기 그 자체가 뭐냐. 생명이란 얘기거든. 하나란 말이야. 나눌 수 없는 거다 이 말이야. 예를 들어서 서 선생(서정록-주)! 예. 땅이 없인 살 수 없잖아요? 예. 하늘이 없인 살 수 없지요. 전체가 없이는(살 수 없잖아요). 그런 관계로서 봤을 적에 저 지상에 있는 돌이라든가, 풀이라든가, 벌레라든가 모든 관계는 이게 분리할 수가 있습니까? 분리할 수가 없어요. 하나지. 그렇기 때문에 일체의 존재는 우주에서 어떻게 분리할 수가 있겠어요. 우주는 분리할 수가 없잖아. 하늘과 땅과 떠나서 살 수가 있다고 하는 사람이 있으면, 떠나서 존재할 수 있다고 하는 곳이 있다면 말씀해 봐요. 일체의 존재는 하늘과 땅, 우주와 분리해서 이야기할 수가 없다고. 그럼 그런 자격으로 봤을 때 일체의 중생, 풀이라든가 벌레라든가 돌이라든가 그거와 나와의 관계는 어떤가? 동격(同格)이지요. 동가(同價)다 이 말이야. 그런데 이건 더 아름다운 거, 이건 고귀한 거, 이건 나쁜 거, 이건 누가 정하는 거냐? 사람의 오만, 사람의 횡포가 정하는 거지. 그런데 사람이 오늘 이 시점에 와서 자기 횡포를 포기하지 않으면 이 우주는, 인간의 미래는 끝나는 거지.(무위당 선생님의 1987년 11월 치악산 연수회 특강, 『나락 한 알 속의 우주』, 2009년 개정증보판, 34쪽)

잠시 머리 좀 식혔다 갈까요. 제가 존경해 마지않던 우리 시대 스승님들 가운데 한 분에 대한 이야기를 잠시 들려드리기로 하겠습니다. 젊은 날, 저에게는 진심으로 존경해 마지않던 재야(在野)의 스승님들이 여러 분 계셨어요. 무위당 선생님은 말할 것도 없고, 어린이 교육을 담당하신 가운데 '생명의 글쓰기' 운동에 한 평생을 다 바치셨던 이오덕 선생님, 이오덕 선생님과 평생토록 '지란지교(芝蘭之交)'의 우정을 나누셨던 동화작가 권정생 선생님, '꼬방동네 사람들'의 주인공 목사님으로 유명하신 허병섭 목사님, 무위당 선생님과 깊은 사상적 교유를 하셨던 이현주 목사님, 그리고 마음을 울리는 판화 작가로 유명한 이철수 화백을 마음으로 존경하면서 그분들의 삶을 닮아 가려고 했습니다. 우리 한국 사회가 참으로 뜨겁게 달아올랐던 1980년대 후반의 이야기입니다. 다행스럽게도 저는 그 모든 스승님들을 직접 뵙고 가르침을 받을 수 있는 기회를 얻었습니다.

그런데 권정생 선생님만은 돌아가실 때까지 직접 뵙지를 못했어요. 그래서 지금도 마음 한구석이 참 허전하기만 합니다. 젊은 시절에 권정생 선생님을 존경했던 저는 1990년대 초에 『동아일보』에 실린 권정생 선생님의 자전적 이야기를 스크랩해서 지금도 간직하고 있어요. 그리고 그 권정생 선생님 이야기를 지금도 제가 가르치는 학생들에게 소개하곤 합니다. 잘 아시다시피 권정생 선생님은 일제시대에 일본에서 태어나 갖은 고생을 하셨지요. 어린 시절에 집안이 너무도 가난해서 제대로 먹지도 못해서서 평생 병을 앓으셨습니다. 그리고 결혼도 하지 않으신 채 경상북도 안동 시골의 작은 교회 종지기로 사셨습니다. 이런 이야기는 여러분들도 모두 잘 알고 계시리라 생각해요. 『동아일보』기자가 물었답니다. "선생님! 결혼하셨어요?" 그때 권 선생님은 이렇게 대답하셨습니다. "결혼은 안 했지만 연애는 하고 있다."고요. 어떤 연애냐 하면 그 시골교회 문간방을 거리낌 없이 드나드는 생쥐들과, 개구리들과, 강아지와, 그 외 온갖 풀벌레들과 연애를 하고 있다고 말입니다.(권정생, 「유랑 걸식 끝에 교회 문간방으로」, 『우리들의 하느님』, 개정증보판, 2008, 21쪽) 권정생 선생님께서 하셨던 연애야말로 '생명에 대한 총체적 이해'를 실감나게 보여주는 이야기가 아닌가 합니다.

자! 다시 본론으로 돌아오겠습니다. 여러분께 다시 묻겠습니다. '생명에 대한 총체적 이해'를 하게 되면 나 자신은, 우리 인간들은 어떻게 될까요? 앞에서 소개해 드린 무위당 선생님 말씀, 그리고 권정생 선생님의 연애 이야기에 그 해답이 들어 있다고 생각합니다. 제 생각으로는 생명에 대한 총체적 이해를 하게 되면, 우선 '내가 잘났다, 만물 가운데 사람이 제일이다, 다시 말해 인간이 우주의 중심이다.'라는 식의 교만한 생각, 잘난 체하는 생각으로부터 해방될 수 있을 것 같습니다. 앞에서 무위당 선생님께서 분명 그러셨잖아요. 우리는 우주 만물과 동격(同格)·동가(同價)라고요. 동격·동가인데 어떻게 내가 잘났다, 사람이 잘났다고 뽐낼 수가 있겠습니까? 다시 또 하나 무위당 선생님 말씀입니다.

제가 한때 호텔 생활을 한 적이 있어요. 사형수들은 1심에서 사형이 확정되면 감방 안에서도 수갑을 채우니까 굉장히 초조해 합니다. 게다가 사형이 떨어지면 자꾸 딴 방으로 옮겨 가고, 어떤 때는 독방에 들어가기도 하니까 그것까지는 초조해 하는데, 대개 사형수들이 재판이 끝나고 독방에 가게 되면 상황이 달라져요. 어떻게 상황이 달라지느냐. '나'라고 하는 그 자체, '자기'라고 하는 그 자체는 세상에서 이젠 끝난 거다 이 말이야. 자기 처하고 떨어지는 것이고, 자식하고 떨어지는 것이고, 이다음에 세상에 나가면 뭐 해 보겠다는 거하고도 떨어지는 것이고, 자기가 단념하려고 해서 단념하는 것이 아니라 자기가 죄진 상황이 단념하게 하니까. 그러니까 '나'라고 하는 것에 대해서는 촌보도 밖으로 나갈 수가 없어. 이미 '나'라고 하는 것은 절멸 상태로서 뒤에 있는 것이니까. 그렇게 되었을 때부터는 사형수들은 방안에 드나드는 쥐, 뭐 이런 것 있잖아요. 철창 밖에 이렇게 나무가 있으면, 그 위에다 먹다 남은 밥을 내놓는다 말이에요. 그러면 새들이 와서 이걸 먹어요. 또 감방에서 구멍이 뚫려서 쥐가 좀 왔다 갔다 하는 기색이 있으면 쥐를 위해서 밥을 남겨 놓는다구. 그러면 나중에는 어떻게 되느냐. 그 새와 그 쥐가 친구가 돼 버려. 갈 생각을 않는단 말이야. 항상 밥을

놔 두니까. 그리고 항시 쥐를 거부하는 마음이 없이 받아들이니까. 그러니까 입으로 '쥐쥐쥐쥐' 하면 쥐가 가까이 오고, 또 이렇게 바투(가까이-주) 오라고 하면 손에도 타고 몸에도 와서 놀기도 하고 이런다고. 쥐가 말이지. 저 쥐는 인간을 해치는 거다, 인간이 만들어 놓은 것을 전부 쏠아 놓는 거다, 인간이 먹으려고 하는 것을 전부 도둑질해 가는 거다, 이렇게 되었을 적에는 그 쥐는 그렇게 안 돼요. 그런데 쥐가 그렇게까지 가까이 올 수 있다고 하는 것은 그 사형수가 쥐에 대해서 무심하게 해 줄 수 있으니까, 따뜻하게 해 줄 수 있으니까, 말하자면 '바로 내가 너다.' 하는 거나 다름없거든. 거기에서는 '자기'라고 하는 장막을 벗어났기 때문에 쥐가 바로 사형수라고. 그런 관계에 놓여 있기 때문에 쥐가 편안하게 온 거라. 그렇게 되었어요. 그런데 '저 베라먹을(빌어먹을-주) 짐승' 이렇게 되면 쥐가 가까이 안 온다 이거야. 그러니까 생명의 만남이라고 하는 것은 추운 티가 없어야 돼. 추운 티가 없어야 돼. 장벽이 없어야 돼.(1987년 11월 치악산 연수회 특강)

이상 무위당 선생님의 가르침에 따르면, '생명에 대한 총체적 이해'를 하게 되면 쥐와 같은 하찮은 동물일지라도, 그리고 그 어떤 나쁜 사람일지라도 그들을 대하는 데 '추운 티가 하나도 없는' 사람이 된다는 것입니다. 이 말씀을 소개해 드리는 배경에 대해 한 말씀 드리고 싶습니다.

저는 '한살림'이 막 만들어질 무렵에 무위당 선생님, 작고하신 박재일 회장님, 김지하 시인님, 최혜성 선생님, 조희부 선생님, 이상국 대표님, 김민기 선배님 등 여러 선배님을 뵙고 가르침을 받으면서 '막내'로 지금까지 살아왔습니다. 그래서 '한살림' 초창기인 1987년 11월 치악산 연수회 때 저도 마침 그 자리에 있었어요. 26년 전이니까 제 나이 서른세 살 한창 시절 때 이야기입니다. 그런데, 1980년 '5월 광주' 때 저는 제 자신의 의지와는 전혀 관계없이 '가해자'가 될 수밖에 없었기 때문에 군대에서 제대한 후에 '혁명'을 꿈꾸는 젊은이가 되었습니다. 가슴속에 불덩이를 안고 살아가고 있었을 때였어요. 그런 시절에 치악산에서 선생님 말씀을 받들었을 때 지금처럼 절실하게 와 닿지 않았어요. 그래서 지금 엄청 반성하고 있어요. 그때만 해도 저는 '전 모'라는 사람과 그 일당, 즉 1980년 5월에 '광주 학살'을 자행한 인간들에 대한 분노와 증오로 가득했어요. 여러분들 생각에도 제가 참 한심하지요? 제가 과거에 그런 인간이었다는 사실을 부정하거나 숨기고 싶지 않습니다. 그런 한심한 시절이었으니 치악산 연수회에서 무위당 선생님의 말씀 들은 것도 잠시. 저는 다시 서울로 올라와 참으로 열심히 그 어떤 인간에 대한 분노와 증오의 삶을 '치열하게' 살아가게 됩니다. 그러다가 지치면 '비겁'하게 원주로 내려가 무위당 선생님을 뵙곤 했어요. 그때 무위당 선생님께서 저에게 귀에 딱지가 앉도록 해주셨던 말씀이 "전 모를 사랑해라."는 말씀이셨어요. 26년의 세월이 흐른 지금에 이르러 비로소 가슴으로 울면서 무위당 선생님 말씀을 새깁니다. "전 모를 사랑해라."는 말씀이야말로 생명에 대한 총체적 이해가 전제되지 아니하면 전혀 이해가 되지 않는다는 것, "전 모를 사랑해라."는 말씀이야말로 우리 '한살림'의 원점 중의 원점이라는 사실을 이제야 조금이나마 짐작하게 되었음을 여러분들 앞에 고백합니다.

끝으로 생명이 자기 변화를 해 가는 원리에 대해서 한 말씀 드리고자 해요. 앞에서 '생명이 곧 한살림'이라고 말씀드렸기 때문에 '생명이 자기 변화해 가는 원리'는 곧 우리 '한살림이 자기 변화해 가는 원리'라고도 할 수 있습니다. 즉 수없이 복잡한 상황을 그때그때 슬기롭게 헤쳐 나가야 하는 우리 한살림이 한살림답게 변화해 가는 원리는 과연 어떠해야 하는 것인가의 문제입니다. 여러분들께서 잘 아시는 소설가 중에 조정래 선생님이 계시죠.

그분의 아내 되시는 분이 시인 김초혜 씨입니다. 올해(2013)로 70세라고 하시네요. 소설 『태백산맥』의 무대인 전남 벌교에 있는 '조정래 문학관'에 가면 조정래 선생님과 김초혜 시인이 다정하게 포즈를 취하고 있는 사진을 볼 수 있습니다. 제 고향이 벌교라서 명절 때 가끔 들르곤 하는데 두 분이 언제나 정답게 맞이해 주시곤 합니다. 그런데, 지난 4월 6일 지하 청량리역에서 김초혜 시인을 만났습니다. 직접 뵌 것이 아니라 스크린 도어에 김초혜 시인의 시 '어머니'가 소개되어 있더군요. 그 시를 인용해 보겠습니다.

어머니 1

한 몸이었다 서로 갈려 다른 몸 되었는데
주고 아프게 받고 모자라게 나뉠 줄 어이 알았으리
쓴 것만 알아 쓴 줄 모르는 어머니 단 것만 익혀 단 줄 모르는 자식
처음대로 한 몸으로 돌아가 서로 바뀌어 태어나면 어떠하리

이 시는 원래 1988년에 발표되었던 것을 다시 다듬어 올 2월에 다시 낸 『어머니』(해냄출판사)라는 시집에 실려 있는 시입니다. 저는 이 시를 처음 대하는 순간, 순간적으로 스치는 생각이 있었습니다. "아! 이 시야말로 '생명이 변화해 가는 원리'를 읊고 있는 시이구나." 하는 생각이었습니다. 생명은 본래 하나인데, 그 생명이 어느 순간에 잠정적으로 또는 일시적으로 나뉘는 순간이 있게 되고, 그렇게 나뉘게 되면 원래 하나였던 것을 망각하고 서로 다른 길을 걷게 된다는 것. 하지만 알고 보면 비록 둘로 나뉘어 있긴 하지만 그 나뉜 것은 잠정적인 것이요, 잠정적인 분리가 끝나면 다시 하나로 돌아가는 것이 생명이라는 것. 따라서 일시적·잠정적 분리를 항구적인 분리로

착각해서 생명은 본래 하나라는 것을 잊어서는 참으로 생명을 알았다고, 이해했다고 말할 수 없을 것이어요. 요컨대, 생명은 생명 속에서 태어나서, 생명과 더불어 살아가고, 생명과 더불어 자기 변화를 이룩해 갑니다. 바로 이것이 생명의 질서, 즉 생명의 자기 변화의 원리입니다. 우리 한살림도 바로 이런 원리에 바탕해서 변화를 추구해 가야 하지 않을까요?

120년 전 보은취회,
120년 후 보은취회

　안녕하십니까. 지금으로부터 120년 전에 새 하늘 새 땅을 열기 위해 조선 각지에서 수만명의 민초들이 이곳 보은 장내리에 모였습니다. '보은취회'가 열렸던 것입니다. 이처럼 유서 깊은 이곳 보은 장내리에서, 이 땅과 뭇 생명들과 조국의 밝은 앞날을 위해 평생을 헌신하신 원로 선생님들을 비롯하여, 현재도 그런 뭇 생명을 살리기 위해 열심히 일하고 계시는 중진 및 젊은 시민운동가 여러분들, 그리고 뜻있는 시민 여러분, 그리고 우리 민족사에서 가장 빛나는 민족민중운동의 역사를 자랑하고 있는 천도교 원로 분들을 모신 자리에서 외람되게 한 말씀을 올리게 된 것을 개인적으로 커다란 영광으로 생각합니다. 동시에, 오늘 이 자리는 또한 제가 앞으로 걸어가면서 해결해야 할 많은 숙제들에 대한 영감, 그리고 새로운 기운을 여러분들로부터 다시 받는 자리인 것 같습니다.

　120년 전에 저희들이 앉아 있는 바로 이 자리에서 모든 뭇 생명들이 함께 제 삶결대로 어울려 잘 사는 세상을 꿈꾸던 분들이 한마음 한 뜻이 되어서 외웠던 주문이 있었습니다. 시천주조화정 영세불망만사지(侍天主造化定 永世 不忘万事知) 13자 주문이 바로 그것입니다. 저희들도 120년 전을 생각하면서 다함께 3회 병송(竝誦)하도록 하겠습니다.

강의에 들어가기에 앞서, 여기 보은 장내리와 저의 개인적인 인연에 대해 한 말씀 드리겠습니다. 제가 1979년에 장교로 임관해서 4개월 동안 훈련을 받고 6월 말에 배치를 받은 곳이 바로 여기 장내리에 있는 부대였습니다. 여기서 제가 군생활을 할 당시에는 이곳이 역사적으로 어떤 의미를 지니고 있는지 몰랐을 뿐만 아니라, 제가 동학 연구에 평생을 바칠 줄은 꿈에도 짐작 못했습니다. 나중에 동학을 공부해 보니 이곳이 바로 우리 5천 년 민족사에서 민(民)이, 풀뿌리 백성들이, 가장 탄압받고 억눌리고 무시당했던 그 민초(民草)들이 새로운 세상을 열기 위해 처음으로 새 하늘, 새 천지를 열기 위한 '민회(民會)'를 열었던 곳이었습니다. 우리 5천 년 역사에서 처음으로 '민회'라는 말이 이곳 보은 장내리에서 시작된 것입니다. 여기 보은이란 땅이 바로 그런 곳입니다.

1979년에 이곳에서 군생활을 하면서 겪었던 에피소드를 소개하면서 민회의 의미를 같이 생각해 보려고 합니다. 제가 소대장으로 있던 어느 날 '5분대기조' 출동 명령이 내렸어요. 간첩이 출현하면 5분 안에 출동할 수 있도록 항상 무장하고 대기하는 부대가 5분대기조잖아요. 그야말로 생사(生死)가 왔다 갔다 하는 그런 순간이었죠. 신고가 들어온 어떤 마을로 출동을 해서 실탄을 장전한 소총을 끼고 수색을 해서 이상한 사람이 숨어 있다는 집으로 들어갔어요. 그랬더니 70살 먹은 할아버지가 계셔요. 그런데 군용 모포가 한 열 장이 있었어요. 부대로 연행을 해 와서 조사해 보니, 보은 지역이 전쟁이 나면 안전한 곳이라는 것 때문에 피난을 오셨는데, 피난 오실 때 가져온 군용 모포가 열 장 있었던 거예요. 참 어처구니없는 에피소드처럼 들리시겠지만 보은 땅은 예로부터 십승지(十勝地), 즉 전쟁이 나도 안전한 땅 가운데 하나였어요. 조선시대에는 그랬어요. 보시다시피, 앞에 개울도 있고, 속리산이 있어서 먹을 것을 채취할 수도 있고, 짐승을 잡을 수도 있고,

그래서 전통 시대에는 전란을 피해서 살 수 있는 곳이 바로 보은 땅이었어요. 보은군 마로면 아시죠? 보은과 상주 경계선에 있는 면입니다. 한 번은 마로면 산골로 출동을 했는데, 거기 가서 또 조사를 해 보니까 북한에서 피난 오신 분이 계셨는데, 연좌제라는 것 때문에 감시를 받고 있었더라고요. 그런 분들이 주로 살던 곳이에요, 보은이라는 곳이.

이렇게 여기 보은에서 군생활을 하고, 제대 후에 동학을 공부하면서 보은의 지리적 위치라든지 여러 가지를 조사해 보니까 여기가 바로 한반도의 허리에 해당하는 곳이었습니다. 충주와 보은, 옥천 일대가 한반도의 동서남북의 중간쯤 되는 곳으로서, 교통의 요지이기도 했어요. 지금으로부터 한 150년 전에는 두 개 교통로가 있었죠. 걸어 다니는 길과 말이 다니는 역참로가 바로 그것입니다. 보은은 바로 경상도 상주에서 서울로 가는 교통로가 통과하는 곳이었어요. 요컨대, 현대 문명이 들어오기 전에 보은은 한반도의 허리에 해당하는 곳으로서 교통의 요지였습니다. 따라서 전근대 시대에 걸어 다니는 분들에게는 굉장히 편리한 곳이 보은이었습니다. 그래서 120년 전에 전봉준 장군도 여기, 보은 바로 앞에 있는 원남까지 보은취회에 참가하기 위해 올라왔던 겁니다.

보은 바로 옆에 삼년산성이라는 산성이 있습니다. 수 년 전에 「태조 왕건」이라는 대하(大河)사극이 있었던 것 아시지요. 그 사극을 보면, 태조 왕건이 굉장히 신뢰하고 믿었던 신숭겸이라는 부하가 전쟁을 하다가 죽어 가던 현장이 바로 삼년산성으로 나옵니다. 고대(古代) 삼국시대에는 동쪽에 있던 신라가 여기를 장악하면 서울과 서해안 쪽으로 진출할 수 있었고, 백제가 여기를 장악하면 서울 쪽과 동쪽을 장악할 수 있었던 전략적 요충지였어요. 그래서 고대에는 삼국 간의 치열한 전쟁터였고, 임진왜란 때는 왜군들이 올라오던 진격로였으며, 한국전쟁 때도 여기가 굉장히 중요한 전략적 요충지였습니다. 이처럼 보은 땅은 우리 역사상에서 십승지, 교통의 요지, 전략적 요충지로서 매우 주목 받았던 땅이었습니다. 지금은 인구라든지 규모가 참 작지만 120년 전에는 전혀 달랐다는 거죠. 왜 120년 전에 수만명의 민초들이 여기에 모였던가. 그 까닭은 바로 보은 땅이 십승지, 교통의 요지, 전략적 요충지 그 세 가지 요소를 다 갖추고 있었기 때문입니다. 이런 것들을 기억하시면서 보은 땅이 갖는 역사적 무게를 같이 한번 생각해 보시면 좋을 것 같습니다.

다음으로 보은과 동학이 어떤 관계인가를 알아야 민회가 열리게 된 배경을 이해하실 수 있을 것 같습니다. 수운 선생이 1860년에 동학을 창도하시고 과연 이 가르침을, 내가 깨달은 것을 세상에 내놓고 가르쳐도 될 것인가 반신반의하셔서 1년간 수련을 계속하십니다. 그리하여 이것이라면 세상 사람들을 살릴 수 있겠다는 확신을 가지고 1861년 음력 6월부터 동학을 본격적으로 펴기 시작했습니다. 이렇게 3년 정도 포덕(布德; 동학의 가르침을 널리 펴는 일)을 하시다가, 1863년 12월에 서울에서 내려온, 지금으로 말하면 특수수사대에 체포가 돼서 서울로 압송을 당하십니다.

그런데 제가 조사를 해 보니까 서울로 압송당하는 과정에서 상주에서 보은으로 넘어오셔서 보은에서 하룻밤을 머무셔요. 그때 머물렀던 주막의 주인이 동학에 입도한 도인이었기 때문에 수운 선생을 극진히 모셨다는 기록이 나옵니다. 이런 사실이 있는 것으로 보아 수운 선생 당시에 벌써 보은 땅에는 동학의 씨앗이 뿌려지고 있었다는 것, 따라서 보은 동학의 뿌리가 아주 깊다는 것을 알 수 있습니다. 계속해서 서울로 압송당해 가던 수운 선생은 과천에 이르러서 다시 대구로 되돌아 오게 됩니다. 마침 그해에 철종 왕께서 승하를 했기 때문입니다. 국상이 난 것이지요. 국상 중에는 중죄인에 대한 처벌을 미뤄요. 그래서 수운 선생은 1864년 초에 대구에 있는 경상감영에 갇히게 되죠. 거기에서 몇 차례 문초를 받으시고 대구 장대에서 순도를 하시게 됩니다. 그때가 바로 1864년 음력 3월 10일입니다.

수운 선생이 돌아가신 뒤에 그분의 수제자인 해월 최시형 선생이 스승님의 유훈과 가르침을 간직하시고, 순도하실 때까지 34년을 조선 팔도를 다 돌아다니며 동학의 가르침을 폅니다. 해월 선생의 삶을 제가 이렇게 표현합니다. "동학에 들어가신 그날부터 1898년에 처형당하시는 날까지 단 하루도 발을 뻗고 편하게 주무신 날이 없었다."고요. 동학 입도 후 38년간을 요즘 말로 수배자 생활을 하셨으니까요. 그런 해월 선생님이 1887년에 보은에 법소(法所), 즉 동학 교단의 중앙본부를 설치합니다. 따라서 여기 보은 장내리는 동학 천도교 역사에서 경주 용담 이상으로 더 중요한 성지(聖地)가 아닐까 생각합니다. 그럴 정도로 큰 무게를 가지고 있습니다. 이 법소에서 주로 무슨 일을 하셨는가를 전라북도 부안에서 발견한 『해월문집(海月文集)』이라는 자료를 통해서 확인했습니다. 전국의 동학 주요 핵심 간부들 가운데 '육임(六任)' 즉 6개의 주요 직책(교장, 교수, 도집, 집강, 대정, 중정)을 가진 사람들이 3교대로 여기 보은에 와서 수련을 하고 공부를 계속했습니다.

그러면 그 수련, 그 공부의 핵심이 무엇이었을까요? 여기 오는 길에 보니 '척왜양창의', '사람이 하늘이니' 이런 깃발이 걸려 있더라고요. 이제 그런 슬로건은 오늘 이후로 바꿔야 합니다. '만물이 하늘이니'라고요. 120년 전에는 '사람이 하늘이니'가 맞았습니다. 민초들이 살 길이 없었던 시대였으니까요. 그러나 지금은 사람만의 위기가 아닙니다. 뭇 생명의 위기고, 전 지구의 위기입니다. 해월 선생께서는 법소를 설치하고부터 우주 만유 삼라만상 모두가 하늘님이라는 것을 자기 것으로 만드는 수련, 공부, 내공 쌓기를 끊임없이 이 법소에서 시켰던 것이죠. 보은취회 때도 그랬습니다. 보은취회

때만 그런 게 아니라 갑오년 혁명 시기에도 청산 문바위골에서 끊임없이 수련과 공부를 계속하도록 지도하셨습니다. 보은에 자리하고 있던 동학의 법소에서 했던 가장 중요한 일이 수련, 공부, 수행, 요즘 많이 쓰는 말로 마음공부였던 것입니다. 다른 말로 표현하자면 영성 맑히기, 자기 영성 찾기, 그 공부를 끊임없이 시켰던 것입니다. 이곳 보은 장내리는 바로 우리 모두의 영성을 맑히고 밝히는 땅이에요, 여기가. 바로 그 힘이 아마 120년 전 민초들을 이곳으로 모이게 했던 것이 아닌가 생각합니다.

조금 전에 말씀드렸듯이, 이곳이 우리 5천년 역사에서 최초로 민회가 열린 곳입니다. 이 민회라는 표현은 제가 개인적으로 만든 표현도 아니고, 당시에 해월 선생님이나 여기 모였던 분들이 쓰신 표현도 아닙니다. 여기 모인 동학의 교인들을 해산시키기 위한 명령을 받고 내려온 어윤중(魚允中)이라는 관리(보은취회 당시의 직책 이름이 양호도어사였다)의 보고서에 나옵니다. 그 어윤중의 보고서에 뭐라고 나오느냐, "우리가 문(文)으로 문제제기하면 저쪽에서 글로 답을 하고, 우리가 무(武)로 하면 저쪽에서도 힘과 위력으로 대응한다. 질서정연하게." 이러한 내용이 나오면서 "이것은 서양에서 일찍이 말하는 민회와 같은 모습이다." 요즘으로 말하면, 제3자가 객관적으로, 동학이 혹세무민하고 있으니 짓밟아 버리라고 명령을 받은 중앙 관리가 와서, 막상 만나 보니 전혀 차원이 다르단 말이에요. 그래서 민회란 말을 써서 장계(狀啓)를 올렸던 것입니다. 민회라는 말이 들어간 그 장계 때문에 어윤중은 황해도로 귀양을 가게 돼요. 동학을 진압하라고 보냈더니 더 높이 평가한 보고서를 올린 어윤중을 국왕과 보수 강경파들이 볼 때 제정신이 아닌 것이라고 판단한 거죠. 어찌 됐든 120년 전의 어윤중의 보고서에 보은에 모였던 수만명의 민초들의 모습이 민회였다는 거죠.

그러면 이 민회라는 표현이 갖는 상징적 의미가 뭐냐, 민회에 모였던 사람들이 어떤 사람들이냐. 어윤중의 보고서에 보면 보은집회에 모였던 수많은 다양한 부류랄까, 이런 내용들을 전부 다 기록을 해 놨어요. 세상을 바꿔 보자고 하는 사람들, 외국의 침략 때문에 경제적으로 시달리던 사람들, 신분제도 때문에 꿈을 펴지 못하는 사람들, 요즘말로 하면 비정규직들, 다 여기에 모였다는 겁니다. 간단하게 말하면 새로운 세상, 새로운 삶, 새 하늘을 꿈꾸는, 조선에 살던 모든 사람들이 120년 전에 바로 여기에 모였다는 겁니다. 그런데 그들이 그들 나름의 논리와 철학과 나름의 질서를 다 갖고 있었다는 것입니다. 이게 어윤중의 보고서에 나옵니다.

또 그 보고서 속에 보은취회의 목적이 두 가지로 나오는데, 하나가 '보국안민(輔國安民)'이었습니다. 보은취회에 모인 민초들은 바로 '보국안민'을 하려는 무리들이었다는 것이지요. '보국안민'이란, 잘못되어 가는 나라를 바로잡고, 도탄에 빠진 백성들을 편안하게 건지자는 것입니다. 이 말은 수운 최제우 선생이 처음으로 한울님과의 문답을 통해 확신을 하고 내가 가르치려는 내용대로 가르치면 사람들을 건질 수 있고 나도 장생을 하고 세상도 편안하게 만들 수 있겠다는 확신을 가지고 그 가르침을 펴기 위한 선언문을 쓰는데, 그게 바로 「포덕문(布德文)」입니다. 그 「포덕문」 제일 마지막에 "우리나라는 악질(나쁜 병: 전염병을 비롯한 사회적 질병)이 가득 차니, 민초들이 단 하루도 편할 날이 없다". 그래서 그들을 건지기 위해 동학을 선포하고 가르침을 편다. 보국안민의 계책으로써 이걸 낸다고 했어요. 보은취회의 목적이 '보국안민'에 있었다는 얘기는 수운 선생께서 최초에 동학을 창도하고 가르침을 세상에 펼 때의 문제의식과 일관성이 있다는 것을 증명한다고 볼 수 있겠죠? 이 '보국안민'이 그 뒤에 어떻게 되는가. 전라도 고창 땅에서 전봉준 장군이 이 나라의 모든 악정을 개혁하자고 무장(茂長)기포를 하게 되죠. 전봉준 장군으로 대표되는 농학농민군 지도부가 자신들이 무장봉기를 하지 않으면 안되었던 봉기의 정당성, 목적을 「무장포고문(茂長布告文)」을 통해서 세상에 선포합니다. 그 「무장포고문」에 '보국안민'이란 표현이 그대로 나와 요. 잘못되어 가는 나라를 바로잡고 도탄에 빠진 백성을 건지기 위하여 기포한다, 그래서 우리가 이 의로운 깃발을 드니 두려워하지 말고 다 참여하시라. 수운선생 「포덕문」의 보국안민, 보은취회 당시 관아 세 군데 문에 붙였다는 「보은관아통고」에 나오는 보국안민, 갑오년 3월 전라도 무장에서 기포할 때 포고했던 「무장포고문」의 보국안민. 이렇게 '보국안민'은 보은취회 30년 전의 동학창도의 정신에서 비롯되어, 30년 후의 보은취회의 정신으로 이어지고, 다시 갑오년 동학농민혁명의 정신으로 이어짐으로써 한결같은 일관성을 지니고 있어요.

바로 그 '보국안민'의 기치 아래에 모여서 보국안민의 가장 현실적이고 구체적이고 세부적인 슬로건을 무엇으로 내걸었느냐. '척왜양창의(斥倭洋倡義)'로 내걸었어요. 왜와 서양을 물리치기 위한 의로운 깃발을 든다. 지금까지 많은 사람들이 '척왜양창의' 해석을 엉터리로 해 오신 것 같아요. '척왜양창의'를 아주 쉽게 말하면 "제 나라 제 땅에서 제대로 된 생각을 가지고 제대로 된 삶을 살자." 바로 이겁니다. 이게 어떻게 배외주의나 국수주의, 폐쇄적인 민족주의입니까? 자주, 자립, 주체, 그런 선언을 보은취회에서 했던 겁니다.

보은취회 때 제일 많이 모인 날 인원이 약 2만 3천 명이라는 기록이 있습니다. 기록에 의하면, 그 무렵에 요즘으로 하면 모금을 하셨던 것 같아요. 속리초등학교 뒤에 돌성을 쌓고, 거기가 아마 지휘본부가 있었던 것 같고, 전국 각지에서 모인 분들이 동네 여기저기 흩어져 있다가 집회가 있으면 모였던 것 같은데, 당시 「취어」라는 자료에 의하면 230냥을 모았다는 기록이 나옵니다. 1문씩을 내서 230냥을 모으려면 2만 3천명이 있어야 합니다. 이런 기록을 통해 최대로 많이 모인 날에 2만 3천 명이 모였던 것으로 짐작이 되고요. 그렇지만 20일 이상 계속된 보은취회에 참여한 연인원은 8만에서 10만 명 정도였는데, 이들이 어떤 분위기였는가. 수만명이 모이면 먹는 거, 자는 거, 싸는 거, 입는 거 난리가 났을 거 아니에요? 전국에서 보부상이랄까, 요즘 같으면 축제 때 포장마차들 다 오잖아요, 그 시기에는 포장마차들이 주로 떡을 파는 분들이었던가 봐요. 보은 장내리 주변에 떡 장사들이 몰려왔어요. 그런데 모여든 집회 참가자들이 일일이 다 떡값을 지불했다는 기록이 나옵니다. 집회에 모인 사람들이 그랬다는 것이지요. 이 얘기는 집회 참가자들 사이에 공유되는 모종의 가치관 같은 것이 있었다는 거잖아요. 조정에서 말하는 것처럼 폭도나 오합지졸이 아니었다는 말입니다.

그렇다면 보은집회 참가자들 사이에 그들 나름의 질서와 도덕적인 것을 실천하도록 하는 그게 뭐였을까가 궁금해집니다. 저는 바로 그것이 동학의 '모실 시(侍)' 자였다고 봅니다. 이것이 갑오년으로 이어지면 어떻게 더 발전되고 정리되느냐면, "우리 동학군은 칼에 피를 묻히지 않고 이기는 것을 으뜸으로 삼고, 어쩔 수 없이 싸우더라도 사람 목숨만은 해치지 않으며, 행진하며 지나갈 때는 절대로 남에게 민폐를 끼치지 않고, 도망가는 자는 쫓지 않고, 굶주린 자는 먹여주고, 다친 자는 치료해주고, 항복한 자는 사랑으로 대한다."라는 형태로 더욱 구체화됩니다. 이게 보은에 모인 동학 도인들의 모습이었고, 갑오년에 봉기한 동학농민군의 모습이었습니다. 그런 내용들이 120년 전 보은에 모인 그분들의 집회 속에서 확인되는 내용입니다. 이런 부분들에 대해 저희가 다시 한 번 깊이 음미를 해 봐야 할 것 같습니다.

보은 장내리, 이곳 장안마을을 생각하면 떠오르는 두 사람의 이름이 있습니다. 한 사람은 어윤중이고, 또 한 사람은 이두황(李斗璜)입니다. 보은취회 때 그 수많은 민초들이 모였던 이곳, 1887년 이래로 동학의 성지였던 이곳을 동학농민군 토벌대장 이두황이 갑오년 10월에 습격해서 전부 불태워 버립니다. 이두황은 나중에 철저한 친일파로 변신합니다. 참 우리 역사가 이렇게 아이러니컬하고 이렇게 슬픈가 싶은데, 동학농민군 진압·학살에 가담했던 조선군 대장들의 거의 100%가 친일파가 됩니다. 명성황후 시해에 가담하고, 을사조약에 가담하고, 일본에 망명하고…. 동학의 성지를 초토화시킨 뒤에 나중에 친일파로 변신하는 이두황. 여기에 모였던 동학 도인들의 집회 내용을 민회라고 평가했다가 귀양을 간 어윤중. 이것이 120년 전 우리 역사의 양면입니다. 여러분은 어디로 가시겠습니까? 설마 이두황의 길을 가실 분은 없겠죠? 민족을 억압하고 탄압한 사람들의 대부분이 외세를 등에 업고 살아간다는 슬픈 역사 속에서 저희가 많은 상상력을 발동해야 되리라고 생각합니다.

120년 전 얘기는 이 정도로 하고, 120년 후 오늘 이 자리에 우리가 다시 모인 이유가 뭔가를 한 번 생각해 봤으면 좋겠습니다. 제 생각으로는 우리가 여기 모인 이유가 네 글자로 생각되더라고요. '온고지신(溫故知新)'하자. 다른 말로 '법고창신(法古創新)'하자 바로 그 네 글자입니다. 과거는 현재와 미래를 살아가는 데 있어 굉장히 풍부한 공부 자료, 상상력의 재료잖아요. 과거를 잘 살려서 우리가 앞으로 살아가는 미래의 거름, 에너지, 또는 길잡이로 삼자는 것이 우리가 오늘 이 자리에 모인 이유가 아니겠는가 생각합니다. 그걸 순수한 한글로 풀면, 오래된 미래, 오래된 새 길, 120년 전 보은취회를 통해서 오래된 새 길의 구체적인 내용을 한번 찾아보자, 새로운 미래를 열어가는 상상력의 재료로 삼아 보자, 바로 이것이 오늘 모인 가장 근본적인 목적이라고 봅니다.

그렇다면, 120년 전 보은취회에서 우리가 배울 수 있는 것이 뭘까? 저는

120년 전의 가장 큰 이슈는 사람의 위기였다는 생각을 했습니다. 즉 서세동점(西勢東漸)과 삼정문란(三政紊亂)이란 대내외적 위기에서 초래된 민초들의 위기를 뛰어넘고자 보은취회가 열렸던 것입니다. 그런데 120년 후 지금의 우리를 둘러싸고 있는 위기는 그런 민초들의 위기 차원을 떠난 것 같습니다. 민초들의 위기가 더욱 심각해짐으로써 뭇 생명의 위기, 전 지구적이며 전 문명적 위기까지 와 버린 게 아닌가 합니다. 수운 선생께서나 해월 선생께서는 당신들이 살던 바로 그 시대부터 생명의 위기가 가까이 오고 있다는 것을 감지하고 계셨던 것 같습니다. 그런데 이제는 우리가 상상이나 생각만으로, 또는 추상적으로 생명의 위기다 문명의 위기다 하는 시대가 아니라, 일상생활 구석구석에서 모두가 다 생명의 위기를, 지구적 위기를 느끼는 시대가 되어 버렸습니다. 가장 가깝게는 2011년 3월 후쿠시마 원전사고, 이게 얼마나 심각한 생명 위기, 전 지구적 문명 위기인지 아십니까? 지금도 일본에는 암 발생률이 급격하게 증가한다고 하는 기준치 1미리시버트 이상 피폭 당하는 인구가 100만 명 이상입니다.

따라서 지금 우리가 맞이하고 있는 위기는 추상적인 위기, 관념적 위기가 아니에요. 실제로 매일매일 식탁 앞에서, 출근 버스 안에서, 강의실과 일터에서 뭇 생명 위기와 지구적 위기와 생명적 위기를 온 몸으로 실감하는 시대가 되어 버렸다는 겁니다. 그러니 이런 절체절명의 위기를 해결하는 길을 찾기 위해서 뭔가 새로운 출발을 해야 할 것 아니겠습니까? 여기 보은 땅에 해월 선생님이 동학 본부를 차려 놓으시고 끊임없이 제자들을 공부시켰다고 하는 역사적 사실로부터 진지하게 배워야 한다고 생각합니다. 그래서 저는 "공부하자, 내공을 쌓자"고 호소하고자 합니다. 밖으로 눈을 돌리기 전에 도대체 지금 우리가 서 있는 2013년 4월 27일이라는 이 시간이 전 지구 역사 속에서 어디까지 와 있는 시점인가, 아무도 지구의 앞날, 우리 후손들의 앞날을 장담할 수 없는 시점에 와 버렸어요. 그런데 그걸 이대로 놔둘 겁니까? 정치적인 시스템 변화만 바라보고 거기에 모든 걸 걸어야 하냔 말입니까? 그것은 그것대로 변화해 가야 하겠지만, 문명의 위기에서 뭇 생명을 건지기 위한 내공과 영성을 밝히는 공부, 새로운 출발을 오늘 이 보은 땅에서, 120년 후의 보은취회를 통해서 선언을 해야겠다. 다시 새로운 발걸음, 뭇 생명, 문명 위기를 되돌리고 살리기 위한 새로운 출발, 그를 위해서 연대해야 한다고 호소합니다.

자료집에 실린 제 글의 포인트는 전봉준 장군이 여기 보은취회에 뜻을 함께 했다는 겁니다. 지금까지 모든 학자들이 동학의 남접(南接)과 북접(北接)은 대립했고, 해월과 전봉준은 서로 반대였다는 이분법을 가지고 동학을 이해해 왔습니다. 제가 일본에서 찾아낸 많은 자료를 통해서 보면, 동학농민혁명 당시 남북접이 따로 없었더라고요. 남북접은 일제 식민사학자들이 만들어 낸 날조된 내용입니다. 남북접은 하나였어요. 그런 자료들이 열 개 이상 남아 있습니다. 바로 보은취회에도 기존 학자들은 전라도 지역 23개 군현에서 보은취회에 왔다고 하였는데, 제가 찾아 보니 참가 군현이 그보다 훨씬 더 많았어요. 어느 정도 규모였냐 하면, 여기 보은 땅에서 제일 먼 전라도 서남해 연안의 보성, 장흥, 강진, 해남, 진도, 완도, 광양 쪽에서도 다 올라왔더라고요. 보은취회 때 남북접 구분이 없이 모두 참가했다는 이야기는 동학의 모든 포접(包接) 조직이 연대했다는 이야기입니다. "뜻을 함께 하는 분들이 함께 더 큰 뜻을 공유했던 자리." 그 자리가 바로 120년 전 바로 이곳이었습니다. 그래서 저는 공부와 수련에 힘쓰는 동시에, 또 하나 우리가 힘써야 할 것이 바로 '연대하는 일'이라고 생각합니다. 나 혼자 잘났다고 하는 자세로는 그리고 나 혼자만의 문제의식을 가지고는 풀리지 않는 세상이 되어 버렸습니다. 세상은 너무 복잡 다중합니다. 수많은 문제들이 복잡

한 그물처럼 서로 얽혀 있습니다. 그러기에 함께 연대하고, 함께 지혜를 모으는 새로운 형태의 운동이 아니면 이 위기는 해결하기 어렵겠다, 그런 생각입니다.

제가 존경하는 이 땅의 큰 어른 중 한 분이 무위당 장일순 선생님입니다. 무위당 선생을 뵈면서 저분이 120년 전에 해월 선생님이셨겠다는 생각을 했습니다. 120년 전 해월 선생님이 다시 태어나서 살다 가신다면 무위당 선생님 같은 분이시겠구나 하면서 한 7년 정도 가까이에서 모실 수 있는 시간을 가졌습니다. 제가 지금보다 한창 젊었을 때 무위당 선생님을 뵙게 되었는데 그때가 대체로 1987년 6월 항쟁 전후입니다.

1987년부터 1994년까지 제 생활을 회고해 보면, 데모하다가 지치면 원주 가서 선생님을 뵙곤 했습니다. 그럴 때마다 저에게 귀가 따갑도록 해주신 말씀이 있었습니다. "전두환을 사랑하라."라는 말씀이었지요. 최근에 와서야 그 말의 뜻을 조금 짐작합니다. 그게 뭐냐면, "정말 제대로 된 운동을 하려면 추운 티가 없어야 한다. 나쁜 놈이나 좋은 놈이나 잘난 놈이나 못난 놈이나, 사람을 대할 때 추운 티가 없어야 된다. 상대방과 내가 한몸이라는 실감, 체험, 깨달음이 안 되면 안 된다." 아, 그런 뜻의 말씀이셨구나. 모든 뭇생명과 내가 한 포태의 소산이요 하나로 연결되어 있고, 다시 말하면 한몸이라는 실감이 안 되면 절대로 그렇게 될 수 없죠. 동학의 정신이 바로 그거였던 것 같아요. 바로 그것 때문에 수만명이 이 자리에 모였어요. 그것 때문에 오늘 또다시 우리가 모인 것 같아요.

동학의 동(東) 자는 서(西)에 대한 '동'이 아니었더라고요. 중국, 일본, 우리나라 학자들이 모여서 '동'의 의미를 추구해 보니, 우리나라가 처음 생길 때 우리 조상들이 원래 중앙아시아에서 왔다고 하죠? '동'은 바로 광명이요, 생명이요, 빛이었더라고요. 5만 년 전에 우리 조상들이 중앙아시아에서 그 생명과 광명과 밝음과 빛을 찾아서 끊임없이 동진해 오던 그 역사의 축적이 1860년 4월 5일에 수운 최제우 선생님에 의해서 동학으로 다시 태어났더라고요. 바로 그 '동'의 의미를 우리가 제대로 음미하고 공부할 때 조금 전에 말씀하신 장일순 선생님처럼 뭇 생명에 대한 추운 티가 없는, 가장 저주해야 할 사람까지도 한몸으로 안고 껴안을 수 있는 정신이 나올 것 같고, 바로 그런 차원에서 이 자리가 새로운 출발, 새로운 연대를 선언하는 자리가 되었으면 좋겠습니다. 고맙습니다.

모든 생명을
소중히 여기는 사회

-〈한일 시민이 함께 가는 동학농민군 전적지를 찾아가는 여행〉의 성과를 중심으로

1. 인사

한국에서 온 박맹수입니다. 저는 지난 해(2011년) 8월 말부터 교토대학대학원(京都大學大學院) 인간환경학연구과(人間環境學硏究科) 객원교수로 교토시(京都市)에서 생활하고 있습니다. 무엇보다도 먼저, 작년(2011년) 3월 11일에 일어난 '동일본 대진재'와 '후쿠시마 원전사고'로 희생되신 분들, 또한 대(大) 재난을 당하신 분들에게 심심한 위로의 말씀을 올립니다. 작년의 대재해가 가져온 대규모 피해와 함께 일본의 여러분들께서 당하신 깊은 고통에 대해 무슨 말씀으로 위로를 드려야 할지 모르겠습니다만, 저는 대지진이 일어난 작년 3월 11일부터 오늘에 이르기까지 진심으로 일본의 여러분들과 함께 고통을 나누고자 하는 마음으로 지내왔습니다. 또한 금번 에히메(愛媛) 한일 시민 교류회를 위하여 여러 모로 진력해 오신 '일본코리아협회 에히메'를 비롯하여 에히메(愛媛) 대학의 와다(和田) 교수님, 그리고 이 자리에 함께 하시고 계시는 마츠야마시(松山市) 시민 여러분들께도 진심으로 감사드립니다.

저는 지난 2005년 3월 1일에 이곳 마츠야마 시에서 강연을 한 적이 있습니다. 그때는 주로 1980년 한국 광주시(光州市)에서 일어났던 비극적인 학살

사건, 즉 광주민중항쟁과 관련된 이야기를 했습니다만 오늘은 주제를 바꾸어 지난 2002년에 처음으로 시작되어 올해로 7회째를 맞이하는 「한일(韓日) 양국 시민이 함께 가는, 한국 동학농민군 전적지를 찾아가는 여행(이하 '동학농민군 전적지 여행')」에서 거둔 성과를 중심으로, 불행했던 과거를 교훈 삼아 바람직한 미래를 어떻게 열어 갈 것인가에 대해 제 생각의 일단을 말씀드리고자 합니다. 다행스럽게도 이 자리에는 '동학농민군 전적지 여행'의 일본 측 제안자이신 나라여자대학(奈良女子大學) 명예교수 나카츠카 아키라(中塚明) 교수님께서도 참석하고 계십니다. 박수로 환영해 주시기 바랍니다.

이번 저의 발제는 나카츠카 교수님의 오랜 염원과 후지국제여행사(富士國際旅行社)의 전면적 협력이 있었기에 가능했습니다. 나카츠카 교수님과 '동학농민군 전적지 여행'이라는, 역사라는 무거운 테마를 주제로 한 여행 프로그램을 2006년부터 정식 해외여행 프로그램으로 추진해 주신 후지국제여행사 관계자 여러분들께 이 자리를 빌려 다시 한 번 깊이 감사드리는 바입니다.

2. 지금까지의 발자취 회고

오늘의 보고가 있기까지 지난 10여 년의 발자취에 대해서는 여러 측면에서 말씀드릴 수 있겠습니다만 저는 우선 역사적인 한 '만남'에 관한 이야기부터 말씀 드리고자 합니다. 1995년 7월에 홋카이도대학 문학부 후루카와 강당(古河講堂) 구표본고에서 한국 전라남도 진도 출신의 동학농민혁명 지도자 두개골이 방치된 상태로 1백년 만에 발견되는 사건이 일어났습니다.

저는 1997년 4월부터 그 사건의 진상 규명을 위해 홋카이도대학에 유학하게 되었습니다. 현재 이 자리에 참석하고 계신 홋카이도대학의 이노우에 카츠오(井上勝生) 교수님과 함께 한일 두 나라 공동의 진상 규명 작업에 몰두하고 있던 1997년 가을 무렵으로 기억합니다만, 그때 삿포로시(札幌市)의 어느 '야키니쿠점(불고기집)'에서 처음으로 나카츠카 아키라 교수님을 뵙게 되었습니다. 나카츠카 교수님께서는 그때 '홋카이도대학 유골 사건'을 둘러싼 한일 공동의 진상 조사 활동—1997년까지는 역사문제를 주제로 한 한일(韓日) 양국의 공동연구 또는 공동조사가 거의 이루어진 적이 없던 그런 시기였습니다—의 의의를 대단히 높게 평가해 주셨습니다. 그와 함께 1997년 7월 홋카이도대학 측이 발표한 『최종보고서(유골 사건에 관한)』의 일부 내용을 머지않아 간행할 당신의 저서(『역사의 위조를 밝힌다』, 1998년)에서 소개하고 싶다고 말씀하셨습니다. 바로 이때가 나카츠카 아키라 교수님과 저와의 최초의 만남, 아니 '운명적'인 만남이었습니다. 오늘의 이 교류회는 바로 1997년 가을의 저와 나카츠카 교수님과의 운명적 만남에서 비롯된 것입니다.

이후, 나카츠카 교수님의 적극적인 제안으로 후지국제여행사 주최의 해외여행 프로그램 형태로 '동학농민군 전적지 여행'이 처음으로 이루어진 것은 나라현(奈良縣) 역사교육자협의회 및 같은 나라현의 퇴직교직원회 여러 분들이 중심이 된 2002년 여름의 여행입니다. 그로부터 작년까지 '동학농민군 전적지 여행'을 중심으로 이루어진 한일 교류의 발자취는 아래에 제시한 바와 같습니다.

위와 같이, 나카츠카 교수님과 저는 2002년부터 2013년 2월 말까지 10여 년간에 걸쳐 '동학농민군 전적지 여행' 프로그램을 중심으로 다양한 교류를 계속해 왔습니다만, 이 함께 하는 동학 여행을 통해 한국과 일본 두 나라의, 정확히 말하자면 두 나라 시민 차원의 '풀뿌리 교류'가 점점 더 다양해지고 점점 더 깊이를 더해 왔다고 말씀드릴 수 있겠습니다. 이러한 교류는 외부에서 보면, 정말로 아주 조촐한 규모의 교류로서 주목할 만한 것이 하나도 없을지도 모르겠습니다. 그러나 우리는 조촐한 형태의 교류를 거듭해 오는 가운데 서로 말로는 다 표현할 수 없는 커다란 감동을 느꼈을 뿐 아니라, 평생 잊을 수 없는 귀중한 체험을 할 수 있었다고 생각합니다. 여행하는 가운데 저희들은 몇 번이고 '역사의 진실' 앞에 마주섬으로써 참으로 가슴 쓰린 순간이 한두 번이 아니었습니다.─예를 들면, 동학농민군의 대둔산 최후 전투지를 비롯하여 우금치, 보은 종곡 등등─ 그러나 그 견디기 어려운 장면에 부딪쳤을 때 일본에서 오신 여러분들께서는 '역사의 진실'을 아주 진지하게 받아들이셨습니다. 이 자리를 빌려 일본 시민 여러분들의 협력과 이해에 대하여 깊이 감사 드리는 바입니다.

동학농민혁명(東學農民革命, 일본 학계에서는 甲午農民戰爭이라 합니다)이라는 주제는 근대 일본의 한국 침략 역사와 깊이 관련되어 있기 때문에 그 주제를 연구해 온 저는 일본에서 오신 여러분 앞에 섰을 때 '역사의 진실'과 마주할 수 있는 가장 바람직한 방법이 무엇일까, 또한 여러분들께 그것을 어떻게 설명하면 좋을까 하는 문제를 항상 고민했습니다. 그런 저에게 해답을 제시해 주신 분이 바로 나카츠카 아키라 교수님이셨습니다.

여러분께서도 잘 아시다시피, 나카츠카 교수님께서는 1960년대부터 '근대 일본에 있어 한국(조선) 문제의 중요성'을 남 먼저 인식하시고, 1차 사료에 근거한 뛰어난 연구 성과를 계속해서 발표해 오셨습니다. 1998년에 일본에서 간행된 『역사의 위조를 밝힌다』(한국에서는 『1894년 경복궁을 점령하라』라는 책으로 2002년에 간행)는 교수님의 저서는 바로 그것을 말해주고 있습니다.

지금까지 반세기 이상에 걸쳐 나카츠카 교수님께서 지향해 오신 역사 연구의 방향을 간단히 요약하기는 대단히 어렵습니다만, 제 나름대로 말씀드린다면 첫째, 1차 사료에 근거한 연구, 둘째, 역사의 현장에 직접 가 보는 것을 중시하는 연구, 셋째, 전체와 부분이라는 두 측면에서 사건이나 사물의 실체에 다가서는 연구 등으로 요약할 수 있겠습니다. 이 세 가지 내용을 다른 말로 표현한다면 바로 '역사의 진실'과 마주하기 위해 역사가가 추구해 가야 할 길이라고 말씀드릴 수 있겠습니다.

요약하자면 '역사의 진실'을 추구하기 위해 나카츠카 교수님께서 반세기 이상의 세월을 바치셨던 연구가 있었기에 저희들의 교류가 있게 되었고, 또한 내실 있는 교류로 이어졌다고 생각합니다. 바로 이 같은 사실을 우리는 절대로 잊어서는 안 된다고 생각합니다. 그런 차원에서 저는 다시 한 번 나카츠카 교수님의 노고에 대해 진심으로 감사 드리고자 합니다.

3. 10년간에 걸친 '한일 교류'의 성과와 그 의의

다음으로 2002년 이래 우리의 교류 성과와 그 의의를 생각해 보고자 합니다. 첫째, 처음 단계부터 시민 상호간의 교류로 시작했다는 점, 즉 풀뿌리 시민 차원의 교류를 추진해 왔다는 점. 둘째, 일방적이 아니라 상호 의견 교환을 통해, 그리고 상대방의 의견을 존중하면서 '자주적(自主的)'이며 '자발적(自發的)'인 교류를 해 온 점. 셋째, '동학농민군 전적지 여행'을 계기로 다양한 형태의 풀뿌리 교류를 만들어 내게 된 사실. 넷째, 한 번에 그친 것이 아니라 10여 년에 걸쳐 일본 측은 한국을 6회나 방문하였고, 한국 측도 4회나 일본을 방문함으로써 풀뿌리 교류를 계속해 온 사실. 다섯째, '역사의 진실' 앞에 진지하게 마주 섬으로써 가해자와 피해자라는 대립적 입장을 뛰어넘어 역사 인식을 공유할 수 있게 된 것, 그리고 상대방 나라 안에 과거를 교훈 삼아 공생과 평화의 미래를 향해 열심히 노력하고 계신 분들이 대단히 많이 계신다는 사실을 확인할 수 있었다는 점 등을 들 수 있겠습니다.

이상과 같이 우리의 풀뿌리 교류는 많은 성과를 내 왔습니다만, 저는 또한 가지 중요한 내용을 말씀드리고자 합니다. 그것은 바로 저처럼 근대 일본의 침략 때문에 지금까지도 커다란 상처의 흔적을 안고 살아가는 나라에서 태어나 자란 인간, 즉 피해자인 우리의 마음속에 어느 사이에 '미래에 대한 조그마한 희망'이 싹 터 오르게 되었다고 하는 사실입니다. 나카츠카 교수님께서 번역해 주신 저의 부끄러운 글 「5월 광주가 나에게 남긴 것」[한국어판 『녹색평론』 2006년 5-6월호, 일본어판 『미스즈』 548호, 2007년 4월호] 속에서 고백했듯이, 한국에서는 1980년 5월의 '광주 사건' 이래 많은 분들이 언제나 자기 자신을 강하게 자책 반성하면서, 어떻게 하면 이 나라의 절망의 역사를 희망의 역사로 바꿀 수 있을 것인가 하는 화두를 들고 그 길을 찾기 위해 필사적으로 싸워 왔습니다. 한국의 근현대사는 사실 실패에 실패를 거듭해 온 고통스런 역사 그 자체였습니다.

실패와 관련한 제 경험 한 가지를 말씀드린다면, 1987년의 '6월 항쟁(민주화운동)' 과 그다음 해에 일어난 노동자 대투쟁 때가 생각납니다. 그 당시 한국정신문화연구원(현재의 한국학중앙연구원) 부설(附設) 한국학대학원 박사과정에 들어가 학위논문을 써야 했던 저는 공부보다는 데모를 더 좋아하게 되었습니다. 그래서 먼저 대학원의 어용교수(御用敎授)들에 대한 반대 데모를 조직하였고, 그다음에는 노동조합을 만들어 스트라이크를 주도했습니다. 그 일로 인해 1995년까지 약 10년간 박사학위를 취득할 수 없게 되었고, 국립연구기관에 합격했지만 노동조합 운동을 했다는 이유로 면접시험에서 떨어져 취직도 할 수 없는 고통스런 시간이 계속되었습니다. 그 무렵 저와 관련된 일은 『한겨레신문』에 빈번하게 보도됨으로써 저는 『한겨레신문』의 단골 취재 대상이기도 했습니다. 바로 그 고통스런 시기에 제 인생 최대의 행운이 찾아 왔습니다.

4. "운동가에게는 로망(희망)이 없어서는 안 된다"

제 인생 중에 가장 쓰라린 시기에 찾아온 최대의 행운이란 다름 아니라 '한살림 운동'(1986년에 한국 강원도 원주에서 처음으로 시작된 시민운동으로서, 종래의 정치변혁 중심의 운동을 뛰어넘어 사람들의 생활의 전면적인 변혁 및 사람을 포함한 모든 생명을 소중히 여기는 사회를 만들기 위한 생명운동의 한 분야--필자 주) 제안자인 무위당 장일순(無爲堂 張壹淳, 1928-1994) 선생님과의 만남입니다. 취직도 할 수 없고, 박사학위도 취득할 수 없고, 그래서 일정한 직업이 없던 저는 1987년경부터 한국 각지를 떠돌며 동학농민혁명 유적지 답사를 계속하고 있었습니다. 그때 강원도 원주에서 처음으로 장일순 선생님을 뵈었습니다. 장 선생님께서는 저에게 '내유천지 외무소구(內有天地 外無所求)' 라는 화제(畵題)가 쓰인 난(蘭) 그림 1점을 쳐서 주셨습니다. 그러시면서 장 선생님께서는 "사회 변혁을 꿈꾸는 운동가는 로망(희망)이 없으면 안 되는 법이다. 자신이 꿈꾼 일 가운데 99%가 모두 실패했더라도, 남은 1% 속에 희미한 가능성이 남아 있다면 바로 거기에서 로망(희망)을 느끼는 사람이라야 진정한 운동가다." 라고 말씀해 주셨습니다. 그 말씀은 당시 되는 일이라고는 하나도 없던 저에 대한 장 선생님의 무한한 사랑과 한없는 격려가 담긴 말씀이었습니다. 저는 그렇게 장일순 선생님과의 만남을 계기로 힘들고 고통스런 시기를 이겨 낼 수 있었습니다. 제가 고난의 시기를 견뎌 낼 수 있었던 것은 바로 장 선생님으로부터 받았던 '로망(희망)'이라는 말씀 덕분이었다고 생각합니다.

이 자리에 모이신 여러분! 인간에게 있어 가장 중요한 것이 무엇인지요? 두 말 할 것도 없이 '목숨(=生命, 일본어로는 '이노치')'이 아니겠습니까. 그렇다면 그 '목숨(생명)' 을 지닌 우리를 가장 밑바닥에서부터 지탱해 주는 것은 무엇이겠습니까. 그것이 바로 '희망' 즉 장일순 선생님의 말씀을 빌리자면 '로망'

바로 그것이라고 저는 굳게 믿고 있습니다. 저는 물론이고 일본의 여러분들과 교류를 계속해 오신 한국의 모든 분들은 일본에서 오신 여러분들과의 교류를 통해 인간에게 가장 소중한 '희망', 다시 말해 '로망'을 느꼈으리라 생각합니다만 어떠신가요. 그리고 아마도 이 자리에 참석하고 계신 일본의 시민 여러분들께서도 제가 느꼈던 것과 똑같은 하나의 '로망(희망)'을 느끼실 수 있으리라 믿습니다.

5. 지금은 '근대' 문명 그 자체가 근본적으로 문제가 되는 시대

다음으로 '동학농민군 전적지 여행'을 함께 하는 가운데 한일 두 나라 시민들이 확인한 것은 무엇이며, 우리가 배운 것은 무엇이었던가에 대한 것입니다. 예를 들자면, 동학농민혁명 최후의 격전지였던 우금치, 대둔산, 보은 종곡리 등에서 한일 두 나라 시민들은 무엇을 확인하였으며, 무엇을 배울 수 있었을까요? 분명 그곳에는 가해자로서 일본군이 저지른 야만적인 살육 행위와 피해자로서의 동학농민군이 비참하게 당할 수밖에 없었던 슬픔에 가득 찬 역사가 있었습니다. 저는 우리들의 동학 여행이 시작되었을 때부터 얼마 동안은 '가해자로서 일본과 피해자로서 한국'밖에는 다른 생각을 할 여유가 없었습니다. 그래서 모처럼 찾아오신 일본인 여러분들의 순수한 마음에 상처를 드리는 경우가 많았을지도 모르겠다고 지금은 깊이 반성하고 있습니다. 저의 반성의 핵심은 '왜 나는 일본에서 오신 여러분 앞에 섰을 때 문제의 근원을 좀 더 깊게 생각하지 못했을까?'에 있습니다. 그래서 최근 들어 제가 생각하는 것은 가해자와 피해자라는 대립적 차원의 문제가 아니라, '근대'라는 시대 그 자체가 초래한 좀 더 근원적인 문제에 관한 것입니다.

1860년에 한국의 경상도 경주에서 수운 최제우(水雲 崔濟愚, 1824-1864) 선생에 의해 확립된 동학은 동아시아의 사상 자원(思想資源)을 다시 살려 냄으로써 서양 '근대' 문명과는 전혀 차원이 다른 새로운 문명, 즉 후천개벽의 새 문명을 창조하려고 했습니다. 동학사상 속에서는 무엇보다도 '개벽(開闢)'이라는 용어가 강조되고 있습니다만, 개벽이란 아주 철저하면서도 근본적인 변혁을 지칭하는 의미로서 첫째, 사고방식(세계관)의 개벽, 둘째, 삶의 방식의 개벽은 물론이거니와, 구극적(究極的)으로는 '근대' 문명 그 자체의 개벽까지를 전망하는 변혁 사상입니다.

그렇다면 동학사상에서 강조되는 '후천개벽'의 새 문명이란 구체적으로 어떤 문명을 말하는 것일까요? 저는 그것은 바로 "모든 생명을 소중히 여기는 문명"이 아니겠는가 하고 이해하고 있습니다. 그러나 유감스럽게도 그 같은 동학의 꿈은 실현되지 못했습니다. 왜냐하면 후천개벽의 새 문명을 창조하려고 일어섰던 동학농민군들이 철저하게 탄압·진압되었기 때문입니다. 후천개벽의 새 문명을 지향하며 봉기했던 수백 만 동학농민군을 철저하게 진압한 것은 바로 대량 학살의 시대를 열어 제친 서양 '근대' 문명을 동양에서 남 먼저 받아들인 일본의 군대였습니다.

그러므로 우리는 무엇보다도 일본군이 동학농민군을 진압한 역사적 사실을 통해 '근대' 문명의 본질에 대해 깊이 생각하지 않으면 안 된다고 생각합니다. 바꿔 말하면 '근대' 문명의 개벽을 꿈꾸며 봉기했던 동학농민혁명의 좌절이라는 아픈 역사로부터 '근대'라는 시대가 초래한 부정적 측면을 철저하게 파악하여, 그러한 부정적 '근대'를 극복하기 위한 새로운 가능성 모색이라는 과제가 우리에게 절실하게 요청되고 있는 것이 아니겠는가 생각합니다.

한 말씀 덧붙인다면, 홋카이도대학의 이노우에 카츠오 교수님과의 공동 연구 및 조사는 지금도 계속하고 있습니다. 그 과정에서 재작년(2010년)에는 동학농민군을 탄압했던 일본군 독립 후비보병 제19대대의 대대장이었던 미나미 고시로(南小四郎) 소좌가 썼거나 수집해서 남긴 동학농민혁명 진압 관련 문서를 비롯하여, 동학농민혁명 당시 조선 현지에서 동학농민군으로부터 입수한 문서 등의 일반 공개라는 획기적인 일이 이루어지게 되었습니다. (이 일은 1997년 7월의 '홋카이도대학 동학농민군 지도자 유골 사건' 이래로 무려 14년에 걸쳐 이노우에 교수님을 비롯한 한일 두 나라 연구자들의 끈질긴 추적과 교섭 노력 끝에 성사되기에 이르렀습니다.) 지금 그 문서는 야마구치현(山口縣) 현립 문서관에 기증되어 일반에게 공개되고 있습니다.(한국의 동학농민혁명기념관에서는 야마구치현 현립 문서관의 협조로 2013년 4월 18일부터 그해 연말까지 미나미 고시로의 동학문서 수십 점을 전시하였다.)

미나미 소좌가 수집하고 그의 아들 및 손자가 오랜 기간 보관해 왔던 소위 '동학문서'가 존재한다는 사실을 처음으로 접한 것은 1998년경이었는데, 그때부터 해당 문서의 문서관 보존 및 일반 공개가 실현된 2010년에 이르기까지 오랜 기간 온갖 노력을 다하신 분이 바로 홋카이도대학의 이노우에 교수님이십니다. 저도 동 문서 보존 및 일반 공개를 위한 교섭 과정에 기회 있을 때마다 참여하면서 알게 된 사실이 있습니다. 그것은 바로 동학농민군 진압에 참가한 뒤 고향으로 돌아온 미나미 소좌의 여생이 순탄하지만은 않았다는 사실입니다. (구두 설명) 미나미 소좌만이 아니라, 동학농민군 진압에 가담했던 다른 장교들도 진압 작전이 다 끝난 뒤, 고국으로 귀국 전에 조선 땅에서 자살한 경우가 적지 않았다는 사실도 최근 밝혀지고 있습니다. 이 같은 사실 역시 '근대' 일본의 뒤틀린 역사, 즉 타민족에 대한 침략 전쟁이 초래한 비극이 아니고 무엇이겠습니까?

6. 모든 생명을 소중히 여기는 사회

2009년 11월, 저는 일본 오사카시(大阪市)에 사무실이 있는 '교토포럼' 초청으로 「근대 한국의 개벽사상」이라는 주제로 발표할 수 있는 귀중한 기회를 얻은 적이 있었습니다. 그 자리에서 저는 1891년부터 일본 내에서 심각한 문제가 되고 있던 '아시오 구리광산 광독사건(足尾鑛山 鑛毒事件)' 문제로 메이지일본의 '문명(文明)'의 본질에 대해 정면으로 맞서 싸운 다나카 쇼조(田中正造, 1841-1913)라는, 메이지시대의 훌륭한 사상가가 계셨다는 사실을 처음으로 알게 되었습니다. 또한, 바로 그 다나카 쇼조가 동학농민군의 '12개조 기율'에 대하여 대단히 높게 평가한 글을 남겼다는 사실을 나카츠카 교수님을 비롯한 일본 내 여러분들의 가르침을 통해 알게 되었습니다. 다나카 쇼조의 동학 관련 글은 물론 1894년 당시의 것은 아니고 그 2년 뒤인 1896년에 쓴 것입니다만, 저는 그 글이야말로 귀중한 역사적 의미를 지닌 글이라고 생각하고 있습니다. 왜냐하면, 1894년 동학농민혁명 당시나 그 직후나 일본에서는 조선의 동학농민군의 행동이나 동학농민혁명 그 자체에 대해 정당하게 평가한 경우가 거의 없었기 때문입니다. 여러분들의 이해를 돕기 위하여 동학농민군의 '12개조 기율'에 관해 기록한 1차 사료 내용을 소개합니다.

동도(東道, 東徒가 아닌 東道에 주의 -인용자 주)대장이 각 부대장에게 명령을 내려 약속하였다. "매번 적을 상대할 때 우리 동학농민군은 칼에 피를 묻히지 아니하고 이기는 것을 으뜸의 공으로 삼을 것이며, 어쩔 수 없이 싸울 때라도 간절히 그 목숨을 해치지 않는 것을 귀하게 여길 것이며, 매번 행진하며 지나갈 때에도 간절히 다른 사람의 재산이나 물건을 상하게 하지 말 것이며, 효제충신(孝悌忠信)으로 이름난 사람이 사는 동네 10리 안으로는 주

둔하지 말 것이다."(東道大將下令於各部隊長約束曰 每於對敵之時 兵不血刃而勝者爲

首功 雖 不得已戰 切勿傷命爲貴 每於行陣所過之時 孝悌忠信人所居村十里內 勿爲屯住)

12개조 군호(軍號; 紀律---인용자 주)

항복하는 자는 사랑으로 대하라(降者愛對)

곤궁한 자는 구제하라(困者救濟)

탐관은 추방하라(貪官逐之)

따르는 자는 공경, 복종하라(順者敬服)

굶주린 자는 먹이라(飢者饋之)

간사하고 교활한 자는 (그짓을) 그치도록 하라(奸猾息之)

도망가는 자는 쫓지 말라(走者勿追)

가난한 자에게는 나누어 주라(貧者賑恤)

충성스럽지 못한 자는 제거하라(不忠除之)

거스르는 자는 잘 타이르라(逆者曉喩)

병자에게는 약을 주라(病者給藥)

불효하는 자는 벌을 주라(不孝刑之)

(『朝鮮國東學黨動靜ニ關スル帝國公使館報告一件』,

日本 外務省 外交史料館所藏, 文書番號 5門3類2項4號)

이상과 같은 동학농민군의 엄격한 규율에 대해서는 1894년 동학농민혁명 당시 일본에서 간행되던 『도쿄아사히신문(東京朝日新聞)』 등 일본의 일간신문들도 다투어 보도하고 있었습니다. 이러한 엄격한 규율 덕분에 조선 내지(內地)에서 '불법적인' 상업 활동을 하고 있던 일본 상인들 가운데 단 한 사람도 동학농민군으로부터 위해(危害)를 당한 일이 없다고 말입니다. 그런데 위의 '동도대장'의 명령 및 동학농민군들의 규율을 보게 되면, 정말로 '사람의 목숨을 귀하게 여기는' 동학농민군들의 자세가 드러나고 있음을 알 수 있습니다. 또한 당시의 동학농민군들이 얼마나 '도덕적(道德的)'이며 얼마나 '자기규율적(自己規律的)' 존재였던가를 유감없이 확인할 수 있습니다.(조경달, 『이단의 민중반란』, 일본; 이와나미서점, 1998, 164~166쪽 참조)

동학농민군의 '12개조 기율'과 거의 똑같은 내용을 저는 일본 땅에서도 보았습니다. 홋카이도대학 4년 유학 생활을 마치기 직전이었던 2001년 3월에 일본 치치부(秩父) 답사를 갔을 때, 어느 조그마한 시골 박물관 벽에 걸려 있던 치치부 곤민당(困民黨)의 '행동강령' 속에도 농민군이 내걸었던 행동강령과 똑같은 행동강령이 걸려 있었습니다. 동학농민혁명이 일어나기 정확히 10년 전인 1884년에 일본의 치치부 곤민당의 '행동강령' 역시 규율 엄정한 가운데 사람의 목숨을 소중하게 여기고 있었습니다. 1884년의 일본 곤민당과 1894년 조선 동학농민군들이 지향하고 있던 내용 가운데 사람의 목숨을 가장 소중하게 여기고 있다는 공통점을 발견했을 때의 감격과 기쁨을 지금도 저는 잊을 수가 없습니다.

그러나 2001년 3월의 치치부 답사 당시는 아직 다나카 쇼조라는 대단한 사상가의 존재에 대해서는 전혀 몰랐었습니다. 그렇기 때문에 2009년 11월의 교토포럼에 참가하여 다나카 쇼조에 대해 처음으로 이야기를 들었을 때, 저는 '눈에서 비늘이 떨어지는 듯한(대단한 충격을 받았을 때 일본인들이 쓰는 표현─필자 주)' 충격과 함께 큰 감동을 받았습니다. 동학농민군이 내걸었던 '12개조 기율'을 높게 평가한 다나카 쇼조는 메이지 일본(明治日本)의 지식인 가운데 동학농민군(또는 동학농민혁명)의 지향에 대해 '올바르게' 인식한 유일한 일본인이 아닌가 생각합니다. 광독 사건으로 인해 수많은 민중들의 목숨이 위태롭던 시기에 민중의 목숨을 위해 싸웠던 다나카 쇼조가 동학농민군을 높게 평가한 것은 우연이 아닌 필연이었다고 저는 생각합니다. 왜냐하면, "칼에 피를 묻히지 아니하고 이기는 것을 으뜸의 공으로 삼고, 어쩔 수 없이 싸울지라도 사람의 목숨만은 해치지 않는 것을 귀하게 여기는" 동학농민군의 '자기 규율적' 모습이 다나카 쇼조의 눈에 바로 들어왔기 때문일 것입니다.

잘 아시다시피, 다나카 쇼조는 1884년(43세)에 이미 도치기현령(栃木県令)의 폭정에 저항하다가 3개월간 감옥에 갇힌 적이 있으며, 1891년에는 중의원(衆議員)의 국회의원 신분으로 '아시오 구리광산 광독사건'에 대해 정부 측에 질문서를 제출하고, 국회에서 광독 피해민들의 구제를 호소했습니다. 그러나 당시 일본 정부는 피해민들에 대해 제대로 대응하려 하지 않았습니다. 그리하여 1897년 3월, 피해민들이 대거 상경하여 정부 측에 직접 청원하기에 이르렀습니다. 피해민들은 총 4회에 걸친 상경 청원을 하지만, 1900년 2월 13일의 제4회 상경 청원 운동을 헌병과 경찰을 동원하여 탄압함으로써 좌절되었습니다. 피해민들의 청원 운동을 국가 폭력을 사용하여 탄압하는 일본정부에 대해, 다나카 쇼조는 '망국에 이르는 것을 모른다고 한다면 이것(피해민 상경청원 탄압사건-필자 주)이 곧 망국이 아니고 무엇이겠는가?'라는 질문서를 제출하여 정부 측의 탄압을 비판하였고, 이듬해 1901년에는 마침내 중의원 의원직을 사직하고, 그해 12월 10일에는 '죽음을 각오하고' 메이지천황에게 '아시오 구리광산 광독사건' 문제를 직소(直訴)하였습니다. 하지만, 쇼조는 이 직소 때문에 또다시 투옥됩니다. (이 대목에서 고부군수의 폭정에 시달리던 농민들을 위해 두 차례나 청원서를 제출하며 싸웠던 동학농민군 최고지도자 전봉준 장군이 떠오릅니다.) 1904년부터 쇼조는 광독 피해가 더욱 극심해진 '야나카무라(谷中村)' 안으로 들어가 피해민들과 함께 생활하기에 이르렀고, 1913년 작고하기까지 야나카무라의 주민들과 함께 대정부 투쟁을 계속했습니다. 이 같은 다나카 쇼조의 투쟁은 바로 목숨=생명을 소중히 여기지 않는 메이지 일본 정부의 잘못된 근대화에 대한 싸움이었습니다. 다나카 쇼조는 일찍이 이렇게 말했습니다.

참된 문명이란 산을 황폐하게 하지 않으며, 강을 더럽히지 않으며, 마을을 파괴하지 않으며, 사람을 죽이지 않는 것이다.

메이지시대 일본의 탁월한 민중사상가 다나카 쇼조는 '아시오 구리광산 광독사건'을 계기로 메이지 일본 정부가 내걸었던 '문명개화' 정책이 얼마나 많은 산을 황폐하게 했으며, 얼마나 많은 강을 더럽혔으며, 얼마나 많은 마을을 파괴하였고, 그리고 얼마나 많은 사람들을 죽여 왔는가를 명확하게 꿰뚫어보았다고 생각합니다. 여컨대, 쇼조는 사람을 포함한 수많은 생명의 희생을 초래하고 있던 잘못된 '근대' 문명에 맞서 '모든 생명을 소중히 여기는 사회'를 향한 외롭고 힘든 싸움을 죽을 때까지 계속했다고 말할 수 있겠습니다. 이 같은 싸움의 와중 속에서 쇼조는 동학농민군의 '12개조 기율' 속에 담긴 '모든 생명을 소중히 여기는' 정신을 읽어낼 수 있었다고 봅니다.

1980년의 '광주민중항쟁' 이후부터 지금까지 30여 년간 오로지 '동학(東學)' 연구에 바쳐온 저는 동학농민군의 '12개조 기율' 속에 들어 있는 '모든 생명을 소중히 여기는 정신'을 읽어 내고, 그 정신을 높이 평가한 문장을 남긴 다나카 쇼조라는 대단한 일본인 사상가의 존재를 알게 된 것을 신(神)이 주신 최대의 선물이라고 생각하고 있습니다. 앞으로 또다시 몇십 년간 더 걸어가야 할지 모를 길 위에서 저는 다나카 쇼조처럼, 그리고 동학농민군들처럼 '모든 생명을 소중히 여기는 사회'를 향해, '로망(희망)'을 가지고 여러분들과 함께 '싸워 나가고자' 합니다.

긴 시간 경청해 주서서 대단히 감사합니다.

민중 전선과 민족 전선을 넘어 생명 전선으로

1894년 동학농민혁명은 안으로는 조선왕조의 낡은 지배 체제 아래에 신음하던 민초들이 광범위한 '민중 전선'을 형성하여 새로운 체제를 건설하려는 '아래로부터의' 거대한 변혁운동이었고, 밖으로는 제국주의 일본의 침략에 맞서 조선의 국권을 수호하려는 민족주의 운동의 본격화 · 전국화를 보여주는 대사건이었다.

외재적 요인에서 내재적 요인으로

2014년 갑오년 첫 새아침을 경주 용담에서 맞이했다. 경주 용담은 1860년에 수운 최제우(1824-1864) 선생이 동학을 창도한 곳으로, 갑오 동학농민혁명은 바로 이 동학을 기반으로 일어난, 세계사에서 그 유례를 찾기 힘든 거대한 민중운동이었다. 혁명은 결코 사상이나 조직 없이, 그리고 오랜 준비 없이 일어나는 법은 없다. 120년 전의 동학농민혁명은 바로 수운 선생이 창도한 동학을 그 사상적 뿌리로 하고, 다시 해월 최시형(1827-1898) 선생의 34년에 걸친 동학 포덕 활동, 즉 동학 접포 조직의 전국화와 핵심 지도자 양성을 기반으로 삼아 전개되었다. 1894년에 조선특파원으로 주재하고 있던 한 일본인 기자의 보도에 따르면, 당시 조선 인구는 1,052만 명 정도였다고 한다. 그중 최소 4분의 1에서 최대 3분의 1이 혁명 대열에 참여했다. 2백만에서 3백만에 이르는 민초들이 보국안민(輔國安民)을 기치로 한 혁명 대열에 참여했던 것이다. 오늘날과는 달리 근대적 교통통신망이 보급되지 않았던 시대, 대다수 민초들이 문자를 제대로 읽고 쓸 수 없었던 시대, 거기에다가 신분제를 근간으로 한 유교적 지배 이데올로기가 강하게 지배하던 전통사회에서 어떻게 몇백 만 명의 민초들이 비일상적 사건이라 할 수 있는 혁명 대열에 동참할 수 있었던 것일까? 그 배경은 과연 무엇이었을까?

1860년에 동학이 성립하고 1894년에 동학농민혁명이 일어나게 된 역사적 배경을 이야기할 때, 종래의 통설은 밖으로는 서세동점(西勢東漸), 안으로는 삼정문란이 중요한 배경이었다고 강조해 왔다. 조선이라는 나라 안팎의 상황이 동학 창도 및 동학농민혁명을 촉발시킨 결정적 요인으로 작용했다는 것이다. 이것은 이른바 역사 발전의 동력을 밖에서 찾는 타율성론(他律性論)으로 이어질 수 있다는 점에서 주의를 요한다. 이같이 외재적 요인을 중시하는 입장에서는 당연히 동학사상은 당시 사회의 구조적 모순에서 발생한 것으로 해석하고, 동학농민혁명 역시 당시의 사회구조적 모순이 폭발한 결과로 해석한다. 이런 해석은 동학을 창도하고 동학농민혁명이 촉발되는 과정에서 이루어지는 주체적 영위, 그 속에 내재한 독자성과 보편성을 외면하는 결과를 초래한다. 예를 들어 '동학은 서학에 대항하기 위해서 성립된 대항 이데올로기'라거나, '동학농민혁명은 조선후기 민란의 연장선상에서 그것을 집대성한 것에 지나지 않는다.'는 주장은 바로 동학과 동학농민혁명이 지닌 주체성과 보편성을 애써 외면하는 잘못된 견해라 할 수 있다.

올해는 1860년 동학 창도로부터 155년이 되는 해이자, 그 동학을 창도하였다가 '좌도난정(左道亂正)'이라는 죄목으로 처형당한 수운 선생의 순도 150주년이 되는 해이며, 동학농민혁명이 일어난 지 120주년이 되는 해이다. 이런 뜻 깊은 해를 맞이하여 선결되어야 할 과제가 있는데, 그것은 바로 종래 동학을 바라보던 시선을 전면적으로 바꾸는 것이다. 역사 발전의 주된 동력으로서 외적 요인을 지나치게 강조하는 태도에서 벗어나 내재적 요인을 소중하게 여기는 태도로 코페르니쿠스적 방향 전환이 필요한 시기가 지금이 아닐까 한다. 즉, 동학 창도 및 동학농민혁명의 역사적 배경을 생각할 때, 이제부터라도 동학이란 파천황적 사상을 만들어 내고, 동학농민혁명이란 거대한 민중 혁명운동을 불러일으킨 우리 내부의 주체적 힘, 주체적 문제의식이 과연 무엇이었던가를 중시하자는 것이다. 여기서 그 주체적 힘, 주체적 문제의식의 일단에 대해 함께 생각해 보기로 하자.

임진왜란·병자호란이라는 큰 전란이 휩쓸고 지나간 조선 후기 사회의 두드러진 특징 가운데 하나는 종래의 주자학 일존주의를 대신하여 다양한 사상적 움직임이 분출되기 시작한다는 점이다. 주자학에 바탕한 기존 지배 체제와 그 지배 이념이 일종의 해체기를 맞이하게 되는 것이다. 불교의 미륵신앙과 『정감록』으로 대표되는 비결신앙의 유행, 서학(천주교)의 전래와 그 급속한 전파 등이 바로 그런 사회현상을 대표하고, 거기에 더하여 경판본과 완판본으로 대별되는 한글 고대소설의 보급이라든지, 판소리의 유행 등은 양반을 정점으로 하는 기존의 신분제 사회를 통렬하게 비판하면서 새로운 세상을 갈구하는 민초들의 사상적 지향을 아주 잘 보여주고 있었다. 이런 사회적 흐름 속에서 더욱 주목할 만한 움직임이 등장하는데, 그것은 바로 미륵신앙이나 『정감록』 등의 반주자학적 사상에 의지하여 모순투성이인 기존 체제를 타파하려는 변혁운동이 전국적으로 확산되어 갔다는 사실이다. 조선후기 민초들의 반체제 운동 자료를 담고 있는 『추안급국안』이란 역사기록 속에 미륵신앙과 『정감록』 등의 비결신앙에 기초한 비밀결사들이 조선왕조에 반기를 든 사례가 무수히 등장하는 것이 그 구체적 증거들이다.

이처럼, 조선 후기에는 지배 이념으로서 한계를 드러내기 시작한 주자학을 대신한 다양한 사상적 움직임이 분출하기 시작하였고, 기존 지배 체제를 비판하거나 기존 체제를 변혁하려는 민초들의 저항적 움직임이 두드러지기 시작했다. 이를 일러 학계는 조선 후기야말로 '민이 역사의 주체로 전면적으로 등장하기 시작하는 시대' 또는 종래 역사의 주체이면서도 역사의 객체로 억압받고 소외되어 왔던 민중이 '변혁 주체로서 자기인식을 명확하게 갖기 시작하는 시대'로 설명한다. 요컨대, 조선 후기에는 민이 역사의 주체로서 전면적으로 등장하기 시작했다고 말할 수 있다. 이런 견지에서 1860

년, 수운에 의한 동학 창도는 조선 후기 이래 지속적으로 이루어진 '민중 의식의 성장'을 총괄하는 의미를 지닐 뿐만 아니라, 역사의 주체임을 자각하기 시작한 민중 자신의 '사상적, 정신적 자립'을 뜻하는 것이기도 했다. 동학이 성립되자마자 경상도 일대의 수많은 민중들이 동학사상에 공명하여 다투어 입도했다는 사실은 동학이 '하루도 편안할 날이 없는' 시대에 얼마나 '민중친화적'이었는가를 극명하게 보여주는 동시에, 장차 거대한 민중운동의 에너지원으로 발전되어 갈 가능성을 시사하고 있었다고 할 수 있다.

왜곡의 세월 120년을 넘어

동학농민혁명 120주년. 여기저기서 120주년을 맞이하려는 이런저런 움직임이 일고 있다. 동학 유적지와 동학농민혁명 전적지를 찾아가는 크고 작은 답사 여행에서부터, 120주년을 기해 동학과 동학농민혁명을 학문적으로 성찰하려는 심포지엄도 여기저기서 조직되고 있다. 유족회를 비롯한 각종 기념사업 단체와 지자체를 중심으로 동학농민혁명을 현창하려는 노력도 활발하다. 또한, 소설 쓰기나 연극영화 제작을 통해 120주년의 의미를 살리고자 문화예술계 쪽 인사들도 활발하게 움직이고 있다고 들린다. 더더욱 반가운 일은 100일 수련회를 조직하여 동학사상을 심층적으로 이해하고, 동학적 수련을 통해 영성을 함양하는 동시에, 차세대 활동가를 양성하고자 하는 시도가 구체화되고 있다는 사실이다.

이렇게 각계각층이 동학농민혁명 120주년에 즈음하여 분주한 지금, 어떻게 120주년을 맞이하는 것이 제대로 된 기념이 될까 자문해 본다. 결론부터 말한다면, 왜곡의 세월 120년을 뛰어넘는 작업부터 시작하는 것이 120주년을 제대로 기념하는 일로 이어진다고 생각한다. 120년 동안 왜곡되어 온 동학! 120년 동안 찌그러질 대로 찌그러진 동학농민혁명! 그 치명적 왜곡의 실상 몇 가지를 지적하자면 다음과 같다.

"왜곡 1: 동학은 서학에 대항하기 위해서 성립된 대항 이데올로기다."

이런 식의 왜곡은 현행 모든 역사교과서에서 공통적으로 나타난다. 하지만 동학의 '동'의 유래와 그 근원을 찾아가 보니 동쪽이라는 방위로서의 '동'의 의미 외에, 동학은 '서에게로 활짝 열려진 동'의 의미를 함께 지니고 있었다. "서학과 동학은 무엇이 같고 다른가?"에 대한 질문에 대해 수운 선생이 서학과 동학은 "운도 하나요 도도 같지만, 다만 그 이치에서만 다르다."고 밝힘으로써 서학에 대해 활짝 열린 동학의 개방성을 잘 보여준 것이 그 반증이다.

"왜곡 2: 동학은 일종의 저항 사상이다."

그동안 많은 학자들, 특히 역사학자들은 동학을 1894년 동학농민혁명에 일직선으로 연결 지어 그것이 혁명사상으로 기능했느냐 못했느냐는 식의 논의로 일관해 왔다. 동학을 그저 조선 후기 민중운동의 저항 이념으로만 바라보는 우를 범해 왔던 것이다. 그 때문에 대다수 연구자들은 동학이 '나쁜 병이 가득하여 단 하루도 편안할 날이 없는 시대'의 민초들을 도탄에서 건지기 위한 '살림'의 사상으로 확립되었다는 사실에 대해서는 거의 주목하지 않았다. 특히 해월 선생에 의해 그 '살림'의 사상이 만인에서 만물에까지 확대된 사실에 대해서는 더더욱 무지했다고 해도 과언이 아니다.

"왜곡 3: 동학의 남북접(해월 선생과 전봉준 장군)은 서로 대립했고, 그 때문에 동학농민혁명은 실패했다."

백범 김구 선생의 자서전 『백범일지』에는 1894년 3월의 제1차 혁명 당시, 남북접이 하나가 되어 봉기한 사실이 기록되어 있다. 이런 사실은 『양호전

기』나 『동비토록』 등의 관 기록, 『조선국 동학당 동정에 관한 제국 공사관
보고일건』 및 『도쿄아사히신문』, 『미야코신문』 등의 일본 측 기록에도 똑
같이 기록되어 있다. 남북접은 처음부터 끝까지 행동을 함께한 것이다. 동
학의 남북접 문제를 대립의 관계가 아닌, 창조적 긴장 관계로 다시 볼 필요
가 절실하다.

"왜곡 4: 동학농민혁명은 전라도 고부의 동학 접주 전봉준이 일으킨 지역
적 사건에 불과하다."

이런 견해는 일제의 식민 지배를 정당화하고자 했던 식민사학자들에게
서 공통적으로 나타난다. 문제는 지금까지도 동학농민혁명을 일개 지역적
사건으로 바라보는 한국인들이 아주 많다는 사실이다. 동학농민혁명 1백
주년인 1994년을 전후하여 많은 사료들이 발굴, 소개되었다. 그 결과, 동학
농민혁명은 전라도만의 한 지역적 사건이 아니라 삼남지방을 필두로 조선
전역에서 수백 만의 민초들이 들고 일어난 거대한 전국적 차원의 혁명이었
음이 확인되었다. 2004년 2월에 국회에서 「동학농민혁명 참가자 명예회복
특별법」이 통과된 것은 바로 동학농민혁명이 전국적 차원의 민중 혁명이었
음을 공인받는 역사적 쾌거였다.

"왜곡 5: 동학농민혁명은 동학농민군 측의 전략 전술 부재로 실패했다."

동학농민군은 대부분이 농민들이었다. 갑오년 당시 농민들은 농사를 통
해서는 도저히 자신들의 생명과 생활을 보장받을 수 없었다. 오죽했으면
'난리라도 나서 하루빨리 나라가 망해 버리기를' 바라고 바랐을까. 농민들
은 생업을 통해 자신들의 생명과 생활을 보장 받을 수 있는 세상을 만들기
위해 어쩔 수 없이 죽창을 들고 봉기했다. 농투성이 출신이었던 그들은 사
람을 죽이는 무기를 전문적으로 다루는 훈련을 받은 바도 없었고, 상대를
살육하는 전략 전술을 익힌 적도 없었다. 왜냐하면 그들은 생업, 생명, 생활

을 위협받고 있던 민초들을 살리기 위해 일어난 '민군=살림의 군대'였기 때문이다. '살림의 군대'였던 동학농민군은 "칼에 피를 묻히지 아니하고 이기는 것을 으뜸의 공으로 삼았고, 어쩔 수 없이 싸우더라도 사람의 목숨만은 해치지 아니하는 것을 귀하게 여겼다." 이런 동학농민군을 압살하기 위해 동원된 군대는 바로 사람 죽이는 것을 전문으로 하는 일본군과, 그 일본군에 장악당한 조선 정부군(관군)이었다. 이들의 가혹한 탄압과 살육 작전 때문에 동학농민혁명은 좌절되었다.

민중 전선과 민족 전선을 넘어 생명 전선으로

전라북도 정읍시 덕천면 하학리 소재 황토재 마루에는 1963년에 중앙정부가 최초로 지원하여 건립한 '갑오동학혁명기념탑'이 우뚝 서 있다. 그 기념탑에는 '갑오동학혁명기념탑 명문'이라는 제목의 비문이 새겨져 있다. 비문을 쓴 이는 1920년대에 일본 와세다대학에 유학하여 「동학과 동학란」이라는 졸업논문을 쓴 김상기(1901-1977) 선생이다. 김상기 선생이 군이 동학을 주제로 졸업논문을 쓴 이유는 어려서부터 주변에서 많은 이야기를 들었을 것이라는 점, 그리고 그 출신지가 동학농민혁명의 중심 무대인 정읍 고부와 멀지 않은 김제였다는 사실에 기인하는 것으로 짐작된다. 김상기 선생이 쓴 비문은 전국에 산재한 동학 관련 기념비 비문 가운데 손에 꼽히는 명문 중의 명문이다. 그 비문 가운데 다음과 같은 구절이 있다. "전봉준 선생은 동학의 조직망을 통하여 농민대중을 안아 들여 우리 역사상에 처음 보는 대규모의 **민중 전선을 이룩하고**"라는 내용과 "제국주의 일본의 침략에 **민족 전선으로 항전하여** 우리의 민족정기를 현양시켜 뒷날 3·1운동의 선구를 이루었다."는 내용이 바로 그것이다.(강조는 필자) 동학농민혁명의 성격을 '민중 전선이자 민족 전선'으로 명료하게 정리한 김상기 선생의 탁견에 머리가 숙여진다. 만일 김 선생이 '민중 전선'만 강조했더라면 동학농민혁명은 그저 무산자 중심의 계급투쟁으로 한정되었을 지도 모른다. 그러나, 김 선생은 '민중 전선'에 그치지 아니하고, '민족 전선'이라는 표현을 하고 있다. 바로 여기에서 우리는 김 선생이 동학농민혁명을 특정 계층의 계급투쟁으로만 바라보려 하지 않았다는 것을 감지할 수 있다. 그렇다. 1894년 동학농민혁명은 안으로는 조선왕조의 낡은 지배 체제 아래에 신음하던 민초들이 광범위한 '민중 전선'을 형성하여 새로운 체제를 건설하려는 '아래로부터의' 거대한 변혁운동이었고, 밖으로는 제국주의 일본의 침략에 맞서 조선의 국권을 수호하려는 민족주의 운동의 본격화 · 전국화를 보여주는 대사건이었다. 그런 점에서 김상기 선생의 비문은 동학농민혁명의 역사적 성격을 아주 잘 드러냈다고 보여진다.

그런데, 김상기 선생이 쓴 '민중 전선'과 '민족 전선'이라는 표현으로 동학농민혁명의 역사적 성격이 충분히 드러났다고 볼 수 있을까? 그렇지 않다고 생각한다. 왜냐하면, 동학농민혁명은 말할 것도 없고, 그 사상적 기반이 된 동학사상 속에는 민중 전선적 성격과 민족 전선적 성격뿐만 아니라, 그 둘을 포함하면서도 그 둘의 울타리를 넘어서는 이른바 '생명 전선적' 사상이 풍부하게 들어 있기 때문이다. 동학과 동학농민혁명에 나타나는 '생명 전선적' 성격은 과연 어떤 것일까?

동학의 사상의 핵심은 『동경대전』 속의 「논학문」이란 글에 잘 드러나고, 그 「논학문」의 핵심은 "지기금지 원위대강 시천주 조화정 영세불망 만사지 (至氣今至 願爲大降 侍天主造化定 永世不忘 萬事知)"라는 21자 주문 해설에 요약되어 있으며, 그 21자 주문의 핵심사상은 다시 '시(侍; 모심)' 한 글자로 집약된다고 보는 것이 일반적이다. 그리고, 그 '시'란 「논학문」에서는 '내유신령 외유기화 일세지인 각지불이(內有神靈 外有氣化 一世之人 各知不移)'로 설명된다. 즉 "모심이란, 안으로 생명의 신령함이 있고, 밖으로 기화하며=내 안의 신령한 생명을 회복하여 다른 사람의 생명 또한 신령하게 하며, 온 세상 사람들이 각각 (그런 이치를) 깨달아 옮기지 아니하는 것"이다. 동학을 창도한 수운 선생은 '성경신(誠敬信)'이라는 세 가지 덕목을 실천하면서 21자 주문을 지성으로 외우면 모두가 다 그 '모심'의 경지=생명의 신령함과 그 신령한 생명의 사회화를 체현할 수 있다고 강조한다. 바로 여기에 살림의 사상, 생명사상으로서의 동학, 즉 동학의 '생명 전선적' 특징이 있으며, 1894년 동학농민혁명의 성격을 '생명 전선적' 측면에서 재조명해야 할 이유가 있는 것이다. 동학사상 및 동학농민혁명의 '생명 전선적' 측면에 대해서는 일찍이 경주 출신 범부 김정설(1897-1966)선생이 4·19학생혁명이 일어나던 1960년에 「최제우론」이라는 글을 통해 널리 천명한 바 있다. 여기에 범부 선생의 글 한 구절을 참고로 인용한다.

> 수운 자신의 설명에 따르면, '시'라 함은 안으로 신령이 있고 밖으로 기화가 있다고 한다. 이때 '안'은 '신의 안'인 동시에 '사람의 안'인 것이고, 이때 '밖'은 '사람의 밖'인 동시에 '신의 밖'인 것이다. 말하자면 천주가 '안'인데 사람이 '밖'이거나, 사람이 '안'인데 천주가 '밖'이거나 하는 그런것이 아니라는 것이다. 나의 '안'이 곧 천주의 '안'이며 천주의 '밖'이 곧 나의 '밖'이 되는 것이므로, 내 '안'의 신령한 것이 곧 천주의 신령인 동시에 내 밖의 삼라만상이 곧 천주의 기화라는 것이다. 그러므로 천주의 신령을 떠나서 나의 신령이 따로 있거나 천주의 기화를 떠나서 나의 기화가 따로 있는 것이 아니라는 것이다.
>
> (『풍류정신의 사람 김범부의 생각을 찾아서』, 도서출판 한울, 2013, 134쪽)

범부 선생 이후로는 서울대 철학과 출신 윤노빈 선생이 『신생철학』이란 저서를 통해 그 맥을 계승하였으며, 윤노빈 선생의 뒤로는 시인 김지하가 『남녘땅 뱃노래』와 『살림』, 『이 가문 날에 비구름』이란 저작을 통해 동학 및 동학농민혁명의 '생명 전선적' 측면, 즉 생명사상으로서 동학의 사상적 특징을 드러내려 노력했다. 그런데 이런 '생명 전선적' 측면에서 동학사상을 아주 쉽게 해석하여 일반 대중들이 관심 갖게 하고, '생명 살림'을 지향하는 '한살림 운동'을 통해 사회적 실천의 모범을 제시하여 주신 분이 바로 강원도 원주 출신의 무위당 장일순(1928-1994) 선생이다. 무위당 선생은 동학의 많은 가르침 중에서도 특별히 해월 선생의 가르침에 주목하여, 그것을 현대적으로 해석해 냈다. '만사지(萬事知)가 식일완(食一碗)' 즉 "밥 한 그릇의 이치를 알면 온 우주의 이치를 알 수 있다."는 밥 사상을 비롯하여, "천지만물(天地萬物) 막비시천주(莫非侍天主)' 즉 "천지 만물이 하늘님을 모시지 않은 것이 없다"는 경물(敬物) 사상을 특히 강조하시곤 했다. 무위당 선생의 동학사상에 대한 각별한 관심은 1989년의 『한살림선언』으로 총정리되었다고 볼 수 있다.

다시 일본을 생각하며

동학농민군 지도자 전봉준은 1880년대 후반 동학에 입도했다. 그리고 1892년 삼례 교조신원운동 때부터 지도자로 부상, 1894년에는 동학농민혁명을 지도하는 최고지도자가 되었으며, 그해 12월 체포되어 이듬해 3월 29일에 사형판결을 받고 형장의 이슬로 사라진다. 만 40세의 나이로. 그런 전봉준의 최후진술을 담고 있는 『전봉준공초』에는 흥미로운 내용이 많다. 그가 왜 동학에 입도했는가를 짐작하게 하는 대목을 인용한다.

문: 소위 동학이란 어떤 주의이며 어떤 도학인가

답: 마음을 지켜 충효로 근본을 삼으며, 보국안민(輔國安民)하고자 하는 것이다.

문: 너도 역시 동학을 대단히 좋아하는 자인가

답: 동학은 수심경천(守心敬天)의 도이기 때문에 대단히 좋아한다.

'수심경천'과 '보국안민'의 도학이기 때문에 동학을 대단히, 너무너무나 좋아했다는 것이 전봉준의 대답이다. '수심경천'은 요즘 말로 말하면 개개인의 '영성 함양'을 말한다고 할 수 있고, '보국안민'은 사회 변혁을 위한 실천 운동, 즉 사회 혁명이라고 말할 수 있을 것이다. 이렇게 본다면, 전봉준은 개인의 영성과 사회의 혁명을 아우르고 있는 동학사상에 매료되어 동학에 입도, 혁명 지도자가 되었다는 해석이 가능하다. 그런데 오늘날까지도 많은 이들은 전봉준을 그저 혁명 지도자로만 바라보는 것이 일반적이다. 120주년에 들어서서는 전봉준을 바라보는 시각도 크게 바뀔 필요가 있다.

다음으로 전봉준은 "왜 다시 봉기(2차 봉기)했느냐?"는 질문에 대해, "일본이 일반인들에게 일언반구 알리는 일도 없이, 또 '격서'(=선전포고)도 없이 일방적으로 군대를 끌고 쳐들어와 왕궁을 점령하고, 임금을 포로로 삼는 국난이 일어났기 때문에 일본군을 몰아내기 위해 봉기했다."고 답했다. 그리고 다시 "그러면 다른 외국에 대해서도 일본과 똑같이 모두 몰아내려 했느냐?"는 일본 영사의 질문에 대해, 전봉준은 "그렇지 않다. 다른 외국은 다만 통상만 하는데, 유독 일본만이 군대를 몰고 쳐들어왔기 때문에 일본군만 몰아내려 했다."고 답했다. 이러한 진술은 당시의 국제법, 즉 '만국공법'에 조금도 어긋남이 없는 내용이다. 무명의 시골 선비 출신인 전봉준의 국제적 안목이 그저 놀라울 따름이다.

앞에서도 말했듯이, 동학농민혁명은 농민군 내부의 문제 때문에 좌절된 것이 아니라, 당시의 국제법을 어겨가면서까지 근대적 무기로 무장하고 고도의 전술로 단련된 군대를 파견하여 농민군에 대해 '전원 살육 작전'을 펼친 제국주의 일본 때문에 좌절되었다. 제국주의 일본에 의한 농민군 학살의 전모는 2013년에 일본에서 간행된 『동학농민전쟁과 일본 - 또 하나의 청일전쟁』(코분켄)과, 『메이지 일본의 식민지 지배 – 홋카이도에서 조선으로』(이와나미서점)라는 두 권의 저서를 통해 널리 알려졌다. 나카츠카 아키라 교수와 이노우에 카츠오 교수 등 양심적인 일본 지식인의 각고의 노력 끝에 120년간 역사의 어둠에 가려져 있던 진실이 드러나게 된 것이다. 우경화의 바람이 거세지고 있는 엄혹한 현실 속에서도 그에 맞서 진실을 추구하는 노력을 포기하지 않는 이들이 있기에 역사는 한 걸음 한 걸음 전진할 수 있지 않을까. 다가오는 10월(2014)에는 「제9회 한일 시민이 함께 하는, 동학농민군 역사를 찾아가는 여행」의 일본 측 참가자 수십 명이 경주와 대구의 동학 유적지를 찾아오기로 했다는 소식이 들린다. 그들은 아마도 일본 쪽 '생명 전선'의 전사들일 것이다.

2부

생명사상으로서의 동학

동학사상과 1894년 동학농민혁명에 대한 국내의 평가는 특히 시민운동과 한국사 분야에서 괄목할 만한 수준의 진전을 이루었다. 그 이유는 '우리 학문', '우리 종교'로 등장한 동학사상 속에 '영성(靈性)과 혁명'이라는 두 가지 핵심 사상은 말할 것도 없고, 우리 민족 고유의 정신과 사상을 기반으로 하면서도 세계적 보편성을 함께 갖추고 있기 때문일 것이다.

동학과 동학농민혁명의
세계사적 의미

1. 머리말

1980년 5월 당시 육군 중위(中尉) 신분으로 '광주민중항쟁'을 겪은 뒤에, 1983년부터 굴곡진 우리 역사의 뿌리를 찾기 위해 동학(東學)에 대해 연구한 지 2013년으로 만 30년을 맞이했다.('광주민중항쟁'과 필자와의 관계에 대해서는 졸 고, 「5월 광주가 나에게 남긴 것」, 『녹색평론』 88호, 2006년 5-6월호, 40-51쪽 참조)

필자가 처음 동학 연구에 뜻을 두고 공부를 시작했을 때 취했던 연구 방 법은, 첫째, 동학의 유적지 및 동학농민혁명 전적지를 일일이 발로 찾아 현 장을 확인하는 일, 둘째, 전국 각지에 흩어진 채 숨겨져 있는 갑오년 당시의 사료를 찾아 '역사적 사실'을 정확하게 밝히는 일, 셋째, 동학교도 및 동학농 민군 후손을 만나 '생생하게 살아 있는' 증언을 청취하여 기록으로 남기는 일 등이었다. 이 같은 방법은 시간과 체력, 경제적 비용이 많이 드는 것은 말할 것도 없고, 기대할 만한 연구 성과를 내기 위해서는 특별한 인내를 필 요로 하는 것이었다. 그러나 1세기 이상의 오랜 탄압 속에서 묻혀 버리고 흩 어져 버린 동학과 동학농민혁명의 발자취 및 그와 관련된 원(原) 사료를 찾 아내 '역사적 사실'을 복원하기 위해서는 누군가 하지 않으면 안 되는 과업 이기도 했다. 그 당시 연구자들 사이에 '노다공소(勞多功小; 노력은 많이 드나 성과는 크지 않다는 뜻)'로 치부되던 위와 같은 방법으로 연구를 계속하는 가운데, 동학사(東學史)는 물론이거니와 한국 근현대사에 커다란 발자취를 남긴 동학 2대 교주 해월 최시형(海月 崔時亨, 1827-1898) 선생에 대한 연구로 1996년에 한국정신문화연구원(현 한국학중앙연구원) 한국학대학원에서 박사학위를 받고, 1997년에는 다시 일본으로 건너가 홋카이도대학(北海道大學) 대학원 박사과정에 입학하여 일본 측 사료를 중심으로 동학농민혁명과 청일전쟁 관련 논문을 썼다.

이런 과정을 거치면서 필자가 동학 공부를 시작한 지 30년이 지난 지금 전(全) 세계적인 한류(韓流) 붐과 함께 한국의 역사와 문화, 한국의 사상과 철학 등 이른바 한국학(韓國學)이 세계인의 높은 관심과 주목을 끌고 있다. 예를 들면, 우리의 김치가 세계인의 음식이 된 지 이미 오래이며, 2012년 12월 5일 프랑스 파리에서 열린 유네스코 제7차 무형유산위원회에서는 우리의 민요 '아리랑'이 인류무형유산(세계문화유산) 대표 목록 등재가 최종 확정됨으로써 세계 모든 사람들의 노래가 될 날도 머지않게 되었다.

2. 세계에 부는 동학의 바람

한국학의 한 분야인 동학사상 및 동학농민혁명에 대한 세계적 관심도 예외가 아니다. 여기서 동학사상과 동학농민혁명에 대한 세계적 관심이 높아지고 있는 실례(實例)를 들어 보기로 한다.

먼저, 우리나라와 가까운 일본 사회의 동학 연구 붐부터 보기로 하자. 일본에는 1989년 11월에 교토(京都)에서 출범한 세계적 학술 조직인 교토포럼이란 단체가 있다. 이 교토포럼은 창립 당초부터 노벨상을 수상한 세계적 석학(碩學)들을 모시고 21세기 인류가 지향해 가야 할 철학을 창조해 가는 운동을 전개하고 있으며, 이 같은 새로운 철학을 창조해 가는 학문운동을 '공공철학(公共哲學)' 운동이라고 부르고 있다. 교토포럼은 2009년 8월과 11월에 두 차례에 걸쳐 동학사상 및 동학의 개벽사상을 주제로 한국의 동학 연구자들을 대거 초청하여 포럼을 개최하고, 그 내용을 교토포럼 측의 학술 저널인『공공적 양식인(公共的 良識人)』을 통해 세계 2천여 명의 석학(碩學)들에게 소개했다. (『제91회 공공철학교토포럼: '한'과 동학과 생명-그 공공철학적 의의를 묻는다』, 2009년 8월, 일본 교토 리가로얄호텔 및『제92회 공공철학교토포럼: 새로운 다차원적 자타관계의 개벽과 그 주체로서의 志民의 형성』, 2009년 11월, 일본 고베 포토피아 호텔) 교토포럼을 통해 동학사상이 본격적으로 세계에 소개되고 세계인의 주목을 받기 시작한 것이다.

일본에 불고 있는 동학 바람은 또 있다. '일본의 양심'으로 불리는 나카츠카 아키라(中塚明) 나라여자대학(奈良女子大學) 명예교수는 「동학농민군의 역사를 찾아가는 여행」이란 답사 여행 프로그램을 만들어 2006년부터 매년 일본의 시민운동가들과 함께 한국 각지의 동학농민혁명 전적지 답사를 해오고 있다. 8회째인 2013년 10월 말까지 「동학농민군의 역사를 찾아가는 여행」에 참여한 일본인이 이미 170명을 넘었으며, 이 답사 여행에 참여한 일본인들이 일본으로 돌아가 다양한 형태로 동학의 핵심 사상은 물론이거니와, 동학농민혁명의 참된 역사와 그 진정한 의미를 일본 사회에 널리 확산시키고 있다. 뿐만 아니라, 이 답사 여행에 참여했던 일본인들에 의한 학술적 성과도 속속 나오고 있다. 예를 들면, 고베시(神戸市)에 있는 한국연구 시민단체인 '무궁화모임'에서는 동학농민혁명 1백주년 기념 저서로 한국에서 간행된 바 있는『동학농민혁명 100년』(도서출판 나남, 1996)을 일본어로 번역하여 2007년에 간행하였는데, 이 책은 그해 일본도서관협회 추천도서로 선정된 바 있다. 또 교토부(京都府) 마이즈루시(舞鶴市) 시민단체인 '우키시마마

루(浮島丸) 순난자를 추모하는 모임'
에서는 『만화로 보는 동학농민혁
명』 일본어판을 지난 2012년 6월
에 간행한 바 있다. 2009년의 「제4
회 동학농민군 역사를 찾아가는 여
행」에 참가했던 일본의 저명한 저
널리스트 가운데 1인인 카와다 히
로시(河田 宏) 씨는 한국의 동학농민
혁명(1894년)과 일본의 치치부농민
봉기(秩父農民蜂起, 1884)를 함께 다룬
『민란의 시대(民亂の時代)』(2011년)라
는 저서를 펴내어 일본 지식인 사회

『역사지리교육』 800호 표지

의 동학농민혁명에 대한 이해를 한 단계 격상시키는 역할을 하였다. 2013년
에 들어와서는 일본의 초중고 역사교사와 지리교사 수만명이 애독하는 학
술지 『역사지리교육(歷史地理敎育)』 800호(2013년 2월호)에 2012년 10월에 시행
한 「제7회 동학농민군 역사를 찾아가는 여행」에 참가한 일본인 역사교사가
'무장 동학농민군 기포 기념비' 사진을 포함한 기행문을 연재한 바 있다.(사
진 참조)

　다음으로 중국(中國)의 경우를 보기로 하자. 필자는 2005년 가을에 중국
산동성 위해시(威海市)에 있는 국립 갑오중일전쟁 박물관 초청으로 청일전
쟁(淸日戰爭) 110주년 기념 국제학술대회에 참가하여 「제1차 동학농민혁명
과 농민군의 동향」이라는 주제로 발표하였고, 2006년 여름에는 북경(北京)
에서 중국 사회과학원(社會科學院) 학자들과 동학사상을 주제로 학술 교류를
한 적이 있다. 북경에 있는 민족대학 김경진 교수, 북경대의 김훈 교수 등

조선족(朝鮮族) 출신 학자들은 물론이려니와, 중국인 학자들의 동학사상 및 동학농민혁명에 대한 관심은 가히 폭발적이었다. 또 2009년 여름 상해(上海) 복단대학에서 있었던 국제고려학회 주최 「제9차 코리아학 국제학술토론회」 때도 그 열기는 계속 이어졌다. 상해에서 열린 코리아학 국제학술토론회에서 필자는 한국 근대 민중종교의 선구(先驅)를 이룬 동학 및 그 동학으로부터 지대한 사상적 영향을 받은 원불교(圓佛敎)에 대해 소개했는데 세계 각국에서 참가한 '코리아학(=한국학)' 연구자들로부터 질문 공세를 받았다. 참고로 전북 정읍에 있는 동학농민혁명기념재단에서는 한국의 동학농민혁명 기념관과 중국의 태평천국혁명(太平天國革命) 기념관 사이의 정기 학술 교류를 통해 중국에 동학사상 및 동학농민혁명 바람을 확산시키는 데 일조하고 있다는 사실도 첨언(添言)해 둔다.

그렇다면 일본과 중국 등 동아시아권 바깥에 있는 나라들의 반응은 어떠할까? 영어권에서는 일찍이 주한미국대사관 문정관을 지낸 벤자민 웜스(Benjamin Weems) 씨가 1955년에 미국 애리조나대학에서 「Reform, Rebellion, and Heavenly Ways; 개혁, 반란, 그리고 천도(天道)」라는 제목의 박사논문을 통해 동학을 소개한 이래, 재미동포 학자인 김용준 박사에 의해 한국의 동학사상이 미국 지성사회에 널리 소개된 바 있다. 이 덕분에 최근 미국 또는 캐나다 등지에서는 한국 고유 종교를 대표하는 동학에 대한 연구가 활발하게 일어나고 있다. 예를 들면, 캐나다에 거주하고 있는 한국인 종교학자 오강남 교수가 그의 저서에서 동학을 대단히 높이 평가한 것이 가장 대표적이라 할 만하다. 미국에서도 지난 2009년에 폴 베린(Paul Beirne)에 의해 『Su-un and His World of Symbols: 수운과 그의 상징 세계』라는 저서가 출판되어 동학에 대한 미국인의 관심을 증폭시킨 바 있다. 영국 셰필드대학 한국학과 과장으로 있는 제임스 헌틀리 그레이슨(James Huntley Grayson) 교수가 심혈을 기울여 쓴 『Korea A Religious History: 한국종교사』(1989)도 동학 및 천도교를 서구사회에 널리 알린 대표작 가운데 하나이다. 미국과 영국 등 구미 여러 나라에서 일고 있는 동학에 대한 폭넓은 관심은 구미에서 한국으로 유학온 유학생들을 통해서도 주목을 받고 있다. 예를 들면, 필자가 소속하고 있는 원광대학교 대학원에서 캐나다에서 유학을 온 폴 루이스 맥도날드(Paul Louis MacDonald)라는 유학생이 「Human Equality Movement of Tonghak in Late Joseon Dynasty; 조선후기 동학의 인간평등운동 연구」(2009년)라는 논문으로 학위를 받은 것이 단적인 예일 것이다.

동학사상 및 동학농민혁명에 대한 관심은 사실 국내에서도 지난 30년 간 소리 소문 없이 여기저기서 일어났고, 현재도 활발하게 일어나고 있다. 그 구체적 사례에 대해 주목해 보기로 하자. 한국 사회 전체가 '정치적 민주화' 운동에만 관심을 쏟고 있을 때인 1986년에 생명 살림을 화두로 내걸고 출범한 한살림이란 시민운동 단체가 있다. 바로 이 한살림 운동의 이념이 동학의 핵심 사상인 '시(侍; 모심)'에 대한 현대적 해석에 기초하고 있음은 이제 국민적 상식이 되어 가고 있다.(『죽임의 문명에서 살림의 문명으로: 한살림 선언 다시 읽기』, 도서출판 한살림, 2010년 7월) 한국의 새로운 시민운동으로 시작된 한살림 운동의 제창자요 그 운동의 정신적 지주였던 무위당 장일순(1928-1994) 선생 외에도 동학의 사상적 탁월성 및 세계적 보편성에 남보다 먼저 주목했던 분들로는 부산대학교 철학과 교수였던 윤노빈(1941-?) 교수와 윤노빈 선생의 친구인 시인 김지하(1941-현재)가 있다. 또 동학의 후신(後身)인 천도교(天道敎) 원로 삼암 표영삼(1925-2008) 선생을 비롯하여, 도올 김용옥(1948-현재), 교수 조동일(1939-현재) 서울대 명예교수 역시 동학에 담긴 독창적이면서도 보편적인 사상에 남보다 먼저 주목했다.(무위당 장일순 선생의 강연 모음집 『나락 한 알 속의 우주(1997)』, 윤노빈 의 『신생철학(1974년 초판, 2003년 학민사에서 재판)』, 표영삼의

『동학 1, 2(2004~2005)』, 김지하 의 『밥(1984)』, 『남녘땅 뱃노래(1985)』, 『살림(1987)』, 『이 가문 날에 비구름(1988)』, 김용옥의 『도올심득 동경대전(2004)』, 조동일의 『동학 성립과 이 야기(1981 초판, 2011년 모시는사람들에서 재판)』 등 참조)

　동학사상과 1894년 동학농민혁명에 대한 국내의 평가는 특히 시민운동 과 한국사 분야에서 괄목할 만한 수준의 진전을 이루었다. 그 이유는 '우리 학문', '우리 종교'로 등장한 동학사상 속에 '영성(靈性)과 혁명'이라는 두 가지 핵심 사상은 말할 것도 없고, 우리 민족 고유의 정신과 사상을 기반으로 하 면서도 세계적 보편성을 함께 갖추고 있기 때문일 것이다.

　일본 역사학계에서 나온 동학사상과 동학농민혁명 관련 연구 중에서 가 장 탁월한 업적으로 꼽히는 『이단의 민중반란 – 동학과 갑오농민전쟁』(1998, 동경, 이와나미 서점; 이 책의 한글 번역판은 필자의 번역으로 2008년에 역사비평사에서 나 왔다)의 저자이자 재일(在日) 사학자인 조경달(趙景達) 교수가 강조했던 것처 럼, 19세기 후반에서 20세기 초반에 걸친 세계사 속에서 동학의 개벽(開闢) 사상과 동학의 접포(接包) 조직에 기반을 두고 일어난 1894년의 동학농민혁 명만큼 '정치(精緻)한 이념'과 '준비된 조직'을 가지고 '대규모적이며 장기적 인' 항쟁을 벌인 변혁 운동의 사례는 그 어디에서도 찾을 수 없다. 동학농민 혁명은 그만큼 위대한 혁명이자 세계사적으로 최고이자 최대 규모의 민중 혁명으로서 자랑스러운 '세계 유산'이 아닐 수 없다.

　끝으로 세계적 차원에서 불고 있는 동학 붐과 관련하여 동학과 동학농 민혁명에 누구보다 먼저 주목한 김대중(1924-2009) 전 대통령에 관한 일화를 소개하기로 한다. 1998년 10월, 필자는 일본 홋카이도대학(北海道大學) 대학 원 문학연구과에서 일본근대사 전공으로 박사과정을 밟고 있었는데 때마 침 그 전해에 치러진 대통령 선거에서 처음으로 수평적 정권 교체를 이룬 김 대통령이 일본을 국빈 방문하였다. 중의원(衆議院)과 참의원(參議院) 의원을 비롯하여 현대 일본을 움직이는 정치가들이 모두 출석한 국회에서 김 대통령은 방일 기념연설을 했고 그 장면은 텔레비전으로 생중계되었다. 김 대통령의 연설을 텔레비전으로 시청하던 필자는 김 대통령이 연설하고 있는 동안 일본 열도가 부들부들 떨고 있다는 느낌을 받았다. 왜 그랬던 것일까? 그것은 몇 번이나 죽을 고비를 뛰어넘어 마침내 선거를 통한 평화로운 정권 교체를 달성함으로써 한 · 중 · 일 세 나라 가운데 가장 최초로 민주주의다운 민주주의를 실현한 김 대통령 같은 인물이 일본의 정치 풍토에서는 도저히 나올 수 없다고 일본 언론이 이구동성으로 탄식할 정도로 김 대통령의 방일 그 자체가 일본 사회에 강력한 인상과 충격을 주었기 때문이다. 김 대통령의 방일을 전후한 일본사회의 너무나 '뜨거운' 반응에 놀란 필자는 그 무렵에 발행된 일본의 3대 일간지인 『아사히신문(朝日新聞)』, 『마이니치신문(每日新聞)』, 『요미우리신문(讀賣新聞)』을 비롯하여 『홋카이도신문(北海道新聞)』 등을 일부러 사서 지금껏 소장하고 있다.

그런데, 더욱 놀라운 일이 김 대통령의 일본 국회 연설 도중에 일어났다. 김 대통령은 연설 도중에 아시아의 3대 민주주의 사상에 대해 언급하면서 불교(佛敎)의 '일체중생 실유불성(一切衆生 悉有佛性)'의 평등사상과 유교(儒敎)의 민본주의(民本主義) 사상에 이어 동학(東學)의 '사람이 곧 하늘이라'는 사상을 언급했다. 제국주의 일본(帝國主義日本)의 침략에 맞서 국권을 지키고자 봉기했던 동학농민군을 다수 학살하고, 이어서 봉기한 의병(義兵)들마저 '남한대토벌작전(南韓大討伐作戰)'이라는 이름으로 대량 학살을 자행한 뒤인 1910년 8월, 마침내 강제로 대한제국(大韓帝國)의 국권을 강탈하고, 그 뒤를 이어 36년간에 걸친 가혹한 식민 통치를 했던 '민족의 원수'의 나라 국회에서, 현대 일본을 이끄는 정치 지도자들이 모두 참석한 자리에서 김 대통령은 아시아의 3대 민주주의 사상의 하나로 '사람이 하늘'이라 선포했던 우리의 동학사상을 열거했던 것이다. 참으로 가슴 떨리는 순간이 아닐 수 없었다. 오랜 기간 숨죽이며 동학에 대해 연구를 해 온 필자는 "동학이 아시아 3대 민주주의 사상의 하나"라는 김 대통령의 말씀에 커다란 충격을 받았다.

3. 동학 다시 하기

왜냐하면 1983년부터 동학을 공부했던 필자는 그동안 그 누구로부터도 동학이 '아시아 3대 민주주의 사상의 하나'라는 말을 들어본 적이 없었기 때문이다. 필자가 공부하던 때는 경주 출신 범부 김정설(1897-1966) 선생의 선구적인 연구를 필두로, 김지하, 조동일, 김용옥, 표영삼, 정창렬(전 한양대 명예교수), 신용하(현 서울대 명예교수) 이이화 선생 등이 고군분투하여 동학사상 및 동학농민혁명에 관한 탁월한 연구를 통해 세간의 오해를 많이 불식시키기는 했어도, 동학사상 및 동학농민혁명을 우리 민족의 울타리를 뛰어넘어 세계적 보편사상 및 세계사적 의미를 지닌 혁명으로 인식하거나 강조하는 연구자들이 거의 없었다. 그래서 김 대통령의 연설을 들은 이후 필자의 고민은 깊어질 수밖에 없었다. 지금까지의 연구 방법과 문제의식을 전면적으로 재검토하지 않으면 안 되었다.

그리하여 필자는 '우리는 과연 1860년에 수운 최제우 선생(1824-1864)에 의해 확립된 동학사상을 얼마나 제대로 알고 있을까? 그리고 동학 2대 교주 해월 최시형(1827-1898) 선생에 의해 재건된 동학의 접포(接·包) 조직에 기반하고, 동학의 '시천주'와 '다시 개벽' 그리고 '보국안민' 사상 등에 기반하여 일어난 1894년의 동학농민혁명에 대해 어느 정도 정확한 지식을 가지고 있을까? 너무나 오랜 기간 잘못 이해하여 왔고, 모른다는 사실조차 모르고 있는 것이 우리의 현실이지 않은가? 우리 역사와 전통 안에 이미 세계적인 사

수운 최제우 선생

상이 있는데도, 더 나아가 우리 안에 프랑스 혁명 이상으로 더 위대한 동학 농민혁명이라는 훌륭한 혁명의 역사가 있는데도 우리는 너무나 오랜 기간 그것을 죽이고, 탄압하고, 비틀어 왔던 것이 아닐까?' 하는 통절(痛切)한 자기 반성에 도달하게 되었다. 이후, 필자의 동학 공부의 방향 및 동학 및 동학농민혁명을 바라보는 관점과 해석은 크게 달라지지 않을 수 없었다.

이하의 글에서는 우선 지난 30년간의 동학 공부를 통해서 확인하게 된 동학사상에 대한 세간의 오해가 어떤 것이었으며, 그 오해를 씻어내기 위해서는 동학을 어떻게 이해해야 할 것인가에 대해 설명함으로써 동학사상의 진면목(眞面目)을 드러내 보고자 한다.

첫째로 지금까지 동학사상을 잘못 이해해 온 내용 가운데 가장 먼저 지적해야 할 것은 동학은 서학(西學)에 대항하기 위하여 성립한 '일종의 대항 이데올로기'라는 식의 이해이다. 동학이 서학에 대항하기 위해 성립되었다고

보는 견해는 대표적으로 현행(現行) 중
고등학교 역사교과서의 「동학」 항목
설명에서 잘 드러나고 있다. 그러나 사
실은 그렇지 않다. 19세기의 서세동점
(西勢東漸) 시대에 동학이 서학(西學)을
'아주 깊이' 의식한 것은 사실이다. 그
렇지만, 동학을 창시한 수운(水雲) 선생
은 동학과 서학에 대해 "운즉일(運則一),
도즉동(道則同), 이즉비(理則非)"(『동경대
전(東經大全)』, 「논학문(論學文)」)라고 하여
동학과 서학은 하나의 시운(時運)이며

동경대전(東經大全)

추구하는 길(道)도 같지만, 다만 그 '이(理)'만 즉 이치만 다르다고 하였다. 여
기서 이(理)란 도(道)를 실현하는 구체적 방법론이라 할 수 있다.

　이러한 수운 선생의 서학 이해에서 알 수 있는 것은 수운 선생이 서학을
무조건 배척하거나 반대했던 것이 아니라, 서학이 지닌 근대성(近代性)과 보
편성(普遍性)을 널리 인정하고 있었다는 점이다. 요즘 언어로 바꾸면 수운 선
생은 종교다원주의자(宗敎多元主義者), 즉 이웃종교에 대한 개방적 이해를 지
닌 분이었다고 할 수 있다. 그러므로 동학을 그저 서학에 대한 대항이데올
로기로 성립된 사상으로 보는 편협한 견해는 동학사상에 대한 정확한 이해
가 아니다. 동학은 서학을 무조건 배척했던 것이 아니다. 당시 서학이 지녔
던 근대성(=運)과 보편성(=道)을 두루 인정하면서도 다만 그것이 지닌 제국
주의적이며 침략주의적인 성격을 극복하여 우리 역사와 전통에 어울리는
가장 '주체적(主體的)'이며 가장 '자주적(自主的)'인 사상을 정립해 낸 것이다.
이른바, 세계적 보편성(또는 개방성)을 지니면서도 자기 나라와 자기 땅 사람

들에게 가장 알맞은 주체적 사상을 동학으로 집대성한 것이다. 이러한 동학
은 또한 당시 민초(民草)들의 열화와 같은 새 시대 새 사회에 대한 소망을 집
대성한 사상적 창조물이라는 의미도 함께 담고 있다는 점에서 그 의미가 더
욱 크다.

둘째, 동학은 유불선(儒佛仙) 삼교사상을 혼합한 사상으로서 그 안에 독창
적인 요소가 전혀 없거나 있다고 해도 별로 주목할 만한 것이 없는 사이비
(似而非) 사상이라는 견해이다. 이 같은 견해는 유교, 불교, 도교 등을 전문적
으로 연구하는 학자들의 주장 속에서 흔히 발견된다. 그분들이 주장하는 것
처럼 동학은 유불도(儒佛道) 삼교로부터 영향을 받은 것이 사실이다. 포함삼
교(包含三敎)했던 것이다. 그러나 동학은 유불도 외에도 서학(西學)까지도 포
함했다. 서학(西學) 뿐만 아니라 『정감록(鄭鑑錄)』을 비롯한 민간신앙까지도
두루 포함했다. 요컨대, 동학은 19세기 중엽 우리 땅에서 유행하던 모든 사
상을 다 포함하였던 것이다. 이런 점에서 동학은 19세기 이 땅에서 새롭게
정립된 '신풍류도(新風流道)'라 할 수 있다. 그런데 동학은 기존 사상을 다 포
함하면서도 그저 포함한 것이 아니었다. "우리나라에 나쁜 병들이 가득 차
민초들이 단 하루도 편안할 날이 없던(我國 惡疾滿世 民無四時之安--『동경대전』,
「포덕문」)" 시대에 사람을 포함한 모든 생명을 살리고자 하는, 즉 '접화군생
(接化群生)'하고자 하는 뚜렷한 목적의식 속에서 포함했다. 바로 이것이 동학
의 독창적 측면이다. 삼정문란(三政紊亂)으로 인한 가혹한 수탈과 신분제(身
分制) 의 질곡 등 전근대적 굴레와 '서세동점'으로 일컬어지고 있던 외세(外
勢)의 침탈, 그리고 주기적으로 일어나고 있던 자연재해 등으로 죽어가는 뭇
생명들을 살리고자 하는 뚜렷한 목적의식 속에서 유불도 삼교뿐만 아니라
서학, 더 나아가 민간신앙마저 두루 포함하여 이 땅의 자생적 생명사상으로
새롭게 정립해 낸 것이 바로 동학이었다. 동학이 새롭게 창조해 낸 대표적

인 사상으로는 첫째, '시천주(侍天主; 모든 사람은 제 안에 하늘님이라는 거룩한 존재를 모시고 있다는 뜻)' 사상, 둘째, '보국안민(輔國安民; 잘못되어 가는 나라를 바로잡고, 도탄에서 헤매는 민초들을 건져 편안하게 만든다는 뜻)' 사상, 셋째, '다시 개벽(開闢; 지금까지와는 근본적으로 다른 새로운 시대가 도래한다고 하는 뜻)' 사상, 넷째, 유무상자(有無相資; 가난한 사람과 부자가 서로 돕는 공동체적 사고) 사상 등이다.

여기서 동학사상이 지닌 독창적 측면을 이해하기 위하여 1960년, 즉 동학 창도 100돌이 되던 해에 동학의 '시천주(侍天主)' 사상이 지닌 우주적 의미에 대해 탁월한 해설을 한 범부 김정설 선생의 「최제우론」의 일부를 소개한다.

> 시 자(侍字)를 '시자 내유신령 외유기화(侍者 內有神靈 外有氣化)'라 하니, 이 내(內)는 '신의 안(神의 內)'인 동시에 곧 '인의 안(人의 內)'인 것이고, 이 외(外)는 '인의 밖(人의 外)'인 동시에 '신의 밖(神의 外)'인 것이다. 말하자면 천주(天主)가 안인데 인간이 밖이거나, 인간이 안인데 천주가 밖이거나 그런 것이 아니라, 아(我)의 내(內)가 곧 천의 내이며, 천의 외(外)가 곧 아의 외에 삼라(森羅)한 만상(萬象)이 곧 천주의 기화(氣化)라는 것이다.
>
> (『풍류정신』, 정음사, 1986, 93쪽)

위의 내용을 조금 더 구체적으로 설명하자면, 모든 사람은 저마다 제 안에 하늘=우주생명을 모시고 있다는 것이다. 다시 말해 내 안에 하늘=우주생명이 이미 모셔져 있다는 것으로, 이를 바꿔 말하면 나는 저 무한(無限)하고 호대(浩大)하기 그지없는 우주생명과 혼연일체가 되어 있어 내가 곧 우주생명 그 자체요, 우주생명 그 자체가 곧 나라는 뜻이 된다. 그러므로 동학이 당시의 기존 사상을 포함한 것만 주목하고, 그 기존 사상을 넘어서 새롭게 창조해 낸 독창적 요소에 주목하지 못한다면 그것은 동학을 바르게 이해하는 온당한 태도가 아니다.

셋째, 동학을 단순히 Religion으로 이해하는 견해다. 결론부터 말하면, 동학은 결코 Religion이 아니다. Religion의 번역어로써 종교(宗敎)가 아니라는 뜻이다. 동학은 Religion이라는 용어, 즉 그것의 번역어인 종교라는 용어가 이 땅에 대중화되기 전에 성립되었다. 우리나라에서 Religion의 번역어로서 '종교'라는 용어가 대중화되기 시작한 것은 1900년대로 알려지고 있다. 『독립신문』과 『황성신문』, 『대한매일신보』 등과 같은 근대적 신문과 대한자강회, 대한학회, 기호흥학회 등과 같이 신문화운동을 펼치던 학회의 학회지가 속속 등장하면서 비로소 '종교'라는 말이 널리 쓰이기 시작했다. 철학(哲學)이란 용어와 마찬가지로 종교라는 용어 역시 일본을 통해서 수입되었다.

동학은 Religion의 번역어로서의 '종교'가 결코 아니다. 동학이 '종교', 즉 Religion이 아니라면 과연 무엇일까. 수운 선생에 의하면, 동학은 "도(道)라는 측면(=보편성의 측면)에서 말하면 하늘로부터 받았기 때문에 천도(天道)요, 학(學)이라는 측면(특수성의 측면)에서 말하면 동쪽 즉 조선 땅에서 받았기 때문에 동학(東學)"(『동경대전』, 「논학문」)이라 했다. 요컨대 동학은 서양식 종교가 아니라 이 땅의 오랜 전통이었던 도학(道學)을 계승하여 나온 "천도(天道), 즉 하늘의 길을 닦아가는 우리 학문(東學)"이었던 것이다.

수운 선생이 말한 '천도(天道)'와 '동학(東學)'의 구체적인 뜻은 무엇일까? 도란 모든 사람이 빠짐없이 마땅히 밟아가야 할 '보편적인 길'이요, 학이란 그 '보편적인 길'을 자신이 처한 상황에 맞게 구체적으로 실천하는 방법론이라고 해석하는 것이 옳다. 동학 공부를 계속해 오면서 동학의 후계자라고 할 수 있는 천도교 교단의 원로(元老)들로부터 귀에 따갑도록 들었던 이야기가 있다. "동학의 선배들은 일찍이 동학을 '믿는다'고 말하지 않고 '한다'고 말했다는 것"이다. 바로 여기에 동학이 Religion이 아닌 까닭이 숨어 있다. "동학을 한다"는 말은 동학이야말로 어디까지나 사람이 마땅히 배워야 할 보편적 길을 지향하는 학문이요, 누구나 마땅히 제 처지에 맞게 실천해야 할 학문이라는 뜻이다. 동학은 유일신(唯一神)을 전제로 일방적 믿음을 강요하는 '종교'와는 질적으로 구분되는 것이다.

그러므로 동학은 그저 믿기만 하는 신앙의 대상이 아니라, 배우고 실천해 가야 할 도(道)이자 학(學), 즉 도학(道學)이라는 관점에서 이해하고 해석해야 한다. 서학의 장점을 두루 인정하면서도 그 문제점을 극복하여 자주적이며 주체적인 우리 학문, 우리 사상을 지향하고자 했던 것이 바로 동학이다. 또한 포함삼교(包含三敎)했을 뿐 아니라 서학과 민간신앙마저 포함(包含)하여 뭇 생명을 살리기 위한 생명사상으로 등장한 것이 바로 동학이다. 그리고 서양식 종교가 아닌 이 땅 도학(道學)의 '오래된 새 길'로서 경상도 경주 땅에서 처음으로 등장했던 것이 바로 동학이다. 이렇게 이해하는 것이 동학을 온당하게, 그리고 정확하게 이해하는 바른 길이다.

4. 「무장포고문」에 나타난 동학농민혁명의 대의

다음으로 동학의 시천주와 보국안민 사상 등에 기반하고, 동학의 접포 조직을 봉기의 조직적 기반으로 삼아 일어난 1894년 동학농민혁명의 대의(大義)가 무엇이었던가를 혁명 당시에 포고된 「무장포고문(茂長布告文)」(사진 참조)의 내용을 중심으로 알아보자.

「무장포고문」은 1894년 음력 3월 20일 경에 전라도 무장현(茂長縣)에서 전봉준 장군이 이끄는 동학농민군이 조선왕조의 폐정개혁을 위하여 전국적

차원의 봉기를 단행하기 직전에 포고(布告)한 글이다. 동학농민군이 3월 21
일에 전면 봉기를 단행하였으므로 이 포고문은 적어도 3월 20일경, 또는 그
이전에 포고되었던 것으로 짐작된다. 「무장포고문」은 전봉준 장군이 직접
쓴 것으로 알려져 있지만 일설에는 전봉준 장군의 참모가 썼다는 주장도 있
다. 작성자가 누구였든 간에 「무장포고문」 속에는 동학농민혁명을 이끄는
최고지도부의 당면한 시국인식과 함께 무장봉기(茂長蜂起)를 단행하지 않을
수 없는 필연적 이유, 민중의 삶을 파탄으로 몰아넣고 있는 조선왕조 지배
체제의 모순을 개혁하고자 하는 강력한 개혁 의지, 그리고 그 같은 취지에
공감하는 양반과 향리, 일반 민중들의 적극적인 연대와 협조를 촉구하는 내
용이 대단히 사실적이면서도 감동적으로 서술되어 있다.

「무장포고문」이 지적하고 있는 내용 가운데는 특히 오늘의 시대 상황과
닮은 부분이 많아 120년이라는 세월의 벽을 넘어 이 시대를 사는 모든 이들
의 가슴을 울리고 있다. 중요 부분을 번역 소개한다.

무장포고문(茂長布告文)

〈무장포고문(한글 번역문)〉

이 세상에서 사람을 가장 존귀하게 여기는 까닭은 인륜이란 것이 있기 때문이다. 임금과 신하, 아버지와 자식 사이의 윤리는 인륜 가운데서도 가장 큰 것이다. 임금은 어질고 신하는 정직하며, 아버지는 자애롭고 자식은 효도를 다한 후에라야 비로소 한 가정과 한 나라가 성립되는 것이며, 한없는 복을 누릴 수 있는 법이다. (중략)

지금의 형세는 그 옛날보다도 더 심하기 그지없으니, 예를 들면 지금 이 나라는 위로 공경대부(公卿大夫)로부터 아래로 방백수령(方伯守令)들에 이르기까지 모두가 나라의 위태로움은 생각하지 않고 그저 자기 몸 살찌우고 제 집 윤택하게 할 계책에만 몰두하고 있으며, 벼슬길에 나아가는 문을 마치 재화가 생기는 길처럼 생각하고, 과거시험 보는 장소를 마치 돈을 주고 물건을 바꾸는 장터로 여기며, 나라 안의 허다한 재화(財貨)와 물건들은 나라의 창고로 들어가지 않고 도리어 개인의 창고만 채우고 있다. 또한 나라의 빚은 쌓여만 가는데 아무도 갚을 생각은 하지 않고, 그저 교만하고 사치하며 방탕한 짓을 하는 것이 도무지 거리낌이 없어 팔도(八道)는 모두 어육(魚肉)이 되고 만백성은 모두 도탄에 빠졌는데도 지방 수령들의 가혹한 탐학(貪虐)은 더욱 더하니 어찌 백성들이 곤궁해지지 않을 수 있겠는가.

백성은 나라의 근본인 바, 근본이 깎이면 나라 역시 쇠잔해지는 법이다. 그러니 잘못되어 가는 나라를 바로잡고 백성들을 편안하게 만들 방책을 생각하지 않고 시골에 집이나 지어 그저 오직 저 혼자만 온전할 방책만 도모하고 한갓 벼슬자리나 도둑질하고자 한다면 그것을 어찌 올바른 도리라 하겠는가. 우리들은 비록 시골에 사는 이름 없는 백성들이지만 이 땅에서 나는 것을 먹고 이 땅에서 나는 것을 입고 사는 까닭에 나라의 위태로움을 차마 앉아서 볼 수 없어 팔도가 마음을 함께 하고 억조(億兆) 창생들과 서로 상의하여 오늘의 이 의로운 깃발을 들어 잘못되어 가는 나라를 바로잡고 백성들을 편안하게 만들 것을 죽음으로써 맹세하노니, 오늘의 이 광경은 비록 크게 놀랄 만한 일이겠으나 절대로 두려워하거나 동요하지 말고 각자 자기 생업에 편히 종사하여 다 함께 태평성대를 축원하고 다 함께 임금님의 덕화를 입을 수 있다면 천만다행이겠노라.(밑줄은 필자)

이 「무장포고문」에는 당시 동학농민군들의 정확한 시국 인식, 혁명을 일으키는 목적과 대의, 혁명의 뜻에 공감하는 모든 이들과 폭넓게 연대하려는 열린 자세 등이 절절하게 드러나고 있다. 이래도 우리는 계속해서 동학과 동학농민혁명을 무시하고, 죽이고, 비틀고, 폄하할 것인가? 이래도 동학은 오늘의 우리와는 아무런 상관없는 사상이며, 1894년 동학농민혁명은 우리와 아무 관계없는 먼 나라 역사요, 먼 나라 혁명이라고 할 것인가?

5. '4대명의' 및 '12개조 기율'에 보이는 동학농민군의 도덕성

끝으로 그간 일반 국민은 말할 것도 없고 동학 연구자들 대부분이 간과해 온 중요한 문제 가운데 하나인 동학농민군의 행동강령에 나타난 도덕성에 대해 살펴보기로 한다. 1894년 음력 3월 21일에 전라도 무장에서 전면 봉기한 동학농민군은 3월 25일을 전후하여 오늘날의 전북 부안 백산성(白山城)에 결진하여 진영을 확대 개편하고, 행동강령과 함께 12개조 기율을 발표한다. 그 내용은 아래와 같다.

동도대장(東道大將; 동학농민군 대장; 번역자 주)이 각 부대장에게 명령을 내려

약속하기를,

"1) 매번 적을 상대할 때 우리 농민군은 칼에 피를 묻히지 아니하고 이기는 것을 가장 으뜸의 공으로 삼을 것이며, 2) 비록 어쩔 수 없이 싸우더라도 사람의 목숨만은 해치지 않는 것을 귀하게 여겨야 할 것이다. 3) 또한 매번 행진하며 지나갈 때에는 다른 사람의 물건을 해치지 말 것이며(또는 민폐를 끼쳐서는 아니 될 것이며), 4) 부모에게 효도하고 형제 간에 우애하며 나라에 충성하고 사람들 사이에 신망이 두터운 사람이 사는 동네 십리 안에는 절대로 주둔해서는 아니 될 것이다."(東道大將 下令於各部隊長 約束曰 每於對敵之時 兵不血刃而勝者爲首功 雖不得已戰 切勿傷命爲貴 每於行陣所過之時 切物害人之物 孝悌忠信人所居村十里內 勿爲屯住)라고 하였습니다.

〈12개조 군호(기율)〉

항복하는 자는 사랑으로 대한다.

곤궁한 자는 구제한다.

탐관은 쫓아낸다.

따르는 자는 공경하며 복종한다.

굶주린 자는 먹여준다.

간교하고 교활한 자는 (못된 짓을) 그치게 한다.

도망가는 자는 쫓지 않는다.

가난한 자는 진휼(賑恤)한다.

충성스럽지 못한 자는 제거한다.

거스르는 자는 타일러 깨우친다.

아픈 자에게는 약을 준다.

불효하는 자는 벌을 준다.

"이 조항은 우리의 근본이니, 만약 이 조항을 어기는 자는 옥에 가둘 것이다."라고 하였습니다.

동학농민혁명 전개 과정에서 가장 빛나는 시기는 1894년 음력 3월 21일의 제1차 동학농민혁명(=茂長起包)으로부터 동학농민군이 전주성을 무혈(無血) 점령하는 음력 4월 27일까지라고 할 수 있다. 이 기간 동안 동학농민군은 전라도 무장에서 봉기하여 고부(古阜)·정읍(井邑)·흥덕(興德)·고창(高敞)·영광(靈光)·함평(咸平)·무안(務安)·장성(長城) 등 서남해 연안의 여러 고을을 파죽지세로 점령하였고, 정읍 황토재 전투(음력 4월 7일)와 장성 황룡촌 전투(음력 4월 23일)에서 각각 전라감영군과 경군(京軍; 서울에서 파견된 군대-주)마저 연달아 격파하여 승리하였으며, 4월 27일에는 마침내 전라도의 수부(首府) 전주성마저 무혈 점령하기에 이른다.

동학농민군이 제1차 봉기 과정에서 대승리를 거두는 요인으로는 여러 가지를 들 수 있을 것이다. 승리를 거두는 가장 중요한 요인의 하나는 바로 동학농민군 지도부가 내건 '보국안민(輔國安民; 잘못되어 가는 나라를 바로잡고, 도탄에서 헤매는 백성을 편안하게 한다)'이라는 혁명의 기치(旗幟)가 백성들의 폭발적인 지지를 받았다는 데에 있다. 동학농민군은 왜 봉기했던가? 그들은 안으로는 부패한 조선왕조 지배층의 가혹한 수탈에 시달리고 있던 일반 민중들을 도탄으로부터 살려 내고, 밖으로는 외세의 침탈로부터 일반 백성들의 목숨과 생활을 보호하기 위해 봉기했다. 요컨대 백성들의 입장에서 볼 때, 동학농민군은 자신들의 목숨과 생활을 지켜주는 이른바 '백성의 군대' 또는 '살림의 군대'였기 때문에 그들은 동학농민군을 절대적으로 지지했던 것이다. 동학농민군 역시 위에 인용한 바와 같은 엄격한 행동 강령과 기율을 통해 백성들의 목숨과 생활, 그들의 재산을 보호하고자 애썼다.

이처럼, 제1차 동학농민혁명 당시 농민군이 파죽지세로 승리할 수 있었던 데에는 '살림의 군대'로서 농민군이 발휘했던 높은 도덕성이 자리하고 있었다. 그렇기 때문에 동학농민군이 각 고을을 지날 때마다 해당 고을의 수령을 비롯하여 뜻있는 지식인과 부자들은 앞다투어 식량을 제공하였고 잠자리를 제공하였다. 하급 관리들은 자진하여 성문을 개방하여 동학농민군을 맞이했다. 그 덕분에 동학농민군은 40일이 넘도록 계속된 제1차 동학농민혁명을 승리로 장식할 수 있었던 것이다. 이렇게 동학농민군의 높은 도덕성의 사상적 배경에 바로 동학사상이 있었고, 그 동학사상의 핵심이 바로 시천주였으며 보국안민 정신이었다.

6. 맺음말

세계적 차원의 복합 위기 상황을 극복하여 지속적인 발전이 가능한 인류 문명의 밝은 미래를 열기 위한 새로운 철학 운동, 즉 '공공철학(公共哲學)' 운동을 이끌고 있는 일본의 교토포럼 산하 공공철학공동연구소(公共哲學共同硏究所) 김태창(金泰昌) 소장은 한국에서 자생(自生)한 사상 가운데 가장 세계적이면서 보편적이고, 그리고 가장 미래지향적인 사상을 꼽는다면 두 가지가 있다고 강조한다. 그 하나가 수운 최제우 선생이 창도한 동학이요, 다른 하나가 바로 혜강 최한기 선생이 확립한 기학(氣學)이라는 것이다. 또한 20세기를 대표하는 세계적 영성 사상가 루돌프 슈타이너의 제자이자 일본 신지학회(神智學會) 회장을 역임한 바 있는 다카하시 이와오(高橋嚴) 선생 역시 21세기 인류를 구원할 사상으로 동학을 꼽는다.

역사학계에서는 동학사상과 동학 조직을 기반으로 동학교단의 지도자인 접주(接主) 전봉준과 법헌 해월 최시형 선생에 의해 주도된 1894년 동학농민혁명 역시 19세기 후반 세계사에서 최대 · 최고 수준의 민중 혁명이었다는 사실이 하나하나 증명되고 있다. 바야흐로 '동학의 바람'이 거세게 부는 가운데 '동학의 시대'가 도래할 상서로운 조짐이 세계 도처에서 일고 있는 것이다. 이러한 세계적 흐름을 앞장서서 주도하기 위해서는 동학의 탄생지이자 동학농민혁명의 본산지인 한국에 사는 사람들, 그중에서도 동학의 생명사상에 주목함으로써 생명 평화 세상을 실현하고자 하는 젊은 시민운동가들이 솔선수범하여 동학사상에 관심을 갖고 동학의 시대를 주도적으로 이끌 수 있는 실력을 길러야 할 것이다.

　이 글이 동학의 시대를 예비하려는 한국 사람들, 특히 젊은 시민운동가들에게 일조(一助)가 되기를 간절히 염원한다.

동학 창도와
개벽사상

1. 동학 창도의 역사적 배경

동학 창도의 역사적 배경은 다양한 측면에서 고찰할 수 있겠으나 크게 19세기 조선이 전혀 새롭게 대응해야만 했던 서양 열강의 동점(東漸)이라는 대외적 요인과, 조선왕조 지배 체제의 모순에서 비롯된 대내적 요인으로 나누어 고찰할 수 있다.

먼저 19세기 이전까지 조선이 맞이했던 대외적 위기와는 전혀 차원이 달랐던 19세기 서양 열강의 동점의 역사를 둘러싼 대외적 위기 상황을 살펴보기로 한다. 동학이 창도되기 2~3백 년 전부터 서양 열강은 조선, 중국, 일본 등이 주축을 이루고 있는 동아시아 문명권을 향하여 동점해 오고 있었다. 19세기에 들어와서는 미국에 의한 일본의 개항이 이루어지고, 영국과 프랑스의 중국 침략이 노골화되어 서양 열강의 동점 현상은 극에 달하였다. 이에 따라 조선 역시 열강의 이권 쟁탈 대상이 되어 갔다. 그런데 당시 동아시아로 밀려오던 서양 열강은 여러 측면에서 동아시아 3국과는 근본적으로 성격을 달리하는 요소들이 있었다. 그 첫째가 이념의 문제로서 서양 열강을 지탱하던 이념적 지주는 동양의 이념적 지주인 유학(儒學)과는 근본적으로 다른 서학(西學; Christianity)이었다. 둘째, 서양 열강은 자연과학의 발전을 토대로 이룩한 근대적인 과학기술이 동아시아에 비해 월등하게 발달하고 있었다. 셋째, 당시 서양 열강은 시장경제와 국가 간 자유무역주의를 근간으로 한 자본주의, 그리고 정치적으로는 중세적 신분질서를 타파한 국민국가(또는 민족국가) 체제를 갖춘 국가들이 대부분이었다. 이상과 같은 요소를 근간으로 한 서양 열강은 중국을 중심으로 한 동아시아 문명권 여러 나라들이 일찍이 접해 본 적이 없는 매우 이질적인 체제의 국가들이었다.

또한 서양 열강은 동아시아 문명권 여러 나라와는 차원이 다른 역사관·자연관·세계관 등을 지니고 있었다. 예를 들면, 서양 열강의 역사관은 기독교의 직선적 사관, 즉 하나님의 창조로부터 인류 역사가 비롯되어 하나님의 심판으로 종말이 온다는 종말론적 역사관으로부터 영향 받아 인류 역사는 일직선적으로 무한히 진보한다는 진보사관을 표방하고 있었다. 이 같은 역사관은 전형적인 직선적 사관으로서 동아시아를 지배해 온 역사관과는 일정하게 차원을 달리 하였다. 즉, 동아시아의 유가(儒家) 사상에 의하면, 인류 역사는 일치일란(一致一亂)의 역사로 이해되었으며, 도가(道家) 사상 역시 역사를 유위(有爲)-무위(無爲)로 순환하는 역사로 파악하고 있었다.

이상과 같이 동아시아 문명권 여러 나라와는 차원이 다른 이질적인 역사관·자연관·세계관을 가진 서양 열강의 동점은 동아시아 문명권 특히 중국·한국·일본 등 동아시아 3국에 심대한 충격을 초래하였다. 이에 동양 3국은 자국의 문화전통을 위협하는 서양 열강의 도전에 대한 응전의 논리와 방책을 수립하기에 여념이 없게 되었다. 19세기 중국의 중체서용(中體西用), 조선의 동도서기(東道西器), 일본의 화혼양재(和魂洋才)의 논리는 바로 도전해 오는 서양 열강의 이질적인 문명을 자국의 문화 전통의 기반 위에서 주체적으로 수용하고자 고심했던 대응책의 구체적 표현들이었다.

그러나 동아시아 3국은 서양 열강의 도전에 효과적으로 대응하기에는 여러 측면에서 한계가 있었다. 동아시아 삼국의 서양문명에 대한 대응의 한계는 다음과 같다.

첫째, 동점해 오는 서양 문명의 본질에 대한 정확한 인식이 결여된 가운데 서양 문명의 근대 과학기술만을 취하여 자국의 정신문화의 전통 위에 결합시킬 수 있다는 생각을 하였다. 즉, 서양의 과학기술을 낳은 것은 바로 서구의 합리적 이성이었음에도 불구하고 과학기술만을 따로 떼어 내어 수용 가능하다고 본 중체서용·동도서기·화혼양재 등의 논리는 명백한 한계가 있는 사고였다. 그리하여 동아시아 3국의 서양 문명 수용은 일정한 한계를 노출하기에 이른다.

둘째, 19세기 서양 열강은 이른바 신분제·봉건제가 중심을 이루던 중세의 한계를 극복하고 시민 계급이 중심이 된 근대적인 국가로 발전하여 국민적 통합을 이룬 가운데 국력을 기울여 비서구 문명권으로 진출하고 있었다. 이에 비하여 동아시아 3국은 전통적 군주 중심의 왕정에서 아직 벗어나지 못한 채 도전해 오는 서양 문명권 국가들에 대하여 민족 통합적인 차원의 대응을 하는 것이 불가능하였다. 따라서 지배층과 피지배층이 갈등하는 가운데 서양 문명의 도전에 응전할 수밖에 없었고, 이 같은 동양 3국의 서양 열강에 대한 대응 현상들은 국력의 분산을 초래하였다.

셋째, 자유무역주의를 근간으로 하고 만국공법(萬國公法; 근대 국제법)을 내세운 19세기 서구 문명권 국가들은 근대적인 과학기술에 힘입어 생산한 자국의 자본제 상품 시장의 확보와 값싼 원료의 공급지를 획득하기 위하여 군사력을 동원한 가운데 치열한 식민지 쟁탈전을 전개하고 있었다. 19세기 서양 열강이 자국의 무한 이익의 확보에 필요한 식민지 건설을 위해 동양에 대한 침탈에 열을 올리던 행태를 제국주의(帝國主義)라고 부른다. 따라서 동아시아로 몰려 온 19세기 서양 열강은 모두 제국주의 국가들이었다. 그러나 동아시아 3국은 19세기 제국주의 열강의 도전에 응전할 만한 근대적인 군사력이 없었으며 당시의 자유무역주의에 대한 인식의 수준마저도 미약하였다.

이상과 같은 여러 요인들에 의하여 전통적으로 중국을 중심으로 하던 동아시아 문명권은 물밀듯 밀려오는 서양 제국주의 열강의 도전에 의하여 몰락의 길로 들어섰다. 그중에서도 특히 1840~42년의 제1차 중영전쟁(中英戰爭=아편전쟁), 1856~1860년의 제2차 중영전쟁(애로우호전쟁)은 동아시아 3국에 심대한 충격과 위기의식을 불러 일으켰으며, 그 같은 충격은 천하(天下), 즉 중국을 중심으로 하는 동아시아 문명권의 몰락이 가까워지고 있다는 위기의식의 뿌리가 되었다. 특히 2차 중영전쟁에서 청나라 황제가 피난길에 오르고, 영불 연합군이 북경을 점령하여 잔인한 약탈과 학살을 벌였다는 소식에 대하여 '입술(淸國=中國)과 이(朝鮮)'의 관계에 놓여 있던 19세기 중엽의 조선 조정과 조선 민중이 느낀 위기의식은 상상을 초월한 것이었다. 1860년에 수운 최제우(1824~1864)가 동학을 창도하게 되는 배경에는 이러한 서양 열강의 동아시아 침략에 대한 '보국안민의 계책', 즉 서양의 도전에 창조적으로 응전하고자 했던 조선 민중들의 '자기 확립'의 사상 또는 학문을 제시하고자 절치부심했던 위기의식이 자리하고 있었다.

다음은 조선왕조 지배 체제를 둘러싼 모순에 대하여 살필 차례이다. 임진(壬辰)・병자(丙子)의 양란(兩亂)을 지나 조선 후기에 들어오면서 조선왕조 지배 체제는 여러 측면에서 균열이 일어나게 된다. 우선 수백 년간 민의 통치 이데올로기로 기능해 왔던 주자학이 경직되거나 공소화(空疎化)되고 그에 바탕한 지배 질서는 한 당파에 의하여 좌우되는 파행적인 세도정치로 변질되었다. 과거제도는 형식뿐으로서 대부분의 관직이 돈에 의하여 사고파는 지경에 이르렀으며, 3년마다 실시하는 정기 과거시험, 즉 식년시(式年試)는 세도가의 자제를 합격시키는 데 필요한 형식적 절차일 따름이요, 합격자는 이미 내정되어 있다시피 하였다. 이러한 문란한 정치 현실은 특정한 가문이 권력을 독점하는 세도정치로 인하여 견제 세력이 부재한 가운데 더욱 기승을 부리고 있었다.

한편 문란한 정치 현실은 결국 조선왕조 지배 체제의 위기를 부채질하였을 뿐만 아니라 민의 어버이라 일컬어지던 지방 수령들로 하여금 가혹한 세금의 징수와 수탈을 일삼도록 방조하는 결과를 낳았다. 그리하여 조선 후기 지방 수령들은 세도정치 아래에서 권력 가문의 도움을 받아 지방에 부임하는 대가로 막대한 뇌물을 상납하였고, 지방에 부임해서는 상납한 돈을 채우기 위하여 갖가지 명목의 세금을 거두어 들여 착복하였다. 그 결과 일반 농민들은 원래 생산량의 1/10에 해당하는 세금을 8~9/10까지 납부해야 하는 가혹한 수탈에 시달려 최소한의 생존권마저 위협받는 지경에 이르렀다. 그리하여 견디다 못한 농민들은 여기저기서 봉기하여 수탈을 일삼는 수령, 그리고 수령과 한통속으로 농민들을 핍박해 온 향리들을 징치하기에 이르렀다. 조선 후기 특히 19세기는 '민란(民亂)의 시대'라 일컬을 만큼 수많은 민중 봉기가 잇따라 일어난 시기였던 것이다.

빈발하는 민란에 더하여 조선 후기 민중들의 생존을 가장 심각하게 위협했던 존재는 주기적으로 유행하는 콜레라와 빈번한 자연재해였다. 호열자라 일컬어지던 콜레라는 20~30년 간격으로 유행하여 심할 경우 한 해 10만 명 이상의 사망자가 발생함으로써 전 조선 민중을 죽음의 공포로 몰아넣었으며, 여기에 빈번한 가뭄·홍수·기근 등이 겹쳐 조선 후기 피지배 민중층의 삶은 뿌리째 흔들리기에 이르렀다.

이러한 가혹한 삶의 조건들은 대부분의 민중들에게 위대한 능력을 가진 '진인(眞人, 또는 埋人)'의 출현을 고대하도록 만들었으며, 민중들은 진인의 출현에 의해 고통으로 가득 찬 현실로부터 구원되거나 해방되기를 학수고대하기에 이르렀다. 특히 진인을 기다리던 민중들의 소망은 조선 후기에 들어 지배 체제의 모순이 격화됨으로 인하여 피지배층들의 삶의 현실이 가혹해지는 시대적 조건을 타고 널리 유행하던 『정감록』과 같은 비기도참 서적에 대한 신앙과 결합되어 '진인출현설(眞人出現說)'로 구체화되었다. '진인출현설'은 빈번히 일어나던 민란과 결합하여 민중들을 결속시키는 이념적 역할을 하기도 하였다.

이상과 같은 조선왕조의 내부 모순에 대하여 안으로부터 개혁하고자 하는 새로운 학문 운동이 조선 후기에 일부 양반층 속에서 일어났다. 널리 알려진 실학(實學)이 바로 그것이다. 주지하다시피 실학은 조선 후기에 와서 벼슬자리로부터 소외된 재야 지식인들과 일부 관료 지식인들이 굳어진 주자학에 대하여 다양한 비판을 제기하고, 특히 주자학이 소홀히 취급했던 농·공·상 등 현실 문제에 적극적인 관심을 가지고 연구를 진행하면서 주자학의 한계와 현실의 문제를 극복할 대안을 마련하기에 부심하는 가운데 성립시킨 학문이었다. 실학의 이 같은 학문적 방향은 당연히 모순에 가득 찬 조선왕조 지배 체제를 개혁하고자 하는 개혁론(改革論)의 성격을 띨 수밖에 없었으나, 그것은 어디까지나 재야 양반 지식층에 의해 제기된 개혁론으로서 '위로부터의 개혁' 사상이라 부를 수 있는 것이었다. 그런데 조선 후기에 조선왕조 지배 체제의 모순을 '위로부터 개혁'하고자 등장했던 실학은 공리공론(空理空論)에 떨어진 주자학의 한계를 극복할 만한 요소를 충분히 간직하고 있었음에도 불구하고 왕조 내부에서 실천의 토대를 마련하지 못함으로써 이념 제시에 그치고 말았다.

그리하여 실학이 조선왕조의 중세적 모순을 개혁해 내는 개혁사상으로서 역할을 수행해 내지 못하게 되자, 조선 후기 이후 우리나라의 역사 전개는 더욱 많은 우여곡절을 겪지 않을 수 없었다. 즉 조선왕조의 내부 모순을 주체적으로 극복하는 길이 좌절됨으로써 조선왕조는 결국 외세에 의해 변혁을 강제 당하게 되었고, 민중들로부터도 더욱 강력한 도전을 받기에 이르렀다. 이른바 안으로는 '반봉건(反封建)' 근대사회의 건설과 밖으로는 동점해 오는 서구 문명권, 즉 서양 제국주의 열강으로부터 체제를 수호해야 하는 '반침략(反侵略)' 국권 수호라는 이중의 과제를 짊어진 채 고난의 길을 걷지 않으면 안 되었다.

2. 수운 최제우와 동학 창도

19세기에 들어 서양 열강들의 동점 현상이 더욱 치열하게 전개되어 중국 중심의 중화 체제(中華體制)가 위기에 직면했던 시기에 조선왕조는 정치적으로는 세도정치와 과거제도의 문란으로, 사회·경제적으로는 전정(田政)·군정(軍政)·환곡(還穀)이라는 삼정(三政)을 중심으로 하는 수취제도의 문란과 봉건적 지배층의 일반 민중에 대한 가혹한 수탈이 가중되는 가운데, 민중들의 빈번한 봉기로 인한 지배 체제의 모순이 날로 격화되어 가고 있었다. 이 시기에는 또한 주기적으로 유행하던 괴질(怪疾; 콜레라 등의 전염병)의 유행과 빈발하는 자연재해 때문에 일반 민중들은 죽음의 상황으로 내몰리고 있던 그런 시대였다. 그러나 18세기를 풍미하며 새로운 개혁사상으로 등장했던 실학은 지배 체제의 개혁을 이루어내지 못한 채 급변하는 19세기의 시대 상황 속에서 조선왕조가 나아갈 방향을 성공적으로 제시하지 못하고 있었다. 오랜 세월 절대적 영향력을 행사해 왔던 전통 사상이나 종교들 역시 19세기의 시대적 의미를 올바르게 파악하고 올바른 대응책을 제시하는 일에 실패하고 있었다.

이러한 위기의 시대, 세기말적인 혼란한 시대 상황 속에서도 새로운 시대의 도래를 예감한 선지자들이 나와 일반 민중들을 결속시키면서 지속적인 운동을 벌이고 있었다. 이른바 '진인(眞人)' 또는 '이인(理人)'들이 다투어 나와 진인 출현을 대망하는 민중들을 결속시켜 변란을 도모하거나 비밀결사를 이룩하여 세력을 확대해 가는 현상이 바로 그것이었다. 여기에는 『정감록』 같은 비기서(秘記書)가 커다란 역할을 하였다. 이러한 움직임은 매우 주목할 만한 내용을 가지고 있었다. 즉 그동안 지배층에 의해 다스림의 대상으로 객체화되어 있던 피지배층들이 19세기 이중의 모순에 의해 대단히 가혹해진 삶의 조건을 타개하기 위한 수단으로 『정감록』이나 진인출현설 등에 가탁(假託)함으로써 민중들의 의식이 일정하게 성숙하기에 이른 것이다. 생존을 위협받는 가혹한 조건 속에서 지배 체제의 모순을 인식하고 그러한 시대적 모순을 타파하고자 했던 민중들 나름의 문제의식이 『정감록』과 같은 비기서와 '진인출현설'에 대한 가탁을 통해 성장하기에 이른 것이다.

그러나 이들 『정감록』과 같은 비기서나 진인출현설에 가탁한 민중들의 의식은 아직 엉성하기 그지없어 조직화되거나 체계화된 이념으로 성숙하지는 못하고 있었다. 따라서 곧잘 조선 후기 민란의 지도 이념으로 기능하곤 했던 『정감록』과 같은 비기서의 변혁 사상에 따른 봉기들은 군현 단위를 넘지 못하고 오로지 한 고을의 폐단을 시정하려는 고립적인 민중봉기에 그칠 수밖에 없었다. 이처럼 시대적 모순이 심화되던 19세기에 『정감록』류의 변혁 사상으로부터 영향을 받으며 민중들의 의식이 일정하게 성숙하는 한편 그 한계도 드러내고 있던 시대에 수운 최제우라는 인물이 등장한다.

수운 최제우는 1824(순조 24,갑신)년 음력 10월 28일 경상도 경주부 현곡면 가정리(慶州府 見谷面 柯亭里: 현 경상북도 경주시 현곡면 가정 1리)에서 부친 최옥(崔鋈, 1762~1840, 호 근암)과 모친 곡산한씨(谷山韓氏) 사이에서 만득자(晩得子; 최옥의 나이 63세 때에 태어남)로 태어났다. 어렸을 때의 이름은 복술(福述)이며 본명은 제선(濟宣)이고 제우(濟愚)는 1859년에 고친 이름이며, 자는 성묵(性默)이요 호는 수운(水雲)이었다. 그의 모친은 부친의 세 번째 부인이었으나 과부였으므로 정식 결혼을 한 처지가 아니었다. 그러므로 수운은 이른바 서자(庶子)나 다름없는 재가녀(再嫁女)의 자식으로 어려서부터 심적 갈등을 겪을 수밖에 없었다(당시 재가녀의 자식은 과거에 응시할 수 없었다). 어린 시절 수운 최제우는 퇴계학(退溪學)의 학통을 이어 영남 일대에 명성이 있던 부친 슬하에서 수학하여 상당 수준의 유교적 교양을 닦았으나(수운의 부친은 영남 일대의 4백여 명에 이르는 유생들과 교유할 정도로 文名이 있었다), 10세 때 이미 모친상을 당하고 17세 때는 부친상마저 당하여 지속적으로 학문을 닦은 것으로 보이지는 않는다. 19세(1842)에 울산에 살던 밀양 박씨를 부인으로 맞이하였다. 21세 때부터는 장삿길에 나서기도 하며 주유팔로(周遊八路)를 시작하였다. 전국을 돌아다니며 인심 풍속을 살피는 생활이 31세(1854) 때까지 계속되었다. 이 시기에 수운 최제우는 이미 지니고 있던 개인적인 고뇌와 자신이 목격한 혼란한 시대상으로 인하여 갖게 된 고뇌 등 이중의 고뇌를 안으며 그 해결을 위한 방황을 계속하였던 것으로 추측된다.

그러나 10여 년에 걸친 방황의 기간 동안 해결의 방법은 마련되지 아니하였다. 그리하여 그는 32세가 되던 1855년에 일종의 신비체험(神秘體驗)을 하고(이 체험을 일러 동학 천도교계에서는 '을묘천서(乙卯天書)'라고 한다), 그것을 계기로 이듬해(1856년)에는 양산(梁山) 통도사(通度寺) 내원암(內院庵) 근처에 있는 자연동굴(이 자연동굴이 寂滅窟이다)에 들어가 49일간의 기도를 하던 가운데, 그곳에서 또한 새로운 체험을 하게 된다. 그러나 이러한 체험들 역시 수운의 고뇌를 궁극적으로 해결해 줄 만한 그런 것들은 아니었다. 그리하여 수운 최제우는 36세 때인 1859년 음력 10월에 아무것도 이룬 것 없이 1854년 이후 몇 년 동안 살았던 울산 처가로부터 경주 용담에 있는 옛집으로 돌아왔다. 경주 용담의 고향으로 돌아온 뒤 수운은 나이 40이 가깝도록 그 어느 것 하나 이룬 바 없는 자신의 처지를 돌아보며 처절한 심경이 되어 자신의 고뇌를 해결하고자 하는 사상적 모색에 전념하였던 것으로 보인다. 그리하여 1860년 음력 4월 5일 동학의 창시자로서, 그리고 자신의 생애에 있어 전혀 다른 삶의 차원이 새롭게 열리는 결정적인 종교체험을 하기에 이른다. 이것을 동학 및 천도교계에서는 '천사문답(天師問答)'이라고 부른다. 1860년 경신년 음력 4월에 이루어진 수운의 종교체험 과정에 대하여는 수운 자신이 직접 회상하여 기록한 「용담가」·「안심가」·「교훈가」 등의 한글 가사와, 「포덕문」·「논학문」 등의 한문 저작 속에 잘 묘사되어 있다.

그렇다면 수운 최제우의 동학 창도의 의의는 어디에 있을까? 그것은 무엇보다도 조선 후기에 이르러 일정하게 성숙하고 있던 민중 의식을 기반으로 하여 피지배 민중들의 요구와 이해를 집약적으로 대변하여 창도되었다는 점에 큰 의의가 있다. 수운 최제우는 바로 몰락 양반의 후예로서 겪어야 했던 개인적 고난과 갈등을 통해 당시의 민중들의 고난에 동참함으로써 당대 민중들의 원망(願望)을 자신의 깨달음 속에서 승화시킬 수 있었던 것이다. 즉 동학은 대내외적으로 이중의 모순에 시달리던 조선 후기 민중들이 시대의 모순을 극복하고자 제시한 '조선 민중의 자기 확립 사상'이었던 것이며 최제우는 바로 조선 후기 민중을 대표하여 당시의 민중 의식을 조직화한 인물이었던 것이다.

3. 동학의 사상적 특성

수운 최제우는 1860년의 종교체험 이후 약 1년간의 수련 과정을 거친 다음, 1861년 음력 6월부터 본격적으로 가르침을 펴기 시작한다. 그리하여 1863년 음력 12월에 체포되기까지 수운 최제우는 다양한 경로를 통해 그의 가르침을 민중들에게 전파하였다. 이렇게 1861년부터 1863년까지 수운에 의해 확립된 동학의 가르침은 2대 교주 해월 최시형 등에 의하여 1880년과 1881년에 집성된 한문 경전『동경대전(東經大全)』과 한글 경전『용담유사(龍潭遺詞)』에 잘 드러나 있다.

『동경대전』과『용담유사』에서 강조되고 있는 동학의 중요한 사상적 특징은 대체로 다시 개벽(開闢)(=後天開闢)과 무위이화(無爲而化) 사상, 시천주(侍天主)와 수심정기(守心正氣) 사상, 치병(治病)과 유무상자(有無相資) 사상, 척왜양(斥倭洋)의 민족 주체 사상, 정감록적 민중 사상 등으로 요약할 수 있을 것이다. 이하, 동학의 사상적 특성에 대하여 설명하기로 한다.

1) 다시 개벽(=後天開闢)과 무위이화 사상

수운 최제우는 그의 한글경전『용담유사』에서 자신이 득도하기 직전까지의 시대를 '개벽 후 오만 년'·'하원갑'·'전만고' 시대라고 표현하고, 이 시대는 '각자위심(各自爲心)'의 시대로서 모순에 가득찬 시대임을 통렬히 비판하고 있으며, 다가오는 새로운 시대는 '다시 개벽'·'상원갑'·'후만고'·'오만년지운수'의 시대로서 이 시대는 '동귀일체(同歸一體)'의 호시절이 될 것이라고 예언하고 있다. 그는 지금까지의 혼란한 시대는 반드시 무너지고 말 것이라는 종말론적 사상을 주창하면서도 다가오는 새 시대야말로 지극히 이상적인 시대가 될 것이라는 낙관적 전망을 주창하고 있는 것이 특징이다.

한편 수운 최제우는 한문경전『동경대전』에 들어 있는「포덕문」에서 인류 역사의 변천을 우부우민(愚夫愚民)의 시대, 오제(五帝) 이후 성인(聖人)의 시대, 각자위심(各自爲心)의 시대, 다시 개벽(開闢)의 시대로 구분하여 새로운 역사의 도래를 주장한다. 여기서 수운은 자신의 깨달음이 곧 각자위심의 시대를 종식시키고 동귀일체의 시대로 만들며, 개벽 후 오만년이 지난 지금까지의 낡은 시대를 다시(後天) 개벽하는 가르침이라고 역설한다. 다시 말하면 수운 자신이 확립한 동학사상이야말로,(先天; 필자 주) 개벽 이래 오만년 동안 지속되어 온 지금까지의 문명을 해체시키고, 다시(後天) 개벽 이후 오만년 동안 지속될 새로운 문명을 열기 위한 그 '무엇에 비길 수 없는 도(無極大道)'라고 천명한 것이다.

그런데 이 '무엇에 비길 수 없는 도'의 근본 원리가 바로 '무위이화(無爲而化)'라고 수운은 말한다. 원래 유위(有爲), 즉 자연(自然)으로부터 일탈한 작위(作爲)에 대한 강력한 비판·극복의 의미를 가진 무위의 개념이 강조된 것은 노자(老子)에 의해서였다. 노자의 무위는 자연의 질서로부터 일탈하여 많은 문제를 낳은 인간의 유위(작위, 즉 문명)를 극복하기 위하여 제기되었다. 수운 최제우에 의해 제기된 무위이화 역시 노자의 무위의 의미를 기본적으로 계승하면서도 노자의 그것과는 구분된다. 노자의 무위가 동양 문명권에 한정된 가운데 강조되었던 것이라면, 수운 최제우의 무위는 이른바 '서세동점(西勢東漸)'이라는 후천 시대의 무위로서 동서 양대 문명권을 상정한 가운데 강조되었다는 점이 특징이다. 노자가 인식했던 유위는 노자가 생존하던 당시의 '천하의 현실', 즉 동아시아가 중심이었다면, 수운 최제우가 인식한 유위는 서구 문명의 동점 현상에서 초래된 '동아시아 및 조선 땅에서 빚어지는 유위 현상, 즉 동서 문명의 충돌 현상'을 포괄하고 있었다. 다시 말하면, 수운 최제우가 주장한 무위이화는 당시 동점해 온 서양 제국주의 열강의 동아시아 및 조선 침략에서 비롯된 모순=유위를 '무위화(無爲化)'하자는 뜻으로 제기한 것이라는 점이다.

그러므로 수운 최제우가 제시한 무위이화를 '하는 일 없이 저절로 이룬다.'는 뜻으로 이해하는 것은 그 뜻을 잘못 이해하는 것이다. 오히려 수운이 제시한 무위이화를 통해서 우리는 무위, 즉 자연의 질서(최제우는 이를 '天道'라고 파악하였다)로부터 일탈된 제국주의 열강에 대한 비판이라든지, 민유방본(民唯邦本)이라는 왕도정치의 이상에서 벗어나 가렴주구와 수탈을 일삼고 있던 조선왕조의 지배층에 대한 강렬한 비판 의식을 발견할 수 있는 것이다.

요컨대 수운이 제시한 '다시 개벽'과 '무위이화'는 자연의 질서, 즉 천도(天道)로부터 일탈함으로써 빚어진 모순(各自爲心)으로 가득한 낡은 시대와 낡은 문명을 극복하고, 다시 천도를 회복하고 천도에 일치(同歸一體)함으로써 새 시대 새 문명을 열고자 하는 조선 민중의 비전으로 제시된 획기적인 사상이라고 할 수 있다.

2) 시천주와 수심정기 사상

수운 최제우는 『동경대전』 「논학문(論學文＝東學論)」에서 '오심즉여심(吾心卽汝心)'·'천심즉인심(天心卽人心)'이라는 표현을 통하여, 그리고 『용담유사』 「교훈가」에서 "나는 도시 믿지 말고 하늘님만 믿었어라. 네 몸에 모셨으니 사근취원 하단말가."라는 표현을 통하여 종래 우리 민족이 경건하게 모셔 오던 '하늘님'과 인간이 둘이 아님을 천명하였다. 즉 수운은 오랜 수련을 통하여 '하늘님'과 내면적 일체화를 이루는 체험을 함으로써 자기 스스로 '시천주'를 이루었다. 이때 수운이 체험한 하늘님은 어떤 초월적 존재로서 천상에 존재하는 하늘님이 아니라, 바로 자기 안에 모셔져 있는 하늘님을 의미하였다. 그리하여 수운은 그 누구나 자신이 가르친 방법대로 수련을 행하면, 시천주를 이룰 수 있다고 하였다. 즉 자신의 가르침을 진실하게 따르는 사람이면 누구나 '하늘님'과 내면적 일체화를 이룰 수 있음을 천명하였다. 그 어떤 사람이라 할지라도 신분의 고하(高下)에 관계없이 수련을 통하여 하늘님과 일체화를 이룰 수 있고, 그리하여 자기 안에 모셔진 하늘님을 체험할 수 있다는 수운의 시천주 사상은 바로 19세기 중반에 조선의 근대적 평등사상으로 정립된 것이라는 데에 커다란 역사적 의의가 있다. 수운에 의해 확립된 근대적 평등사상은 2대 교주 해월 최시형을 통해 실천적으로 계승되어 1894년 동학농민혁명을 가능하게 하는 조선 민중의 폭발적 에너지를 결집하는 중요한 요소로 작용하게 된다.

그러면 인간이 하늘님과 일체화를 이루는 구체적 방법은 무엇인가. 인간은 어떻게 자기 안에 모셔진 하늘님을 체험할 수 있는가. 최제우는 이에 대한 해답으로 '수심정기(守心正氣)'라는 수행법을 제시하였다. 한울님 마음을 지키고 기운을 바르게 함으로써 시천주, 즉 하늘님과의 일체화를 이룰 수 있다고 본 것이다. 최제우는 다시 수심정기를 구체적으로 실행해 가는 길로서 '지기금지 원위대강 시천주 조화정 영세불망 만사지(至氣今至願爲大降 侍天主造化定 永世不忘萬事知)'라는 21자 주문 수행과 성경신(誠敬信)의 수행법 등을 제시하고 있다.

3) 척왜양의 민족 주체 사상

수운 최제우는 자신이 제정했던 동학의 주요 의식인 검무(劍舞)와 검가(劍歌)를 통하여 당시 조선을 향해 밀려들고 있던 서양 오랑캐(=洋夷)를 제압하고자 하였다. 그는 검가를 통하여 따르는 제자들에게 전투적 의지를 고양시키는 한편, 검무를 통하여 훈련을 한 다음 유사시 일제히 일어나 오랑캐를 물리치자고 하였다. 그뿐만 아니라 자기의 깨달음을 동학이라 명명한 것은 바로 서학을 제압하고자 한 것이라 하여 민족 주체적 입장을 분명히 하였다. 더불어 임진왜란 당시 왜의 침략을 상기하는 내용이 담긴 가사를 남기면서 동학은 바로 '개같은 왜적 놈'들을 소멸해야 할 것이라고 강조하였다.

이 같은 최제우의 척왜양 사상은 그 후 줄곧 동학의 기본사상으로 계승되어 왜양(倭洋= 일본과 서양 열강)의 침략이 갈수록 노골화되어 나타나던 1890년대 초에는 동학의 '대선생(大先生) 신원운동(=교조신원운동)'의 주된 이념으로 나타났으며, 대선생 신원운동의 이념으로 나타난 척왜양 사상은 좀 더 구체적으로는 1893년 3월 보은취회(報恩聚會)의 '척왜양창의'의 반침략 사상으로 발전하고, 그것은 다시 1894년 동학농민혁명 당시의 반침략 사상으로 이어진다.

4) 치병 및 유무상자 사상

수운 최제우는 동학의 가르침을 전파하면서 조선 후기 이래 널리 유행하던 괴질(콜레라)과 같은 치명적인 전염병에 대한 새로운 처방도 함께 제시한다. 즉 자신의 가르침을 성심으로 믿고 따르면 병도 자연 치유된다고 주장한 것이 그것이다. 수운 최제우는 그 증거로서 자신이 '하늘님'과 일체화되는 체험을 하는 과정에서 터득한 신령스런 부적(수운은 이것을 일러 '靈符' 또는 '弓乙符'라 불렀다)을 그려 불에 태워 맑은 물에 타서 마심으로써 자신의 병을 치유하였고, 따르는 제자들에게도 영부를 그려 나누어 주면서 동학의 가르침을 전파하였다. 여기에는 물론 주술적인 믿음의 요소라든지 당시 전승되어 오던 민간요법을 수용하였을 가능성이 없는 것은 아니나, '죽음의 병'이라 할 수 있는 콜레라 앞에서 예방과 치료의 수단이 거의 없었던 당시 조선 민중의 처지에서는 수운 자신의 치유의 경험과 그가 그려 나누어 주던 영부(靈符)의 효능에 대하여 폭발적인 관심을 가지지 않을 수 없었다. 수운이 보여준 치병(治病) 능력에 대해 당시의 민중들이 깊은 관심을 가졌던 배경에는 조선 후기에 1만 명에서 10만 명 이하의 사망자를 낸 전염병이 17세기부터 19세기까지 200여 년 동안 9회에 걸쳐 유행하고, 10만 명 이상의 사망자를 낸 경우도 6회에 달했다는 역사적 사실이 전제되어 있다. 당시 조정에서도 속수무책이었던 무서운 전염병에 대한 대비책을 독특한 방식으로 제시하는 최제우의 가르침 중에 치병 사상은 그가 당시의 현실에 대해 얼마나 깊은 관심을 가지고 있었는가를 확인할 수 있다는 점에서 치병 사상은 19세기 동학의 주목할 만한 특징이라 간주해도 좋을 것이다.

한편 수운 최제우는 포덕(布德) 초기부터 그의 제자들 중에 경제적 여력이 있는 자들로 하여금 가난한 자를 위하여 적극적으로 돕도록 하였다. '유무상자(有無相資)', 즉 경제적 여력이 넉넉한 교도들이 가난한 교도들을 돕도록 가르쳤던 것이다. 그리하여 동학 조직은 최제우 당시부터 매우 끈끈한 공동체로서 자리 잡기 시작하여 그가 처형당한 후에도 수십 년간 지하 조직으로 존립을 할 수 있는 토대가 되었다. 요약하자면, 동학의 치병 사상과 유무상자의 사상은 당시 조선 민중들에게서 동학의 대중성을 확보하도록 하는 데 결정적으로 기여한 동학사상의 특징적 요소라 할 만하다.

5) 정감록적 민중사상

수운 최제우가 남긴 한글 가사 중 「몽중노소문답가」에는 조선 후기 민중들로부터 폭발적인 지지와 신봉을 받고 있던 『정감록』으로부터 영향을 받았을 것으로 짐작되는 내용들이 여기저기에 수용되어 있다. 이른바 피지배 민중층의 경전이라 할 『정감록』이 보여주는 핵심적인 사상적 특징은 위기의 시대 병화(兵禍)의 위협으로부터 목숨을 보전할 수 있는 십승지(十勝地) 사상, 즉 피란사상이다. 다른 한편으로는 위기의 시대 상황을 초월적 능력을 통하여 일거에 해결해 줄 만한 위대한 인물의 출현을 고대하는 진인 사상과, 왕조가 교체되어 새로운 왕조가 등장할 것이라는 왕조 교체 사상이 핵심이다. 수운 최제우는 『정감록』에 나타난 피란 사상과 진인 사상, 왕조 교체 사상 등을 자연스럽게 흡수하여 병화가 없는 새로운 시대, 즉 다시 개벽 되는 새 시대가 곧 도래할 것이라고 주장하였다. 또한 "빈하고 천한 사람 오 는 시절 부귀로세."라고 하여 다가오는 새 시대는 '빈천자(貧賤者)'가 주인이 되는 세상이 되리라고 예언하고 있다. 이러한 예언적 요소 역시 『정감록』의 내용과 긴밀한 연관을 가지고 있다. 이상과 같이 『정감록』적 요소를 풍부하 게 수용한 동학사상은 당대 조선 민중의 절대적인 지지 속에서 민중들의 정 치사상적 견해를 대변하는 사상으로 자리 잡게 되었다. 즉 동학사상 안에 수용된 정감록적 요소는 조선 후기 민중들의 원망을 반영함으로써 동학사 상으로 하여금 당시의 민중들과 강하게 결합할 수 있도록 매개 역할을 하였 던 것이다.

이상과 같은 동학사상의 특징은 크게 두 가지 측면으로 구분하여 정리할 수 있다. 첫 번째는 당시 조선왕조가 직면했던 역사적 과제, 즉 조선왕조 내 부의 여러 모순을 극복하여 근대 민족국가를 이루는 일(반봉건)과, 밖으로부 터 밀려오는 서구 제국주의 열강의 침략으로부터 나라를 보존하여 독립 주 권국가로서의 조선을 지켜내는 일(반침략)에 대한 이념적 요소들을 제시했 다는 측면이다. 두 번째는 그보다는 오히려 동학은 당시 조선 민중들로 하 여금 고난에 처한 현실로부터의 피난처 내지 도피처로서의 환상적이며 초 현실적인 종교사상적 측면을 지니고 있었다는 점이다. 이와 같은 두 측면 은 수운 최제우에 의해 제시된 초기 동학사상으로부터 1894년 동학농민혁 명이 일어나는 시기 동학사상에도 그대로 계승되고 있었던 것으로 간주된 다. 그럼에도 불구하고 지금까지 동학사상을 연구해 온 대부분의 연구자는 위의 두 측면 중 어느 한쪽에 지나치게 집착하여 동학사상을 '과대평가'하거 나 '과소평가'하는 오류를 범해 왔던 것으로 생각된다. 필자의 견해를 말한다면 동학사상의 두 주요 측면을 지나치게 구분하거나 어느 한쪽만을 강조하는 것은 동학사상에 대한 온전한 이해 태도가 아니라고 본다. 동학사상은 그 자체 내에 이미 반봉건·반침략 사상을 확립하고 있었으며, 또한 당시 민중들의 의식에 다가설 만한 민중적 요소까지도 포괄하고 있었던 것이다.

앞에서 살펴본 바와 같이 동학의 무위이화는 결코 온갖 모순이 가득한 현실을 도외시하고 시운에 의지하여 '하는 일 없이 저절로 이룬다.'는 뜻이 결코 아니다. 온갖 형태의 인위가 빚은 문제를 근원적으로 극복하고자 하는 강한 현실 부정의 원리인 것이다. 여기에서 반봉건의 논리도 반침략의 이데올로기도 나오는 것이 가능하다. 그러므로 지금까지의 연구자들이 동학사상을 인식하는 데 적용한 학문적 방법론은 재고되어야 할 것이다. 동학사상을 동아시아사상의 기반 위에서, 그리고 조선사상사가 내재적으로 발전해 온 맥락 위에서 '조선 민중의 자기 확립 사상'으로 정립하기 위한 방법론적 반성이 절실히 필요하다.

예컨대 동학사상은 혁명성을 가졌는가, 이른바 1894년 동학농민혁명의 지도이념이 동학사상인가 아닌가 하는 식의 구태의연한 질문을 우리는 이제 재검토해야 할 때가 온 것이다. 최근의 실증적 연구들은 동학 조직과 동학접주들, 그리고 동학의 사상적 제 요소들이 1894년 봉기에 대단히 깊숙이 연결되어 있음을 밝히고 있다. 그것은 1894년 당시 동학은 사상적으로나 조직적으로 봉기 과정에서 핵심적 역할을 하고 있었다는 사실을 말해 주는 예가 될 것이다. 이러한 결과는 1894년의 역사적 사건의 호칭에 '동학'을 넣어 명명하도록 크게 기여하고 있다.

끝으로 필자가 강조하고 싶은 점은 동학은 '혁명(革命)'을 넘어 '개벽(開闢)'을 강조하였다는 사실이다. 개벽은 혁명의 차원—단기간에 물리적인 힘을 통하여 한 사회의 상층 지배 구조를 개혁하려는—을 넘어선다. 개벽은 인류가 빚어낸 문명 자체의 근원적 변화를 꿈꾼다. 여기에 바로 동학의 원대한 비전이 담겨 있는 것이다.

4. 해월 최시형과 동학의 발전

19세기 후반 조선 민중들 사이에서 '최보따리' 선생이란 애칭으로 널리 알려진 해월 최시형(海月 崔時亨, 1827~1898)은 1827년 3월 27일 지금의 경주시 황오동에서 태어났다. 그는 조실부모하고 일찍부터 남의 집 머슴과 종이 공장 직공으로 일했다. 이처럼 생계를 도모하기 위해 어린 시절부터 고달픈 나날을 보내던 그가 동학에 들어간 때는 동학 교조 수운 최제우가 본격적으로 동학의 가르침을 전파하기 시작한 해인 1861년 6월이었다. 해월의 동학 입교는 그의 운명을 바꾸는 첫 사건이 되었다. 그는 1861년에 동학에 입도한 이래 1864년 3월 수운의 사후 동학의 도통 계승자가 되어 1898년 4월 5일(음) 관병에게 체포되고, 이어 음력 6월 2일에 처형되기까지 38년 동안 동학 교단을 지켜온 핵심 인물이었다. 특히 그는 교조 수운이 동학의 가르침을 펴기 시작한 지 불과 3년여 만에 체포되어 처형된 이후 꺼져 가던 동학의 맥을 살린 것은 물론, 조선왕조 및 지방관의 탄압 아래에서도 동학 교리의 체계화, 동학 조직의 재건과 지역적 기반의 확대, 동학 경전의 집성, 동학의 각종 제도와 의례의 제정, 정기적 수련 제도의 실시를 통한 지도자의 양성 등 동학 교단의 모든 사업들이 그의 손을 거쳐 이룩되었다. 그러기에 그를 일러 동학의 '사도 바울'이라 부르는 것이다.

또한 1894년 1월 전라도 고부에서 시작되어 1년여 동안 조선 전역을 뒤흔든 동학농민혁명 과정에서도 농민군 봉기의 조직적 기반은 바로 해월의 손에 의해 이룩된 경상도, 전라도, 충청도 등 삼남 지방 일대의 동학 접포(接包)

조직이 그 근간이 되었으며, 봉기를 주도한 각 지방의 핵심 인물들 역시 해월로부터 직·간접적인 지도를 받고 성장한 동학 접주들이 대부분이었다. 따라서 동학 교단사 및 동학농민혁명사에서 해월의 역할을 빼놓고서는 온전한 논의가 불가능함은 물론 한국근대사에서도 해월의 생애와 사상, 역할 등은 반드시 짚고 넘어가야만 할 중요 연구 과제의 하나이다.

그러나 지금까지 동학을 연구해 온 연구자나 한국 근대사를 연구 대상으로 삼은 대부분의 연구자들은 3년여의 활동 끝에 처형된 동학교조 수운 최제우와 1890년대 초반 동학 접주가 되어 갑오동학농민혁명을 앞장서 주도했던 전봉준(全琫準, 1855~1895)에 대하여는 큰 관심을 가졌으면서도 38년이라는 오랜 기간 동안 동학 조직을 이끌어 온 해월에 대하여는 의도적이라는 느낌이 들 정도로 방치해 왔다. 해월에 대한 연구 성과를 남긴 소수의 연구자들마저도 동학농민 봉기를 주도적으로 이끈 전봉준은 '위대한 인물'이지만 전봉준의 거사를 비난하고 봉기 그 자체를 만류한 것으로 알려진 해월은 '비겁한 인물'인 것처럼 묘사하는 데 앞장서 왔다. 그 결과 해월은 많은 사람들에게 우리나라 근대사에 있어 역사 발전 방향을 거스른 '반동적' 인물로 각인되어 버렸으며, 대부분의 연구자들과 국민들은 누구도 그 점에 대하여 이의를 제기하고자 하지 않았다. 이처럼 해월에 대한 이해가 매우 피상적일 수밖에 없었던 데에는 그 나름의 이유가 있다. 첫째는 40여 년에 걸친 '도망자' 생활 때문에 관련 자료가 없어지거나 흩어져 버린 때문이며, 둘째는 동학 하면 최제우와 전봉준이요, 생활사 속에서 민중들에게 끼친 동학사상과 동학교단의 역할에 대한 관심보다는 1894년 동학농민혁명에만 관심을 가졌기 때문이며, 셋째는 갑오년 이후 지속된 탄압 속에서 해월의 역할이 종교적으로 윤색되거나 신비화되어 민중들의 품에서 특정 교단의 교조로만 한정되어 버렸기 때문이다.

이제 해월에 대한 올바른 연구를 위해서는 지나간 시대에 '저 높은 하늘로 신이 되어 올라가 버렸던' 그를 우리와 같은 '사람의 모습을 가진 한 인간'으로 이해하려는 노력이 있어야만 할 것이다. 한국 근대의 대격동기에 처하여 당대 민중들의 고뇌와 역사적 과제를 어깨에 짊어진 채 민중들의 절절한 원망과 당면한 역사적 과제를 원만하게 해결하고 가려 했던 '인간으로서의 최시형'의 적나라한 모습을 역사 위에 정당하게 자리매김해야 할 것이다.

그러면 해월 사상의 핵심은 어디에 있을까? 1860년대 성립된 동학의 사상은 무엇보다도 '시천주(侍天主)' 사상이라고 할 수 있다. 사람들 모두가 자기 안에 '거룩한 하늘님'을 모시고 있다는 것이다. 이러한 '시천주' 사상은 해월에 의해 실천적으로 해석되고 확대 발전되는데, 그것은 바로 '천지만물이 시천주 아님함이 없다(莫非侍天主)', 즉 천지만물이 모두 거룩한 하늘님을 모시고 있다는 생명사상이다. 사람만이 '하늘님'이 아니라 우주 만물 전체가 바로 '하늘님'이라는 사상이다. 어린이도 하늘님이요, 며느리요 하늘님이요, 날아가는 새도 하늘님이요, 들에 핀 한 송이 꽃도 하늘님이라는 것이다. 이것은 다시 경천(敬天)·경인(敬人)·경물(敬物)의 삼경사상으로 발전하며, "천지즉부모(天地卽父母)요 부모즉천지(父母卽天地)니 천지부모는 일체"라 하여 자연 환경까지도 살아 있는 생명으로 보아야 한다는 가르침으로 이어졌다.

또한 해월은 특히 머슴 출신이라는 자신의 신분적 배경을 바탕으로 하여 '사인여천(事人如天)'을 유일한 설법의 주제로 삼아 사람과 사람 사이의 부귀빈천과 노소남녀와 적서노주의 차별을 타파하는 데 일생을 바쳤다. 그리하여 해월은 양반들 중의 서얼(庶孽)들과 중인·평민·천민들의 강력한 지지를 받으며 신분제 타파와 평등 사회 건설에 이바지하게 된다. 1860년대 후반 경상도 영해 영덕 일대의 새로운 신분 상승 세력, 이른바 신향(新鄕)들이 대거 동학에 가담하였다가 구향들로부터 대대적인 탄압을 받고 1871년 3월 이필제와 함께 병란을 주도하였던 역사적 사실이라든지, 1891년 해월이 백정 출신으로 알려진 남계천(南啓天)을 호남좌우도 편의장이라는 중책에 임명하였을 때 호남지방 16개 포의 교도 대표들이 불복하자 그 대표자격인 김낙삼(金洛三)을 불러 준절히 꾸짖으며 "비록 출신이 낮고 미미할지라도 두령의 자격이 있으면 그 지휘를 따라 도를 실천하려는 마음을 가져야 옳다."라고 역설한 사실 등은 해월 사상을 살필 수 있는 좋은 사례 중의 하나이다.

해월은 40여 년에 걸친 긴 세월 동안 도망자의 처지였음에도 불구하고 체포되기 전날까지도 짚신을 삼으며 노동하기를 즐겼다. 제자들이 옆에 있다가 '그만 쉬시라.' 하면 '하늘님이 쉬는 것을 보았느냐?' 하면서 나무를 심고, 짚신을 삼고, 새끼(노) 꼬는 일을 계속하였다. 또 베를 짜는 며느리를 향해 '그가 바로 하늘님'이라 강조하였다. 이것을 일러 '일하는 하늘님' 사상이라 하겠는데, 현대적 표현을 빌린다면 노동의 신성함을 강조하고 진정한 노동 해방을 역설하였다고 말할 수 있겠다. 노동에서 창출되는 가치가 전혀 착취당함이 없이 우리 모두에게 되돌려지는 하늘님의 노동이야말로 가장 신성한 노동이 아닐 수 없을 것이다. 해월은 또 "밥 한 그릇의 이치를 알면 바로 진리를 아는 것(萬事知 食一碗)"이라는 '밥' 사상을 널리 드러냈다. 건강한 밥 한 그릇은 바로 우주 대자연과 미물 곤충들, 그리고 인간의 대협동(大協同)을 통해 만들어지는데 그 밥 한 그릇이 만들어지는 속에 진리가 들어 있다는 것이다.

후천개벽의 시운이 무르익어 가는 이때, 이제 우리는 해월을 다시 바라보아야 할 과제를 마주하고 있다. 인멸된 사료 때문에, 그리고 억압된 세상 때문에 철저히 왜곡된 채 알려진 해월을 온당하게 복권시키는 일이야말로 우리의 몫이 아닐 수 없다.

범부 김정설의
동학 이해

1. 머리말

1892년 음력 10월 충청도 공주에서는 1864년 음력 3월 10일에 '좌도난정 (左道亂正)'의 죄목으로 처형당한 동학 교조 수운 최제우 선생의 신원을 위한 최초의 집회가 있었다. 이 같은 집회는 이듬해 4월까지 두 해 동안에 걸쳐 전라도 삼례, 서울 광화문, 충청도 보은, 전라도 금구 원평집회로 이어졌으며, 이 같은 집회를 기반으로 하여 1894년 음력 1월 10일에는 전라도 고부에서 동학교도들이 주도한 대규모적이며 장기 지속적인 고부농민봉기가 일어났다. 고부농민봉기는 다시 1894년 음력 3월 전라도 무장(茂長)에서 기포한 동학농민혁명으로 발전하였고, 동학농민혁명은 이듬해 음력 3월 말까지 1년 이상 조선 팔도를 경천동지(驚天動地)의 민중 혁명의 소용돌이로 몰아갔다. 일부 재야 유생들을 포함한 대다수 조선 민중을 '동세개벽(動世開闢)'의 대혁명 속으로 휘몰아간 것은 바로 동학(東學)이라는 새로운 사상이요, 접포 (接包)라는 동학의 조직이었다. 그렇다면 동학은 과연 어디로부터 왔는가?

동학농민혁명을 이야기하는 사람치고 동학이 혁명 과정에서 사상적 · 조직적으로 역할을 했다는 사실을 부정하는 사람은 아무도 없다. 그 역할이 이른바 종교외피적(宗敎外皮的) 역할이었든, 주도적 역할이었든 간에 동학이야말로 갑오 동학농민혁명의 이념적 기반이요, 조직적 기반이었다는 점에서는 모든 연구자의 견해가 일치한다. 이것은 곧 경상도, 전라도, 충청도 등삼남 지방을 포함한 조선 팔도를 휘감고 돌았던 동학농민혁명의 근원지가바로 동학이 창도된 경상도 경주 땅이요, 그 혁명의 단초를 제공한 주인공이 바로 동학을 창시한 수운(水雲) 최제우(崔濟愚) 선생(1824~1864, 이하 수운)이라는 데에 모든 이들의 생각이 일치한다는 것을 의미한다.

필자는 1983년부터 동학 공부를 해 왔다. 주로 역점을 두고 공부한 분야는 혁명의 주 무대였던 전라도가 아니라, 그 혁명의 사상적 이념을 제공했던 땅 경상도 지방을 중심으로 한 초기 동학 유적지를 답사하여 동학의 초기 역사를 고증하는 일이었다. 이러한 공부 과정에서 필자는 몇 분의 큰 스승을 만날 수 있었다. 필자가 만난 여러 스승 가운데 학문적으로 커다란 영향을 끼치신 분이 바로 범부(凡父) 김정설(金鼎卨) 선생(1897~1966, 이하 범부)이다. 1983년 한국정신문화연구원(현 한국학중앙연구원) 한국학대학원에 입학하여 당시 영남대에서 갓 교수로 부임해 오신 조동일 선생님의 저서『동학 성립과 이야기』(홍성사, 1981)를 읽고 동학사상에 흥미를 가지면서 석사논문으로 동학 2대 교주 해월(海月) 최시형(崔時亨) 선생(1827~1898, 이하 해월)에 대해 쓴 다음, 박사과정에서도 계속해서 해월 선생에 대해 연구하면서『풍류정신』(정음사, 1986)을 접하게 된 것이 필자와 범부 선생과의 첫 만남이었다. 1987년경 어느 날 서울 을지로 어딘가 서점에서『풍류정신』(재판)을 구해「최제우론」을 읽었던 순간을 지금도 잊을 수가 없다. 범부 선생의 「최제우론」은 그때까지 필자가 지니고 있던 동학과 수운 선생에 대한 기존의 생각을 완전히 뒤집는 '뇌에 폭풍이 일어나는 듯한' 신선한 충격으로 다가왔던 것이다. 이후 필자의 동학관은 한마디로 '기본적으로는' 범부 선생의 관점을 계승하는 것이라고 해도 과언은 아니다.

2. 범부의 동학관

그렇다면 필자의 동학관 형성의 모체가 된 범부 선생의 동학관은 과연 어떤 내용을 담고 있는가? 그 구체적 내용을 해명하기 위해서는 동학이 창시된 1860년 당시의 상황을 이해할 필요가 있다. 1860년 음력 4월 5일, 경주구미산 아래 용담정(龍潭亭)에서는 37세의 한 이름 없는 선비가 '하늘님'과 묻고 답하는 기이한 체험인 '천사문답(天師問答)'을 하고 있었다. 주인공은 바로 재가녀(再嫁女)의 아들로 서자(庶子)나 다름없는 불우한 신분으로 태어난 수운 최제우 선생이었다. 이 기이한 체험에 대해 '하늘 밑에서는 제일로 밝던 머리'로 불린 범부 선생은 4·19혁명이 있던 해이자 동학 창도 백주년이 되던 1960년에 이렇게 말했다.

> 금년으로서 백 년 전, 경신(庚申) 4월 5일(음)에 정말 어마어마한 역사적 대사건이 경주 일우(一隅)인 현곡면 마룡동(馬龍洞)이란 소조(蕭條)한 산협(山峽)에서 발생했다. (중략) 37세 되던 경신년 4월 5일에 수운 최제우는 천계(天啓)를 받았다는 것이다. (중략)
>
> 그런데 역사도 왕왕 기적적 약동이 있는 모양인지라 혼수(昏睡)에 취몽(醉夢)으로 지리(支離)한 천년의 적막을 깨뜨리고 하늘에서 외우는 소리는 웬 셈인지 마룡동 최제우를 놀래 깨운 것이다. 이것이 과연 '역사적 대강령(歷史的 大降靈)'이며 동시에 신도성시정신(神道盛時精神)의 '기적적 부활'이라 할 것이다. '국풍(國風)의 재생'이라 할 것이며, '사태(史態)의 경이(驚異)'라 할 것이다. 정말 어마어마한 역사적 대사건이었다.[1]

1958년부터 건국대학교 부설 동방사상연구소 소장으로 재직하면서 당대의 석학들에게 동양사상을 가르치고, 불자를 만나면 선(禪)과 교(敎)와 수행에 관해 말씀을 나누고, 유자를 만나면 그 유자에 맞는 경전 내용을 가지고 말씀을 나누고, 가톨릭 신부와 만나면 스콜라철학이나 사회윤리를 가지고 말씀을 나누고, 목사를 만나면 실천적인 애긍이나 종말론, 사회정의를 가지고 말씀을 나누는 등, 동서양 종교와 철학에 무불통지(無不通知)였던 범부 선생은 최고의 찬사를 동원해 1860년 4월 5일의 천계(天啓)에 대해 설명하고 있다. '천계' 즉 '하늘님'과 문답을 나누는 '천사문답'을 계기로 수운 선생은 이 땅에 '어마어마한 역사적 대사건'인 동학을 창도하였다는 것이다.

동학 창도를 '역사적 대강령'이며, '신도성시정신의 기적적 부활'이요, '국풍의 재생'이며, '사태의 경이'로 파악한 범부 김정설 선생(이하 범부라 칭함)의 동학관은 우리 학계의 뿌리 깊은 동학에 대한 편견, 즉 동학을 '아전유학'이나 유불선 삼교사상의 '습합사상' 또는 1894년 동학농민혁명 과정에서 그저 외피적인 역할을 했던 '유사종교(類似宗敎)'쯤으로 간주해 오던 학계의 편견을 일거에, 그것도 아주 통쾌하게 타파하는 파천황적인 관점이었다.

그러나 파천황적 관점에서 동학을 높게 평가한 범부 선생의 동학관은 불행하게도 우리 학계에서 일반화되지 못한 채 오랜 동안 묻혀 있다가 최근에 이르러서야 김지하 시인과 영남대 범부연구회를 통해 새롭게 주목받기에 이르렀다.[2] 향후 범부 선생의 동학관은 다각적인 각도에서 분석될 것이며 시간이 지날수록 그 탁월성이 드러나리라 믿는다.

3. 범부 동학관의 계승 1 - 동학에 대한 새로운 이해

경상도 경주 용담에서 창도된 동학에 대한 범부 선생의 탁월하면서도 독창적인 관점이 시사하는 바는 동학이야말로 "신도, 풍류도로 이어지는 전통적 요소를 온전히 이어받고 있는 전통의 완성이며, 동과 서의 문화를 통합하는 미래적 가능성이라고 주장하는 것"[3]이다(밑줄은 필자). 필자는 이 같은 범부 선생의 동학관에 기초하여 기존 학계의 동학 이해에 대한 지평 확장을 위해 몇 가지 문제를 제기하고자 한다. 다시 말해, 기존 학계 및 일반 시민들의 동학 이해가 오해로 가득 차 있음을 지적한 다음, 그 올바른 이해의 방향을 제시하고자 한다. 범부 선생의 「최제우론」을 읽고 난 필자는 '우리 학문, 우리 종교, 우리 사상'으로 등장한 동학에 대한 세간의 오해가 너무 깊다는 것을 뼈저리게 알게 되었다. 그리하여 지난 30여 년 동안 그 오해를 바로잡는 작업에 몰두해 왔다. 세간의 대표적 오해 몇 가지를 비판적으로 검토해 보자.

첫째, 동학은 서학에 대항하기 위해 성립한 일종의 대항 이데올로기라는 견해다. 동학이 서학에 대항하기 위해 성립되었다고 보는 견해는 대표적으로 현행 중·고등학교 역사교과서의 '동학' 설명에서 잘 드러난다.("서구 세력과 연결된 천주교(서학)를 배격한다는 의미에서 이름 붙여진 동학은 1860년 최제우에 의해 창시되어 현실 사회에 불만을 품고 있던 농민들에게 큰 환영을 받으며 삼남 지방을 중심으로 빠르게 확산되었다."『고등학교 한국사』, (주)비상교육, 2011.3.1. 초판) 그러나 역사적 사실은 그렇지 않다. 19세기 말 서세동점(西勢東漸)의 시대에 등장한 동학이 서학을 '깊이' 의식한 것은 사실이다. 그렇지만 동학을 창시한 수운 선생은 동학과 서학을 비교해 말하기를, '운즉일(運則一), 도즉동(道則同), 이즉비(理則非)'[4]라 하여 동학과 서학은 하나의 시운을 타고 나왔으며, 추구하는 길[道]도 같지만, 다만 그 '이치[理]'만 서로 다르다고 했다. 여기서 이(理)란 도(道)를 실현하는 구체적인 방법론을 말하는 것으로 보인다.

이처럼 수운 선생은 서학을 무조건 배척하고 반대했던 것이 아니라, 서학의 근대성과 보편성을 인정하고 있었다. 그러므로 동학을 그저 서학에 대한 대항 이데올로기로서 성립된 사상이라고 보는 세간의 이해는 온당하지 않다. 그보다는 오히려 서학의 근대성과 보편성을 두루 인정하고 받아들이면서도 그것의 제국주의적이며 침략주의적인 성격을 극복함으로써 조선 사람에게 알맞으면서 조선의 역사와 전통에 어울리는 주체적인 사상을 고대하던 민초들의 열화와 같은 소망을 집대성한 사상적 창조의 결과물이 바로 동학이며, 그것을 체계화한 인물이 바로 수운 선생이라 봐야 할 것이다.

둘째, 동학은 유불선(儒佛仙) 삼교 사상에서 장점만을 따온 혼합 사상이지 그 자체로 독창적인 요소가 별로 없는 사이비 사상이라는 견해다. 이 같은 견해는 유학(儒學=性理學)이나 불교, 도교 등을 전문적으로 연구하는 학자들 주장에서 자주 발견된다. 그들이 주장하는 것처럼 동학은 유불선 삼교 사상에서 많은 영향을 받은 것이 사실이다. 이른바 '포함삼교(包含三教)'한 것이다. 그러나 동학은 유불선만 포함하지는 않았다. 서학도 포함했다. 서학뿐만 아니라 『정감록』을 비롯한 민간신앙의 요소도 두루 포함했다. 한마디로, 19세기 중엽 이 땅에서 유행하던 모든 사상을 다 포함해 성립된 사상이 바로 동학이었다.

그런데 동학은 기존 사상을 다 포함하면서도 그저 포함한 것은 아니었다. 생명을 살리고자 하는, 즉 '접화군생(接化群生)'하고자 하는 뚜렷한 목적의식 속에서 포함했다. 바로 이것이 동학의 독창적 측면이다. 봉건적 굴레와 외세의 침탈 때문에 죽어 가는 뭇 생명을 살리고자 하는 뚜렷한 목적의식 속에서 유불선 삼교뿐만 아니라 서학, 더 나아가 민간신앙마저 포함해 이 땅의 새로운 생명 사상으로 정립해 낸 것이 바로 동학이라고 보아야 한다. 범부 선생은 바로 그 점을 정확히 보았던 것이다. 그러므로 동학이 기존 사상을 포함한 것만 주목하고, 새롭게 창조해 낸 독창적 요소에 주목하지 못한다면 그것은 동학을 이해하는 온당한 태도가 아니라고 하겠다.

셋째, 동학을 단순히 'Religion[宗敎]'으로 이해하는 견해다. 결론부터 말하자면, 동학은 결코 'Religion'이 아니다. 'Religion'의 번역어로서의 '종교'가 아니라는 말이다. 동학은 'Religion'이라는 용어, 즉 그것의 번역어인 '종교'라는 용어가 이 땅에서 대중화되기 이전에 성립했다. 우리나라에서 'Religion'의 번역어로서 '종교'라는 용어가 대중화된 것은 대체로 1900년대부터인 것으로 알려져 있다. 『독립신문』, 『황성신문』, 『대한매일신보』 같은 근대적 신문, '대한학회'와 '기호홍학회', '대한자강회' 등과 같이 근대 신문화운동을 펼치던 각종 학회들이 잡지들을 속속 발간되면서 비로소 '종교'라는 말이 널리 쓰이기 시작했다. '철학'이라는 용어와 마찬가지로 '종교'라는 용어 역시 일본을 통해서 수입되었던 것이다. 그러므로 동학은 결단코 '종교'가 아니다. 동학이 '종교', 즉 'Religion'이 아니라면 과연 무엇인가. 수운 선생 말씀을 빌리자면, 동학은 "도(道)로 말하면 하늘에서 받았기 때문에 천도(天道)요, 학(學)으로 말하면 동쪽, 즉 조선 땅에서 받았기 때문에 동학(東學)"[5]이라 했다. 이를 풀어 말하면, 수운 선생께서 창시한 가르침은 서학이 아니라, 도라는 관점에서는 천도, 즉 하늘의 길이라 할 수 있고, 학이라는 관점에서는 동학, 즉 동쪽 나라인 우리나라 학문이라는 것이다.

그렇다면 수운 선생이 말씀하는 '천도'와 '동학'은 무엇을 뜻하는 것일까? 도란 사람이 마땅히 밟아가야 할 길이요, 학이란 사람이 마땅히 배우고 익혀서 실천해야 할 학문이라고 해석하면 어떨까. 필자가 동학 공부를 하면서 동학의 후계자라고 할 수 있는 천도교 교단의 원로(元老) 어른들께 들었던 이야기가 하나 있다. 일찍이 동학의 선배들은 동학을 '믿는다' 하지 않고 '한다'고 했다고 한다. 바로 여기에 동학이 'Religion'이 아닌 까닭이 숨어 있다. '동학을 한다'는 말은 동학이야말로 어디까지나 사람이 마땅히 배워야 할 길이요 실천해야 할 학문이라는 뜻이겠고, 이른바 유일신을 전제로 하는 종교와는 질적으로 구분된다는 뜻이 들어 있다고 하겠다. 그러기에 요약하자면, 동학은 그저 믿기만 하는 신앙 체계가 아니라, 배우고 실천해 가야 할 도(道)이자 학(學), 즉 도학(道學)이라는 관점에서 이해하고 해석하는 것이 옳다고 본다.[6]

이상과 같이, 서학의 근대성과 보편성을 인정하면서도 그것의 문제점을 극복해 가장 자주적이고 주체적인 '우리 학문, 우리 사상, 우리 종교'를 지향하고자 했던 것이 바로 동학이며, 포함삼교뿐 아니라 서학과 민간신앙마저 널리 포함해 뭇 생명을 다 살리기 위한 새로운 생명사상으로 등장했던 것이 동학이고, 그리고 서양식 종교가 아닌 조선 땅의 도학(道學)의 새로운 전개로서 경상도 경주 땅에서 창도된 새로운 사상이 바로 동학이었다. 이렇게 이해하는 것이 범부 선생의 동학관을 창조적으로 계승하는 길이며, 온당하며 객관적인 동학 이해로 가는 길이다.

4. 범부 동학관의 계승 2 - 동학의 사상적 근원 천착

범부 선생의 「최제우론」에서 가장 강조하는 내용 가운데 하나가 바로 동학의 사상적 근원이 대단히 깊고 넓다는 점이다. 대해장강(大海長江)도 근원이 있게 마련이듯 새로운 사상이나 새로운 종교가 등장할 때에도 반드시 뿌리가 되는 사상이나 종교가 있게 마련이다. 예컨대 불교의 경우 고대 인도의 우파니샤드나 바가바드기타, 요가 철학 등으로부터 사상적 은혜를 적지 않게 받았다. 중국 송나라 때 새롭게 전개되기 시작한 성리학(性理學) 역시 원시유학(原始儒學)은 물론, 당시 널리 유행하던 노장사상(老莊思想)과 선불교(禪佛敎)로부터 커다란 영향과 자극을 받은 가운데 성립되었다.

그렇다면 범부 선생이 '국풍의 재생이요, 사태의 경이라' 찬탄한 동학 탄생의 사상적 배경은 어떤 것일까? 중요 내용만 열거하면 다음과 같다.

동학은 첫째, 우리의 고유 사상인 풍류도(風流道)=국풍(國風)를 뿌리로 삼아 성립되었다. 풍류도는 '포함삼교(包含三教) 접화군생(接化群生)'을 지향한다. 모든 사상과 두루 소통하면서 뭇 생명을 다 살려내는 것을 특징으로 하는 사상이다. 동학은 이 같은 풍류도를 후천 시대의 '개벽'적 상황에 맞게 재정립해 부활시킨 것이다. 범부 선생이 말한 '국풍의 재생'이란 바로 이런 뜻이라고 본다.

동학을 낳은 두 번째 사상적 원천은 바로 신라 천년 역사를 지탱해 온 대승불교(大乘佛教) 사상이라 할 것이다. 그 가운데서도 원효(元曉, 617~686)의 화쟁사상(和諍思想) 및 실천적 불교운동은 수운의 사상적 고뇌 및 실천과 통하는 바가 많다. 삼국 간의 정복 전쟁 시대, 즉 피로 날이 새고 피로 날이 지던 전쟁 시대를 산 원효와 '백성이 단 한때도 편안한 날이 없었던 민무사시지안(民無四時之安)' 시대인 조선말의 대격동기를 살았던 수운은 모두 암울한 시대를 살면서 새로운 사상가로 우뚝 섰다.

셋째, 동학이 나오게 된 근원에는 수운의 부친 근암(近庵) 최옥(1762~1840)으로 이어져 내려온 퇴계학(退溪學)이라는 학문적 전통이 있었다. 수운은 어릴 때 부친을 스승 삼아 유학을 깊이 공부했는데 부친 근암공은 경주 일대 선비 4백여 명과 교류하던 유명한 학자이자 퇴계학을 정통으로 계승한 선비였다.[7]

넷째, 동학 성립과 관련해 가장 주목할 만한 사상은 서학(西學)이다. 흔히 서학을 천주교, 즉 종교로만 이해하는 경향이 있는데 그것은 오해다. 서학은 서양 학문 또는 서양 문명 전체를 가리키는 개념이었다. 서양의 종교인 천주교를 비롯해 서양 학문, 서양의 정치경제, 서양의 과학기술 등이 모두 망라되어 있는 개념이 바로 서학이었다. 이 같은 서학이 동학을 창도하는 데 가장 강력한 영향을 끼쳤다 해도 과언은 아니다. 젊은 시절의 수운은 천주교 신앙을 지키며 사는 사람들과 교류한 흔적이 있고, 지식인 사이에서 유통되던 다양한 서학 서적을 탐독했다.

다섯째, 동학은 또한 민간을 중심으로 널리 유행하던 샤머니즘[巫敎]은 물론『정감록』같은 비기도참(秘記圖讖) 사상도 수용했다.

동학은 그냥 저절로 솟아난 것이 아니었다. 유불선 삼교 사상을 사상적 창조의 기반으로 삼았을 뿐 아니라, 당시 가장 첨단 사상이던 서학마저 적극적으로 수용했으며, 조선 후기 민중 사상을 대표한다고 볼 수 있는『정감록』사상도 포용했다. 이런 사실은 동학의 사상적 기반이 매우 깊고도 다양하며, 수운 선생의 학문적 축적이 결코 간단하지 않음을 잘 보여준다.

결론적으로 동학은 "우리 민족 특유의 민중적인 생명 사상을 확고한 중심으로 하여 그 기초 위에서 유교, 불교, 노장(老莊) 사상과 도교와 기독교 등 제 사상의 핵심적인 생명 사상을 통일하되, 특히 민중적인 생명사상, 민중적인 유교, 민중적 불교, 민중적 도교와 민중적 차원에서 새로 조명된 노장 사상과 선사상(禪思想), 민중적 기독교 사상 등의 핵심적인 생명 원리를 창조적으로 통일한 보편적 생명사상"[8]으로 등장했던 것이다.

5. 범부 동학관의 계승 3 - 수운 최제우론

범부 선생은 동학 창도 백년인 1960년에「최제우론」을 썼다. 동학에 대한 사회적 이해가 대단히 부족했던 시절, 연구자이건 일반 대중이건 동학이나 그 창시자인 수운 선생에 대한 관심도 빈약했던 그때, 수운 선생에 대한 인물론 겸 그 사상의 근간을 논했던 것이다. 범부 선생이 남 먼저 주목했던 수운 선생의 풍모에 대해 제대로 알아 볼 필요가 있다.

동학 창시자 수운 선생은 과연 어떠한 인물일까? 선생은 1824년에 경주 양반 근암 최옥에게 재가(再嫁)한 과부 한씨의 소생으로 태어났다. 당시 과부의 자식은 아무리 재주가 출중해도 문과(文科)에 응시할 수가 없었다.[9] 따라서 선생은 어려서부터 자신의 정체성에 대해 심한 갈등을 겪지 않을 수 없었다. 집안에서도 따돌림을 당해야 했고, 문중에서도 면박을 당하기 일쑤였다. 기록에 의하면, 동네 아이들이 "저 복술(수운 선생의 어릴 때 이름)이 놈의 눈깔은 역적질할 눈깔"이라고 손가락질하자, "오냐! 나는 역적이 되겠으니 너희는 착한 사람이나 되라."고 되받아쳤다는 이야기가 전해 온다. 이 이야기를 통해 당시 사회적 차별이 어떠했던가를 짐작할 수 있다. 그러나 비록 과부의 자식이었지만 선생은 근암공의 두터운 사랑과 후광 덕분에 학문에 전념할 수 있었다. 선생은 퇴계 선생으로부터 근암공으로 이어져 내려온 정통 퇴계학의 학풍을 충실히 계승하는 학문적 수련을 할 수 있었던 것이다.

하지만 정신적·경제적·학문적 후원자였던 아버지 근암공이 1840년(수운의 나이 만 16세 때)에 사거(死去)하자 수운 선생은 졸지에 모든 것을 잃어버리는 신세가 되었다. 버팀목 같았던 아버지가 떠나자 수운 선생은 더 이상 한가롭게 학문이나 하고 있을 처지가 못 되었다. 집안 살림을 꾸려 가야 했고 어린 자녀들을 돌보아야 했다. 이에 선생은 무과(武科)에 응시할까 하다가 그만두었고, 경상도 남부 지방에서 나는 원철(原鐵) 도매상[10]을 열어 생계를 도모하려다 쫄딱 망하기도 했다. 아버지로부터 물려받은 얼마 안 되는 가산은 거듭된 사업 실패로 다 날려 버렸으며, 물려받은 집마저 불에 타 버렸다. 수운 선생은 이제 그 어디에도 안접(安接)할 곳이 없는 처지가 되었다. 그리하여 20세 이후부터는 바람 부는 대로 발길 닿는 대로 전국을 방랑하며 삶의 돌파구를 찾고자 절치부심했다. 그러나 이 모든 시도는 다 실패로 끝났다. 선생은 1859년 36세 되던 해에 오랜 처가살이에 마침표를 찍고 마침내 경주 용담의 고향으로 돌아왔다. 적수공권(赤手空拳)의 신세로 '소업교위(所業交違)' 즉 '하는 일마다 어긋나고 하는 일마다 실패했던' 사람이 바로 수운이었다. 이것이 바로 동학 창도 이전, 수운 선생의 모습이었다. 41세라는 길지 않은 삶을 살다 간 수운 선생의 삶을 간략한 연표로 제시한다.

1824년 10월(1세) 경상북도 월성군 현곡면 가정리 마룡동에서 출생.

1833년(10세) 모친상.

1840년(17세) 부친상.

1842년(19세) 울산 박씨와 결혼.

1843년(20세) 화재로 가정리 생가 전소.

1844년(21세) 유랑 길을 떠남, 가족들은 처가살이.

1859년(36세) 경주 용담으로 돌아옴.

1860년(37세) 4월 상제와의 문답[降靈體驗]을 통해 득도. 득도 후에도 1년간 수련 계속.

1861년(38세) 6월 「포덕문(布德文)」지음. 포덕 시작. 해월 최시형 동학 입도.

1861년 11월 경주 일대 유림들의 박해로 전라도 남원 교룡산성 은적암으로 피신. 「논학문(論學文)」[일명 東學論] 지음.

1862년(39세) 3월 은적암에서 경주 용담으로 돌아옴.

1862년 12월 흥해 손봉조의 집에서 접주제(接主制) 실시.

1863년(40세) 7월 최시형을 '북도중주인(北道中主人: 경상도 북부 지방 포덕 책임자)'에 임명.

1863년 12월 조정에서 파견한 선전관 정운구에게 체포.

1864년(41세) 3월 '좌도난정(左道亂正: 그릇된 도로 정도를 어지럽힘)'의 죄목으로 효수형(梟首刑)을 받고 순교.

6. 범부 동학관의 계승 4 - 종교체험과 포덕, 순도

범부 선생은 「최제우론」에서 수운 선생의 종교체험을 '역사적 대강령'이라는 말로 표현하였다. 수운 선생 생애를 결정적으로 바꾸는 계기가 된 1860년 음력 4월 5일의 체험을 그렇게 표현한 것이다. 여기서는 범부 선생이 이미 1960년에 주목했던 수운 선생의 종교체험과 그것을 계기로 1861년 6월경부터 이루어지는 동학 포덕에 대해 구체적으로 살펴보기로 한다.

1860년 음력 4월 5일에 수운 선생은 경주 용담정에서 이상한 체험을 한다. 몸이 몹시 떨리고 한기(寒氣)를 느끼는 가운데, 공중에서 무슨 말씀이 들리기 시작한 것이다. 일찍이 겪어 보지 못한 일이라 처음에는 당황했지만, 잠시 후 '마음을 가다듬고 기운을 바로(修心正氣)'하여 말씀의 주인공을 찾아 문답을 나누기 시작한다. 아무런 형체도 없이 공중에서 말씀하는 그 주인공은 바로 단군 이래 이 땅의 민중이 늘 마음으로 모시고 받들어온 '하늘님[상제, 천주(上帝, 天主)]'이었다.[11] '내림(천사문답)' 체험을 통해 수운은 '하늘님으로부터 무극대도(無極大道), 즉 천도(天道)를 받았다. 또 21자 주문(呪文)과 영부(靈符)도 함께 받았다. '하늘님'은 특히 주문과 영부를 가지고 민중을 가르치면 스스로 장생할 뿐만 아니라, 천하에 널리 덕을 펼 수 있을 것이라면서, 수운에게 포덕(布德)할 것을 권했다. 그러나 수운은 아무리 믿으려 해도 '내림' 체험 과정에서 나타난 '하늘님'의 존재를 확신할 수가 없었다. 그래서 '내림' 체험으로부터 1년여에 걸쳐 '하늘님'이 말씀하신 내용대로 실행하면서 그 효과를 검증해 보기에 이른다. 내림 체험 후 1년여에 걸친 수련 결과, 과연 '하늘님' 말씀은 하나도 틀림이 없었다. 이에 1861년 6월부터 본격적인 포덕 활동을 시작한다. 동학 교단 최초의 역사책(『도원기서』)에는 수운의 포덕 활동 개시에 대해 다음과 같이 쓰여 있다.[12]

신유(辛酉, 1861)년 봄에 이르러 포덕문(布德文)[13]을 지었다. 때는 마침 6월이 되어 덕을 널리 펴고자 하는 마음이 일어나 어진 선비들을 얻고자 했다. 자연히 소문[14]을 듣고 찾아오는 사람들이 수를 헤아릴 수 없었다.

1861년 6월에 수운 선생이 포덕을 시작하자마자 지방 수령들의 가렴주구, 해마다 반복되는 자연재해, 콜레라와 같은 괴질의 주기적 유행, 이양선(異樣船) 출몰과 천주교의 전파에서 오는 위기의식 등으로 '사시사철 단 한때도 편안할 날이 없는=(民無四時之安)' 나날을 보내던 민중은 '용담에 신인이 났다'며 다투어 선생을 찾아와 나아갈 길을 묻기 시작했다. 용담으로 물밀듯 찾아오던 민중의 모습을 실감나게 전하는 기록이 있다.[15]

물음: 그러니 말씀이지, 그때에 대신사(大神師)[16]를 찾아오는 사람이 과연 많기는 많았습니까?
대답: 많고 말고. 많아도 여간 많았나. 마룡동(馬龍洞)[17] 일판이 대신사 찾아오는 사람들로 가득 찼었다. 아침에도 찾아오고 낮에도 오고 밤에도 오고. 그래서 왔다 가는 사람, 하룻밤 자는 사람, 여러 날 체류하는 사람. 그의 부인하고 나하고는 그 손님 밥쌀 일기에 손목이 떨어져 왔었다. 낮에 생각할 때에는 저 사람들이 밤에는 어디서 다 잘꼬 했으나 밤이 되면 어떻게든지 다들 끼여 잤었다. 그때 용담정 집은 기와집에 안방이 네 칸, 부엌이 한 칸, 사랑이 두 칸 반, 마루가 한 칸, 고간(庫間)이 한 칸이었는데, 안방 한 칸을 내놓고는 모두 다 손님의 방이 되고 말았었다. 그리고 이것을 보시오. 그때 찾아오는 제자들이 건시(乾柿)[18]와 꿀 같은 것을 가지고 오는데 그 건시가 어찌나 들여 쌓였던지 그 건시를 나눠 먹고 내버린 싸릿가지가 산같이 쌓여서 그 밑에서 나무하러 오던 일꾼들이 산으로 올라가지 않고 그 싸릿

가지를 한 짐씩 가지고 가곤 했었다.

위에 인용한 글은 수운 선생이 득도한 직후에 '노비 해방'을 해서 수양딸로 삼은 주씨 노인이 1927년에 증언한 내용이다. 도대체 얼마나 많은 사람이 곶감을 들고 찾아왔기에 지나가던 나무꾼들이 곶감 먹고 나서 버린 싸릿가지로 한 짐씩 나무를 해서 지고 갔을까? 다음의 기록[19]을 보면, 주씨 할머니의 증언이 거짓이 아니라는 것을 알 수 있다.

> 문경새재로부터 경주까지는 4백 리 남짓 되고 고을은 10여 개 정도 되는데 날마다 동학에 대한 말이 들려오지 않은 적이 없었고, 경주 근처의 여러 고을에서는 그 말이 더욱 심하여 저자거리의 아낙네와 산골짜기 어린아이들까지도 동학의 글을 외며 전하지 않는 이가 없었습니다. 말하기를 '위천주(爲天主)' 또는 '시천지(侍天地)'[20]라고 하면서 부끄러워하지도 않고 또한 감추려고도 하지 않았사옵니다.

정운구는 1863년 12월, 조정에서 수운을 체포하기 위해 파견한 선전관(宣傳官)이다. 그는 한양에서 문경새재를 거쳐 경주로 내려가 수운을 체포하는 전 과정을 자세하게 기록한 「서계(書啓)」를 남겼는데, 위 내용은 그 「서계」에 있는 내용이다. 동학을 탄압한 관리가 남긴 기록에서조차 동학에 대한 민중의 반응이 가히 폭발적이었음을 증명하고 있다. 도대체 당시 민중은 왜 그렇게 다투어 경주 용담으로 몰려갔을까? 그 대답은 아래에 있다.

> 귀천과 등위를 차별하지 않으니 백정과 술장사들이 모이고, 남녀를 차별하지 아니하고 유박(帷薄)[21]을 설치하니 홀아비와 과부들이 모여들고, 돈과

재물을 좋아해 있는 사람과 없는 사람이 서로 도우니 가난하고 궁핍한 사람들이 기뻐했다.[22]

　위의 내용은 동학을 배척한 보수 유생들이 남긴 통문 속에 있는 것이다. 보수 유생의 눈에 비친 동학을 보면, 첫째, 동학은 귀천과 등위에 차별이 없는 신분 평등의 공동체라는 것이다. 둘째, 동학은 남녀 차별이 없는 양성평등의 조직이라는 것이며, 셋째, 동학은 있는 사람과 없는 사람이 서로 돕고 서로 도움을 받은 생활공동체 성격이 강한 조직이었다는 것이다. 이 같은 초기 동학의 성격은 신분제의 억압, 무서운 괴질과 자연재해, 그리고 기근으로 한 해에 수만명이 죽어가는 시대에 민중의 귀의처로서 충분한 역할을 할 만했던 것이다.

　1861년 6월 이후 민중은 동학으로 다투어 들어갔다. 그 결과 수운 선생이 도를 펴고 있던 경주 용담은 '임금이 임금답지 못하고, 신하가 신하답지 못하며, 아비가 아비답지 못하고, 자식이 자식답지 못하던' 세상을 안타깝게 여기는 민중의 귀의처가 되었고, 수운은 그런 민중의 마음을 위로해 주는 신인(神人)이자 진인(眞人)이었다. 그러나 지배층은 이 같은 민중의 마음을 헤아리기는커녕 도리어 수운을 체포해 처형함으로써 민중의 마음에 불을 질렀다. 수운은 그렇게 1863년 12월에 체포되어 이듬해(1864) 3월 10일에 경상감영이 있는 대구 장대(將臺, 경상감영군의 훈련장)에서 효수되고 말았다. 참으로 때 이른 죽음이자 가슴 아픈 죽음이었다. 그 죽음을 시인 김지하는 이렇게 읊고 있다.

아아 꽃 한 송이
이슬처럼 지네

매운 눈보라 속

철 이른 꽃 한 송이

이슬처럼 지네

비바람 눈보라 거듭 지나면

영원한 봄 오리라 말씀하신 분

오만 년 후천개벽 때가 찼으니

이 땅이 먼저리라 말씀하신 분

사람이 한울이니 사람 섬기되

한울같이 섬기라 말씀하신 분

수운 수운

우주의 꽃 한 송이

지네 지네

아득한 고향 돌아가네

가고 다시 돌아오지 않음 없는 고향

온 세상 꽃 피어날

영원한 봄의 시작

죽음이여

수운의 죽음

아아

이슬처럼

철 이른 꽃 한 송이

눈 속에 지네

김지하, 『이 가문 날에 비구름』, 동광출판사, 1988, 92~93쪽

1864년은 갑자(甲子)년이었다. 이해 3월 10일에 수운 최제우 선생은 대구 장대에서 삿된 도로 민중을 현혹시켰다는 이른바 좌도난정(左道亂正)이라는 죄목으로 처형당한다. 만 40세 때였다. 이로써 선생은 득도한 지 4년 만에, 그리고 1861년 6월부터 정식으로 가르침을 펴기 시작한 지 만 3년도 채 되지 않은 아주 짧은 공적(公的) 생애를 죽음으로써 마감한다.

7. 동학의 개벽사상

그런데 왜 수운 선생은 갑자년인 1864년에 순교하지 않으면 안 되었을까? 필자는 그 대답을 선생이 그토록 절절하게 외친 '다시 개벽'의 사상, 즉 후천 개벽 사상에서 찾고자 한다.

수운 선생은 한국의 근대 종교가 가운데 처음으로 개벽사상을 강조했다. 원래 개벽이란 말은 주역(周易)에서 유래하지만 그것이 우리 한민족의 역사에서 새롭게 조명받기 시작한 것은 수운 선생 덕분이었다. 그런데 선생은 개벽을 말하되 '다시 개벽', 즉 후천개벽(後天開闢)을 말했다. 왜 '다시 개벽', 즉 후천개벽을 말하지 않으면 안 되었을까?

선생은 일찍이 20세를 전후해 10여 년 이상 전국을 방랑하며 세태 변화와 인심 풍속의 해이 현상을 목격했다. 선생의 눈에 비친 세상은 한마디로 요순(堯舜)의 정치로도 부족하며 공맹(孔孟)의 덕으로도 부족한 시대였다. 부자유친·군신유의·부부유별·장유유서·붕우유신과 같은 기존 윤리가 있긴 있었지만, 임금은 임금답지 못하고 신하는 신하답지 못하며 아비는 아비답지 못하고 자식은 자식답지 못한, 그야말로 인심 풍속이 괴이하기 그지없는 시대였다. 뿐만 아니라, 세상은 상해(傷害)의 운수가 가득 차서 생명을 가진 모든 존재 간에 크게 다치고 해로움을 당하는 시대가 되어 있었다. 다시 말해 잦은 민란(民亂)과 자연재해, 가뭄과 흉년, 횡포한 관리들의 가렴주구 등으로 풀뿌리 민중이 목숨을 제대로 부지할 수 없던 시대였다. 십이제국(온 세상이라는 뜻)에는 괴질(怪疾: 콜레라 또는 장티푸스)이 대유행해 한 해에 수만 명이 목숨을 잃기도 했으며, 여기에 더하여 서양 제국주의 열강이 동점(東漸)해 오면서 중국을 비롯한 아시아 여러 나라와 싸워서 이기는 바람에 우리나라에 언제 순망치한(脣亡齒寒)[23]의 민족적 위기가 찾아올지 예측할 수 없는 불안한 시대 그 자체였다.

민중은 혼란하기 그지없는 시대 상황 속에서 막지소향(莫知所向), 즉 어디로 가야 할지, 어디에 기대야 할지 몰라 이리저리 헤매고만 있었다. 어떤 이들은 곧 일어날지도 모를 난리를 피하기 위해 십승지(十勝地)를 찾기에 바빴고, 어떤 이들은 괴질로부터 목숨을 부지할 불사지약(不死之藥)을 구하기 위해 눈에 불을 켰으며, 또 어떤 이들은 무슨 일이 일어날지 모를 불안한 미래를 대비하기 위해『정감록』을 비롯한 온갖 비결(秘訣)을 구하기 위해 정신이 없었다. 여기에 생각이 좀 있는 지식인들은 자신을 진인이나 신인, 이인(異人)이라 가탁함으로써 민중을 끌어 모아 썩어 문드러져 가는 세상을 바꿔 보려는 시도를 하기도 했지만, 결과는 언제나 실패로 끝나고 있었다. 이처럼 이러지도 저러지도 못하는 가운데 민심은 하루가 다르게 변해 가면서 요동쳤고, 무엇인가 결정적인 변화가 일어나기만을 학수고대했다. 그야말로 폭풍 전야의 고요랄까, 한 점 불씨를 기다리는 마르고 마른 대평원이랄까. 민심은 천지가 개벽되는 것과 같은 결정적인 변화, 이른바 대개벽(大開闢)의 계기가 하루속히 찾아오기를 손꼽아 기다리고 있었다.

젊은 시절에 전국을 방랑하면서 온갖 모순으로 가득한 시대 상황을 온몸으로 체험하는 동시에, 고통의 나날 속에서도 개벽이 어서 빨리 찾아오기만을 손꼽아 기다리는 민심을 읽었던 선생은 마침내 1860년 4월 5일에 득도를 하고 나서, '십이제국 괴질운수 다시 개벽 아닐런가'(『용담유사』, 「몽중노소문답가」)라 하여 '다시 개벽'의 새 세상이 오고 있음을 소리 높여 외치기 시작했다. 이제 역사는 하원갑(下元甲)의 시대, 즉 낡고 병들고 온갖 모순으로 가득한 선천시대는 가고, 상원갑(上元甲)의 시대, 즉 새롭고 생명이 넘치고 모든 모순이 다 해결되는 후천시대가 오고 있으며, 상원갑 호시절에는 가난하고 천한 모든 사람이 다 부자가 되고 귀한 사람이 될 수 있다고 역설했다.

주지하듯이 동양에는 고대부터 갑자(甲子) 간지(干支)가 들어가는 해에 새 시대가 시작된다는 사상이 있었다. 이 같은 사상을 구체적으로 체계화해 제시한 이가 중국 송(宋)나라 소강절(邵康節)이다. 그는 『황극경세서(黃極經世書)』에서 우주의 역사는 춘하추동의 생장염장(生長斂藏)의 이치를 따라 원회운세(元會運世)로 전개된다고 보았다. 그에 따르면 우주 1년, 즉 1원(元)은 12만 9600년이요, 그 1원에는 다시 12회(會)가 있으니 1회인 1만 800년마다 소개벽(小開闢)이 일어난다고 했다. 또한 1회에는 30운(運)이 있으며, 1운은 360년이고, 1운에는 12세(世)가 있으니, 1세는 30년이라고 했다. 이렇게 보면 1원은 12회, 360운, 4320세, 12만 9600년이 된다. 소강절에 따르면 우주의 역사는 첫 회(會)인 자회(子會)에서 시작되어 6회째인 사회(巳會)까지 성장하며, 후반부 첫 회인 오회(午會)부터 해회(亥會)까지는 줄어드는데, 우주의 가을에 해당하는 미회(未會)에서는 우주의 시간대가 새로운 질서로 접어드는 후천개벽이 일어난다고 보았다. 소강절은 또한 우주의 1원(元) 12만 9600년 가운데 인류 문명의 생존 기간은 건운(乾運)의 선천 5만 년과 곤운(坤運)의 후천 5만 년이며, 나머지 2만 9600년은 빙하기로 천지의 재충전을 위한 휴식기라고 보았다. 요컨대 소강절에 따르면 우주의 가을이 되면 우주의 봄과 여름인 선천 5만 년이 끝나고, 후천개벽의 시대가 다시 시작된다는 것이다.

수운 선생이 득도 이전에 소강절의 사상을 깊이 공부했는지 여부는 현재로서는 확인할 길이 없다. 그러나 선생이 남긴『동경대전』과『용담유사』구석구석에 소강절의 원회운세론(元會運世論)과 서로 통하는 내용이 들어 있는 점으로 볼 때, 수운 선생의 '다시 개벽' 사상은 소강절로부터 적지 않은 영향을 받았다고 보는 것이 타당할 것이다. 그렇지만 수운 선생의 '다시 개벽' 사상은 소강절의 원회운세론과는 뚜렷한 차이가 있다. 그 차이란 수운의 '다시 개벽' 가르침이 그저 말로만 외친 것이 아니라는 점에 있다. 수운 선생은 가르침을 얻기 위해 경주 용담으로 찾아오는 모든 제자에게 일체의 차별을 없애고 모두 평등한 존재, 거룩한 하늘님과 같은 존재로 대할 것을 가르쳤다. 그런 정경은 수운 선생을 비방하고 탄압하는데 앞장섰던 보수 유생들의 눈에도 가히 혁명적인 모습으로 비쳐졌던 것 같다. 유생들이 동학을 배척하기 위해 돌린 동학 배척「통문」에 "귀천과 등위를 차별하지 않아 백정과 술장사 같은 천한 이들이 다투어 모여들고, 남녀를 차별하지 아니하고 유박을 설치해 가르침을 펴니 홀아비와 과부들과 같이 불우한 처지의 사람들이 모여들었으며, 돈과 재물을 좋아해 있는 사람과 없는 사람이 서로 도우니 가난하고 궁핍한 사람들이 기뻐했다."고 했으니 말이다.

이처럼 수운 선생은 경신년(1860)에 하늘님으로부터 받았던 '무극대도, 그 무엇에 비길 바 없는 가장 크고 위대한 가르침'을 사람들의 일상적 삶 속에서 아주 구체적인 모습으로 실천하도록 했고, 이 같은 가르침은 민중의 삶 속으로 깊숙이 파고들기 시작했다. 그 이유는 아마도 다시 개벽의 새 시대가 오고 있음을 남보다 먼저 알았을 뿐 아니라, 천지 개벽과도 같은 근본적 변화를 갈망하는 민심을 제대로 읽을 수 있었던 전례 없는 가르침(귀천과 남녀 등의 차별이 없는 평등사상)이 당시 민중의 눈과 귀를 사로잡기에 충분했기 때문으로 보인다. 또한 없는 자와 있는 자, 지식이 많은 자와 지식이 없는 자, 어떤 특별한 재주가 있는 자와 없는 자들이 서로 베풀고 나누도록 가르치는 유무상자(有無相資)의 동학 공동체 속에서 비로소 사람다운 대접을 받을 수 있었던 민중은 수운을 신인 또는 진인이라 생각하면서 다투어 모여들여 끈끈한 공동체를 형성하기 시작했다. 바로 이것이 문제였다. 경주와 경상도의 보수 유생, 나아가 조선 왕조 지배층은 다시 개벽을 말하고 사람을 하늘처럼 모시라고 말하는 수운 선생 밑으로 꾸역꾸역 몰려드는 민중의 모습에 두려움을 느끼기 시작했다. 특히 '갑자년에 새 시대가 시작된다'는 생각을 그 바탕에 깔고 있는 수운의 '다시 개벽' 사상은 불온하기 그지없는 사상이었다. 이것이 바로 갑자년에 수운 선생이 처형당한 이유 가운데 하나다.

결론적으로, 동학의 핵심 사상은 『동경대전』과 『용담유사』에 집약되어 있으며, 그중에서도 『동경대전』의 일명 '동학론(東學論)'으로 불리는 「논학문(論學文)」에 잘 집약되어 있다. 「논학문」은 수운 최제우 선생이 제정한 21자 주문(二十一字 呪文)에 대해 상세히 해설하고 있는데, 21자 주문은 '시천주 조화정 영세불망 만사지(侍天主造化定 永世不忘萬事知)'라는 13자 주문(十三字呪文)으로 집약되며, 그것은 다시 '시천주(侍天主)' 석 자, 마지막에는 '시(侍)' 한 자로 집약할 수 있다. 그러므로 동학사상의 핵심은 바로 시(侍) 한 글자, 즉 '모심'이란 말에 집약되어 있다.

8. 맺음말

이상으로 범부 선생의 동학관이 잘 드러나 있는 「최제우론」에 근거하여 동학에 대한 세간의 오해를 지적한 다음, 동학사상 성립의 근원, 수운 최제우 선생에 대한 인물론, 최제우 선생의 종교체험과 포덕 활동의 내용 등에 대해 필자 나름으로 개관해 보았다.

전술했듯이, 필자는 범부 선생의 동학관으로부터 결정적인 영향을 받았으며, 30여 년에 이르는 동학 연구를 지탱해 온 힘의 원천이 되었다. 이제 범부 선생이 수십 년 전에 제시하신 동학에 대한 새로운 관점이 새롭게 조명되고 부활되어야 할 '바로 그때'에 이르렀다고 생각한다. 필자의 부족한 발표가 범부 선생의 동학관에 대한 재조명의 계기로 이어지고, 더 나아가 범부 선생의 삶과 사상 전반에 대한 관심으로 이어져 이 땅에서 자생한 사상과 철학에 대한 풍요로운 연구의 자양분이 되길 기대한다.

공공(公共)하는 철학에서 본 동학의 공공성[*]

1. 서론

최근 한국 학계에서는 '공공성(公共性)' 또는 '공공철학(公共哲學)'에 대한 탐구가 하나의 트렌드를 이루고 있다. 이 글은 최근 들어 한국 사회에서 널리 주목받고 있는 '공공성' 및 '공공철학'의 관점에서 한국의 대표적 신종교(新宗敎)인 동학(東學)[1]에 나타난 공공성 또는 공공철학적 의미를 조명하는 것이 목적이다. 동학에 나타난 공공성 또는 공공철학적 의미에 대해서는 이미 몇몇 선학(先學)에 의한 연구가 있다.[2] 그러나, 이 글에서는 선학들의 연구와는 다른 관점에서 동학의 공공성 또는 공공철학적 의미에 접근해 보기로 한다.

글의 전개 순서는 다음과 같다. 제1장에서는 처음으로 공공성에 주목한 서양발 'Public Philosophy(공공철학)'와 동아시아발 '공공하는 철학' 사이의 차이점을 약술(略述)한다. 제2장에서는 동아시아발 '공공하는 철학'이 한국 사회에 어떻게 이해되고 수용되어 왔으며 또는 어떻게 논의되어 왔는지 그 현황을 연구사(研究史)적 관점에서 서술한다. 제3장에서는 '공공하는 철학'의 특징을 키워드를 중심으로 첫째, 동아시아발, 둘째, 공공한다, 셋째, 활

---

[*] 이 글 속의 일본 교토포럼의 '공공하는 철학'에 대한 필자의 설명 가운데 설명이 미진하거나 잘못 서술된 부분을 일일이 바로잡아 주신 동 포럼 공공철학공동연구소 소장 김태창 선생님께 지면을 통해 심심한 사의를 표한다

사개공(活私開公), 넷째, 대화(對話) · 공동(共働) · 개신(開新), 다섯째, 장래세대
(Future Genaration)의 관점 등으로 나누어 요약 설명한다. 제4장에서는 '공공
하는 철학'의 관점에서 본 동학의 공공성을 첫째, 글로내컬적 공공성, 둘째,
동아시아발 공공성, 셋째, 민 중심=활사(活私)의 공공성, 넷째, 대화 · 개신 ·
공동의 공공성, 다섯째, 장래세대적 공공성 등 다섯 가지 측면에서 설명하
고자 한다.

2. 'Public Philosophy(공공철학)'와 '공공하는 철학'

첫째, 'Public Philosophy(公共哲學)'는 서양발(西洋發)이요, '공공하는 철학'은
동아시아발(東亞細亞發), 더 엄격히 말하면 한중일(韓中日) 삼국발(三國發)이다.
현재 우리가 쓰는 '공공철학(公共哲學)'이란 용어는 Public Philosophy의 번역
어로서 이 말을 최초로 사용한 학자는 미국의 월터 리프만(Walter Lippmann,
1889~1974)이다. 즉, 1955년에 리프만에 의해 동명(同名)의 책[3]이 출판된 이래
설리번, 벨라, 굿딘, 선델 등 주로 미국과 오스트레일리아의 정치철학자와
사회학자에 의해 사용되어 왔다. 이에 반해 '공공하는 철학'은 일본에서 집
중적으로 이루어진 성과를 담은 『공공철학』시리즈 전 20권(도쿄대학출판회,
2001~2006년)이 보여 주는 바와 같이, 영어권의 산발적인 시도보다도 훨씬 스
케일이 큰 학제적(學際的) 전망 아래 수행되어 왔으며, 거기에는 일본을 대표
하는 사상사, 정치학, 법학, 사회학, 경제학, 과학기술론, 철학 등의 대가들
이 각각의 지견(知見)을 상호 교환하면서 전공 분야의 벽을 돌파하여 좀 더
상호 관련적인 파악과 이해를 낳는 토론을 시도해 왔다. 1990년대 말부터는
한국과 중국의 학자들까지 참여한 명실상부한 한중일 삼국발의 새로운 학
문 운동으로 전개되고 있다. 요컨대, 공공하는 철학은 한국과 일본과 중국

을 중심으로 하는 동아시아의 역사적·문화적 체험에 터전을 두고 길러져 온 전통과 유산과 지혜를 되찾고 다시 생각하고 새로 밝히는 지속적인 공동 작업인 것이다.

둘째, 따라서 공공철학은 미국과 유럽에서 수입해 온 Public philosophy 를 번역·소개·정착시키는 데 진력하는 학자 중심의 전문가적 연구·교육·홍보 활동인 데 반해, 공공하는 철학은 한 사람 한 사람의 평범한 시민(市民)=민(民)이 주축이 되어 제도세계(制度世界=公=국가)와 생활세계(生活世界=私=민중)를 그 사이로부터 더불어·함께·균형 있게 향상·발전·진화시켜 나가기 위한 중간 매개적 실천 활동의 상관 연대 활동이라는 데 특징이 있다. 따라서 공공하는 철학에서는 특정한 전문가가 이론을 주도해 가는 것이 아니라, 사회 각계의 다양한 시민들이 참여하여 상호 대화와 토론을 거듭하는 과정 속에서 공동의 지(知)를 창출하는 데 주력하고 있다.

셋째, Public Philosophy(공공철학)가 주로 연구자나 전문가의 '독화(獨話, Monologue)' 방식으로 이루어지는 철학인데 반해, 공공하는 철학은 '대화(對話, Dialogue)' 형식으로 타자(他者)와 함께 동태적(動態的)인 프로세스를 거침으로써 새로운 지평을 열고(開新), 서로를 살리는 상생(相生)과, 더불어 행복해지는 공복(共福)을 지향하는 상생철학(相生哲學) 또는 공복철학(共福哲學)이다. 즉, 공공하는 철학은 한 사람 한 사람의 생명·생활·생업의 기반 확보를 통하여 일상생활에 있어 안심·안전·안락을 실감할 수 있는 선량사회(善良社會)의 공동구축(共働構築)을 지향한다.

넷째, 공공하는 철학은 '글로내컬적'(Glo-na-cal)적 과제에 대한 응답을 적극적으로 모색하는 철학이다. '글로내컬(Glo-na-cal)'이란 글로벌(Global, 지구, 세계)과 내셔널(National, 국가, 제도)과 로컬(Local, 생활현장, 지방)의 합성어인데, 공공하는 철학은 글로내컬이라는 3차원 상관역동(相關力動)을 통해, 그중에서도 특히 내셔널(National, 國家, 制度)의 과잉 편향 및 그 고착성(固着性)을 유동화(流動化)하는 역학과 논리이다. 오늘날의 지구적 위기 상황의 근저에는 '사(私)'와 '공(公)'의 분열, 즉 개인의 생활세계와 국가라는 제도세계의 분열과 후자(제도세계)에 의한 전자(생활세계)의 지배·억압·약탈 구조가 존재하고 있다. 그리고 그것의 심화·확대가 21세기 초두의 동아시아를 포함한 세계의 현실이었다. 그렇기 때문에 생활세계가 제도세계로부터 일단 자립하고 난 후 양쪽을 함께 결합하고 연결하며 서로를 살리는 다양(多樣)·다중(多重)·다층(多層)의 '매개(媒介=共媒)'가 필요한데, 이러한 공매의 세계를 일러 공공세계(公共世界)라고 하며 공공하는 철학은 바로 이 공공세계 구축을 지향하는 철학이다.

다섯째, 공공하는 철학은 과거와 현재, 그리고 미래로 이어지는 세대계승생생성(世代繼承生生性) 즉, 장래세대를 중시하는 철학이다. 공공하는 철학에서는 특별히 민중들의 생활세계인 '현장'을 중시하는 바 그 현장은 이미 지적한 대로 글로벌, 내셔널, 로컬의 3자가 상관연동(相關連動)하는 현장이자 과거세대와 현재세대, 현재세대와 장래세대 사이의 세대간(世代間), 세대횡단적(世代橫斷的) 현장이기도 하다. 과거세대는 지금은 없어진 세대이지만 분명히 실재했던 세대이며, 장래세대는 아직 실재하지는 않지만 머지않은 장래에 분명히 실재할 세대이다. 그렇기 때문에 공공하는 철학에서는 "장래세대라는 관점을 가지는 것이야말로 세대 간 책임성(責任性), 응답성(應答性), 대화성(對話性)의 핵이 된다."고 강조한다.

3. 한국사회와 공공하는 철학

동아시아발 공공하는 철학 운동을 주도하고 있는 학술단체가 바로 일본 교토(京都)에서 출발하여 현재는 오사카시(大阪市)에 그 사무실이 있는 '교토포럼'이다. '교토포럼'은 1989년 11월 3일 교토의 학자들과 기업경영자들과 사회적 지도자들의 공동 활동에서 발족한 이래 다양한 영역에서 공공하는 철학 운동을 전개해 왔으며, 1998년 4월부터 2012년 9월 현재까지 총 111회의 '공공철학교토포럼(초기에는 '공공철학공동연구회')'을 개최하면서 이 운동을 이끌어 왔다.[4] 그 성과는 아래와 같은 내용으로 집대성되었다.

〈표-1〉교토포럼의 '공공하는 철학' 운동의 성과(1989-2012)

〈공공(하는)철학〉 시리즈〉 전 20권 (동경대학출판회, 2001-2006)	제1권 공(公)과 사(私)의 사상사 제2권 공과 사의 사회과학 제3권 일본에 있어 공과 사 제4권 구미에 있어 공과 사 제5권 국가와 인간과 공공성 제6권 경제(經濟)에서 본 공사문제 제7권 중간집단이 여는 공공성(公共性) 제8권 과학기술과 공공성 제9권 지구환경과 공공성 제10권 21세기 공공철학(公共哲學)의 지평(이상, 제 1기 10권) 제11권 자치(自治)로부터 생각하는 공공성 제12권 법률로부터 생각하는 공공성 제13권 도시(都市)로부터 생각하는 공공성 제14권 리더십으로부터 생각하는 공공성 제15권 문화와 예능으로부터 생각하는 공공성(이상, 제 2기 5권) 제16권 종교(宗敎)로부터 생각하는 공공성 제17권 지식인으로부터 생각하는 공공성 제18권 조직경영으로부터 생각하는 공공성 제19권 건강의료로부터 생각하는 공공성 제20권 세대간 관계로부터 생각하는 공공성(이상, 제 3기 5권)
〈공공철학 시리즈 외의 성과〉	공공철학 별권: 공공철학의 실천을 향하여(동경대학출판회, 2003) 일신교란 무엇인가(상동, 2006) 이야기론 전3권(상동, 2007): 제 1권 타자와의 만남, 제2권 원초(原初)의 말, 제 3권 저쪽으로부터의 소리 동아시아 역사대화(상동, 2007) 공공철학 특권: 공공철학의 발자취(상동, 2008) '저절로'와 '스스로'의 사이(상동, 2010) 공공철학을 서로 이야기하다: 중국과의 대화, 공동, 개신(상동, 2010) 함께 공공철학하다: 일본에서의 대화, 공동, 개신(상동, 2010)
〈정기간행물〉	공공적 양식인(公共的 良識人) 1호-250호(2012년 9월호까지, 매월 1회 발행) * 학술회의: 공공철학교토포럼 1회-111회(1998년 4월부터 2012년 9월 현재까지)

〈표-1〉에서 보는 바와 같이 1989년 11월부터 시작된 '공공하는 철학'운동의 성과는『공공철학』시리즈 전 20권(동경대학출판회, 2001~2006)으로 집성(集成)되었으며, 이 시리즈가 간행되는 도중 또는 시리즈 이후에도 10권 이상의 성과가 더 출판되었다. 뿐만 아니라, 한·중·일을 비롯한 세계 각국의 석학을 비롯하여 다양한 시민들이 함께 참여하는 포럼을 1998년부터 2012년 9월 현재까지 111회 이상 개최하였고, 그 포럼 성과를 담은『공공적 양식인(公共的良識人)』이란 제목의 학술저널을 2012년 9월 현재 250호까지 발행했다. 2012년부터는 공공하는 철학 운동의 성과를 사회 속에서 구체적으로 실천하기 위한 '수복서원(樹福書院)'을 설립하고, '수복(樹福)'을 위한 구체적인 실행 프로그램을 모색하고 있다. 그렇다면 1989년 이래 20년 이상 지속되어 온 공공하는 철학 운동이 한국사회에는 어떻게 이해·수용·논의되어 왔을까」〈표-2〉로 '공공하는 철학'의 한국적 이해·수용·논의 현황을 간단하게 소개한다.

〈표-2〉에서 알 수 있는 바와 같이, 공공하는 철학의 한국적 이해·수용·논의는 1990년대에 산발적으로 진행되었고, 2007년을 전후하여 한국의 철학자들을 중심으로 본격적인 논의가 시작되었다. 즉『철학과 현실』2007년 가을호에 정인재, 김봉진, 김태창 등이 '공공철학'을 집중적으로 소개하였다. 2008년에는 한국의 철학자 박재순과 교토포럼의 공공철학공동연구소 김태창 소장 사이에 공공철학에서 보는 함석헌 및 유영모의 철학과 공공철학과의 만남을 주제로 철학대화가 이루어졌으며, 2009년에는 한국의 씨알사상연구소와 일본의 공공철학공동연구소 공동 주최로 '씨알사상과 공공철학과의 대화' 라는 주제로 '한일 철학대화'가 처음으로 이루어졌다. 또한 같은 해에 교토포럼 연구진 10여 명이 '공공철학을 공공하는 여행'이 라는 테마를 내걸고 한국 각지를 답사하였으며, 금년 9월에는 김태창 소장이 '공공철학에서 본 한국의 생명사상, 생명운동'이라는 주제로 특별강연을 하였다.

그 외 '공공하는 철학'에 관한 연구 논문이 이미 여러 편 나왔으며, 한일 철학 대화의 성과를 묶은 『모색』을 비롯한 연구서 및 번역서도 나왔다. 공공하는 철학에 관한 한글판 저널인 『월간 공공철학』도 2012년 10월 현재 22호까지 나왔다.

〈표-2〉 '공공하는 철학'의 한국적 이해, 수용, 논의 현황

공공철학 교토포럼 참가 또는 공공철학에 관한 학술회의	제8회 공공철학 공동연구회 서울회의: 〈한일이 처음으로 말하는 공사(公私)문제〉 (1999년 2월 20일~22일, 서울대) 제10회 공공철학 공동연구회 교토회의: 〈21세기 지구와 인류에 공헌하는 동양사상〉에 김지하 시인이 발제자로 참가5(1999년 4월) 제1회 씨알사상 포럼에서 〈공공성의 철학적 토대와 민주주의의 기본정신〉이라는 주제로 김태창 소장 강연(2008년 5월 16일) 철학자 박재순과 김태창 공공철학공동연구소 소장과의 대화: 함석헌의 생명철학과 공공철학은 어디에서 만나는가(2008년 11월 29일) 철학자 박재순과 김태창 소장과의 대화: 유영모의 사상과 철학은 공공철학과 어디에서 만나는가(2008년 12월 2일) 제1회 한일철학대화: 씨알철학과 공공철학의 대화(2009년 7월 19일~23일, 목포대) 교토포럼의 공공철학을 공공하는 여행(2009년 9월 19일~24일, 전주-정읍-광주-영암-영광-강진-경주) 무위당 장일순의 삶과 수묵전 기념 대화마당 특별강연: 김태창, 〈공공철학에서 본 한국의 생명사상, 생명운동〉(2012년 9월 14일, 서울 조계사 한국불교역사문화기념관 국제회의장)
연구논문	공공철학은 일본과 중국, 우리나라에서 어떻게 전개되고 있는가(정인재, 신학회, 철학과 현실, 2007년 가을호) 공공철학의 지평(김봉진, 철학과 현실, 2007년 가을호) 공공철학이란 무엇인가(김태창, 철학과 현실, 2007년 가을호) '공공하는 철학'으로서의 한사상(김태창, 아태연구 10호, 위덕대 아태연구소, 2011) 공공철학과 공공철학 보급에 관한 반성적 고찰(이명한, 양명학, 한국양명학회, 2011) 공공철학의 올바른 이해를 위한 시론(야규 마코토, 윤리교육연구, 한국윤리교육학회, 2011)
공공하는 철학에 관한 번역서 및 연구서	모색: 씨알철학과 공공철학의 대화(씨알사상연구소 편, 나녹, 2010) 한 일본 기업인이 실천하는 실심실학(야자키 카츠히코, 정지욱 번역, 동방의 빛, 2010) 상생과 화해의 공공철학: 중국과의 대화, 공동, 개신(김태창 편, 조성환 번역, 상동, 2010) 일본에서 일본인들에게 들려준 한삶과 한마음과 한얼의 공공철학이야기(김태창 구술, 야규 마코토 기록, 정지욱 옮김, 모시는사람들, 2012)
정기간행물	월간 공공철학(2011년 1월~2012년 10월 현재) 1-22호

4. 키워드로 보는 공공하는 철학[6]

이 장에서는 공공하는 철학에서 가장 강조하고 있는 키워드(Key word) 중심으로 그 내용과 특징을 이해하여 보고자 한다.

1) 동아시아발(東亞細亞發)

공공하는 철학의 가장 큰 특징은 바로 서양발이 아니라 동아시아발, 그중에서도 특히 한·중·일 삼국발이라는 점이다. 공공하는 철학은 1989년 11월 3일에 일본 교토에서 첫발을 내디딘 '교토포럼'을 주축으로 한 새로운 철학 운동인 바, 이 포럼의 주체들이 다름 아닌 한중일 삼국의 시민·학자·기업가들이다. 구체적으로 교토포럼을 운영하는 사무국의 멤버들이 한·중·일 삼국 출신으로 구성되어 있고, '공공철학교토포럼'에 참여하여 대화하고·공동하며·개신하는 주체들 역시 한중일 삼국의 시민·연구자·기업가들이다. 뿐만 아니라 공공하는 철학 운동을 주도하는 교토포럼의 주체들은 특히 동아시아의 풍부한 역사문화 및 사상 자원에 주목하고, 그것의 재조명·재해석·재창조를 통해 인류와 세계의 사상과 철학과 문화의 재구축, 즉 새로운 문명의 창조를 지향한다.

2) 공공(公共)한다

공공하는 철학에서 '공공한다'는 것은 대화(對話)하고, 공동(共働)하며, 개신(開新)하는 것을 말한다. 자기와 타자가 함께(共), 서로(互) 마주보며 진실의 상화(相和)와 공복(共福)을 실현하기 위한 공동과 개신의 길을 이야기하는 것이다. 자기가 생각하고 믿고 있는 것이 얼마나 올바르고 좋고 귀한가를 입증하는 것이 아니라, 자기와 타자가 각자 생각하고 사고하고 믿고 있는 것을 함께 서로 진지하게 이야기함으로써 각자의 생각이 서로 통하고 공명하는 것을 중시한다. 생각이 서로 통하여 그것이 각자의 사고와 판단과 행동과 책임에 반영되어 새로운 전개로 이어질 때, 자기와 타자 사이에 '공동(共働)'–단독 행동이 아닌 상호·상관·상보활동–으로 힘이 들어가게 되고, 공동의 효능을 실감할 수 있는 이유와 장소와 기력이 늘어나게 된다.

3) 활사개공(活私開公)[7]

공공하는 철학은 전통적인 공사(公私) 관계에 대한 근본적 재검토를 통한 사고의 전환을 추구하는데, 그 사고의 전환을 대표하는 개념이 바로 활사개공이다. 이하에서는 '공공하는 철학'에서 줄곧 논의되어 온 공사 관계에 대한 검토 내용을 소개한다.

전통적으로 동아시아, 즉 한 · 중 · 일 3국에서는 '공(公)'을 존중하고, '사(私)'를 기피하는 자세 · 태도 · 감각이 높게 평가되고 적극 장려되어 왔다. 특히 '사'는 공에 비해 그 존재감이 희박하여 사리 · 사욕 · 사물(私物), · 사사(私事) · 사사(私邪)라 하여 탄압 · 억제 · 배척 · 희생 · 부정되어 왔다. 그리하여 '공귀사천(公貴私賤)', '공존사비(公尊私卑)', '공선사후(公先私後)' 등으로 나타나 동아시아의 전통적인 지배 체제를 정당화하는 질서 규범의 기본이 되어왔으며, 그것의 극단적 표출은 멸사봉공(滅私奉公)으로 강조되기도 했다. 그러나 다양한 역사적 사건과 사회변동을 거치면서 상위의 '공'이 하위의 '사'를 일방적으로 지배해 오던 수직관계가 '공'과 '사'가 길항(拮抗)하여 쌍방이 서로를 견제하는 수평관계로 전환하기에 이르렀다. 그리고 '공'의 권위의 성립과 그 정당성의 근거 자체가 바로 '사'에 의한 승인과 합의에서 유래한다고 하는 사상 · 관념 · 운동의 형성 · 발전 · 확대라는 사태가 정착되기에 이르렀다.

바로 여기에 전통적인 공사 관계에 대한 근본적인 재검토가 필요하며, 사고의 전환이 요구된다. 왜냐하면 '공'에 의한 '사'의 지배와, '사'의 '공'에 대한 반동이라는 악순환을 돌파할 필요가 있기 때문이다. 요컨대, 종래의 '멸사봉공'과 '멸공봉사(滅公奉私)'에서 나타난 상호 부정 관계를 상호 보완 관계로 재구축하기 위한 개념으로 내세운 것이 바로 '활사개공(活私開公)'인 것이다. '활사개공'에서 가장 중요한 것은 종래 '억압하고' '다스려야' 할 대상으로 간주되었던 '사'를 살리는 것, 즉 '활사(活私)'이다. '억압'은 결국 소멸로 가는 것인데, '활사'는 '소멸'의 대상이었던 '사'에서 '살림'의 대상으로서 '사'로 발상을 전환하자는 것이다. 다음으로 활사는 '타자의 사'를 살리는 것을 의미한다. '타자의 사'를 죽이는 것은 결국 '자기의 사'를 죽이는 것으로 이어지고, '타자의 사'를 살리는 것은 그대로 '자기의 사'를 살리는 데로 연동(連動)되기 때문이다. 이렇게 '공'과 '사' 사이의 대화·공동·개신을 통해 궁극적으로 '공(公)의 구조개혁' 즉 '개공'을 하자는 것이 바로 공공하는 철학이 추구하는 활사개공의 올바른 의미이다. 궁극적으로 공공하는 철학에서 말하는 활사개공의 차원은 공과 사 그 어느 쪽도 억압당하거나 부정되거나 말살되는 일 없이 양자 모두 서로 상보적으로 개선·향상·전진하게 된다. 바로 이렇게 '새로운 차원으로 열리는 공(開公)'을 공공하는 철학에서는 '공공(公共)'이라 말한다. '공공'이란 결국 공과 사 사이에서 양자를 중개·매개·공매(共媒)하는 작용을 의미하는 것이라고 할 수 있다.

4) 대화(對話), 공동(共働), 개신(開新)

공공하는 철학에서는 '대화'와 '공동', '개신'이라는 말을 널리 사용하는데, 이들 용어는 공공하는 철학의 특징을 잘 드러내고 있다. 공공하는 철학의 발신자의 한 사람인 김태창 선생은 이 철학의 특징을 한마디로 '듣고 이야기하는 대화(對話)의 철학'이라고 잘라 말하고 있다.[8] 자기 혼자 책을 읽고 곰곰이 생각하여 사고의 틀을 세우고, 그것을 정리하여 논문을 쓰는 그러한 철학이 아니라, 서로 다른 다양한 의견·입장·목표를 갖고 살아 움직이는 복수의 인간들이 함께, 서로 마주하여 진솔하게 대화하는 철학이라는 것이다. 다음으로 공공하는 철학은 자기와 타자 사이의 발화(發話)와 응답(應答) 관계를 기축으로 하는 자타상관(自他相關)의 형성·발전·진화, 즉 자타관계의 새로운 지평(地平)을 여는 '개신(開新)'의 철학이요, 자기와 타자 '사이'의 상호·상관·상보 활동, 즉 '공동(共働)[9]의 철학임을 강조한다. 왜냐하면 '대화'와 '공동'이 마침내 새로운 지평을 여는 '개신'으로 발전될 때 비로소 그 의미가 실감되고 그 효능이 실증되기 때문이다.

5) 장래세대(Future Generation) 관점

공공하는 철학은 과거세대와 현재세대뿐만 아니라 '장래세대'라는 관점을 강조함으로써 세대계승성을 중시하는 철학이다. '장래'란 영어로 'not-yet-come'의 미래(未來)가 아닌 'ready to come'이라는 의미를 강조함으로써 '앞으로 반드시 도래한다'는 뜻을 밝히려는 것이다. 따라서 장래세대란 앞으로 반드시 올 세대를 말한다. 이 장래세대란 말은 원래 1992년 6월 브라질의 리우 데 자네이루에서 개최된 '환경과 개발에 관한 유엔회의(UNCED)'를 기점으로 사용되기 시작하였는데,[10] 리우 환경회의 직후 교토포럼의 활동에 의해 널리 확산되었다. 교토포럼은 리우 환경회의를 준비하고 있던 1992년 2월부터 이 환경회의에 깊은 관심을 가지고 'EARTH SUMMIT TIMES'라는 신문 간행을 맡게 되었는데, 이 신문은 리우 환경회의가 개최되는 동안 유일한 공식신문으로 인정받았다. 그런데 리우 환경회의가 끝나자 환경 문제에 관한 세계적 관심이 급격히 약화되어 갔다. 이에 교토포럼은 국가라는 틀과 현재세대의 이해를 초월(超越)하여 지구 환경문제 등에 대응하기 위해 1997년 7월에 미국에서 '장래세대국제재단'을 설립하였고, 그 후 동 재단은 "장래세대라는 관점에서 현재세대의 역할을 종합적으로 재검토"하기 위한 '장래세대종합연구소' 등으로 발전하였다. 교토포럼은 또한 장래세대의 관점에서 1992년 가을부터 세계 각지를 순회하면서 '장래세대 국제학식자포럼'을 33회에 걸쳐 개최하였고, 일본에 유학하고 있는 세계 각국의 유학생들과 함께 일본 각지를 순회하면서 '장래세대유학생포럼'을 20회에 걸쳐 개최함으로써 '장래세대'라는 말을 일반화시켰다.

5. 공공하는 철학에서 본 동학의 공공성

1) 글로내컬적 공공성

1860년에 조선 땅에서 동학이 탄생하는 배경으로 첫째, 서세동점(西勢東漸, Western Impact), 둘째, 삼정문란(三政紊亂), 셋째, 민중 의식(民衆意識)의 성장이라는 세 가지 요소를 들 수 있다.[11] 이것을 공공하는 철학에서 강조하는 글로내컬(Glo-na-cal)이라는 관점에서 바라보면 묘하게도 상통(相通)한다. 서세동점은 글로벌(Global), 삼정문란은 내셔널(National), 민중 의식의 성장은 로컬(Local)과 상응한다. 동학이 글로내컬적 시대 상황 또는 글로내컬적 위기 상황을 강하게 의식하고, 그 같은 위기 상황을 극복하려는 차원에서 탄생되었다는 사실은 동학을 창시한 수운 선생의 저작 『동경대전』의 「포덕문」에서 확인할 수 있다. 그 내용을 인용한다.

서양 사람들은 하늘님의 뜻이라 하여 부귀는 취하지 않으면서 천하(天下; 중국을 중심으로 하는 동아시아 문명권—번역자 주)를 공격하여 취하고, 교회당을 세워 서양의 도를 가르친다 하므로 나 또한 '과연 그럴까? 왜 그럴까?' 하는 의문이 있었다. (「포덕문」)

서양 각 나라는 싸우면 이기고 치면 빼앗아 성공하지 않는 일이 하나도 없으니, 천하가 다 멸망해 버리면 역시 입술이 없어져 이가 시리게 되는 한탄이 없지 않게 되리니…. (「포덕문」)

〈삼정문란과 민중 의식의 성장〉
우리나라에는 나쁜 병(조선후기에 주기적으로 유행하던 콜레라로 대표되는 전염병, 빈발하는 자연재해, 그리고 삼정문란에서 야기된 임술민란으로 대표되는 민란 등을 총칭함-번역자 주)이 가득하여 백성들이 사시사철 단 하루도 편안할 날이 없으니…. (「포덕문」)

위의 인용문에서 알 수 있듯이, 수운은 서학(西學)의 동점 현상, 즉 19세기 말의 글로벌적 현상인 서세동점(西勢東漸) 현상을 '아주 깊이' 의식했다. 그렇지만, 수운은 서학에 대해 "운즉일(運則一), 도즉동(道則同), 이즉비(理則非)"(『동경대전(東經大全)』, 「논학문(論學文)」)라 하여 서학 역시 동학과는 하나의 시운(時運)이며 추구하는 길(道)도 같지만, 다만 그 '이(理)', 즉 이치만 다르다고 하였다. 여기서 이(理)란 구체적인 시공간(時空間) 속에서 보편적인 길인 도(道)를 추구하는 '도의 구체적 실천 방법론'이라 할 수 있다. 수운은 서학을 배척하고 반대했던 것이 아니라 서학의 근대성(近代性)과 보편성(普遍性)을 널리 인정한 가운데 동학을 창시했던 것이다.

2) 동아시아발 공공성

동학은 '천하(天下)'의 위기를 극복하기 위한 새로운 사상으로 등장했다. 동학에서 말하는 '천하'는 "하늘의 명령을 공경하며 하늘의 이치를 따르던 (敬天命 順天理)" 동아시아적 전통에서 비롯한 이상사회를 의미한다. 동학 창시자 수운은 '지극히 하늘님을 위하던 천하', 즉 동아시아적 이상사회가 밖으로는 서세동점 현상, 안으로는 "하늘의 명령을 돌아보지 아니하고 하늘의 이치를 따르지 아니하는" 사람들의 각자위심(各自爲心) 현상 때문에 크게 위태롭게 되었다고 보았다. 그리하여 그는 동아시아적 이상사회인 '지극히 하늘님을 위하는' 사회를 회복하는 것으로써 당면한 위기를 극복하려 했다. 수운이 동아시아적 전통을 바탕으로 하여 당면한 위기를 극복하려 하는 사실 역시 아래에 인용하는 『동경대전(東經大全)』「포덕문(布德文)」 속의 '천사문답(天師問答--하늘님과의 문답)'과 「논학문(論學文)」 수운 선생과 선비들과의 대화 내용에서 확인된다.

〈가〉

묻기를 "그러면 서양의 도로써 사람들을 가르치라는 것입니까?"

상제가 대답해 말하기를 "그렇지 않다. 나에게 신령한 부적이 있으니, 그 이름은 신선의 약이요, 그 모양은 태극이며, 또 다른 모양은 궁궁이다. 나의 이 신령한 부적을 받아 사람들을 질병에서 건지고, 나의 이 주문을 받아서 사람들로 하여금 나를 지극히 위하도록 하 면, 너 또한 길이 살 뿐만 아니라, (하늘의; 번역자 주) 덕을 천하에 널리 펼 수 있을 것이니라." (「포덕문」)

〈나〉

묻기를 "선생께서는 서양의 도와 (선생이 말씀하시는) 도가 서로 같다(道卽同)

고 하시니, 그렇다면 선생께서 가르치시는 도를 서학(西學)이라 불러도 좋겠습니까?"

대답하기를 "그렇지 않느니라. 나 역시 동쪽(조선; 번역자 주)에서 태어나 동쪽에서 도를 받았으니, 도는 비록 하늘의 도(天道)라 할 수 있지만, 학문이라는 입장에서 말한 다면 동학(東學)이라 해야 하느니라. 더욱이 땅이라는 것은 동쪽과 서쪽으로 나뉘어 있으니 어찌 서쪽을 동쪽이라 할 수 있으며, 동쪽을 서쪽이라 할 수 있겠느냐."(「논학문」)

위의 「포덕문」과 「논학문」에서 수운 선생은 자신이 하늘님으로부터 받은 도는 도(道)라는 측면에서 서학의 그것과 같지만, 학(學)이라는 측면에서는 엄연히 동(東)에서 확립된 '동학(東學)'임을 강조한다. 동학의 '동(東)'에는 동쪽, 즉 동방(東方)이라는 지리적 의미와 함께, 동쪽에 있는 나라, 즉 조선(朝鮮)이라는 의미는 물론이고 조선이 속해 있는 동아시아라는 의미까지 포괄하고 있다고 보는 것이 타당하다. 그러므로 동학은 19세기 말의 글로벌적 현상인 서세동점에서 초래된 위기에 대응하기 위한 동아시아발 학문 운동이었다고 말할 수 있다.

3) 민 중심=활사(活私)의 공공성

동학은 "우리나라에 나쁜 병들이 가득 차서 민(民)이 단 하루도 편안할 날이 없던(我國 惡疾滿世 民無四時之安--『동경대전』, 「포덕문」)" 위기적 시대 상황 아래에 민을 살리고자 하는--'공공하는 철학'에서 말하는 '활사(活私)'를 위한--사상으로 등장했다. 바로 여기에 동학의 민 중심=활사의 공공성이란 특징이 있다. 콜레라와 같은 치명적 전염병의 대유행, 주기적으로 일어나고 있던 자연재해, 삼정문란과 그로 인한 가혹한 수탈, 신분제의 질곡 등 전근대적 굴레와 함께 서세동점으로 대표되는 외세의 침탈 앞에서 죽어 가는 민초들을 살리고자 하는 뚜렷한 목적의식 속에서 성립된 사상이 바로 동학이었다. '민을 살리고자 하는' 동학의 민 중심의 공공성은 '시천주(侍天主)' 사상에서 극명하게 드러난다. '시천주'란 모든 사람은 저마다 제 안에 하늘님=우주생명을 모시고 있다는 것이다. 다시 말해 내 안에 하늘님=우주생명이 이미 모셔져 있다는 것으로서, 이를 바꿔 말하면 나는 저 무한(無限)하고 호대(浩大)하기 그지없는 하늘님=우주생명과 혼연일체가 되어 있어 그 하늘님=우주생명 자체가 바로 나라는 뜻이니, 시천주야말로 가히 활사(活私)의 동학적 표현의 백미라 할 만하다. 활사(活私)의 동학적 표현으로서의 시천주 사상은 동학 교문이 발전 확대되어 감에 따라 동학 공인운동 단계를 거쳐 동학농민혁명이 전개되어 가는 과정에서 '다시 개벽'의 사회, 즉 신분제를 타파하고 만민평등(萬民平等)이 구현되는 사회, 공공하는 철학에서 강조하는 '개공(開公)'의 사회를 열어가는 결정적 역할을 수행하였다. 시천주=활사의 실천을 통해 다시 개벽, 즉 만민평등사회='개공'의 사회를 열어가는 동학농민혁명 당시의 사례 하나를 소개한다.

> 자 이런 일도 있었소. 내가 입도한 지 불과 며칠에 전지문지(傳之聞之)하여 동학의 바람이 사방으로 퍼지는데, 하루에도 몇십 명씩 입도를 하곤 하였습니다. 마치 봄 잔디에 불 붙듯이 포덕(布德)이 어찌도 잘 되는지 불과 일이삭(一二朔) 안에 서산(瑞山) 한 군이 거의 동학화가 되어 버렸습니다. 그 까닭은 말할 것도 없이 첫째, 시운(時運)이 번복하는 까닭이요, 만민평등(萬民平等)을 표방한 까닭입니다. 그래서 재래로 하층계급에서 불평으로 지내던 가난쟁이, 상놈, 백정, 종놈 등 온갖 하층계급은 물밀듯이 다 들어와 버렸습니다. (중략) 그런데 이때에 있어서 제일 인심(人心)을 끈 것은 크나큰 주의나 목

적보다도, 또는 조화(造化)나 장래 영광보다도 당장의 실익(實益) 그것이었습니다. 첫째, 입도만 하면 사인여천(事人如天)이라는 주의 하에서 상하귀천 남녀존비 할 것 없이 꼭꼭 맞절을 하며, 경어를 쓰며, 서로 존경하는 데서 모두 다 심열성복(心悅誠服)이 되었고, 둘째, 죽이고 밥이고 아침이고 저녁이고 도인(道人)이면 서로 도와주고 서로 나눠 먹으라는 데서 모두다 집안 식구같이 일심단결이 되었습니다. 그때야말로 천국천민(天國天民)들이었지요.

(홍종식 口演, 춘파 記, 「70년사상 최대활극 동학란실화」, 『신인간』 34호, 1929년 4월호.)

4) 대화, 공동, 개신의 공공성

공공하는 철학 운동을 이끌고 있는 김태창 선생은 이 철학의 특징을 '듣고 얘기하는' 대화의 철학이라고 말하는 바,[12] 묘하게도 동학 성립의 배경에는 창시자 수운 선생과 하늘님과[13]의 '묻고 답하는' 대화, 즉 '천사문답(天師問答)'이 자리하고 있다.[14] 뿐만 아니라, 1864년 3월에 수운 선생이 순도(殉道; 殉敎)한 이후 해체될 위기에 처한 동학교문을 재건하여 1894년 동학농민혁명의 사상적 · 조직적 기반을 닦은 바 있는 해월 선생의 경우도 끊임없이 '천어(天語)'=하늘님의 말씀을 듣는 가운데 재건의 기틀을 쌓았으며, 1892년 7월부터 이듬해 3월까지 전국 각지에서 전개된 동학 공인운동(교조신원운동)[15] 과정이나, 1894년 1월부터 이듬해 2월말까지 전개된 동학농민혁명 과정에서 동학 지도부 및 동학농민군은 끊임없이 '듣고 말하는' 대화 활동을 전개하였다. 그 구체적인 활동은 첫째, 동학 지도부(법소, 최시형)와 지방의 동학 조직(접주 및 일반도인) 사이, 둘째, 동학 지도부와 각 지방관(수령방백)과의 사이, 셋째, 동학 지도부와 중앙정부(조정)와의 사이 등 크게 세 축을 중심으로 이루어졌다. 이 같은 동학 측의 대화 활동 내용은 현재 동학의 각종 통문(通文), 통유(通諭), 경통(敬通), 절목(節目), 윤조(輪照), 의송단자(議送單子), 괘서(掛

書), 상소문(上疏文), 포고문(布告文), 격문(檄文), 원정(原情), 폐정개혁안(弊政改革案) 등의 형태로 현존한다.[16] 한마디로 동학 성립과 그 발전의 역사는 대화 활동의 연속이었다고 할 만하다. 이하에서는 동학 공인운동 및 동학농민혁명 전개 과정에서 동학 지도부 및 동학농민군들이 전개한 대화 활동 가운데 특징적인 사례 한 두 가지를 소개한다.

〈가〉

도중(道中; 전국에 산재한 동학의 접포 조직을 말함; 인용자 주)을 대상으로 특별히 4명의 편장(便長=便義長; 전국을 순회하며 동학의 접주 및 일반 도인들에게 교리강론을 하거나 공동체적 생활 자세 등을 지도하는 직책으로 1889년경부터 시행되었다. 대체로 道 단위로 한 명의 편의장을 두었다.--인용자 주)을 임명하노니, 편장들은 각지를 순회하면서 여러 접(接)들의 상황을 자세히 살필 것이며, 관변으로부터 지목받는 도인(동학신자)들이 있으면 안전한 곳으로 피신시킬 것이며, 의심스러운 도인이 있으면 각별히 타일러 깨우치게 하고, 위험한 줄을 모르고 시도 때도 없이 출입하는 도인들 역시 잘 타일러서 진실하고 바른 데로 돌아가도록 하라.(「통유십조」 1892년 8월 28일자)

〈나〉

백성은 나라의 근본인 바, 근본이 깎이면 나라 역시 쇠잔해지는 법이다. 그러니 잘못되어가는 나라를 바로잡고 백성들을 편안하게 만들 방책을 생각하지 않고 시골에 집이나 지어 그저 오직 저 혼자만 온전할 방책만 도모하고 한갓 벼슬자리나 도둑질하고자 한다면 그것을 어찌 올바른 도리라 하겠는가. 우리들은 비록 시골에 사는 이름 없는 백성들이지만 이 땅에서 나는 것을 먹고 이 땅에서 나는 것을 입고 사는 까닭에 나라의 위태로움을 차마 앉아서 볼 수 없어 팔도가 마음을 함께하고 억조(億兆) 창생들과 서로 상의하여 오늘의 이 의로운 깃발을 들어 잘못되어 가는 나라를 바로잡고 백성들을 편안하게 만들 것을 죽음으로써 맹세하노니, 오늘의 이 광경은 비록 크게 놀랄 만한 일이겠으나 절대로 두려워하거나 동요하지 말고 각자 자기 생업에 편히 종사하여 다 함께 태평성대를 축원하고 다 함께 임금님의 덕화를 입을 수 있다면 천만다행이겠노라.

(밑줄은 필자, 「무장포고문」 1894년 3월 20일자)

위의 〈가〉는 1892년 당시 동학 교문의 최고지도자였던 해월 선생이 전라좌우도(全羅左右道) 편의장인 익산 출신 남계천(南啓天)이란 동학 지도자에게 보낸 통유(通諭; 通文의 다른 이름-주) 중의 일부 내용이다. 편의장의 주된 역할이 일반 도인들과의 대화, 즉 '타일러 깨우치는(曉喩)' 활동에 있음을 강조하였다. 〈나〉는 동학농민혁명의 최고지도자 전봉준 등이 동학농민혁명을 일으키는 혁명의 대의(大義)를 담아 당대의 뜻있는 지식인, 양반, 관리 등에게 호응을 촉구하기 위해 전국 각지로 보낸 포고문(布告文) 가운데 일부이다.

이처럼 동학은 시종일관 대화를 통한 개신과 공동을 촉구하였다. 동학의 이 같은 대화 활동은 내부에서는 성공적으로 전개되어 개신과 공동으로 나아갈 수 있었다. 그러나 외부와의 대화, 즉 동학을 '좌도혹민(左道惑民)'의 사도(邪道)로 간주하던 조선왕조 지배층 및 조선에 대한 침략주의적 정책을 펼치고 있던 제국주의 일본과의 대화는 '단절', 즉 실패로 끝나고 말았다. 이렇듯 동학과 당시 조선왕조 지배층과의 대화의 단절—물론 이 대화의 단절 책임은 조선왕조 지배층 및 제국주의 일본에 있었다—은 동학 자체의 개신은 물론이고 조선왕조의 지배 체제의 위기, 나아가 당시의 글로내컬적 위기 상황을 근본적으로 개신하는 데까지 나아가지 못하는 원인이 되었다.

5) 장래세대적 공공성

주지하듯이 동학에서는 '다시 개벽(開闢)' 즉 다가올 새 시대를 향한 개벽을 강조한다.[17] '유도 불도 누천년에의 운'이 다해, '요순지치라도 부족시요 공맹지덕이라도 부족언'이자 '십이제국 괴질운수'의 시대[18]를 당하여 그 같은 낡은 시대를 다시 개벽하여 새로운 시대를 열 하늘님의 가르침으로서 제시된 것이 바로 동학이고, 그 동학의 핵심 가르침이 바로 시천주였다. 이 같은 시천주는 동학 2대 교주 해월 선생에 의해 장래세대를 위한 가르침으로 재해석된다. 즉 해월 선생은 1889년에서 1890년경 사이에 동학의 여성 도인(道人; 동학교도)들에게 내린 수도 규칙인 「내칙(內則)」「내수도문(內修道文)」[19]에서 "도가의 부인들은 어린이를 때리지 말라. 어린이를 때리는 것은 곧 하늘님을 때리는 것이니, 하늘님은 기(氣)를 다치게 하는 것을 싫어하느니라."라고 가르쳤다. 이것은 곧 장래세대인 어린이도 '하늘님을 모시고 있는' 거룩한 존재임을 강조한 가르침이자, 시천주를 생활 속에서 구체적으로 실천하라는 가르침이었다. 이러한 해월 선생의 가르침에 따라 소춘 김기전, 소파 방정환, 정순철(해월 선생의 외손자) 등이 '어린이운동'을 전개하여 한국 근대 어린이 인권운동의 선구를 이루게 되는데, 이것이야말로 동학의 장래세대적 공공성이 근대 한국 사회에서 구체적으로 실천된 사례의 하나라 할 수 있다.

6. 결론

서양발 '공공철학'과는 달리 '공공하는 철학'은 동아시아발이다. 이 글에서는 첫째, 동아시아발 공공하는 철학이 서양에서 유래한 공공철학과는 어떤 차이가 있는지, 둘째, 한국에서 공공하는 철학이 어떻게 이해·수용·논의되어 왔는지, 셋째, 키워드를 중심으로 한 공공하는 철학의 특징에 대한 검토, 넷째, '공공하는 철학'의 관점에서 볼 때 동학 사상에는 어떤 공공성 또는 공공철학적 의미가 내재하는지를 검토하였다. 그 결과는 다음과 같다.

첫째, 공공하는 철학이 동아시아발인 것처럼 동학 역시 동아시아발이라는 점에서 공통점이 있다. 동학이 동아시아발이라는 점은 동학의 '동' 자 속에서 잘 드러나고 있으며, 동학 창시자 수운 선생의 '천하(天下)'관에서 확인된다. 그러나 동학은 19세기 동아시아발이요 공공하는 철학은 20세기 동아시아발이라는 차이가 있고, 동학은 동아시아 중에서도 조선(한국)발이라면 '공공하는 철학'은 한중일 삼국발이라는 데 차이가 있다. 그렇지만 양자 모두 글로벌적인 위기 상황을 극복하려는 차원에서 대두된 사상이자 철학이라는 점에는 이론(異論)의 여지가 없다.

둘째, 공공하는 철학의 가장 핵심적인 내용이 '활사개공(活私開公)'이라면, 동학의 공공성을 가장 잘 드러내고 있는 내용이 바로 '시천주'와 '다시 개벽'이라 할 수 있다. '활사개공'에서 '활사'는 공=국가제도에 의해 억압·지배당하는 사=개인을 살려서 공=국가제도의 새로운 차원을 엶으로써 자기와 타자, 개인과 국가가 다 함께 새로운 차원으로 발전하는 것을 의미한다. 동학에서는 '시천주', 즉 내 안에 내재하는 우주생명을 자각하여(내유신령), 그 같은 내 안의 우주생명과 내 밖의 우주생명이 일치하는(외유기화) 노력을 각자가 철저히 자각·실천함으로써 '다시 개벽', 새로운 차원을 열게 된다고 말한다. 그러므로 동학의 공공성은 이 시천주와 다시 개벽에서 가장 극명하게 드러나고 있다고 해도 과언이 아니다.

셋째, '대화·개신·공동'을 중시하는 공공하는 철학에서 동학의 공공성을 논하려 할 때 가장 유의해야 할 점이 바로 동학에 나타난 대화·개신·공동의 움직임이 아닐까 한다. 동학은 창도 초기부터 '대화'를 대단히 중시하였다. 동학 창시자인 수운 선생 자신은 물론이거니와 2대 교주 해월 선생 역시 대화를 중시하였다. 그것은 창도 초기부터 빈번하게 교환되었던 동학의 '대화'를 담은 문서인 「통문」, 「통유」, 「경통」, 「의송단자」, 「격문」, 「포고문」 등을 통해 확인할 수 있었다. 동학 측의 대화 노력은 교문 내부에서는 성공적이었으나, 외부 즉 조선왕조 및 제국 일본과는 실패했다. 그러나 그 실패 책임은 동학 측에 있는 것이 아니라 구시대적 사고에 머물고 있던 조선왕조 지배층과, 조선에 대해 침략주의적 사고로 접근하고 있던 제국 일본 측에 있음은 재언(再言)할 필요가 없다.

문명재(文明災)와
새로운 상상력
─일본에서 바라본 생명의 위기

1. 새로운 발걸음을 위하여

원광대 원불교학과 출신인 필자는 1979년 2월 말에 육군 소위(少尉)로 임관하여 군 생활을 하기 전까지만 해도 그저 마음씨 좋은 원불교 교역자(敎役者)가 되는 것이 소박한 꿈이었다. 그래서 1975년부터 3월부터 1979년 2월까지 계속된 4년간의 대학생활의 무대는 오로지 종교적 수련을 겸한 학과 기숙사와 강의실, 그리고 도서관뿐이었다. 이 시기의 필자는 격변하고 있던 1970년대 후반 한국 사회 현실에 대해서는 언론 보도 내용이 진실 그 자체라고 믿어 버리는 평범하기 짝이 없던 학생이었다. 그러나 대학 졸업 후 입대한 군대 안에서 직면하지 않으면 안 되었던 '5월 광주', 즉 1980년 5월 18일 전라남도 광주시에서 일어난 민주화운동은 평범하기 그지없던 필자의 삶을 송두리째 바꾸어 버렸다. '5월 광주' 당시, 필자는 충청북도에 있던 육군 제37사단 사단사령부 소속 연락장교라는 직책으로 고급 군사기밀을 취급했다. 하루 일과 중에서 가장 중요한 일은 매일 새벽 6시 정각에 지하벙커로 출근하는 사단장에게 광주에서 일어나고 있던 '사건' 전말을 브리핑하는 일이었다. 당시는 계엄령 아래 언론 보도가 극도로 통제되고 있었고, 더욱

이 군(軍) 조직의 특성상 상관의 명령에 무조건 복종해야 하는 상황이어서 "무언가 일이 잘못되어 가고 있구나." 하는 막연한 의문은 있었으나 그 어떤 문제제기나 행동도 하지 못한 채로 5월 광주를 맞이하고 보냈다.

그런데, 1981년 6월말 제대한 뒤에 접하게 된 5월 광주의 진실은 너무나 충격적이었다. 가장 큰 충격으로 다가온 것은 무엇보다도 필자의 의지와는 전혀 관계없이 자기도 모르게 무고한 시민 학살에 가담한 가해자(加害者)의 처지가 되어 버렸다는 것, 또한 국민의 생명과 재산 보호를 사명으로 하는 군대가 무고한 시민을 학살했음에도 5월 광주의 진실을 제대로 꿰뚫어볼 수 있는 눈을 가지지 못했다는 것, 그리고 5월 광주의 비극이 한국 근현대사의 파행적 전개에서 기인한 문제점과 한국 사회의 구조적 모순이 총체적으로 드러난 사건이었음에도 그 같은 문제점과 모순을 제대로 파악할 만한 문제의식이 전혀 없었다는 것에 대한 통절한 자각 때문이었다.

이렇듯 역설적이게도 5월 광주의 비극을 계기로 한국 근현대사의 제반 문제점과 한국 사회의 구조적 모순에 눈을 뜨게 된 필자는 1980년대를 내내 '뜨겁게' 보냈다. 밑바닥 민초들과 아픔을 나누고자 야학(夜學)운동을 전개하는 한편, 사회변혁을 위한 각종 시민운동에 꾸준히 참여하였을 뿐만 아니라, 변혁운동을 위한 절차탁마의 일환으로 한국정신문화연구원(현재의 한국학중앙연구원) 부설 한국학대학원에 들어갔다. 대학원에서도 면학에 정진하지 못한 채 운동을 계속하여 어용교수 반대 데모, 노동조합 결성, 북한바로알기 운동 등의 '주모자'가 되었다. 덕분에 1986년 대학원 박사과정에 입학이 이래 10년 동안은 학위논문 제출도, 취직도 불가능한 시절을 보내지 않으면 안 되었다.

5월 광주를 계기로 한국 근현대사와 한국 사회가 지닌 구조적 모순에 눈을 뜬 것은 다행한 일이었지만, 그 뒤에 뛰어든 사회변혁 운동 과정에서 필자는 많은 시행착오와 좌절을 맛보았다. 그리하여 깊은 좌절감 때문에 몸과 마음 모두가 피폐해 갈 무렵, 강원도 원주의 무위당 장일순(無爲堂 張壹淳, 1928~1994) 선생을 비롯하여 천도교의 삼암 표영삼(三菴 表映三, 1925~2008) 선생, 한국이 낳은 세계적 시인이자 생명사상가인 김지하(金芝河, 1941~현재) 시인, 무위당 선생의 제자로 '밥상살림, 농업살림, 생명살림'의 기치를 내걸고 1986년에 '사단법인 한살림'을 설립한 인농 박재일(1938~2010) 선배 등을 만나 동학에서 비롯된 '생명(生命)'사상과 생명운동에 눈을 뜨게 되었다.

1980년대와 1990년대 초반의 정신적 어려움을 극복할 수 있도록 멘토 역할을 해 주었던 위의 네 분 스승 중에서도 무위당 선생으로부터 받았던 각별한 사랑은 도저히 잊으려야 잊을 수 없다. 80년대 후반 필자는 한국학중앙연구원에서 노동조합 결성 및 어용교수 반대 데모를 주도했다는 이유로 면접시험에서 불합격시킨 모 국립 연구기관을 상대로 '불합격 취소소송'을 했다가 패소한 적이 있었다. 그때 무위당 선생은 소송에서 패소한 충격 때문에 갈피를 잡지 못하고 있던 필자를 불러 '내유천지 외무소구(內有天地 外無所求; 내 안에 천지를 소유하고 있으면 밖에서 구하려는 것이 없게 된다)'라는 화제(畵題)를 쓴 난(蘭) 한 점을 주시며 격려했다. 고립무원과 절체절명의 실존적 위기상황 속에서 필자는 무위당 선생과 같은 큰 선진(先進)의 힘을 빌려 재기의 토대를 삼는 행운과 만날 수 있었다.

이렇게 여러 스승과 선배들의 무한한 격려와 사랑 덕분에 필자는 지난 30년간 이 땅의 자생적 생명사상의 효시인 동학(東學) 사상 및 그 실천으로 나타난 1894년 동학농민혁명(東學農民革命), 그리고 동학 이후에 개창된 정역과 증산교, 원불교 등 근대 한국 민중종교 사상에 대한 연구를 계속할 수 있었다. 물론 이 같은 필자의 연구의 출발점은 5월 광주이며, 근대 한국 민중종교의 효시인 동학에 주목한 것은 무엇보다도 먼저 필자의 종교적 삶의 출발

동학, 원불교, 한살림운동에 대한 교토대학 콜로키움(2012년 2월 3일)

점이 된 원불교(圓佛敎) 사상의 연원(淵源)을 사상사적으로 깊게 탐구하고 싶은 마음 때문이었다. 또한 한국 근현대사의 파행적 전개에서 기인하는 5월 광주의 비극을 한국 근대 최초의 자생적 생명사상인 동학을 비롯한 근대 한국 민중종교 사상사의 시간축을 중심으로 하는 탐구를 통해 극복해 보려는 문제의식에서였다.

주지하듯이, '역사란 과거와 현재와의 대화(E.H.CARR)'이다. 과거 없는 현재 없고, 현재 없는 미래가 있을 수 없다는 것이 역사의 무거운 가르침인 것이다. 시간축에 대한 탐구를 통해 현재의 모순 해결의 길을 모색하고자 했던 필자의 연구가 2013년으로 어느덧 만 30년을 맞이했다. 지난 30년간 필자의 연구는 「해월 최시형 연구」(한국학중앙연구원 부설 한국학대학원 박사학위논문, 1996), 『동경대전』(한글판 번역, 지만지, 2009), 『사료로 보는 동학과 동학농민혁명』(모시는사람들, 2009), 『개벽의 꿈, 동아시아를 깨우다-동학농민혁명과 제국일본-』(모시는사람들, 2011) 등으로 마무리할 수 있었다.

2. '3·11'과 나의 새로운 과제

30여 년에 걸친 동학 연구를 일단 마무리하면서 나는 새로운 문제에 직면했다. 그것은 시간축을 중심으로 동학의 생명사상을 해명하고자 한 지금까지의 문제의식과는 다른, 좀 더 열린 관점이 필요하다는 자각에서 온 것이었다. 시간축을 중심으로 한 기존의 연구 방법과는 다른 관점이란 바로 공간축(空間軸)을 중심으로 동학의 생명사상을 새롭게 규명하지 않으면 안 되겠다는 문제의식이었다. 구체적으로 설명하자면, 19세기 중엽 한국에서 동학이 자생적 생명사상으로 성립될 무렵, 동아시아를 비롯한 세계사 속에서는 과연 어떤 사상적 흐름이 형성되고 있었는지, 생명사상으로서의 동학의 실천 운동인 1894년 동학농민혁명과 같은 실천 운동들이 동시대 동아시아와 세계사 속에서는 어떤 형태로 전개되었는지, 한국에서 성립되고 전개된 동학과 동학농민혁명에서 21세기적 의의를 찾을 수 있다고 할 때 동시대 동아시아와 세계사 속에서도 그 같은 과업이 가능한지 등의 연구가 더 필요하다는 것을 의미한다.

이러한 고민을 할 무렵, 근무하고 있는 대학 측으로부터 1년간의 연구년 혜택을 받게 되었다. 이에 일치감치 일본으로 건너가 연구년을 보내기로 작정했다. 20여 년 전부터 일본에서 공공철학(公共哲學) 운동을 펼치고 계시는 '교토포럼 공공철학공동연구소(公共哲學共働研究所)'의 김태창(金泰昌) 선생 소개로 교토(京都)대학에서 초청장을 보내주기로 했기 때문이다. 2010년 9월에 도일(渡日)이 결정되었고, 연구 기간은 2011년 3월부터 1년간이었다. 그런데 학내 사정으로 연구 기간이 2011년 8월부터 1년간으로 변경되었으며, 일본에서 체재할 대학도 도쿄의 죠치대학(上智大學)에서 교토의 교토대학으로 변경되었다.

그 후 도일 준비를 하는 도중에 가공할 만한 사태가 일어났다. 2011년 3월 11일, 동일본(東日本) 앞바다에서 거대 지진이 일어나 수십 미터에 달하는 쓰나미가 해안 도시를 휩쓸어 2만여 명의 희생자가 나오고, 설상가상으로 후쿠시마(福島) 제1원전의 냉각장치가 마비됨으로써 후쿠시마 제1원전 1호기, 2호기, 3호기, 4호기 등이 연달아 폭발하는 사태가 일어나 일본 전역뿐 아니라, 전 지구적 규모로 방사능 물질에 오염되는 사태가 일어났다. 동일본 대진재로 일컬어지는 '3·11'의 비극은 인간의 상상을 아득히 초월하는 사태였다. 거대 지진으로 인한 쓰나미의 위력도 위력이려니와 후쿠시마 원전 폭발사고 또한 전대미문의 대재앙이었기 때문이다.

주변에서 모두들 도일을 만류했다. 하지만 나는 '3·11'의 비극을 맞은 일본으로 건너가는 것이 피할 수 없는 운명이라는 것을 직감했다. 예정대로 2011년 8월 중순 도일을 단행하였고, 예정을 변경하여 처음 1개월 동안은 도쿄에서 생활했다. 도쿄에서도 가장 방사능 오염이 심한 카츠시카구(葛飾區)에서 지내면서 후쿠시마 원전 사고의 진상과 사고로 인한 피해 상황 파악에 주력했다. 이 과정에서 도일 전에 생각하고 있던 연구의 방향을 전격적으로 전환할 필요를 느꼈다. 동학사상을 중심으로 한 생명사상에 대한 공간축 중심의 연구 주제를 후쿠시마 원전 폭발사고와 관련 깊은 '문명(文明)'의 문제에 대한 검토로 바꾸었다. 주제를 바꾼 후 내 연구는 좁은 강의실을 벗어나 활짝 열린 현장으로 향했다. 내가 주로 택한 '현장'은 후쿠시마 원전 사고를 테마로 열리는 각종 토론회와 심포지움 회의장, 사고의 진상과 피해상황 등을 증언하는 모임, 원전 전문가들을 중심으로 사고 수습을 위한 방안을 모색하는 자리 등등이었다. 물론 원전 사고를 계기로 고조된 반원전(反原電) 집회에도 적극적으로 참여하였다. 숙소로 돌아와서는 방송과 신문을 중심으로 매일같이 원전 사고에 관한 보도 내용을 모니터링하는 일과 함께, 원전 사고 이후 속속 간행되는 원전 관련 서적에 대한 검색 작업을 계속했다. 한국으로 일시 귀국하는 기회가 있을 때마다 후쿠시마 원전 사태의 진상을 알리는 리포트 및 시민 강연회도 계속했다. 이 같은 일은 귀국 직전까지 1년 내내 계속되었다.

3. 천재(天災)가 아닌 인재(人災)이자 문명재(文明災)

귀국 1개월 전인 2012년 7월초에 일본 국회의 진상조사위원회가 후쿠시마 원전 폭발사고에 대한 최종 조사보고서를 발표했다. 발표 내용의 핵심은 "후쿠시마 원전 폭발사고는 천재(天災)가 아닌 인재(人災)다."라는 결론이었다. 이 발표에 대해 대다수 일본인들은 지극히 당연한 결론을 지극히 늦게

후쿠시마원전 폭발사고 관련 기사(사진 왼쪽)와 2012년 3월 10일의 반원전 집회 광경(사진 오른쪽)

발표한다고 비아냥거렸다. 진상조사 발표와 함께 후쿠시마 원전 사고가 '천재 아닌 인재'인 이유도 속속 드러났는데 그 주요 내용은 다음과 같다.

첫째, 20여 년 전부터 지진 연구자 및 원전 전문가들은 거대 지진 및 거대 쓰나미로 인한 원전의 냉각장치 마비 가능성을 제기했다. 그러나 후쿠시마 제1원전을 관리하는 동경전력(東京電力) 측은 그들의 문제제기를 묵살해 버리고 아무런 안전 대책도 취하지 않았다. 둘째, 반원전 운동가들은 후쿠시마 제1원전을 포함하여 건설된 지 40년이 넘은 원전에서 사고가 일어날 가능성이 매우 높다는 사실을 지적하며 끊임없이 폐로(廢爐)를 요구했다. 하지만 동경전력과 일본 정부는 그것을 무시하고 연장 운전을 계속함으로써 마침내 사고를 초래하고 말았다. 셋째, 후쿠시마 제1원전 폭발사고가 일어나기 이전에도 폭발에 버금가는 위험천만한 사고가 빈발하였다. 그렇지만 동경전력 측은 근본적인 안전 대책을 취하는 노력보다는 사고 은폐에만 급급해 함으로써 결국 후쿠시마 제1원전 폭발이라는 대사고를 불러오고 말았다. 넷째, 원전의 안전 대책 수립에 만전을 기해야 할 일본 정부 차원의 각종 위원회는 동경전력 측의 자금 제공 등의 회유책에 휘말려 안전성 검증보다는 동경전력 측의 의견에 찬성표를 던지는 거수기 노릇만 함으로써 사고를 방조하였다. 다섯째, 매스컴 역시 원전의 사고 위험성을 과학적으로 검증하는 등의 보도보다는 원전의 폐로 또는 근본적인 안전 대책을 요구하는 반원전 운동가들에게 과학적 근거를 대라는 식의 보도로 일관함으로써 사실상 원전 추진파 입장을 일방적으로 홍보하는 노릇을 해 왔다는 것 등이다.

위와 같이 후쿠시마원전 폭발 사고의 원인을 현대 일본사회를 지배하고 있는 각종 시스템상의 문제에서 찾기보다는 근대 일본(近代日本)이 걸어온 역사의 구조적 모순의 집약적 표출이라는 관점에서 바라보는 견해도 나왔다. '일본의 양심'이라고 불리는 나카츠카 아키라(中塚明) 교수의 지적이 바

로 그것이다. 나카츠카 교수의 지적에 따르면, 후쿠시마 원전 사고가 일어
난 동일본 지역은 일찍이 메이지유신 정부에 맞서다가 쓰라린 패배를 맛본
지역으로서 1945년까지 오랜 기간 소외되어 오다가 도쿄를 중심으로 한 대
도시 지역의 전력 공급이라는 명목으로 1950년대 말부터 원전 건설이 급격
히 추진된 곳이라고 한다. 메이지 일본 정부가 주도했던 '문명개화' 정책은
국내와 국외를 막론하고 약자의 배제와 희생 위에 성립된 것인데, 국내의
경우는 동일본을 비롯하여 홋카이도와 오키나와, 국외의 경우는 조선과 타
이완을 비롯하여 만주, 동남아시아 등이 희생양이 되었다. 나카츠카 교수는
2차 대전 패전 이후 일본은 과거에 자행했던 약자의 배제와 희생이라는 과
오를 전면적으로 인정하고, 사죄와 배상을 비롯한 근본적 청산을 요구받았
지만 끝내 그것을 무시한 채 오늘에 이름으로써 후쿠시마 원전 사고와 같은
비극을 맞이했다고 진단한다. 동일본 지역의 역사적 특수성과 근대 일본 역
사의 총괄이라는 측면에서 사고 원인을 찾아내고 있다는 점에서 현대 일본
의 구조적 모순에서만 사고 원인을 진단하는 일반적 흐름에 일침을 가하는
통찰이라 할 수 있다.

　여기에 더하여, 생태 환경의 파괴와 생명 말살로 이어지는 '부(負)의 그늘'
을 필연적으로 안고 있는 근대 과학기술의 문제점, 다시 말해 우리 시대 '문
명(文明)' 자체가 지닌 모순이야말로 이번 후쿠시마 원전 폭발 사고의 근본
원인이라는 지적이 사고 당초부터 있어 왔다. 교토학파를 대표하는 우메하
라 다케시(梅原 猛, 1925~현재) 선생이 사고 직후 후쿠시마의 비극은 단순한 인
재(人災)의 차원을 초월한 '문명재(文明災)'라고 말한 것이 바로 그것이다. '문
명재'라는 관점에서 후쿠시마 원전 사고를 바라보는 견해는 현대 일본을 대
표하는 시론지(時論誌)의 하나인 후지와라서점(藤原書店) 발행의 계간지 『환
(環)』의 필자들에게서도 일관되게 나타나고 있다.

4. 일상화되고 있는 문명재의 비극

후쿠시마 원전 사고로 가장 충격을 받은 나라는 아이러니컬하게도 이웃나라 한국이 아닌, 일본과 아주 멀리 떨어진 독일이었다. 후쿠시마 원전 사고 직후 독일에서는 시민들의 반원전(反原電) 의식이 고양되어 종래의 원전 정책을 원점에서 재검토하지 않을 수 없게 되었다. 그 결과, 메르켈 총리는 2022년 말까지 모든 원전을 폐기하기로 각의 결정하기에 이르렀다. 1986년 체르노빌 원전 사고 때보다 독일인들이 더 크게 놀라 신속한 대응을 한 이유는 세계 최첨단 기술을 자랑하는 기술 선진국 일본에서 원전 사고가 일어났다는 사실이라고 했다. 기술 선진국 일본에서 원전 사고가 일어났으니 지구상의 그 어떤 나라도 원전 사고의 가능성과 그 치명적 위험성으로부터 자유로운 나라가 없다는 자각을 독일인들이 앞장서서 했다는 것이다. 이에 반해, 후쿠시마 원전 사고가 일어난 일본과 가장 가까운 우리나라 정부가 취한 원전 정책은 한국형 원전의 해외 수출이라는 너무나 시대착오적인 정책이었다. 후쿠시마 원전 사고에 즈음하여 독일과 한국이 취한 원전 정책이

쓰치다 선생님의 저서 『공업사회의 붕괴』와 쓰치다 선생님과 필자

극명하게 차이가 나는 이유는 과연 어디에 있을까?

40여 년 전에 이미 『공업사회의 붕괴』라는 책을 통해 후쿠시마 원전 사고와 같은 치명적 문명재를 예견했던 쓰치다 다카시(槌田 たかし) 선생은 원전 사고 소식을 전국 유기농대회가 열리고 있던 후쿠이현(福井縣)에서 들으셨다고 한다. 쓰치다 선생은 『지구를 부수지 않고 사는 방법』과 『공생공빈(共生共貧)』의 저자로 유명한 분인데, 그보다 더 유명한 것은 40여 년 전부터 반원전(反原電, 또는 脫原電)의 길을 묵묵히 실천해 온 운동가의 한 분이라는 사실이다. 40여 년의 온갖 수고와 노력이 하루아침에 물거품이 되었을 뿐만 아니라, 그토록 치명적 사고의 위험성을 끈질기게 경고했음에도 불구하고 끝내 사고가 일어나고 만 현실 앞에서 쓰치다 선생님은 망연자실하여 잠시 동안은 아무런 생각도, 무엇을 어떻게 해야 할지도 모를 정도로 큰 충격을 받았다고 한다. 일본에 체류하는 동안 내가 만난 많은 일본인 가운데 후쿠시마 원전 사고에 대해 가장 가슴 아프게 받아들이는 분들이 바로 쓰치다 선생과 같이 오랜 기간 반원전 운동을 해 온 시민운동가들이었다.

교토대학 '마음의 미래 연구센터' 리플렛

2012년 7월 중순 교토(京都)대학의 '마음의 미래 연구센터(こころの未来研究センター)' 주최로 〈동일본 대진재와 후쿠시마 원전 사고로 가족을 잃은 유족들과 이재민의 마음을 어떻게 치유할 수 있을까〉라는 주제의 포럼이 열렸다. 이 자리에서 후쿠시마시(福島市)에서 온 겐유(玄侑) 스님이 보고하기를, 사고가 일어난 지 1년도 훨씬 더 지난 7월 초 기점으로 연간 피폭 허용량의 국제 기준인 1밀리시벨트 이상을 초

과하는 지역이 11개현(여기에는 東京도 포함된다)으로 확인되고 있으며, 후쿠시마현의 경우는 아직도 1백만 명 이상이 기준치를 초과하는 피폭을 일상적으로 당하며 생활한다고 보고했다. 또한 방사능 오염 제거 작업은 1년이 지난 지금도 거의 제자리걸음 수준이라고 지적했다. 이처럼, 후쿠시마 원전 사고가 여전히 현재진행형임에도 불구하고 일본 정부는 2011년 12월 16일에 서둘러 원전 사고는 수습되었다고 선언했다. 이것은 참으로 기막힌 사기극이었다. 더욱 큰 문제는 21세기 들어 후쿠시마 원전 사고와 같은 '문명재'가 점차 일상화되고 있을 뿐만 아니라, 후쿠시마 원전 사고에 대한 일본 정부의 어처구니없는 대응에서 확인되는 사기극마저도 일상적으로 연출되고 있다는 데 있다.

5. 그렇다면 '문명재'는 극복할 수 없는 것인가

나는 이 글 앞부분에서 '3·11'의 비극적 현장인 일본으로 가게 된 것을 피할 수 없는 운명이라고 말한 바 있다. 도일하기 전에 영상으로 '3·11'을 접하면서 상상을 초월하는 비극 앞에 통곡하는 일본인들 옆에 그저 '그냥' 함께 있고 싶은 마음뿐이었다. 그 꿈이 마침내 실현되었다. 2011년 8월 중순부터 2012년 8월 중순까지 나는 내내 일본인들과 함께 울고 함께 아파했다. 상상을 초월하는 수준으로 숱한 생명의 희생을 강요하는 '문명재'가 가져온 비극 앞에서 절규하는 그들과 함께 절규할 수 있었고, 한 오라기의 희망이라도 건져올리기 위해 광막한 폐허더미 위에서 통곡하며 기도하는 그들과 함께 기도할 수 있었다. 이렇게 그들과 눈물과 아픔을 함께하는 동안 내 안에서 가만히 솟아오르는 '무엇'이 있었다. 그것은 바로 무한대로 이어지는 생명의 세계와 더불어 영원불멸하는 생명에 대한 강렬한 확신 바로 그것이었다.

나를 교토대학 대학원 인간환경학연구과 외국인 초빙학자로 초청해 준 일본의 '한국학(韓國學)의 대가' 오구라 기조(小倉紀藏) 교수는 바로 '3·11'의 현장인 동일본, 즉 동북지방 출신의 학자이다. 그는 나에게 동북 일본인들은 끊임없이 쓰나미를 당하면서도 결코 내륙이나 고지대로 거처를 옮기지 않는다고 몇 번이고 강조했다. 동북지방의 문화와 전통은 우주 대자연의 자연스런 현상인 지진이나 쓰나미 앞에서 때로는 자신들의 목숨을 내놓는 희생을 치르면서도 언제나 그 대자연의 흐름을 거스르지 않는 삶을 영위해 왔다는 것이다. 그런데 그 같은 우주 대자연의 자연스런 운행을 거스르는 인위적 '문명' 때문에 오히려 동북 일본인들의 삶은 더욱 피폐해졌고, 동북 일본인들의 희생은 더욱 더 막심해졌다는 것이다. 바로 그 극명한 증거가 '3·11' 당시의 후쿠시마 원전 사고라는 것이다. 방사능 피폭이 인체에 미치는 영향을 연구하고 있는 한 국제기구는, 후쿠시마 원전 사고 이후 앞으로 10년 안에 수십만 명이 암에 걸릴 것이라는 모니터링 결과를 내놓은 바 있다. 바로 이것이 우메하라(梅原) 선생과 오구라(小倉) 교수가 지적한 바 있는 '문명재'가 가져온 치명적 결과이다.

'문명재' 극복의 길은 아주 간단명료하다. 그것은 우리 모두 우주 대자연의 자연스런 운행을 끊임없이 거스르는 인위적 '문명'에 대한 환상으로부터 벗어나, 우주 대자연의 흐름에 순응하는 삶으로 전환하는 데 있다. 그 간단명료한 길을 일본의 쓰치다 선생과 한국의 김종철 선생은 '공생공빈(共生共貧)'으로 제시하였다. 두 분의 혜안(慧眼)에 깊이 공감하면서 나도 한마디 하고자 한다. "우리 모두 공생공빈의 길로 함께 가자. 가다 못가면 잠시 쉬었다 가더라도."

120주년을 맞는
동학농민혁명 연구의
현주소

2005년에 '동학농민혁명참가자 명예회복에 관한 특별법'이
제정되고, 같은 해에 전북 정읍에 국비를 투입한 '동학농민혁
명기념관'이 개관되었으며, 이후 공익재단인 '동학농민혁명
기념재단'이 설립되어 다양한 사업을 펼치는 등 제반 여건이
크게 좋아졌음에도 불구하고 동학농민혁명에 대한 일반 국민
및 매스컴의 관심과 연구자들의 연구 열기 등은 예전에 비해
현저히 약화된 실정이다.

2013년 4월은 '보은취회' 120돌이 되는 달이었다. 충북 보은에 있는 지역 기념사업회를 중심으로 120돌을 기념하는 조촐한 행사가 준비되어 진행되었다. 동학학회를 중심으로 보은취회 120돌을 기리는 학술 행사도 개최된 바 있다. 그렇지만 지난 1994년 동학농민혁명 100돌을 전후한 시기의 열기에 비하면 미미하기 그지없었다. 열기가 별로 없다는 점에 있어서는 2014년으로 120돌을 맞는 동학농민혁명도 마찬가지다. 2005년에 '동학농민혁명참가자 명예회복에 관한 특별법'이 제정되고, 같은 해에 전북 정읍에 국비를 투입한 '동학농민혁명기념관'이 개관되었으며, 이후 공익재단인 '동학농민혁명기념재단'이 설립되어 다양한 사업을 펼치는 등 제반 여건이 크게 좋아졌음에도 불구하고 동학농민혁명에 대한 일반 국민 및 매스컴의 관심과 연구자들의 연구 열기 등은 예전에 비해 현저히 약화된 실정이다.

　120돌을 맞는 동학농민혁명에 대한 국민적 관심 및 연구 열기가 100돌 때와 비교하여 현저히 약화된 원인은 어디에 있는 것일까? 사안에 따라 원인은 다양할 것이지만 여기서는 연구 열기가 약화된 원인을 중심으로 필자의 의견을 피력해 보기로 한다. 첫째, 90년대 중후반부터 한국 사회 민주화의 진전과 함께 종래 운동사 및 민중사 중심 연구가 생활사나 미시사 중심 연구로 바뀌어 왔다. 이에 따라 동학농민혁명 연구도 방법론적 전환이 요청되고 있었으나 그에 대응할 만한 반성적 성찰이 미미했고 연구 방법 면에서도 '코페르니쿠스적 전환' 같은 큰 변화도 없었다.

　둘째, 100돌을 전후한 시기는 우선 동학농민혁명에 대한 기본적인 사실의 해명조차도 불충분한 상태여서 연구자들 사이에 일종의 사명감 또는 절박감 같은 것이 존재하여 연구 열기를 추동하는 역할을 하였다. 그렇지만 100돌을 전후하여 대량의 사료가 발굴되어 집성되고(『동학농민전쟁사료총서』 전 30권 등), 불충분했던 사실의 해명이 크게 진전되었으며, 2005년의 특별법 제정과 기념관 건립, 기념재단 출범 등으로 동학농민혁명에 대한 종래의 왜곡된 인식이 상당히 개선되고, 학술 연구의 진전에 따른 정당한 평가와 함께 동학농민혁명의 위상이 정립되었다는 인식이 연구자들의 뇌리에 자리를 잡게 된 것이 연구 열기를 약화시키는 요인으로 작용하였다.

셋째, 앞에서 언급한 대로 100돌을 전후한 시기에는 대량의 사료들이 잇따라 발굴되고, 그에 따른 일반 국민 및 매스컴의 관심이 집중됨으로써 연구자들이 손쉽게 동학농민혁명에 관련된 연구 영역을 확장할 수 있었다. 그러나 100돌이 지나면서 서서히 새 사료 발굴이 제자리걸음을 하게 되고, 그에 따라 신진 연구자가 참여할 만한 새로운 연구 영역을 찾기가 쉽지 않게 되었다.

이상으로 보은취회 및 동학농민혁명 120돌에 즈음하여 국민적 관심 및 학술 연구 분위기가 저조한 원인에 대해 졸견을 피력하였다. 그렇다면 이 같은 분위기를 반전시킬 수 있는 대안은 없을까? 결론부터 말하면, 동학농민혁명에 대한 국민적 관심과 연구 열기를 일거에 고조시킬 수 있는 묘수는 없다. 그렇지만 아직도 국내뿐만 아니라 이웃 일본과 중국 등지에 미발굴 사료들이 대량으로 존재한다는 점, 동학농민혁명 관련 인물이나 지역별 사례, 개별 사건이나 전투 등에 대한 치밀한 연구가 많지 않음으로써 동학농민혁명의 전체상이 아직 충분하게 드러나지 못하였다는 점을 고려할 때, 신진 연구자들이 참여할 수 있는 연구 주제 및 연구 영역이 여전히 많이 남아 있다는 것 또한 사실임을 강조하고자 한다.

주지하듯이, 동학농민혁명은 1894년에 '일시적이며 우발적으로' 일어난 사태가 아니다. 또한 1895년 3월에 동학농민군 최고 지도자 전봉준이 사형 판결을 받고 처형된 것으로 '종결'된 것도 아니다. 동학농민혁명의 발발은 어쩌면 1811년 홍경래의 난, 즉 평안도 농민전쟁 때부터 준비되었다고도 볼 수 있고, 1860년 수운 최제우의 동학 창도로부터 본격적으로 시작되었다고 도 볼 수 있다. 그리고, 동학농민군은 1895년 3월 전봉준의 처형 이후에도 1900년에 이르기까지 지속적으로 봉기하고 있었다. 이 같은 동학농민군의 움직임은 동학이란 이름이 사라지고 천도교(天道敎)로 바뀌는 1905년까지도 변함이 없었다. 그러므로 동학농민혁명을 1894년 1월의 고부농민봉기에서 시작되어 1895년 3월 전봉준의 처형으로 종결된 단조로운 사건으로 보아서 는 안 된다. 19세기 전 시기를 두고 준비되고 전개된 일대 사건으로서 '조선 왕조 5백년의 종결'을 예고하는 동시에, 동아시아 3국을 뒤흔들었던 파천황 적인 대사건이었다는 점에 주목할 필요가 있다. 동학농민혁명이 19세기라 는 한 세기에 걸쳐 준비되고 전개되었다고 한다면, 그리고 한중일 3국을 뒤 흔든 파천황적인 대사건이라는 사실에 동의한다고 하면, 그 전체상은 아직 도 안갯속에 있다는 필자의 주장에 공감할 수 있을 것이다. 따라서 120돌에 즈음하여 동학농민혁명을 바라보는 시각과 접근 방법이 근본적으로 달라 져야 하지 않을까. 이하에서는 120돌을 맞는 현재까지 이루어진 동학농민 혁명 관련 연구 동향을 약술해 보기로 한다.

첫째, 동학농민혁명에 관한 연구사 정리 문제이다. 100돌을 전후해서는 다수의 연구자에 의해 연구사가 정리되었다. 하지만 100돌까지의 연구 성 과 및 100돌 이후의 연구를 총괄한 연구사는 아직 정리되지 않고 있다. 특 히 100돌 이후 조경달(趙景達), 김문자(金文子), 이노우에 카츠오(井上勝生), 나 카츠카 아키라(中塚明), 오노우에 마모루(尾上守) 등 일본 쪽 연구자에 의한 연구가 괄목할 만한 진전을 이루었는데, 현 시점에서 일본 쪽 연구 성과까지 포괄한 연구사 정리가 매우 시급한 실정이다. 참고로 일본에서 이루어진 '동학농민혁명' 연구 동향을 정리한 것으로는 조경달의 최근 논문이 있다.(조경달, 「일본에 있어서의 갑오농민전쟁 연구 상황」, 원광대학교 특별강연 자료, 2006년 9월 14일)

둘째, 관련 사료 발굴과 소개 및 사료집 간행 문제이다. 앞에서 언급했듯이 100돌을 기념하는 최대의 연구 성과 가운데 하나가 바로 관련 사료를 집대성한 『동학농민전쟁사료총서』(전30권)의 간행이었다. 100돌 이후에도 필자를 비롯하여 일본의 이노우에 카츠오 교수, 나카츠카 아키라 교수, 김문자 선생, 강효숙 선생 등이 일본에 남아 있는 동학농민혁명 관련 사료를 발굴하여 지속적으로 소개해 왔다. 그 가운데 가장 대표적인 성과가 바로 동학농민군 진압 전담 부대였던 일본군 후비보병 제19대대 대대장 미나미 고시로(南小四郎)가 남긴 '동학문서'의 발굴, 공개이다.(동학농민혁명기념재단, 『동학농민혁명의 진실을 찾아가다-일본군 후비보병 제19대대장 미나미 고시로의 수집문서를 통해본 동학농민혁명-』, 2012) 또한, 충남 공주시가 지원하고 '동학농민전쟁 우금티기념사업회'가 중심이 되어 정리한 우금티전투 관련 자료집 『공주와 동학농민혁명=해설, 자료집, 연표』(충남 공주시, 2005년 2월), 전라남도 장흥동학농민혁명 기념사업회가 주축이 되어 정리한 장흥 석대들 전투 관련 자료집 『장흥 동학농민혁명 사료집』(동 기념사업회, 2006년 4월)을 비롯하여, 전라남도가 지원하고 필자를 포함한 3인의 연구자가 전라남도에 산재해 있는 '동학농민혁명' 관련 유적 및 관련 사료를 체계적으로 조사하고 정리한 『전남의 동학농민혁명 유적』(전라남도 및 무등역사연구회, 2011)도 의미 있는 성과로 꼽을 수 있을 것이다. 이 외에 동학농민혁명 기념재단에서 시리즈로 간행하고 있는 『동학농민혁명 국역 총서』(2012년 현재 10권까지 간행됨)도 주목할 만한 성과로 꼽을 수 있다. 사료 문제와 관련하여 주목해야 할 또 하나의 성과는 재일동포 연구자인 김문자 선생이 발굴 소개한 전봉준 관련 사진이다.(김문자, 「전봉준 사진과 村上天眞」, 앞의 자료집; 『한국사연구』 154호, 2011년 9월 재수록) 김문자 선생의 전봉준 사진에 관한 연구는 향후 '동학농민혁명' 관련 사진은 물론이고 한국 근현대사 관련 사진 연구에 지남(指南)이 될 만한 기념비적 연구라 할 만하다. 그 밖에 사진은 아니지만 조선으로 건너온 일본의 화공(畵工)들이 남긴 동학농민혁명 관련 '니시키에(錦繪; 풍속화)'도 연구가 필요한 분야이다.(강덕상 편, 『니시키에 속의 조선과 중국』, 이와나미서점, 2007 참조)

셋째, 동학농민혁명 관련 인물에 관한 연구 문제이다. 동학농민혁명을 주도한 전봉준을 비롯한 농민군 지도자 및 관련 인물에 대한 연구는 100돌을 전후하여 큰 진전을 이루었다. 이이화 선생의 『동학농민전쟁 인물열전』(한겨레신문사, 1994)이 그 대표적 연구 성과이다. 또한 역사문제연구소 소속 연구자들이 중심이 되어 전국 각 지역을 돌며 찾아낸 농민군 지도자 및 그 후손들의 증언을 담은 두 권의 증언록(『다시 피는 녹두꽃(역사비평사, 1995)』과 『전봉준과 그의 동지들(역사비평사, 1997)』) 또한 인물 연구에 있어 빼 놓을 수 없는 성과이다. 하지만 기존 연구에서는 농민군 진압 및 학살에 가담한 인물에 대한 연구, 즉 '가해자'에 관한 연구는 전무했다. 특히 농민군 진압에 관련이 깊은 일본 측 인물에 대한 연구는 거의 백지 상태이다. 기존 연구에서는 농민군 측 인물에 대한 연구만 있고 농민군 진압에 가담한 인물들, 즉 가해자에 대한 연구는 존재하지 않았던 셈이다. 이런 점에서 동학농민혁명 관련 인물 연구는 그 절반이 아직 공백으로 남아 있다고 할 수 있다. 가해자 문제와 관련해서는 필자와 강효숙, 이민원의 연구가 참고가 될 것이다. 향후 인물 연구에 있어 하나의 기폭제가 되기를 염원한다.(졸고, 「동학농민혁명기 재조일본인의 전쟁협력 실태와 그 성격」, 『개벽의 꿈, 동아시아를 깨우다--동학농민혁명과 제국

일본』, 모시는사람들, 2011 및 「일본 야마구치현립 문서관 소장 미나미가 동학문서 해제」,

2012; 강효숙, 「동학농민군 탄압 인물과 그 행적」, 『동학학보』 22, 2011; 이민원, 「서울의 장

충단과 청주의 모충단」, 『청풍명월의 역사와 인물』, 황금알, 2013)

넷째, 동학사상의 성격 및 1894년 민중 대봉기=동학농민혁명과의 관계

문제이다. 100돌을 전후한 연구에서 가장 큰 성과 가운데 하나는 1894년의

민중 대봉기, 즉 동학농민혁명을 설명할 때 1860년에 창도되어 1894년에 이

르기까지 30여 년에 걸쳐 그 교세가 전국화됨으로써 동학농민혁명의 사상

적·조직적 기반이 된 '동학'을 빼놓고서는 설명이 불가능하다는 것을 대

부분의 연구자가 동의했다는 점이다. 그렇지만 동학사상의 성격, 동학사상

과 1894년 대봉기와의 관계에 대한 연구자들의 시각은 다양한 스펙트럼을

보이고 있다. 연구의 여지가 아직도 많다는 얘기이다. 최근의 동향으로는

동학을 1894년의 민중 대봉기와의 관련성보다는 '우리 사상, 우리 학문, 우

리 철학, 우리 종교'라는 시각에서 19세기 한국에서 자생한 새로운 사상적

창조물로 파악하려는 연구자들이 등장하고 있어 주목을 요한다. 이규성의

『최시형의 철학』(이화여대출판부, 2011), 김용휘의 『최제우의 철학』(이화여대출

판부, 2012), 김태창의 『일본에서 일본인에게 들려준 한삶과 한마음과 한얼의

공공철학이야기』(모시는사람들, 2012), 조성환의 박사논문 「천학(天學)에서 천

교(天教)로─퇴계에서 동학으로 천관(天觀)의 전환」(서강대학교, 2012) 등이 그런

경향을 대표하는 성과들이다.

문명사적 전환기로 일컬어지는 지금 '동학' 사상에 대한 창조적 이해가 절

실히 요청되고 있다. 특히 역사학 분야에서 더욱 그러하다. 여기에 기존의

'동학' 이해를 넘어서야 할 이유를 선학의 연구 속에서 인용한다.

「불연기연(不然其然)」 편이 그 대표적인 글이지만, 수운 사상 전체를 통관

하고 있는 것은 개인의 정신과 사회적 정신, 개인과 사회집단의 생존, 모든 우주자연을 하나의 통일적인, 유기적인 생명체로 보는 관점이다. 문명과 우주와 사회와 그 사회적 생존을 철저히 생물학적인 틀 안에서 생동하는 하나의 유기체로 보고, 기의 운동으로 보고, 움직이는 총체적 연관 속에서 그 질곡과 병을 보며, 그 치유를 창조적인 생명 순환의 회복으로 본다는 점에 그 특징이 있다.

(김지하, 「인간해방의 열쇠인 생명」, 『일하는 하늘님』, 일과 놀이, 1984)

　다섯째, 1894년 동학농민혁명의 전개 과정에 대한 이해 문제다. 종래의 연구는 대체로 1894년 음력 1월 10일에 일어난 고부농민봉기를 주도했던 전봉준 등이 전라도 무장(茂長)의 동학대접주 손화중(孫化中)의 전면적 협력을 받고 봉기한 1894년 음력 3월 21일 무장기포(茂長起包)를 동학농민혁명의 출발로 이해하여 왔다. 구체적으로는 무장기포 단계부터 동학 농민군이 전주성을 점령하는 음력 4월 27일까지를 제1차 동학농민혁명 단계, 전주성 점령 직후 농민군과 홍계훈의 조선정부군 사이에 체결된 '전주화약'을 계기로 전라도 각지에 실현된 농민군에 의한 민중 자치의 시기 즉 '도소(都所) 체제(종래는 집강소 통치기)'의 단계, 음력 6월 21일 일본군에 의한 경복궁 불법 점령 및 청일전쟁 발발을 계기로 전라도 삼례에서 농민군이 재봉기하여 서울로 북상하는 제2차 동학농민혁명 단계로 나누어 이해하여 왔다. 그러나 이같은 도식적 이해는 전봉준을 중심으로 한 전라도 농민군 중심의 이해에서 기인한 결과에 지나지 않는다. 100돌 이후 진전된 지역 사례 연구에 따르면, 제1차 동학농민혁명 단계부터 이미 경상도와 충청도 농민군의 움직임은 전라도의 그것에 못지않은 수준이었음이 밝혀졌다.(1차 봉기 당시 경상도에서는 진주와 하동 등지에서, 충청도의 경우 금산, 진산, 옥천, 회덕, 진잠 등지에서도 농민군이 봉기했다.) 또한 전봉준 중심의 전라도 농민군에 의한 제2차 동학농민혁명이 본격적으로 전개되기 이전부터 일본군 병참선(兵站線)이 통과하는 경상도와 충청도 각지에서 농민군들이 잇따라 봉기하고 있었다. 예를 들어 경상도와 충청도에서는 일본군의 부산 상륙 및 부산에서 서울로 이어지는 일본군의 병참선 건설에 저항하는 농민군의 봉기가 일본군의 경복궁 불법 점령이 이루어지는 음력 6월 21일 이전에 이미 광범위하게 이루어짐으로써 일본 측은 이들 농민군 진압에 매우 고심하고 있었던 것이다.(이노우에 카츠오 교수 및 강효숙의 연구 참조) 따라서 1894년 당시의 조선 전체 상황에 주목하게 되면, 종래 전라도 중심, 전봉준이 이끄는 전라도 농민군 중심의 동학농민혁명 이해가 얼마나 편협한 것이었는가를 누구나 쉽게 짐작할 수 있다. 이 점이 바로 120돌을 맞는 동학농민혁명 전개 과정 전반에 관한 전면적 재검토가 요청되는 이유이다. 요약하건대, 120돌을 계기로 아직도 횡행하고 있는 전라도 중심, 전봉준 중심의 낡고 편협한 동학농민혁명상(像)을 근원적으로 극복할 참신한 연구가 이루어져야 할 것이다.

여섯째, 동학농민혁명 전개 과정 전반에 관한 재검토를 해야 하는 경우에 당장 문제되는 것이 바로 지역 사례 연구 문제이다. 동학농민혁명과 관련이 깊은 지역에 대한 사례 연구는 상당수 축적되어 왔다. 예컨대 동학농민군과 정부군, 또는 동학농민군과 일본군 사이에 치열한 전투가 벌어졌던 지역(정읍 황토재 전투, 장성 황룡촌 전투, 전주성 전투, 공주 우금티전투, 장흥 석대들 전투 및 진도지역 전투, 북접 농민군의 전투 등)에 관한 사례연구가 바로 그것이다. 하지만 자세히 들여다보면 지역 사례 연구는 이제부터라는 것이 필자의 판단이다. 구체적 사례를 들어보기로 한다. 필자는 일본 홋카이도대학의 이노우에 카츠오 교수와 함께 1997년 이래 한일 공동연구의 형태로 경상도와 충청도, 즉 이른바 '북접' 농민군에 관한 연구를 계속해 오고 있는데, 2012년 여름에 농민군 진압 전담 부대였던 일본군 후비보병 제19대대 병사가 남긴 두 건의 '진중일지(陣中日誌)'를 일본 시코쿠(四國) 현지에서 발굴한 바 있다.(KBS 가 2012년 8월 19일에 방영한 「취재파일 1:30000의 비밀」; 이노우에 카츠오, 「어느 청일전 쟁 전사자 묘비로부터-동학농민군 토멸 대대의 비문을 둘러싸고-」, 『圖書』 751호, 일본 이와 나미 서점, 2011년 9월호 참조) 그 두 건의 '진중일지'에는 전라도 농민군의 동향 은 말할 것 없고 경상도와 충청도 농민군과 일본군과의 전투 상황이 상세하 게 기록되어 있었다. 그 내용 속에는 특히 1894년 음력 11월(양력 12월) 초에 있었던 '제2차 우금티전투' 1주일 후인 양력 12월 10일에 우금티로부터 불 과 20여 킬로미터밖에 떨어지지 아니한 충청도 연산(連山)에서 우금티전투 못지않은 대규모 전투가 벌어져 후비보병 제19대대 병사 1명이 전사했다 는 사실도 포함되어 있었다. 지금까지 전혀 그 실체가 밝혀지지 아니한 충 청도 '연산전투'의 실상이 처음으로 밝혀진 것이다. 이같이 종래 전혀 알려 지지 않은 지역 사례로서 빛을 본 대표적인 경우로는 안동대 신진희 선생에 의한 경상도 의성 지역의 사례 연구(「의성의 동학군 봉기와 의려의 대응」, 안동대대 학원 석사논문, 2012), 신영우 교수에 의한 북접 농민군의 전투 사례 연구(「북접 농민군의 공주 우금치, 연산, 원평, 태인전투」, 『한국사연구』 154, 2011년 9월) 등을 꼽을 수 있다. 요컨대, 종래의 '동학농민혁명'에 대한 연구가 어떤 상을 미리 설정 해 두고 거기에 특정 지역의 사례를 꿰맞추는 식의 '연역적' 연구를 취해 왔 다면, 이제부터는 지역의 사례 하나하나에 대한 실증적 연구를 거듭한 후에 그 결과를 총체적으로 정리하여 '동학농민혁명' 전체상을 새롭게 구성하는 '귀납적' 연구로 일대 전환이 필요한 시점에 와 있다.

일곱째, 19세기 세계사 또는 동아시아 삼국 역사 속의 민중운동과의 비교 연구 문제이다. 필자는 앞에서 '동학농민혁명'을 한중일 동아시아 3국을 뒤 흔든 파천황적인 일대 사건이라고 말한 바 있다. 이 말을 한 이유는 1894년 조선에서 일어난 민중 대봉기=동학농민혁명을 한국사라는 일국사적 틀 안에서만 이해해서는 그 진정한 의미가 드러나지 않는다는 것을 강조하기 위해서이다. 역사적 사실로서도 동학농민혁명은 조선이라는 한 전제왕조만의 문제가 아니었다. 그 당시 일본과 청국이 군대를 출병시키면서까지 깊숙이 개입함으로써 동아시아 3국 간의 전쟁으로 발전한 국제적 사태였음은 물론, 동학농민혁명 종결을 계기로 한중일 3국의 운명이 근본적으로 바뀜으로써 동아시아의 역사가 전혀 새로운 차원으로 진입한 '동아시아 근대의 분수령'이기도 했다. 바로 이런 측면에서 동학농민혁명을 최소한 동아시아 근대사 속에서, 한 걸음 더 나아가서는 세계사적 시야에서 연구할 필요가 있다. 이른바 비교 연구가 절실히 요청되고 있는 것이다. 다행스럽게도 100돌 이후 동학농민혁명을 세계사 및 동아시아 근대사라는 넓은 틀 속에서 바라보려는 연구가 국내외에서 꾸준히 시도되어 왔다. 예를 들면, 한중일 3국의 역사 연구자들이 결집하여 일본에서 발족한 '아시아민중사연구회'를 중심으로 한 움직임이 그 전형적인 사례라 하겠다.(후카야 카츠미 편, 『민중운동사 제5권: 세계사 속의 민중운동』, 아오키서점, 2000 참조) 학술 분야는 아니지만, 한중일 3국의 역사가들이 참여하여 만든 공동역사교과서 『동아시아 3국의 근현대사: 미래를 여는 역사』(코분켄, 2005)도 종래 일국사적 관점에 갇힌 이해를 극복하는 데 일조하고 있다. 또한 2007년 6월부터 2008년 3월까지 일본의 『아사히신문(朝日新聞)』이 연재하고, 한국의 『동아일보』가 한글 번역을 동시 연재한 동아시아 근현대사 특집 『동아시아를 만든 열 가지 사건』(창비, 2008)에 실린 '동학농민혁명' 관련 서술 역시 의미 있는 성과로 꼽을 수 있다. 여기에 현대 일본의 대표적인 저널리스트의 한 사람인 카와타 히로시(河田 宏)가 쓴 『민란의 시대-秩父農民戰爭과 東學農民戰爭-』(하라쇼보, 2011)도 국내 연구자들에게 좋은 자극이 되리라 믿는다.

지난 2013년 3월 19일부터 24일까지 필자가 근무하고 있는 원광대학교의 초청으로 일본 교토대학에서 한국철학을 가르치는 오구라 기조(小倉紀藏) 교수와 그의 지도를 받고 있는 대학원생 및 학부생 13명이 한국을 방문했다. 3월 20일 원광대에서 개최된 포럼을 마친 일행은 이튿날 동학농민혁명 전적지를 둘러보고 24일에 일본으로 돌아갔다. 동학농민혁명 전적지를 둘러본 그들의 소감은 어땠을까? 동학농민혁명 전적지를 둘러본 교토대학 학부생 일동(5명)이 3월 31일에 필자에게 보내온 감상의 일단을 소개하면서 결론에 대신하고자 한다.

동학농민혁명에 대해서 좀더 깊이 배울 수 있었습니다. 일본에서 청일전쟁에 대해 배울 때 동학농민혁명에 대해서도 배웠습니다. 그래서 최제우와 전봉준에 대해 이름 정도는 알고 있었습니다. 그러나 전봉준이 한국에서 이렇게까지 이름이 널리 알려진 인물이라는 사실에 놀랐습니다. (중략) 농민이 압정에 맞서 봉기하는 프로세스는 농업 중심 사회였던 한국과 일본에서 공통적으로 볼 수 있는 것이라는 사실도 신선한 발견이었습니다. (중략) 또한 고등학교 때 세계사 선생님이 말씀하신 내용이 생각났습니다. 그 내용은 중일전쟁이 왜 그렇게까지 오래 걸려 결국은 일본이 패전하게 되었던가, 베트남전쟁에서 왜 미국이 패배했는가 하는 문제에 대한 설명입니다. 다양한 요인이 있었다고 생각합니다만, 그 선생님 말씀으로는 '정부 대 정부의 싸움에서는 양자 사이에 타협이 있지만, 민중 대 정부 간의 싸움일 경우 민중은 승리할 때까지 타협하지 않기 때문이다.'라고 설명하였습니다.

19세기 말에서 20세기 초에 걸친 세계 민중운동사에서 동학농민혁명만큼 정치(精緻)한 이념과 강인한 조직을 갖춘 가운데 수십만에서 수백만에 이르는 민중들이 1년 이상의 무장항쟁을 벌인 역사는 일찍이 없었다고 재일 연구자 조경달 교수는 단언한 바 있다. 하지만 동학농민혁명은 단기적으로는 명백히 '패배한 혁명, 실패한 혁명'이었다. 그런 '패배한 혁명, 실패한 혁명'이 1세기도 더 지난 시점에 다시 부활하여 새로운 평가와 조명을 받는 이유는 무엇일까? 교토대학 학부생 일동이 보내온 메일 내용 속에 그 답이 있을지도 모른다.

3부

생명운동으로서의 동학농민혁명

1860년에 동학을 창도한 수운은 동학이야말로 '보국안민(輔國安民)을 위한 계책'이라고 천명하였다. 이것은 우선 수운 당시의 조선 왕조 지배층의 정치가 안민(安民)이 아닌 학민(虐民)이었음을 시사한다. 나아가 수운은 동학을 통해 이 세상을 안민의 세상으로 바꾸기 위해, 다시 말해 '혁명'을 하기 위해 동학을 창도하였다는 사실을 시사한다. 동학에 내재한 혁명 사상에 대해 필자는 다시 개벽의 문명 혁명, 동학의 사상 또는 종교 혁명, 보국안민의 정치 혁명, 시천주의 사회혁명, 유무상자의 경제혁명 등 다섯 가지 측면에서 고찰하였다.

1894년 동학농민혁명은
왜 혁명인가

1. 머리말

19세기 후반의 동아시아사뿐만 아니라 세계사에서 가장 빛나는 민중운동 또는 민중 혁명으로 평가받고 있는 '동학농민혁명(東學農民革命)'의 호칭은 그것이 일어난 지 1세기도 더 지난 지금도 여전히 미결의 과제로 남아 있다. 일반 시민들의 동학농민혁명에 대한 이해와 인식에 결정적으로 영향을 미치는 초중고 역사교과서는 대부분 '동학농민운동'이란 용어로 1894년의 역사적 대사건을 규정하고 있다. 2004년 2월에 국회에서 '동학농민혁명 참여자 등의 명예회복에 관한 특별법(이하, 특별법)'이 통과되는 과정에서 그 호칭에 '동학농민혁명'이란 용어가 들어가고, 동학 관련 기념사업회 및 유족단체들 사이에서 동학농민혁명이란 용어 사용이 일반화되고 있긴 해도 일반 시민들에게 동학농민혁명이란 용어는 아직도 낯설기만 하다.

필자는 1983년부터 지금까지 오로지 동학(東學)사상 및 그 동학의 사상과 조직에 기반하여 일어난 1894년의 민중 대봉기, 즉 동학농민혁명 연구에만 매달려 왔다. 연구 방법은 현장 답사 및 관련자 구술 증언 청취, 그리고 아직 학계에 소개되지 아니한 원사료(原史料), 즉 1차 사료 발굴을 통한 역사적 사실의 복원, 즉 실증에 집중하는 방법을 취했다. 그 결과, 지금까지 잘못 알려진 사실들을 바로잡고, 묻혀 있던 1차 사료들을 다수 발굴하여 학계에 소개함으로써 동학농민혁명 연구사의 획기적 진전뿐 아니라, 동학농민혁명이 한국 근대사 뿐만 아니라 동아시아 근현대사에서 가장 주목할 만한 역사적 대사건이었다는 사실을 확인할 수 있었다.[1] 특히 1983년에 연구에 착수한 이래로 지난 30여 년에 걸친 연구 과정에서 필자는 1894년 동학농민혁명이라는 대사건은 혁명이란 용어를 붙이지 아니하고서는 그 전체상과 그것의 파천황적(破天荒的) 성격, 즉 세계사적 의미를 제대로 설명할 수 없다는 결론에 이르지 않을 수 없었다. 그러므로 이 글에서는 1894년 동학농민혁명을 왜 혁명으로 보지 않으면 안 되는가에 대한 필자의 견해를 피력하고자 한다.[2]

글의 전개 순서는 다음과 같다. 먼저 고대 동아시아의 고전 속에 나타난 혁명(革命)이란 말의 어원(語原)과 그 어의(語義)를 고찰한다. 둘째, 고대 동아시아 고전 속의 '혁명' 사상이 유가 등 동양사상 속에서 어떻게 발전했는가를 살핀다. 셋째, 종래의 유불도 사상으로부터 영향을 받으면서도 조선사회가 직면한 대내외적 위기상황을 극복하기 위해 수운 최제우(水雲 崔濟愚, 이하 수운)에 의해 1860년에 창도되는 동학사상 속에 내재하는 혁명 사상에 대해 고찰한다. 넷째, 1860년에 창도된 이래 30여 년에 걸쳐 조선 각지로 전파된 동학사상 및 동학의 접포(接包) 조직을 기반으로 일어난 1894년 동학농민혁명 과정에서 명확하게 드러난 혁명적 양상, 구체적으로 말하자면 정치적·경제적·사회적·종교적 측면의 네 가지 국면에 걸쳐 혁명의 구체적 양상과 내용, 그 성격에 대해 고찰한다. 끝으로 맺음말에서는 이상의 고찰 결과를 토대로 1894년의 동학농민혁명을 명실상부한 혁명으로 자리매김하며, 조금도 지체하는 일 없이 초중고 역사교과서 수정 작업을 통해 1894년의 역사적 대사건을 동학농민혁명으로 자리매김할 것을 촉구하고자 한다.

2. 고대 동아시아의 혁명

1) 혁명의 어원

우리나라를 포함하여 중국, 일본 등 동아시아에 일반화되어 있는 '혁명'이
란 용어는 서양에서 수입된 용어가 아니다. 혁명이란 용어는 고대 동아시아
때부터 일반화된 용어였다. 즉, 하(夏)에서 은(殷), 은에서 다시 주(周)로 왕조
가 교체되던 고대 중국의 이른바 '은주혁명(殷周革命)'기에 이미 확립된 개념
이었다. 그 구체적 근거는 아래와 같다.(이하, 고딕 및 번역은 필자)

(1) 天地革而四時成 湯武革命 順乎天而應乎人 革之時大矣哉[3]

> 천지가 바뀌어 사시(四時; 춘하추동)를 이룬다. 탕(湯)임금과 무(武) 임금이 명
> (命)을 바꾼 행위=혁명을 한 것은 하늘(天)에 따르고, 인민의 마음(人)에 응
> 한 것이다. 그것(=命)을 바꾸는 것이야말로 세상에서 제일 큰 일이다.

위 (1)을 보면 우선 천지, 즉 자연계의 모든 사물은 침체되어 움직이지 않
게 되면 부패하는 법이며, 이것을 바꾸었을 때, 즉 '혁명(革命)'을 하였을 때
비로소 새로워진다고 밝히고 있다. 이러한 내용은 『주역』서괘(序卦)의 전
(傳)에서도 설명되고 있다. 이를 풀어서 설명하자면, 천지의 자연현상이 바
뀌어 사시(四時)가 순서를 따라 그 공(功)을 이루게 되는 것은 바로 낡은 것이
새로운 것으로 '혁명'을 하기 때문이며, 따라서 자연현상과 마찬가지로 사회
현상에서도 낡고 부패한 것을 '혁명'하여 새로운 것으로 만드는 것은 지극히
당연하면서도 자연스러운 현상이라는 것이다. 즉, 위에 인용한 내용 가운
데 앞 부분인 "천지가 바뀌어(=革하여) 사시(四時)를 이룬다."는 것은 자연계

의 이치에 따른 당연한 혁명을 말한 것이요, 뒷부분인 "탕(湯) 임금과 무(武) 임금이 명(命)을 바꾼 것=혁명(革命)한 것은 하늘에 따르고 인민의 마음에 응한 것이다."라는 말은 자연계의 혁명처럼 사회 현상 속에서의 혁명도 지극히 당연하다는 것을 밝히는 것이다. 그런데 위 내용에서 특별히 주목할 것은 적어도 고대 중국의 고전에서는 혁명을 자연계에서나 사회 현상에서나 낡은 것에서 새로운 것으로 바뀌는 아주 당연하고 자연스러운 현상으로 이해하고 있었다는 사실이다. (이하, 고딕은 필자)

(2) 은혁하명(殷革夏命)[4]

은(殷)이 하(夏)의 명(命)을 바꾸었다.

위에 인용한 (2)는 육경(六經) 가운데 하나인『서경(書經)』「다사편」에 나오는 것으로, 고대 중국의 이른바 '은주혁명(殷周革命)'기, 즉 하(夏)에서 은(殷)으로, 다시 은에서 주(周)로 왕조가 바뀌는 과정을 설명하는 것이다. 그런데, 이『서경』에서는 왕조의 교체, 다시 말해 지배 권력의 교체를 일러 혁명이라고 명명한다. 지배 권력의 교체를 대표하는 '은주혁명'에 대해 아래 (3)의 내용을 통해 좀 더 구체적으로 알아보기로 한다.

(3) 황천상제개궐원자(皇天上帝改厥元子) 자대국은지명(玆大國殷之命)[5]

황천(皇天)의 상제(上帝)가 그 원자(元子; 태자)를 바꾸었으니, 이것은 바로 대국(大國) 은(殷)의 명(命)을 바꾼 것이다.

위의 (3)은 『서경』「소고편」에서 인용한 것인데, 이 「소고편」은 『서경』의 여러 편 가운데서도 비교적 아주 이른 시기인 주(周)나라 초기에 성립된 문헌으로 간주하는 것이 학계의 정설이다. 그런데 이렇게 주나라 초기에 성립된 『서경』의 여러 편(召誥, 大誥, 康誥 편 등등)에 공통되게 등장하는 것이 바로 하늘(天)의 명(命)의 수수(授受)에 따른 지배 권력의 교체=왕조 교체를 혁명이라고 명명하여 정당화하는 내용이다. 위 (3)에 인용한 것이 바로 그 대표적인 내용이다.

구체적으로 위 (3)은 주(周)의 소공(召公)이 말한 것으로, 황천의 상제가 은(殷)의 원자(元子), 즉 태자인 은왕(殷王)에게 주어진 명을 바꾸어=혁명하여 주왕(周王)에게 새로운 명을 주었다는 것이다. 이것은 은왕인 주(紂)의 학정에 시달리던 백성들이 하늘(天)에 호소하고, 하늘 또한 학정에 시달리는 사방(四方)의 모든 백성들을 불쌍히 여겨 은왕의 명을 바꾸어 주왕에게 그것을 주었는데, 주왕에게 새로운 명을 내린 것은 주왕이 정치에 온 힘을 다해 노력하였기 때문, 즉 '안민(安民)'에 힘썼기 때문이라고 밝히고 있다.

따라서, 위의 (2)와 (3)의 내용에서 주목해야 할 것은 지배 권력의 교체, 즉 왕조의 교체를 의미하는 혁명(革命)의 기준이 바로 안민(安民)을 근간으로 하는 하늘의 명(天命)의 이행에 있다는 점이다.

2) 혁명의 어의(語義)

앞 절에서 고찰한 바와 같이, 하은주 삼대(三代)부터 이미 사용이 일반화된 '혁(革)'이란 글자에는 자연 현상에서나 사회 현상, 즉 인간 세계에서나 '혁(革)하는 것=바꾸는 것'을 지극히 자연스러운 현상으로 받아들였던 고대 중국인들의 사고방식이 잘 드러나 있다. '혁'에 대한 이 같은 사고방식은 앞 절에서 언급한 것처럼 고대 중국의 주나라 초기에 쓰여 진 『서경』 제편(諸篇)

및 『주역』(=『易經』) 속에서 더욱 구체적으로 드러나고 있다. 여기서는 우선 주초에 쓰여 진 기록들 속에 나타나는 '혁'에 관한 사상을 좀 더 구체적으로 설명하기로 하겠다.

『주역』은 '혁(革; 바뀌는 것)'에 의해 자연 현상에 사시의 순환, 즉 춘하추동이 있는 것과 같이 사회 현상, 즉 인간 세계에 있어서도 '혁'이 일어나기는 마찬가지라고 보았다는 점에 대해서는 이미 앞에서 설명하였다. 인간 세계의 '혁'에 대해 풀어서 설명하자면, 은(殷)이 하(夏)를 '혁(革)'하여 멸망시킨 다음에 하의 명(命)을 대신하고, 또 다시 주(周)가 은을 '혁'하여 멸망시킨 다음, 은의 명을 대신한 것과 같은 지배 권력의 교체=정치 혁명 또한 자연의 이법이 '혁'하여 사시가 순환하는 것처럼 지극히 당연한 현상이라는 것이다. 그런데 사회 현상, 즉 인간 세계에서의 '혁', 즉 '명을 바꾸는=혁명(革命)을 하는' 데에 있어서는 일정한 자질을 갖춘 자가 아니면 안 된다고 보았다는 점이 주목을 할 필요가 있다. 혁명을 하는 자가 갖추어야 할 자질에 대해 『서경』은 혁명을 할 수 있는 자는 '하늘의 명(天命)을 바르게 아는 자'라야 하며, 그 하늘의 명이란 바로 안민(安民)에 있다고 보았다. 즉, 하에서 은으로, 은에서 다시 주로 왕조가 바뀐 결정적 이유는 바로 하늘의 명인 '안민'을 잘 수행했기 때문에, 그로 하여금 명을 바꾸어=혁명을 하여 새로운 왕조를 세울 수 있게 했다는 것이다.

여기서 하나의 문제가 대두된다. '안민'이라는 천명을 잘 수행하는 자에 의해 새로운 왕조가 수립되는 것을 '혁명'이라 한다고 한다면, 그것은 결국 주권자가 갑(甲)이라는 성을 가진 자로부터 을(乙)이라는 성을 가진 자로 바뀌는, 다시 말해 단순한 지배 권력의 교체=왕조 교체에 지나지 않는 '역성혁명(易姓革命)'에 머무는 것이 아닌가 하는 지적이 바로 그것이다. 이 같은 지적은 일견 타당한 측면이 있다. 특히 '혁명'이란 말에만 구애될 경우에는 더욱 그러하다. 그러나 앞 절에서 제시한 바 있는 『주역』 전체의 구조 속에서 '혁괘(革卦)'가 차지하는 의미를 고려한다면 고대 중국에서 강조되어 온 혁명의 의미를 단순히 역성혁명으로만 해석할 수는 없다는 것이 학계의 정설이다.[6] 왜냐하면, 사시의 순환이라는 것이 자연계에서 일어나는 '혁(革)'의 현상 가운데 하나의 사례에 지나지 않듯이, 역성혁명 또한 사회 현상에서 이루어지는 여러 가지 혁명의 양상 가운데 하나의 사례로 해석할 수 있기 때문이다. 그러므로 고대 중국의 제 문헌 속에 나타나는 혁명의 진정한 의미는 사회 현상에 있어 그저 주권자인 인물이나 지배왕조의 교체만을 의미하는 것이 아니라–달리 말하자면 역성혁명만을 의미하는 것이 아니라–정도(政道)의 본질, 즉 정치 구조와 그 내용 자체가 바뀌는 것, 한 걸음 더 나아가 낡고 오래되어 문제가 많은 사회 조직을 혁신하여 참신한 사회 조직으로 바꾸는 것까지를 포괄한다고 해석하는 것이 타당하다. 요약하면, 혁명이라는 말을 문자 그대로 해석하면 주권자의 교체, 또는 지배 권력의 교체(=역성혁명)라는 의미이기는 하지만, 『주역』의 혁괘나 『서경』 제편 속에 나타나는 혁명이라는 말을 분석하면 그 말은 오늘날의 용어로 정치혁명 및 사회혁명의 모든 것까지를 포함한다는 사실을 확인할 수 있다.

3. 유가(儒家)의 혁명사상

1) 은주혁명기의 혁명 이념

앞 장에서 고찰한 바와 같이, 중국 역사에서 혁명이라는 것이 처음으로 큰 문제로 등장하게 된 것은 주 나라가 은을 멸망시켰을 때, 즉 이른바 '은주혁명(殷周革命)'기로 불리는 상고시대부터이다. 그 구체적 증거가 바로 앞 장에서 설명한 바 있는 『서경』 여러 편(篇)의 기록 속에 잘 드러나고 있다. 『서경』의 여러 편 가운데에서도 주초 때의 기록으로 신뢰받고 있는 소고(召誥), 대고(大誥), 강고 (康誥) 등에서는 주가 은을 멸망시킨 것을 혁명이라 하고, 안민(安民)이야말로 바로 하늘이 명한 바(=天命)인데, 주는 바로 그 천명을 받아 안민에 힘써 은을 멸망시켰다고 함으로써 주의 행위를 정당화하는 바, 동아시아 혁명 사상은 바로 여기에서 발원한다고 말할 수 있다.

『서경』 여러 편 속에서 주장되는 '혁명' 사상을 요약하면, 주권자(主權者=統治者=君主)가 그 이상(理想), 달리 말하면 하늘이 명한 바, 즉 천명(天命)에 반(反)하는 행위를 했을 경우에는 언제든지 혁명, 즉 주권자의 교체, 다시 말해 지배 권력의 교체가 당연하다는 이론이라 할 수 있다. 여기서 문제되는 것은 하늘이 통치자인 군주에게 명하는 바인 천명이 구체적으로 무엇인가 하는 점이다. 이에 대해 『서경』「태서편(泰書篇)」은 다음과 같이 말하고 있다.

天降下民 作之君 作之師, 惟曰其助上帝 寵之四方.[7]
하늘(天)이 하민(下民; 일반 백성)을 내리시고 (그 하민들을 돕고자) 군주(君)를 만들고 스승(師)을 만들었다. (이는 곧 하늘이) 상제(上帝)를 도와 사방(四方; 천하)을 사랑하고자 한 것이다.

위 내용을 알기 쉽게 설명하면, 하늘(天)이 백성(=下民)을 만들고, 그 백성들을 위해 군주, 즉 통치자와 스승, 즉 지도자를 널리 백성들 가운데서 선출하여, 그로 하여금 하늘을 대신해서 정치를 하고 문화를 펴게 하였다는 것으로, 이른바 군주, 즉 통치자의 기원이 바로 하늘(天)에 있다는 점을 강조한다. 즉, 군주=통치자는 어디까지나 하늘을 대신하는 자라야 하며, 하늘은 언제나 일반 백성들의 안녕과 행복을 바라기 때문에 군주 된 자는 바로 그 백성들의 안녕과 행복, 즉 안민(安民)을 위해 힘써 복무(服務)해야 한다는 것이다. 안민(安民)=일반 백성들의 안녕행복, 바로 그것이야말로 하늘이 통치자인 군주에게 기대하는 바이므로 통치자인 군주는 언제나 하늘이 명하는 바인 안민(安民)=일반 백성들의 안녕과 행복을 위해 힘쓰지 않으면 안 된다. 왜냐하면, 바로 그것이 하늘이 통치자인 군주에게 부여한 사명이기 때문이다. 만일 통치자가 하늘의 명을 거역하는 행위를 하여, 즉 안민(安民)을 게을리 하여 일반 백성들의 생명과 재산이 위협당하는 상황이 벌어지면 당연히 통치자인 군주는 하늘로부터 그 책임을 추궁 당하게 된다. 그 책임 추궁 내용이 바로 혁명, 즉 하늘이 새로운 통치자를 골라 그에게 천하를 맡겨 안민에 힘쓰도록 한다는 것이다.

다음으로 통치자인 군주가 하늘이 명한 바를 거역하는 행위를 한다고 하는 것이 구체적으로 무엇을 의미하는가 하는 문제가 다시 제기된다. 하늘이 명한 바를 거역하는 행위 속에는 통치자인 군주 자신이 폭정을 한다거나, 또는 사치와 방일(放逸)에 흘러 정사(政事)를 제대로 돌보지 않는 행위, 그리고 일반 백성들에 대한 가렴주구(苛斂誅求) 등이 포함되는 것은 너무나 당연하거니와, 한 걸음 더 나아가 천재지변(天災地變)에 의한 백성들의 곤궁(困窮)이라는 내용도 그 속에 포함된다는 점이다. 『서경』 등에 나타난 고대 중국 사상에서는 통치자인 군주는 천재지변을 미리 제거할 만한 힘이 없어서는 안 되는 존재로 간주된다. 다시 말해 천재지변을 억제하여 일반 백성들을 '안민'하는 것 그 자체가 바로 통치자인 군주의 이상(理想)으로 간주되는 것이다. 따라서 통치자인 군주가 천재지변을 사전에 억제하지 못하면 하늘은 지극히 당연하게 그 통치자인 군주를 '혁명'한다. 바로 이 점이 고대 중국에서 비롯된 동아시아 혁명 사상의 원점이라는 데 주목할 필요가 있다.

그리고 끝으로 주목해야 할 문제는 통치자인 군주가 하늘이 명하는 바인 천명을 어떻게 알 수 있는가 하는 점이다. 앞에서 이미 설명했듯이, 하늘은 자신이 명하는 바를 거스르는 정치를 하는 통치자에 대해서는 그 '명(命)'을 서슴없이 바꾼다. 즉 가차 없이 '혁명'을 하는 존재가 바로 하늘이다. 그렇다면, 여기서 그 하늘의 명(命), 풀어서 설명하자면 하늘의 의지(意志)를 어떻게 알 수 있을까? 물론 하늘은 스스로 자진해서 그 의사를 표현하지 않기 때문에 사람들은 하늘로부터 직접 그것을 알 수가 없다. 바로 이 경우, 『서경』 「태서편(泰誓篇)」은 하늘의 의지를 헤아려 알 수 있는 것은 곧 일반 백성들의 의사, 즉 천하의 여론이라고 말하고 있다. 관련 내용을 인용한다.

天視自我民視, 天聽自我民聽[8]
하늘은 우리 백성들이 보는 것을 따라 보며,
하늘은 우리 백성들이 듣는 것을 따라 듣는다.

위에 인용한 「태서편」의 내용은 하늘의 의지는 바로 일반 백성들의 의사를 따르는 데 있다는 것을 강조하는 가장 대표적인 부분이다. 달리 말하자면, 하늘의 의지를 가장 잘 헤아려 알 수 있는 것은 바로 천하 인민, 즉 이 세상 일반 백성들의 여론이라는 것이다. 이 같은 하늘의 의지=일반 백성들의 의사(=民意)라는 내용은 맹자에 이르러 더욱 명료하게 나타나는 바, 그 점에 대해서는 후술(後術)하기로 한다.

천명과 관련하여 특별히 주목해야 할 또 하나의 문제는 바로 상고 시대인 주초(周初)에 대두된 '이상적인' 혁명 이념 속에 이미 혁명의 대의명분은 어디까지나 "일반 백성들의 안녕과 행복을 위한 것(=安民)"이어야 하는 동시에 그러한 일반 백성들의 의사를 존중해야 한다는 사상, 즉 민의(民彙)를 존중하는 민본주의(民本主義)적 사상이 확립되어 있었다는 점이다. 앞의 『서경』 내용에서 살펴본 대로, 하늘(天)이라는 초월적 존재라는 근거 없이는 민의는 존재할 수 없는 것이 사실이다. 그런 점에서 민의란 어디까지나 하늘이라는 초월적 존재의 반영에 지나지 않는 것이라고 그 한계점을 지적할 수도 있다. 하지만, 주초라는 상고 시대에 이미 통치자인 군주가 펼치는 정치가 일반 백성을 위한 것이 아니거나, 일반 백성들의 여론을 무시하는 경우에는 그 백성들의 여론에 의해 혁명이 일어나는 것을 당연하다고 생각했던 이 같은 혁명사상은 오늘날의 관점에 비추어 보아도 매우 주목할 만한 사상이라고 할수 있다.

2) 맹자의 혁명사상

공자(孔子, 기원전 552-479)가 태어나 활동했던 춘추시대(春秋時代)를 지나 맹자(孟子, 기원전 372-289)가 태어나 활동하던 전국시대(戰國時代)에 들어와 고대중국의 혁명 사상은 맹자에 의해 새롭게 해석, 발전되었다. 맹자는 정치라는 것은 언제나 '민(民)'을 위한 정치가 아니면 안 된다는 점을 역설하는 동시에, '민'을 위하지 않는 통치자, 즉 군주에 대해서는 폭력을 사용해서라도 '혁명'을 해도 전혀 문제가 되지 않는다고 강조했다. 이 같은 맹자의 혁명 사상은 『맹자』 7편 속에서 일관되게 강조되는데 우선 맹자가 말하는 '민'을 위한정치, 즉 위민정치(爲民政治)를 강조하는 내용부터 보기로 한다.

孟子見梁惠王 王立於沼上 顧鴻雁麋鹿曰, 賢者亦樂此乎. 孟子對曰 賢者而後樂此 不賢者 雖有此不樂也. (중략) 古之人 與民偕樂 故能樂也.[9]

맹자가 양혜왕을 만났더니 왕이 때마침 연못가에 서서 기러기와 사슴이 노는 것을 보면서 "현자께서도 이런 것들을 즐기십니까?"라고 물었다. 맹자 대답하기를 "현자가 된 이후라야 그런 것을 (제대로) 즐길 수 있으며, 현자가 아닌 사람은 비록 그런 것들이 있어도 (제대로) 즐길 수가 없습니다.

(중략) 옛 사람은 백성들과 더불어 그 즐거움을 함께하였기 때문에 (제대로) 즐길 수 있었습니다."

이 내용은 맹자가 양혜왕에게 백성들, 즉 '민'과 함께 그 즐거움을 함께 나누는 통치자라야 진정한 통치자라 할 수 있고, 바로 그렇게 백성들과 함께 누리는 즐거움이라야 진정한 즐거움이 된다는 것을 역설하는 내용이다. 맹자의 위민 사상이 대표적으로 드러나는 대목 가운데 하나이다. 맹자는 또한 제(齊) 나라 선왕(宣王)을 만나서도 다음과 같이 '위민'을 역설하고 있다.

齊宣王見孟子於雪宮 王曰賢者亦有此樂乎. 孟子對曰有. 人不得則非其上矣 不得而非上者非也 爲民上而不與民同樂者亦非也. 樂民之樂者 民亦樂其樂 憂民之憂者 民亦憂其憂 樂以天下憂以天下 然而不王者未之有也.[10]

제 나라 선왕이 설궁에서 맹자를 만나 "현자도 이런 즐거움을 누립니까?"라고 물었다. 맹자가 "(현자도 왕께서 말씀하시는 그런 즐거움을 당연히) 누립니다. 그런데 이 세상 백성들은 왕께서 말씀하신 그런 즐거움을 누리지 못하면 임금을 비난하게 되는 바, 자신들이 즐거움을 누리지 못한다 해서 임금을 비난하는 것도 잘못이지만, 백성들의 임금이 된 자로서 백성들과 더불어 즐거움을 함께 하지 않는 것도 잘못입니다. (임금이) 백성들이 누리는 즐거움을 함께 누리면 백성들 역시 임금이 누리는 즐거움을 함께 누리며, 임금이 백성들의 근심하는 바를 함께 근심하면 백성들 역시 임금이 근심하는 바를 함께 근심하는 법이니, 이 세상 모든 백성들과 함께 즐기며 이 세상 모든 백성들과 함께 근심하고서도 왕이 되지 못하는 사람은 있지 아니합니다."라고 대답했다.

맹자가 제 선왕에게 말한 위의 내용은 그야말로 맹자가 생각하는 '위민정치'의 극치를 보여주는 내용이다. 그런데 맹자가 임금이 된 자는 '백성들과 더불어 즐거움을 함께(與民偕樂)'해야 한다든지, '백성들과 함께 즐기고, 백성들과 함께 근심(樂以天下 憂以天下)'해야 한다고 반복해서 강조하는 것은 '위민' 또는 '안민'을 위한 정치를 하지 않는 통치자는 당연히 백성들로부터의 신뢰와 기대를 잃고 멸망하는 길 외는 다른 길이 없다는 것을 강조하고자 한 것, 즉 '혁명'의 대상이 될 수밖에 없다는 사실을 강조한 것으로 보인다. 왜냐하면 맹자는 위민(爲民)이나 안민(安民)을 하지 못하고, 오히려 학민(虐民)과 기민(棄民)을 일삼은 은(殷)의 주(紂)왕을 폭력으로 제거한 '탕무혁명(湯武革命)'을 적극적으로 긍정하고 있기 때문이다. 폭력을 통해서라도 학민을 일삼는 통치자를 제거해야 한다는 맹자의 강경한 입장은 아래 내용에서 아주 선명하게 드러나고 있다.

齊宣王問曰 湯放桀 武王伐紂 有諸. 孟子對曰 於傳有之. 曰臣弑其君可乎. 曰賊仁者謂之賊 賊義者謂之殘 殘賊之人謂之一夫 聞誅一夫紂矣 未聞弑君 也.[11]

제 나라 선왕이 "탕왕이 걸(桀)을 몰아내고 무왕이 주(紂)를 정벌했다는데 그런 사실이 있습니까?"라고 물었다. 맹자가 "전(傳)에 있습니다."라고 대답했다. (선왕이 다시 따지듯이) "그렇다면 신하가 임금을 시해해도 좋다는 것입니까?"라고 물었다. (맹자가) "인(仁)을 상하게 하는 사람을 적(賊; 도적)이라 하고, 의(義)를 상하게 하는 사람을 잔(殘)이라고 하며, 이 잔적(殘賊) 같은 사람을 한 사람의 필부라고 말합니다. (저는) 한 사람의 필부를 베었다는 말은 들었으나 임금을 시해했다는 말은 듣지 못했습니다."라고 대답했다.

위의 인용문에 등장하는 '일부(一夫)' 즉 '한 사람의 필부'는 『서경』에서는 '독부(獨夫)'라고 표현하였는데, 학민(虐民)과 기민(棄民)을 일삼음으로써 민심이 완전히 이반되어 단 한 사람도 귀복(歸服)하는 사람이 없는 통치자를 지칭한다. 다시 말해 여론의 지지를 완전히 잃은 통치자를 말한다. 맹자는 위에서 신하가 임금을 시해한 경우, 즉 폭력혁명을 통해 통치자를 죽이거나 바꾼 경우에도 그것이 위민과 안민의 정치를 하지 못하고 오히려 반대로 학민과 기민의 정치를 함으로써 민심의 지지를 잃어버린 통치자였다면, 그것은 정당한 '혁명'이라고 선언하고 있다.

요약하자면, 맹자는 철저히 민본주의적 입장에 서서 위민과 안민의 정치를 펼치는 것을 가장 이상적인 정치로 보았으며, 그 같은 정치를 하는 통치자를 이상적인 통치자로 보았다. 반대로 학민과 기민의 정치로 민심의 지지를 잃은 통치자는 폭력을 통해서라도 새로운 통치자로 바꾸는 이른바 '폭력혁명'마저도 긍정하는 것이 바로 맹자 혁명사상의 핵심이라고 할 수 있다. 단 이때의 '폭력'은 학민과 기민의 낡은 정치를 제거하고 위민과 안민의 정치를 새롭게 펼치기 위한 것이어야 하며, 그것 또한 민심의 지지를 얻을 때만이 정당성을 확보하는 것으로 본다는 점도 특기할 내용이라 할 것이다.

4. 동학의 혁명사상

1) 기존 연구사 및 그에 대한 평가

동학(東學)은 1860년 4월 5일(음력)에 수운(水雲)이 20여 년에 걸친 구도 과정 끝에 이룬 '득도' 체험을 계기로 창도되었다. 그런데 이 같은 동학은 종래의 낡은 사상과 문화를 비롯하여 낡은 제도와 낡은 문명 전체를 '개벽(開闢)'하고자 하는 혁명적 요소를 풍부하게 담고 등장했다.[12]

서세동점(西勢東漸)과 삼정문란(三政紊亂), 민란(民亂)의 빈발과 민중 의식(民衆意識)의 성장 등 대전환기적 시대 상황 속에서 새롭게 등장한 동학을 혁명 사상의 관점에서 보게 된 것은 이돈화 등으로 대표되는 1920년대 천도교계 지식인들이 최초였다고 알려져 왔다.[13] 그러나 이 시기 천도교계 지식인의 동학 '혁명'관은 실증적인 연구와 충실한 원(原) 사료에 근거한 견해가 아닌 '종교적 열정'에 의해 더 크게 좌우된 것이었다고 평가할 수 있다. 따라서 천도교계 지식인들의 동학 '혁명'관은 1930년대 이후 일제 식민 지배가 더욱 폭압적으로 바뀌고, 그에 따른 천도교 지도부의 친일(親日) 전향(轉向)이 노골화됨에 따라 그 학문적인 계승이 단절되기에 이른다. 이리하여 동학을 혁명 사상적 관점에서 연구하고 평가하려는 내부의 움직임은 일제 강점 말기에 이어 해방정국 및 이승만 정권 아래에는 지하로 복류(伏流)할 수밖에 없었다.

동학이 다시 '혁명' 사상으로 재조명되는 것은 1960년대이다. 1961년의 '5·16군사쿠데타'로 집권한 박정희는 다분히 '정치적인 의도'로 동학에 혁명 사상의 옷을 갈아입혔다. 1960년의 4·19학생혁명을 군사쿠데타로 유린하고 집권한 박정희는 정권의 취약성을 호도하기 위한 하나의 방편으로 "대한민국의 역사에는 두 개의 혁명밖에 없다. 하나는 1894년의 동학혁명이고, 다른 하나가 바로 5·16군사혁명이다."[14]라고 말했던 것이다. 그런데 박정희가 1894년 동학농민혁명을 '혁명'으로 평가하는 데에는 '정치적 의도' 외에 또 하나의 배경이 있었다는 점도 명기(明記)해 두지 않으면 안 될 것이다. 또 다른 배경이란 바로 박정희 자신이 바로 경상도 선산 출신 동학농민군의 후손이라는 사실[15]이다.

그 곡절이야 어찌 됐든 1960년대 박정희 정권이 들어서면서부터 동학이 하나의 '혁명' 사상으로, 그리고 1894년의 민중 대봉기가 '동학혁명'으로 명명되기에 이르자, 학계의 연구도 어느 정도 활성화되기 시작했다. 1950년대 후반에 창립되어 1960년대와 1970년대 초반까지 동학 연구를 주도하는 '한국사상연구회(韓國思想研究會)' 소속 연구자와 그 학술지인 『한국사상(韓國思想)』은 바로 박정희 정권 아래에서 동학을 혁명 사상으로, 1894년의 대봉기를 동학혁명으로 자리매김하는 데 일정하게 기여하였다.[16] 문제는 바로 그 같은 연구가 '정치적 의도'라는 학문 외적 환경 속에서 이루어질 수밖에 없었다는 점에 있다. 이렇게 1960년대 이후에 다분히 학문 외적 상황이 크게 작용하는 시대 상황 속에서 혁명 사상으로 각광받던 동학은 1971년에 대통령 박정희가 '10월 유신'을 단행하고, '유신 정권'이라는 권위주의적 통치를 계속하다가 1979년의 '10 · 26사태' 당시 암살당함으로써 또다시 연구의 단절 및 재평가의 장(場)으로 넘어가지 않으면 안 되었다.

동학을 혁명 사상으로, 그리고 1894년 대봉기를 혁명으로 자리매김하기 위한 진정한 의미의 학술적 연구는 1980년 5월 광주에서 일어난 민중항쟁이 계기가 되었다고 일컬어지고 있다. 주지하듯이 '광주민중항쟁'이 한국 지식인 사회에 끼친 영향은 매우 근본적이면서도 광범위한 것이었다. 국민의 생명과 재산을 지키는 것을 그 지고(至高)의 사명으로 하는 국군(國軍)이 민주화를 요구하는 자국민을 '폭도'로 몰아 학살한 1980년 5월의 '광주민중항쟁'이야말로 당시의 모든 지식인, 학생, 연구자들을 커다란 충격 속으로 몰아넣은 전대미문의 대사건이었기 때문이다.

그리하여 '5월 광주' 이후, 젊은 연구자들이 대거 '5월 광주'의 비극을 학문적 차원에서 뛰어넘으려는 고통스런 자기 변혁의 과정을 밟아 나갔고, 그 과정에서 바로 기존 사상과 학문, 기존의 사회 체제와 문명 전체를 개벽하기 위해 등장한 동학과, 우리 고유의 방식으로 근대 국민국가 실현을 꿈꾸었던 1894년 대봉기를 진정한 의미의 혁명으로 자리매김하려는 연구가 자발적으로 활성화되어 갔다. 역사학 연구자들과 뜻있는 시민운동가, 그리고 일부 진보적 언론 등이 동학(東學)을 다시 평가하기 시작하였고, 1894년 대봉기의 실상과 그 역사적 의미를 다시 묻는 기획을 시작하면서 동학을 혁명 사상으로, 1894년의 대봉기를 혁명으로 보려는 움직임이 구체화되었다.[17] 이러한 새로운 움직임이 하나의 내실 있는 성과로 결실되는 시기가 바로 1894년으로부터 1백주년이 되는 1994년을 전후한 4~5년간의 시기였다. 요컨대, 동학은 창도된 지 약 1세기 반, 그리고 1894년의 대봉기는 그것이 일어난 지 1세기가 지난 시기에 이르러 가까스로 제대로 된 연구와 평가의 대상으로 자리매김되기에 이르렀고, 바로 그 과정에서 동학은 진정한 의미의 혁명 사상으로, 그리고 1894년 대봉기 역시 진정한 의미에서의 혁명으로 자리매김할 수 있는 토대가 형성되기 시작했다.

2) 동학은 왜 '혁명적'일 수밖에 없는가

첫째, 동학을 창시한 수운의 출생 및 그 성장 환경, 학문적 배경 자체가 바로 '혁명적' 상황이었다는 사실에 주목해야 할 것이다.[18] 수운은 부친 근암 최옥과 모친 곡산 한씨 사이에서 만득자(晩得子)로 태어났는데, 당시 모친은 과부(寡婦) 출신으로 부친과 정식으로 결혼할 처지가 아니었다. 따라서 수운은 '서자(庶子)'와 다름없는 출생 신분 때문에 많은 심적 갈등을 겪으며, 또 문중 안에서 차별을 받으며 성장했다.[19] 이 과정에서 수운은 당대 사회의 신분제도 및 그것을 뒷받침하는 주자학에 대해 비판적 사고를 자연스럽게 가지게 되었다. 또한 부친 근암공이 퇴계 학통을 잇는 저명한 정통 유학자 출신이었는데도 과거제도의 혁신을 논한 「파과거사의(罷科擧私議)」를 비롯하여, 토지제도의 개혁을 논한 「한민전사의(限民田私議)」 및 과부의 개가를 허락하라는 「허개가사의(許改嫁私議)」 등의 혁신적 저작[20]을 후세에 남긴 것도 수운의 사고에 영향을 끼쳤던 것으로 짐작된다.

둘째, 종래의 유불도 사상 및 서학(西學)으로부터 많은 영향을 받았으면서도 그것들의 사상적 한계를 극복하려는 사상적 고투 과정을 거쳐 자신의 사상을 '동학(東學)'으로 정립해 냈다는 점을 주목해야 한다. 앞에서 설명한 대로 수운은 이런저런 차별 속에서도 부친이 사거(死去)하는 16세 때까지는 부친으로부터 당대 최고 수준의 유교적=주자학적 교양을 충실하게 익혔다.[21] 수운의 유교적 교양의 수준은 후일 그의 사상을 독창적으로 체계화한 『동경대전(東經大全)』에 고스란히 반영되어 있는데, 주목할 것은 그 수준이 바로 이 글의 앞 장에서 논했던 고대 동아시아의 혁명사상 및 유가의 혁명 사상에 대해 깊이 이해하는 정도를 뛰어넘어, 전혀 새로운 관점으로 자신의 사상을 전개하는 데 이르고 있다는 점이다.

한편, 16세 때 부친이 사거하자 수운은 더 이상 한가하게 유교적 학문을 익힐 처지가 되지 못했다. 가세는 급격히 기울어졌고, 서자나 다름없는 수운에 대한 경주 최씨(또는 가암 최씨라고도 한다) 문중 내의 차별도 더욱 심화되어 고향 경주에 더 이상 머무를 수 없는 상황이 되었다. 그리하여 그는 부친의 3년 상이 끝난 18세가 되자 가까스로 결혼을 하긴 했으나 바로 각지를 유랑하는 주유천하(周遊天下)의 길에 오르지 않으면 안 되었다. 이후 수운은 한편으로는 가족의 호구지책을 마련해야 하고, 다른 한편으로는 자신의 불우한 신세를 타개할 방도를 모색해야 하는 신산(辛酸)하기 짝이 없는 삶을 살아가게 되었다. 이 과정에서 수운은 당대 최고 수준의 학문을 익혔음에도 과거(=文科)에 응시할 수 없었던 자신의 처지를 돌파하고자 무과(武科)에 응시하기 위해 잠시 무술을 익히기도 하지만 끝내 단념하고 20세부터는 전국 각지를 주유하는 유랑의 길에 본격적으로 들어섰다.[22]

수운의 '주유천하' 기간은 거의 15년에 이르는데, 이 과정에서 그가 가장 큰 충격을 받은 것은 바로 거세게 몰려오는 서학(西學; 천주교-주)과 서양 열강의 조선에 대한 침탈 상황이었다. 즉 서세동점(西勢東漸)의 거센 파도를 온몸으로 목격한 것이다. 그런데 더욱 충격적이었던 것은 그런 거대한 서세동점의 큰 파도 앞에서 지배층인 조선왕조의 대응이 너무나 무기력하다는 사실이다. 즉, 당대의 지배적 사상이자 가치관의 토대인 주자학이 서학의 도전 앞에 더 이상 제대로 기능하지 못하는 현실을 함께 목도한 것이다. 특히 1860년 영불 연합군의 북경 점령 소식은 수운에게 결정적인 위기의식을 가져다 준 것으로『용담유사』등에서 확인할 수 있다. 그리하여 수운은 서학(西學)의 도전에 대한 대응책을 모색하기 위한 고심참담의 사상적 고투를 계속하여 마침내 동학(東學)[23]을 창도하기에 이르렀다.

셋째, 수운이 민중들의 비참한 삶을 초래하는 모든 물질적·정신적·문명적 요인들을 '괴질'로 인식하고, 그 괴질을 치유하기 위한 처방전으로 동학을 창도한다는 점이다. 수운이 인식했던 괴질(怪疾)이란 구체적으로 삼정문란(三政紊亂)으로 인한 가혹한 세금 수탈[24], 주기적으로 유행하는 말 그대로의 괴질, 서학의 만연과 이양선의 출몰, 그리고 연례행사처럼 되풀이되는 자연재해의 빈발 등이었다. 수운은 주로 주유천하의 시기에 위에서 말한 바와 같은 대내외적 위기 상황을 돌파하기 위한 나름의 대응책 마련에 부심했다.[25]

이처럼 1860년 수운의 동학의 창도는 바로 약 15년여에 걸친 주유(周遊) 과정에서 목격하고 체험한 위기 상황에 대한 대처방전의 성격을 지닌 것이었다. 수운이 내린 처방전은 결정적 위기의 시대 상황, 수운 자신의 말을 빌리자면 "유도와 불도가 운이 다하여"[26], "요순과 같은 성인의 정치로도 어쩔 수가 없고, 공맹과 같은 성인의 가르침으로도 어쩔 수 없는"[27] 시대에, "싸우면 다 이기는 무서운 서양 세력"[28]의 쉴 틈 없는 침탈 속에서, 또한 주기적으로 유행하는 괴질과 자연 재해 아래서 적게는 수만명에서 많게는 수십 만명이 죽어 가던 시대, 그러면서도 민초들은 "하늘의 길(天道)과 하늘의 명(天命)을 따르고 돌아볼 줄 모르고 제 이기적 생각대로만 살아나는(各自爲心)"[29] 모습에서 크게 위기의식을 느낀 수운이, 고민하고 또 고민한 가운데, 모색하고 또 모색한 가운데, 끝내는 도저히 해결의 길을 찾지 못하여 마지막으로는 목숨을 내놓고 기도하고 또 기도한 끝에 창도한 것이었다. 동학은 바로 이런 것이었다. 한마디로 동학(東學)은 "오늘날도 들은 바가 없고 지나간 시대에도 들은 바가 없는"[30], 말 그대로 전대미문의 파천황(破天荒)적, 미증유(未曾有)의 새로운 혁명 사상에 다름없는 것이었다. 이하에서는 그 동학의 혁명 사상을 크게 다섯으로 나누어 간단하게 설명하기로 한다.

3) 동학의 혁명사상

(1) '다시 개벽(開闢)'-문명의 혁명

수운은 자신이 동학을 창도하게 된 것을 한마디로 '다시 개벽'[31]의 메시지라고 요약하고 있다. 수운에 의하면, 인류 문명은 성인이 나오기 이전의 우부우민(愚夫愚民)의 시대에서 오제(五帝)를 중심으로 하는 성인 시대, 그 성인 시대가 종막을 고한 각자위심의 시대로 변해 왔다고 진단하고, 수운 당대는 바로 그 '각자위심'이 최고조에 달한 시대로서, 바로 각자위심의 시대를 '다시 개벽'하여 민중 한 사람 한 사람 모두가 '성인(聖人)'이 되고 '군자(君子)'가 되는 시대를 여는 것이 바로 동학이라고 천명하였다. 다시 말해 동학의 등장이야말로 기존 문명의 한계를 '다시 개벽'하여 새로운 문명을 여는 혁명적 사상이라는 점을 수운은 강력하게 역설하였다.[32] '다시 개벽' 되는 시대는 민중이 모두 성인이 되는 시대이며, 그 같은 새 시대를 여는 길은 바로 '천명

(天命)'을 공경하고 '천리(天理)'에 따르는 삶, 즉 '경천명 순천리(敬天命順天理)'[33] 의 삶을 사는 데 있다고 본 수운은 '경천명 순천리'의 삶의 원리를 아주 간결하게 제시하여 민중의 폭발적인 지지를 받았다.

수운이 말한 '경천명 순천리'의 삶을 이루는 원리란 바로 21자 주문 수행법[34]인 바, 사람은 누구나 21자 수행만으로 자기 안에 내재하는 '하늘님(=天主)과의 일체화=시천주(侍天主)'가 가능하며, 하늘님과의 일체화=시천주가 바로 '경천명 순천명'의 삶이라는 것이다. 이처럼 수운은 사람은 누구나 하늘님과 일체화를 통해 경천명 순천리의 삶을 사는 것이 가능하다고 봄으로써 조선왕조의 신분제를 뛰어넘어 만인 평등의 새로운 사상을 제시할 수 있었으며, '시천주'에 근거한 동학의 만인평등 사상은 지배층의 지속적인 탄압에도 불구하고 동학이 민중 층에 뿌리내리는 데 결정적 역할을 수행한 동시에, '아래로부터의 혁명'인 1894년 동학농민혁명에서 가장 핵심적인 혁명 사상의 하나로 자리 잡기에 이르렀다.

(2) '동학(東學; 동국의 학)'-사상 또는 종교혁명

수운이 창도한 '동학'에서 가장 두드러진 특징이라고 한다면 바로 '동(東)'을 강조한 점이라 할 수 있다. '동학'에서 강조하는 '동'이란 구체적으로 어떤 의미를 지니는 것일까? 그것을 정확하게 이해하기 위해서는 무엇보다도 수운 자신의 언설(言說)과 저작, 그중에서도 동학의 의미를 널리 천명하고 있는 「논학문(論學文)」을 주목할 필요가 있다. 「논학문」을 비롯한 여러 자료에서 드러나는 '동'의 의미는 대체로 다음과 같이 요약할 수 있다. 첫째, 동학의 '동'은 동쪽을 의미한다. 동쪽이란 해 뜨는 곳, 새 광명이 비치는 곳, 새로운 것이 태어나는 곳이라는 뜻을 내포한다. 둘째, 동학의 '동'은 해 뜨는 곳에 있는 나라, 또는 해 뜨는 곳에 있는 천지, 즉 동쪽에 있는 나라=동국(東國)

이란 뜻을 포함한다. 셋째, 동학의 '동'은 또한 그 해 뜨는 곳, 새 광명이 비치는 땅, 즉 동쪽 나라에서 이룩된 사상 또는 학문이란 뜻을 지닌다. 즉 '동학=동국의 학'이란 뜻이 들어 있다. 그리고 이 '동국의 학=동학'은 그야말로 새 천지를 여는 새로운 사상임은 두 말 할 필요가 없다. 넷째, 그런데 수운이 확립한 '동학', 즉 해 뜨는 동쪽 나라의 학문은 해 지는 서쪽 나라의 학문인 서학(西學)의 보편성을 널리 수용한 학문, 즉 '서쪽을 향해 활짝 열린 동쪽의 학문'이다.[35] 이처럼 수운이 말한 '동'은 그저 단순히 "전통이라는 동이 아니며, 이미 서(西)에 의하여 격의(格義)된=화학반응이 일으켜진 동으로서, 전통으로의 회귀나 국수적 원형의 부활이 아닌"[36] '동'이라는 점을 가장 주목해야 한다. 요컨대, 수운이 말는 '동학'은 바로 전통적인 동과 서학에서 말하는 '서' 양자를 모두 뛰어넘어 "동에도 서에도 활짝 열려 있으면서도 주체적인 동학"을 말하고 있는 것이다. 동학이야말로 종래의 사상을 혁명한 사상이라고 보는 까닭이 바로 여기에 있다. 그러므로, 동학은 전통사상인 유불도는 물론이려니와, 근대의 산물인 서학마저 적극적으로 수용하되, 동쪽인 우리나라의 현실, 우리 조선 민중들에게 알맞은 지극히 주체적이면서도 지극히 보편적이며, 그리고 지극히 '근대적'인 사상으로 바로 우리 조선 땅에서 확립된 '혁명적' 사상 그 자체였다.

(3) '보국안민(輔國安民)'-정치혁명

서세동점과 삼정문란으로 대표되던 19세기 중반, 조선이란 나라에 살던 민중들의 피폐한 삶을 온 몸으로 목격했던 수운은 오랜 기간의 구도 끝에 '하늘님과의 문답'을 통해 득도를 한 후, 자신이 깨달은 진리를 세상에 널리 펴겠다는 각오와 그 의지를 「포덕문(布德文)」이란 글을 통해 밝히면서 이렇게 말했다.

우리나라에는 나쁜 병이 가득해 백성들이 사시사철 단 하루도 편안한 날이 없으니, 이런 현상 역시 다치고 해를 입을 운수이다. 서양 각 나라는 싸우면 이기고 치면 빼앗아 성공하지 않는 일이 하나도 없으니 천하가 다 멸망해 버리면 역시 입술이 없어져 이가 시리게 되는 한탄이 없지 않게 되리니, '잘못되어 가는 나라를 바로잡고 도탄에서 헤매는 백성들을 편안하게 만들 계책(輔國安民之計)'이 장차 어디에서 나올 수 있을 것인가?[37]

이것은 1860년 음력 4월 5일의 '하늘님과의 문답'이라는 신비체험을 계기로 동학을 창도한 수운이 1년여에 걸친 수련을 거듭한 끝에 '포덕(布德)[38]'을 하기로 결심하고 지은 「포덕문」 말미에 나오는 내용이다. 수운은 여기서 동학 포덕의 목적이 바로 '보국안민지계(輔國安民之計)', 즉 "잘못되어 가는 나라를 바로잡고 도탄에서 헤매는 백성들을 편안하게 만들 계책"을 마련하는 데 있다고 선언하였으며, 이후 이 보국안민 사상은 동학의 핵심 사상으로 자리 잡아 민중들의 민족의식을 계몽해 가기에 이르고[39], 1894년 동학농민혁명 당시에는 혁명 사상의 핵심으로 역할[40]을 함으로써 근대 조선 민중의 정치의식 고취 및 내셔널리즘 형성[41]과 '아래로부터의 혁명'의 길을 여는 데 결정적인 역할을 하기에 이른다.

(4) '시천주(侍天主)'-사회혁명

동학은 무엇보다도 '시천주'로 대표되는 만민평등 사상, 즉 평등주의를 전면적으로 표방하는 것이 큰 특징이다. 수운은 한글 경전 『용담유사』에서 가장 거룩한 존재인 하늘님이 바로 내 안에 모셔져 있다[42]고 역설하면서, 21자 주문 및 신경성(信敬誠)의 수행으로 누구나 다 자기 안에 모셔져 있는 하늘님과 일체화를 이룰 수 있다고 강조했다. 바로 이 같은 동학의 시천주 사상은 조선왕조 5백 년을 지탱해 온 신분제를 뛰어넘어 만민평등을 외친 것으로, 창도 초기의 동학이 지배층의 강력한 탄압에도 불구하고 신분제 아래에서 온갖 차별에 시달리던 일반 민중은 물론이거니와 천민들로부터 광범한 지지를 획득하게 되는 결정적 요인으로 기능하였다. 시천주에서 유래한 초기 동학의 평등주의적 지향의 구체적 사례는 1862년 경상도 상주 일대를 중심으로 일어났던 보수유생들의 동학 배척 통문(通文)[43]에서도 확인된다. 또 1892~3년의 교조신원운동기 및 1894년 동학농민혁명 당시에는 사회신분제를 해체하는 사회혁명의 핵심 사상으로 역할을 하게 된다.[44]

(5) '유무상자(有無相資)' - 경제혁명

동학사상의 혁명성의 또 한 측면은 바로 '유무상자(有無相資)'를 통한 경제 공동체 건설, 즉 경제 혁명을 지향하였다는 점이다. 앞에서 이미 설명했듯이, 동학 창도 배경에는 삼정문란과 외세의 경제적 침탈에서 비롯된 조선민중들의 곤궁한 삶을 경제적 차원에서 구제하려는 강력한 동기가 자리하고 있었다. 동학이 창도 초기부터 입도하는 도인(道人)들에게 있는 자(=富者)와 없는 자(=貧者) 사이의 상호부조(相互扶助)를 강력하게 권장하였다는 사실 역시 1862년 경상도 상주에서 발송된 동학 배척 통문[45]에서 구체적으로 확인할 수 있다. 동학은 '유무상자', 즉 있는 자와 없는 자가 서로 돕기 때문에 가난한 술장사와 백정들이 다투어 동학에 뛰어든다는 지적이 바로 그것이다. 그뿐만 아니라 동학은 창도 초기부터 지배층의 탄압을 받아 자유로운 '포덕' 활동이 불가능하였고, 동학에 입도한 도인들 역시 지배층의 탄압 때문에 자유로운 생업(生業) 활동이 불가능했기 때문에 도인 상호 간의 경제적 부조 활동은 동학의 조직을 유지하고, 동학 도인들의 최소한의 삶을 보장하는 수단으로 중시되지 않을 수 없었다.[46] 그리고 이 같은 경제적 상호부조의 전통은 마침내 1892~3년의 교조신원운동과 1894년 동학농민혁명 단계에 이르러서 교단 내의 '전통'을 벗어나 조선 민중 전체의 경제적 처지를 '혁명적'으로 개혁하려는 경제 혁명의 중요 원리로 발전하기에 이른다.

5. 동학농민혁명에 나타난 혁명

앞 장에서는 1860년에 성립된 동학사상에 내재하는 다섯 가지 '혁명' 사상에 대해 고찰하였다. 이 장에서는 1894년에 일어난 동학농민혁명에서 확인되는 혁명의 여러 국면을 정치적 측면, 경제적 측면, 사회적 측면, 종교적 측면으로 나누어 고찰하기로 한다.

1) 정치혁명

1894년 '동학농민혁명'은 1892년 음력 10월부터 1893년 4월 초까지 전개된 교조신원운동과 1893년 음력 11월의 사발통문 모의 및 1894년 음력 1월의 고부농민봉기를 전사(前史)로 하여, 1894년 음력 3월 21일 전라도 무장(茂長)에서 전봉준이 이끄는 동학농민군이 전면 봉기함으로써 시작되었다.

동학농민혁명의 전사인 교조신원운동 과정에서 운동 지도부는 "척왜양(斥倭洋), 지방관의 가렴주구(苛斂誅求) 금지, 동학 교조의 신원(伸寃)" 등 세 가지 슬로건을 앞세우고 약 2년여에 걸쳐, 충청도 공주, 전라도 삼례, 서울 광화문, 충청도 보은 및 전라도 금구·원평 등지에 적게는 수천 명 많게는 수만 명이 모인 집회를 열었다. 특히 1893년 음력 3월 10일 경부터 4월 초까지 충청도 보은에서 열린 보은집회 지도부는 그 목적을 '척왜양창의(斥倭洋倡義)'라고 선언함으로써 동학 교조 수운이 일찍이 제시한 바 있는 '보국안민(輔國安民)'의 구체적 방도를 "왜(일본)와 양(서양)의 침탈로부터 국권을 수호"

하는 데서 찾고자 하였다. 이 같은 보은집회 구호는 당시 조선 민중들로부터 광범위한 지지를 받았음은 물론이려니와, 민중들의 정치의식을 배양하고 민족의식을 고취하는 데 기여하였다.

또한, 1893년 음력 11월의 사발통문 모의 과정에서 전봉준 등 지도부는 "고부성을 격파하고 군수 조병갑을 효수하며, 군기창과 화약고를 점령한 다음, 전주영을 함락하고 경사(京師; 서울-주)로 직향하려는" 계획을 세우고 그 실행을 모의하였다. 이 계획은 고부군수 조병갑의 갑작스런 전임(轉任) 소식에 일시 중지되었다가, 조병갑이 다시 고부군수에 잉임(仍任; 계속해서 임무를 수행한다는 뜻-주)한다는 소식에 1894년 음력 1월 10일 고부농민봉기를 통해 사발통문 모의 계획을 실행에 옮기기에 이른다.

동학농민혁명의 전사인 교조신원운동, 사발통문 모의, 고부농민봉기 등은 모두 동학 교단의 지도부 또는 동학의 접주(接主)급 지도자들이 중심이 되어 민중들의 정치의식을 고양하는 한편, 부패한 조선왕조의 정치를 '혁명'하려는 민중들의 움직임이라 평가할 수 있는데, 그 같은 움직임은 마침내 1894년 음력 3월 21일의 '무장기포(茂長起包)', 즉 제1차 동학농민혁명이라는 형태로 총괄(總括)되기에 이른다.

주지하듯이, 제1차 동학농민혁명은 1894년 음력 3월 21일부터 '전주화약(全州和約)'이 체결되어 동학농민군이 전주성으로부터 자진 철수하는 음력 5월 8일경까지 전개되었다. 이 시기에 동학농민군 지도부는 포고문(布告文) 및 격문(檄文), 4대 명의(名義), 원정(原情) 등의 형태로 부패한 조선왕조의 정치에 대해 근본적인 '혁명'을 요구하는 문건을 지방관 또는 조선왕조 지배층에게 기회 있을 때마다 제출하였다. 그러한 요구는 마침내 전주화약 당시 초토사 홍계훈에게 전봉준이 제출한 '폐정개혁안 27개조'로 집성(集成)되었다. '폐정개혁안'을 통해 농민군 지도부가 가장 역점을 두고 정치 혁명을 시도한 내용은 부패한 집권자(執權者)의 교체 바로 그것이었다. 즉 온갖 부정부패를 일삼으며 '안민(安民)'이라는 유가적 통치의 이상(理想)을 저버린 민씨(閔氏) 정권을 타도하고, 민심(民心)의 강력한 지지를 받고 있던 대원군(大院君)을 추대할 것을 요구하였다. 그뿐만 아니라, 농민군 지도부는 민씨 정권에 빌붙어 아첨하며 '안민'은커녕 학민(虐民) 행위를 일삼고 있던 조정의 관리와 가렴주구를 일삼는 탐관오리의 숙청을 통한 정도(政道)의 일신, 즉 정치 혁명을 시도하였다.

　동학농민혁명 당시 농민군 지도부가 지향했던 정치혁명의 궁극적 목표는 제2차 동학농민혁명이 일본군의 개입 및 불법적인 탄압으로 좌절된 직후 체포된 전봉준의 최후 진술에서 명료하게 확인된다. 농민군 최고지도자 전봉준은 1894년 음력 12월 초에 전라도 순창에서 체포된 직후 나주를 거쳐 서울로 압송되어, 1895년 3월(양력) 말까지 전후 네 차례에 걸친 심문을 받았다. 심문 과정에서 전봉준이 남긴 진술 내용은 「전봉준공초」로 남아 있으나, 정치 혁명에 관한 내용은 당시 일본영사의 취조 내용을 자세히 보도한 『도쿄아사히신문』(東京朝日新聞) 1895년 3월-5월분 기사 속에서 확인할 수 있다.[47] 『도쿄아사히신문』 1895년 3월 5일자 5면의 「동학당 대거괴와 그 구공(口供)」에 의하면, 전봉준은 "나의 종국의 목적은 첫째 민족(閔族; 민씨 정권)을 타도하고 간신들을 물리쳐서 폐정을 개혁하는 데 있었다."라고 하면서, 이어서 민심(民心)을 잘 아는 몇 사람의 명망가를 선출하여 임금을 보좌함으로써, '안민'의 정치를 이룩하고자 했다고 진술하고 있다. 이 진술에 의하면, 전봉준은 끝까지 왕조(王朝)를 부정하지는 않았던 것으로 확인된다. 다만 임금이 민심을 잘 파악하고 수렴하여 안민(安民)의 정치를 할 수 있는 '정도(政道)의 일신(一新)'[48], 요컨대 입헌군주제(立憲君主制)에 가까운 구상을 지니고 있었던 것으로 확인된다. 여기서 주목되는 것은, 비록 농민군 최고지도자 전봉준이 구상했던 정치 혁명이 조선왕조를 부정하지 않는 입헌군주제에 가까운 것이었다고는 해도, 제1차 혁명 당시 이미 '집권자의 교체'를 목표로 한 정치 혁명을 시도하고, 다시 제2차 혁명에서는 안민(安民)의 이상을 달성하기 위한 구체적 방도로서 민심을 대변하는 명망가를 선출하여 임금을 보좌하게 하려 했다는 점에서 동학농민혁명에서 드러나는 정치 혁명적 측면은 결코 과소평가해서는 안 된다고 판단된다.

2) 경제혁명

동학농민혁명에서 드러나는 가장 혁명적 측면 가운데 하나가 바로 경제 혁명의 측면이라 할 수 있다. 앞 장에서도 설명했듯이, 동학은 창도 초기부터 유무상자(有無相資)라는 기치 아래, 있는 자와 없는 자 사이의 상호부조를 강조하는 경제 공동체적 측면을 지니고 있었다. 그리고 1876년 개항(開港) 이후 청일(淸日) 양국의 경제 침탈에 따라 민중들의 삶이 피폐해지고, 서양으로부터 수입된 양품(洋品)으로 인한 민중 경제의 침체 상황이 계속되던 1880년대 중반 동학 2대 교주 최시형은 국산품 애용 운동을 적극적으로 전개하면서 민중 경제 보호에 앞장섰다. 이 같은 내용은 1880년대 동학 교단의 동향을 담고 있는 『해월문집』(1992년 전라북도 부안군 상서면 감교리 천도교 호암수도원에서 발굴)에 나온다.

창도 초기 동학의 유무상자적 경제 공동체에 이어 1880년대 동학 교단의 국산품 애용 운동으로 이어진 동학의 민중 경제 보호 운동은 1892~3년의 교조신원운동기에 더욱 조직적·대중적인 민중 경제 보호 운동으로 발전하게 된다. 신원운동의 목표는 첫째, 척왜양, 둘째, 가렴주구 금지, 셋째, 동학교조의 신원 등 크게 세 가지였는데, 이 가운데 앞의 두 가지 목표 속에 민중 경제를 보호하기 위한 내용이 들어 있다. 이를 좀 더 구체적으로 고찰하면, 신원운동 과정에서 제기된 '척왜양'의 기치는 개항 이후 조선의 민중 경제를 위협하는 청일 양국의 경제적 침탈 및 서양으로부터 수입된 물품으로 인한 민중 경제 파탄을 막으려는 데서 비롯되었다. 또 가렴주구 금지는 곧 지방관의 불법적 수탈로부터 민중 경제를 보호하기 위하여 신원운동 지도부가 내건 슬로건이었다. 신원운동 과정에서 더욱 구체화되고, 조직화된 민중 경제 보호의 기치는 마침내 1894년 동학농민혁명 과정에서는 전면적인 경제혁명으로 발전한다. 앞에서 살펴보았듯이, 동학농민혁명 과정에서 농민군 지도부는 '폐정개혁안 27개조'를 제출하여 조선왕조 전체를 '혁명'하고자 했다.

폐정개혁안 27개조 가운데 가장 많은 조항이 바로 경제혁명과 관련된 내용이다. 이는 크게 두 부분으로 나뉘는데 하나는 조선왕조 내부의 경제적 모순을 근본적으로 해결함으로써 민중 경제를 혁신하려는 내용이며, 다른 하나는 청일을 비롯한 제국주의 열강의 경제적 침탈로부터 조선의 민중 경제를 보호하려는 내용이다. 이들 경제혁명 관련 내용 중에서도 가장 주목할 만한 것이 바로 현재 뜨겁게 논쟁중인 '토지균분(土地均分)' 조항, 즉 토지개혁 관련 부분이다. 농민군이 내걸었던 '토지균분' 조항에 대해서는 이미 여러 학자들이 찬반으로 갈려 논쟁중[49]인데, 여기서는 '토지균분' 조항은 동학농민혁명 당시 실재하지 않은 조항이었으며,『동학사』를 쓴 오지영(吳知泳)에 의해 후일에 첨가된 것이라는 '토지균분' 조항 허구론자들의 견해에 대해 필자의 견해를 피력하는 것으로 동학농민혁명 당시 경제혁명의 측면을 강조하고자 한다.

'토지균분' 조항 허구론자들이 주장하는 것처럼 오지영의 『동학사』는 1894년 당시의 기록은 아니지만, 동학농민혁명이 끝난 지 2-30년이 경과된 뒤에 자신의 체험과 견문을 바탕으로 쓴 일종의 회고록이다. 제목 앞에 비록 '소설(小說)'이라는 명칭이 붙어 있기는 하지만, 그것은 오늘날의 '소설' 즉 픽션을 뜻하는 것이 아니라, 자신이 쓴 글에 대한 겸사(謙辭)이다. 따라서 '소설 동학사'이기 때문에 오지영의 기록은 믿을 수 없다는 허구론자의 주장은 잘못된 것이다. 또한 역사학자 최익한의 저서 『실학파와 정다산』[50]에서는, 다산 정약용의 토지개혁론을 담은 저서인 『경세유표』가 전라도 강진(康津)의 윤세현(尹世顯) 등에 의해 전봉준에게로 전달되었다고 하는 『강진읍지』의 내용을 인용하고 있는데, 『강진읍지』에 서술된 내용이 사실에 가까울 가능성이 높다는 사실을 최근에 확인했다. 즉, 지난 2011년 8월에 필자는 윤세현의 출신지인 전라남도 강진군 대구면(大口面)을 답사한 바 있는데, 대구면은 다산의 유배지 다산초당으로부터 불과 20킬로미터 이내의 거리에 자리하고 있었으며, 다산의 처가인 해남윤씨가 세거하는 마을이었다. 뿐만 아니라 윤세현이 강진과 장흥 일대에서 활약한 농민군 지도자 가운데 한 사람이었다는 사실을 증명하는 사료도 존재한다는 사실도 확인하였다.[51]

요컨대, 최익한이 주목한 윤세현이라는 인물이 가공의 인물이 아니라 강진 장흥 일대에 상당한 기반을 가진, 정다산과 인척 관계에 있는 해남윤씨 가문 출신의 농민군 지도자였다는 것이다. 이것은 윤세현 등에 의해 『경세유표』가 전봉준에게로 전달되었을 가능성을 한층 더 높여 주는 구체적 증거의 하나이다. 그 외 필자는 동학농민혁명 당시 강진에 거주했던 유생 강재 박기현(1864-1913)[52]의 일기를 번역하는 과정에서 그가 다산의 시집(詩集)를 읽었다는 사실을 확인할 수 있었다. 이 같은 사실 역시 다산의 저작이 강진 일대 유교적 지식인들 사이에 널리 유포되어 읽혀지고 있었을 가능성을 시사하는 동시에, 농민군 최고지도자 전봉준에게 『경세유표』가 전달되었을 가능성을 높여 주는 또 다른 증거의 하나로 간주할 수 있을 것이다.

3) 사회혁명

동학농민혁명 과정에서 동학농민군들이 가장 급진적으로 추진했던 '혁명'은 바로 신분제를 해체하고 평등주의를 실현하고자 하는 사회혁명이었다. 전술(前述)했듯이, 조선왕조 지배층의 강력하면서도 지속적인 탄압에도 불구하고 동학이 기층 민중들 사이로 널리 퍼져 갈 수 있었던 힘, 그리고 교조신원운동 및 동학농민혁명 과정에서 접포(接包)라는 동학 교단 조직 안으로 적게는 수 만, 많게는 수백만 민중을 안아 들여 조직화할 수 있었던 결정적 요인은 바로 시천주(侍天主)를 근거로 한 동학의 만민평등 사상이었다. 시천주에 근거한 동학의 만민평등 사상에 공감하여 동학에 입도하고, 농민군이 되어 혁명 대열에 동참한 사례로는 충청남도 서산 출신의 홍종식, 황해도 출신의 백범 김구가 널리 알려져 있으며, 동학농민혁명을 직접 목격하고 체험한 내용을 기록으로 남긴 전라도 광양 출신 유생 매천 황현의『오하기문(梧下記聞)』[53]은 동학의 평등사상, 농민군 조직의 평등한 인간관계, 그리고 농민군에 의한 신분제 해체 혁명의 과정이 매우 사실적이면서도 극적으로 묘사되어 있는 사료로 유명하다.[54]

동학농민혁명 당시 농민군은 바로 이 같은 동학의 만민평등 사상에 입각하여 사회신분제를 해체하는 강력한 '혁명'을 수행하고자 하였다. 그런데, 농민군에 의한 사회신분제 해체 혁명은 당시 신분제라는 기득권을 수호하려 했던 양반 지식인, 즉 보수 유생들에게는 가장 큰 충격이었다. 교조신원운동기나 동학농민혁명 당시 그 지도부들이 내건 여러 가지 슬로건 가운데, 예컨대 가렴주구 금지나 척왜양 등의 기치는 보수 유생들로부터도 상당히 두터운 지지를 얻은 바 있었다. 하지만, 동학농민혁명기, 특히 전주화약 이후 각 출신 고을로 돌아간 동학농민군들이 신분제 해체를 위한 사회혁명을 강력하게 전개하는 국면이 도래하자, 제1차 혁명기에 동학농민군에 대한 식사 및 숙소 제공, 식량 조달 등을 비롯한 지원 활동에 적극적으로 참여하며, 나아가 농민군의 반외세(反外勢), 반봉건(反封建) 대열에도 '일정하게' 동참했던 보수 유생들은 예외 없이 등을 돌렸다. 뿐만 아니라 이들 보수 유생들은 제2차 혁명기 종반에 일본군이 개입하여 동학농민군 측이 수세로 몰리는 국면이 도래하자 일본군에게 협력하여 농민군을 압살하는 반농민군 활동에 적극 가담하기에 이른다. 이러한 현상은 농민군에 의한 사회혁명, 즉 사회적 신분제 해체를 위한 혁명이 기득권층에 가져다 준 충격에 따른 당연한 귀결이었다고도 할 수 있다. 동학농민군 탄압을 위해 파견된 좌선봉장 이규태가 후일 조정에 올리는 보고서에서 농민군이 범한 중죄(重罪) 가운데서도 가장 무거운 죄는 바로 '강상(綱常)을 무너뜨린 죄', 즉 사회적 신분제 해체를 위한 혁명을 시도한 것이라고 명기한 것도 동학농민혁명 당시 신분제 해체를 위한 사회혁명의 열기를 이해하는 열쇠의 하나라 할 수 있다.

4) 종교혁명

전제왕조(專制王朝)인 조선 왕조에서는 사상의 자유나 종교의 자유는 없었다. 오로지 유학, 다시 말해 주자학만이 정학(正學)으로 존숭될 따름이었고(이것을 일러 朱子學一尊主義라 한다), 그 외의 사상이나 종교는 모두 이단사술(異端邪術)로 간주되었다. 대원군 시대에 천주교가 사학(邪學)으로 간주되어 대대적인 탄압 아래 많은 순교자를 낸 것이나, 1860년에 창도된 동학이 1892-3년의 교조신원운동기 및 1894년 동학농민혁명 때까지 줄곧 탄압을 받은 것은 바로 당시 조선왕조 사회에 사상과 종교의 자유가 부재한 사실을 말해주는 대표적 사례라 할 수 있다. 문제는 1876년 개항(開港) 이후부터이다. 개항을 통해 먼저 일본에 문호를 개방한 조선왕조는 1883년 이후에는 미국, 영국, 프랑스, 독일 등 서양 열강과 차례로 조약을 맺고 문호를 개방하면서, 오랜 기간 탄압했던 천주교 신앙의 자유를 인정했다. 또한 미국을 통해 들어오는 개신교도 신앙 및 선교의 자유를 인정했다. 그런데 유독 조선 땅에서 창도된 동학만은 개항 이후에도 탄압을 계속했다. 1880년대의 동학은 오랜 지하 포교 시대를 끝내고 충청도와 전라도 평야 지대를 중심으로 활발한 포교 활동을 통해 많은 도인(道人; 신자-주)을 확보했지만, 동학의 신앙과 포교의 자유는 끝내 허용되지 않았다. 허용은커녕 조정에서 금(禁)한다는 구실로 지방관들의 동학 탄압 및 불법적인 수탈 행위는 더욱 심화되어 갔다. 동학에 대한 이 같은 탄압은 창도 초기부터 지속된 것이었지만, 1880년대 후반에 이르러 동학 도인이 급격히 증가하고 있던 충청도와 전라도를 중심으로 더욱 격화되기에 이르렀다.[55] 이에 최시형을 비롯한 동학 지도부는 동학 신앙의 자유, 선교(포교)의 자유를 얻기 위해 1892년부터 '교조신원운동'을 공개적으로, 그리고 합법적으로 전개하기에 이른다.

　동학 신앙 및 포교의 자유를 요구하는 교조신원운동은 '척왜양, 지방관들의 가렴주구 금지'라는 일반 민중들의 요구와 결합하여, 1892년 음력 10월부터 이듬해 4월 초까지, 충청도(공주, 보은)와 전라도(삼례, 금구 원평), 서울(광화문) 등지에서 '합법적'[56]이면서 대규모로, 그리고 장기지속적으로 전개되었지만 끝내 소기의 목적을 달성하지 못하고 실패로 돌아갔다. '합법적'인 교조신원운동 과정에서도 동학 신앙 및 포교의 자유를 획득하지 못한 동학 교단 지도부와 도인(=신자)들은 이듬해 동학농민혁명 과정에서 다시 동학 신앙 및 포교의 자유를 요구하는 개혁안을 제출함으로써, 외래 종교인 서학의 신앙 및 포교의 자유를 인정하면서도 자생적인 종교인 동학의 신앙 및 포교의 자유를 애써 인정하지 않으려는 조선왕조 지배층의 '사대주의적' 태도 및 주자학 일존주의에 매몰된 '전근대적' 지배 체제를 근본적으로 '혁명'하고자 하였다. 그리하여 동학농민혁명 과정에서 동학은 '일시적으로' 신앙 및 포교의 자유를 획득할 수 있었다. 혁명 대열에 참여한 동학농민군들은 거리낌 없이 '시천주 조화정 영세불망 만사지(侍天主造化定永世不忘萬事知)'라는 13자 주문을 암송하였고, 양 어깨에는 동학의 신령스런 부적인 영부(靈符)를 붙이고, 품속에는 『동경대전』이나 『용담유사』 등의 동학 경전을 소지한 가운데 전투에 참가할 수 있었다.

6. 맺음말

이 글에서는 1894년 동학농민혁명을 '혁명'으로 규정하기 위한 근거로서 먼저 혁명의 어원과 어의를 살펴보고, 다음으로 1860년에 성립된 동학 및 1894년에 일어난 동학농민혁명의 사상적 배경을 이루는 유가(儒家)의 혁명사상을 고찰하였다. 다음으로는 동학농민혁명의 사상적 기반을 이루는 동학사상에 내재하는 혁명 사상을 다섯 가지 측면에서 고찰하였으며, 끝으로 1894년 동학농민혁명 과정에서 드러난 혁명적 측면과 그 내용·성격 등을 정치적·경제적·사회적·종교적 측면에서 고찰하였다. 이상의 고찰 결과를 요약하면 다음과 같다.

첫째, 우리나라를 비롯한 동아시아에서 '혁명'이란 말은 그 유래가 아주 오래다. 우선 혁명의 어원은 『주역』 '혁괘'에서 유래하는 것으로서, 그 의미는 자연계에서나 사회 현상에서나 낡은 것이 새로운 것으로 자연스럽게 바뀌는 것을 뜻하는데, 고대 중국의 주초(周初) 기록인 『서경』에서는 사회 현상에서 혁명은 '지배 권력의 교체, 즉 왕조의 교체'라고 정의했다. 그리고 그 혁명은 바로 하늘의 명, 즉 천명(天命)인 안민(安民)을 실현하는 자에 의해 달성된다고 정의하였다. 그런데 고대 중국에서 비롯된 이 같은 '혁명'의 어의에 대해 그것은 단순히 '역성혁명'을 의미하는 것이 아닌가 하는 의문이 제기될 수 있다. 그러나 그 같은 이해는 단편적 이해에 지나지 않으며, 실제로 혁명의 어의 속에는 단순한 지배 권력의 교체뿐만 아니라, '정도(政道)의 혁신'이라는 정치사회 혁명까지도 포함한다고 보는 것이 학계의 정설임을 확인하였다.

둘째, 고대 중국에서 비롯된 혁명 사상은 유가(儒家)에 와서 획기적으로 발전하게 되는 바, 유가에서는 통치자가 하늘의 명, 즉 천명에 어긋나는 행위를 했을 때, 천재지변을 사전에 예방하지 못해 백성들이 곤궁해 처했을 때 혁명의 대상이 된다(天譴說)고 정의하였다. 이에 따라, 하늘의 명=천명은 바로 백성들의 여론에 귀를 기울이는 한편, 백성들을 위한 정치를 하는 데 있다고 함으로써, 통치자가 안민(安民)과 민본주의에 바탕한 정치를 펼 것을 강조하였다. 이 같은 유가의 혁명 사상을 계승한 맹자는 한 걸음 더 나아가 만일 통치자가 천명을 어기고, 다시 말해 안민의 정치 대신에 학민(虐民)의 정치를 일삼는 경우에는 폭력을 써서라도 혁명을 해야 한다는 폭력혁명 정당설마저 주장하였다.

셋째, 1860년에 동학을 창도한 수운은 동학이야말로 '보국안민(輔國安民)을 위한 계책'이라고 천명하였다. 이것은 우선 수운 당시의 조선 왕조 지배층의 정치가 안민(安民)이 아닌 학민(虐民)이었음을 시사한다. 나아가 수운은 동학을 통해 이 세상을 안민의 세상으로 바꾸기 위해, 다시 말해 '혁명'을 하기 위해 동학을 창도하였다는 사실을 시사한다. 동학에 내재한 혁명 사상에 대해 필자는 다시 개벽의 문명 혁명, 동학의 사상 또는 종교 혁명, 보국안민의 정치 혁명, 시천주의 사회혁명, 유무상자의 경제혁명 등 다섯 가지 측면에서 고찰하였다.

마지막으로는 1894년 동학농민혁명 전개과정에 나타난 혁명적 양상과 그 내용 및 성격에 대해 정치, 경제, 사회, 종교 등 네 가지 측면으로 나누어 고찰하였다. 동학농민혁명은 무엇보다도 비합법적 폭력혁명의 성격을 가진 혁명인 바, 이러한 비합법적 성격은 1892~3년에 일어난 합법적 개혁 운동인 교조신원운동의 좌절, 달리 말해 합법 운동에 대한 지배층의 탄압에서 유래했다는 사실을 먼저 확인하였다. 또한 동학농민혁명의 목적은 어디까지나 정치적으로 · 경제적으로 · 사회적으로, 더 나아가 종교적 차원에서 보국안민을 달성하기 위한, 다시 말해 유가 및 맹자가 역설한 안민이라는 천명을 어기는 정치 행위를 일삼는 조선왕조의 폐정을 '폭력을 써서라도' 개혁함으로써 '안민'을 달성하고자 했던 명실상부한 혁명이었다는 사실도 확인하였다. 요약하자면, 1894년에 일어난 동학농민혁명은 동아시아의 혁명 전통에 바탕한 명실상부한 대혁명이었다는 것이 필자의 결론이다.

녹두장군 전봉준과
다나카 쇼조의 공공적 삶
- 한국과 일본의 근대를 읽는 사례로서

1. 머리말

17세기, 18세기, 19세기에 가열화하기 시작했던 유럽의 제3세계 지배, 문화 파괴말살, 정치 · 경제 · 사회적 지배, 그리고 자기들 방식의 강요, 착취 · 억압 · 세뇌가 가중되어 왔다. 반면에 이에 대해 어떤 형태로든 저항하면서, 자기의 문화적 특수성을 주장하고 그 안에 있는 세계일가주의, 사해동포주의적인 보편적 가치에 대해 이야기해 왔던 사상가들의 맥락이 어느 민족에게나 다 있다. 이런 사람들의 문화적 새 세계관 제출의 노력은 비록 소박하고 투박하더라도 앞으로 주목해야 될 부분이라고 생각한다. 이것은 어느 민족에게나 다 있다. 우리 민족만이 아니다. (중략) 아시아든, 라틴아메리카든, 아프리카든, 아랍이든, 제3세계에는 많이 있다. 특히 동양세계는 큰 전통적 지혜와 오랜 문화적 유산을 갖고 있다. 수많은 사람들이 민족뿐만 아니라, 인류와 생명계 전체를 구원할 수 있는 방향에 대해 이야기를 해 왔던 것으로 알고 있다.[1]

전봉준(全琫準, 1855~1895)과 다나카 쇼조(田中正造, 1841~1913)는 동아시아를

대상으로 한 서구문명의 동점이 치열하게 전개되던 19세기에 각각 조선과 메이지 일본에서 태어나 살아간 '근대'를 대표하는 사상가이자 운동가이다. 위 인용문에서 보는 바와 같이 전봉준과 다나카 쇼조는 특히 "유럽의 제3세계 지배, 문화 파괴말살, 정치·경제·사회적 지배, 그리고 자기들 방식의 강요, 착취, 억압, 세뇌"에 저항하면서 "민족뿐만 아니라 인류와 생명계 전체를 구원할 수 있는 방향에 대해 이야기를 해 온" 인물이었다.

　필자는 지난 30년 동안 19세기 조선의 '근대' 사상을 대표하는 동학사상과 그 동학의 사상과 조직을 기반으로 하며 전개된 1894년의 동학농민혁명 연구에 몰두해 왔다. 특히, 1995년 7월 홋카이도대학(北海道大學) 문학부 소속 후루카와강당(古河講堂)에서 방치된 채 발견된 전라남도 진도 출신 동학농민군 지도자 유골 문제를 계기[2]로, 일본 각지를 답사하면서 연구를 계속하고 있던 도중인 지난 2009년 11월에 일본의 저명한 세계적 철학운동 단체인 '교토포럼'의 초청을 받아 「동학의 개벽사상과 시민운동」이라는 주제로 발표할 기회가 있었다. 그 자리에서 동학농민혁명 당시에 동학농민군 기율의 엄정함을 대단히 높게 평가한 일본 '근대'의 사상가가 있다는 소개를 받았다. 그 인물이 바로 다나카 쇼조이다.

　다나카 쇼조를 알게 된 것은 필자에게 크나큰 충격이자 일대 사건이었다. 왜냐하면, 메이지(明治) 일본인들은 오로지 조선의 동학농민혁명을 탄압하고, 동학농민군 학살을 주도하는 데 앞장섰다고 알고 있었기 때문이었다. 따라서 농민군 규율의 엄정함을 높게 평가한 메이지 '근대' 일본인이 실재했다는 사실을 알게 된 순간 필자는 귀를 의심하지 않을 수 없었다. 그간 가지고 있던 상식이 한순간에 무너진 것은 말할 나위도 없다. 이후, 다나카 쇼조에 관한 기초 지식을 넓힐 수 있는 기회를 얻었다. 그중에서도 특히 다나카 쇼조 연구에서 최고 권위를 자랑하는 구마모토대학(熊本大學)의 코마츠 히로시(小松裕) 교수[3]와 '교토포럼'에서 해후하게 된 것은 망외(望外)의 기쁨이었으며, 오랜 기간 다나카 쇼조의 사상에 주목해 온 홋카이도 오타루시(小樽市) 거주의 '민중 철학자' 하나자키 코헤(花崎皐平) 선생[4]과도 교류할 수 있는 귀한 기회를 얻게 되었다. 또한, 다나카 쇼조의 고향 사노시(佐野市)에서 다나카 쇼조에 관한 연구를 하면서 다나카 쇼조의 사상과 실천을 현대에 되살리기 위한 시민운동단체인 '다나카 쇼조를 현대에 되살리는 모임'의 사무국장으로 일하고 있는 이다 스스무(飯田 進) 선생과 2010년 8월, 동학농민혁명의 주 무대인 전북 전주(全州)에서 해후하게 된 것도 결코 우연한 일이 아니었다. 그 외, 다나카 쇼조 관련 문헌을 읽어 감으로써 그에 관한 많은 궁금증을 해소할 수 있었다. 문제는 다나카 쇼조에 대해 알면 알수록 궁금증이 더욱 증폭되어 갔다는 점이다.

"다나카 쇼조는 과연 어떤 경로를 통해 동학농민혁명에 관한 정보를 입수할 수 있었을까?" "1894년 당시, 후쿠자와 유키치(福沢諭吉, 1834~1901) 같은 저명인사를 필두로 대부분의 일본인들이 동학농민혁명을 조선에 대한 일본의 주도권 확립, 또는 영향력 확대를 위한 기회로 이용하고자 하고 있었을 때, 어떻게 해서 다나카 쇼조는 동학농민군의 기율의 엄정함을 높게 평가하는 안목을 지닐 수 있었을까?" "젊은 시절부터 거듭된 투옥 생활 속에서도 다나카 쇼조는 어떻게 자신의 신념을 굽히지 않고 끝까지 민중의 편에 설 수 있었을까?" 등등. 그러던 차에 2011년 3월 11일 일본에서 가공할 만한 사태가 벌어졌다. 진도 8을 넘는 '동일본 대진재'가 일어나 2~30미터에 달하는 쓰나미가 동일본의 여러 해안도시를 강타하고, 그에 따라 후쿠시마 제1원전의 전원이 모두 상실되어 원자로가 잇따라 폭발하는 대사고가 일어난 것이다. 1980년대 후반, 한국의 새로운 시민운동으로 출발한 '한살림 운동'에 참여하고 있던 필자에게 '동일본 대진재'와 '후쿠시마 원전사고'는 결코

남의 일이 아닌 내 일로 다가왔다. 때마침 '3·11' 직후에 코마츠 히로시 교수가 다나카 쇼조의 생애와 사상을 소개하는 저서를 출간했다. 그 책에서 코마츠 교수는 "참된 문명은 산을 황폐하게 하지 않으며, 강을 더럽히지 않으며, 마을을 파괴하지 않으며, 사람을 죽이지 않아야 한다(真の文明は 山を 荒らさず 川を荒らさず 村を破らず 人を殺さざるべし)"고 역설했던 쇼조의 말을 소개하였다. 코마츠 교수의 저서를 접한 이후, 다나카 쇼조에 대한 궁금증은 더욱 증폭되었고 그간의 연구에 대한 자기반성이 필요하다는 생각도 절실해졌다. 다행히 근무하고 있는 대학으로부터 2011년 8월부터 1년간 연구년 혜택을 받게 되어 망설임 없이 도일(渡日)을 단행했다. 그리고 마침내 2012년 7월 7일부터 8일까지 2일간에 걸쳐 다나카 쇼조의 생탄지(生誕地) 코나카무라(小中村)를 비롯하여, 그가 거주했던 저택, '아시오 구리광산 광독사건'을 해결하기 위해 목숨을 걸고 싸웠던 '야나카마을 유적(谷中村遺跡)' 등을 답사할 기회[5]를 얻었고, 헌책방에서 다나카 쇼조의 전집(全集)도 구입할 수 있었다.

다나카 쇼조에 대한 공부를 하면 할수록 그의 삶과 동학농민혁명 최고 지도자 전봉준의 생애가 오버랩되는 경험을 했다. 비록 나라도 다르고, 살다간 지역도, 삶의 궤적도 달랐지만 두 사람은 무언가 공통적인 지향을 가지고 19세기 말이라는, 다시 말해 한일 두 나라의 '근대'라는 시대를 치열하게 살아갔기 때문이다. 이에 두 사람을 비교 연구해 보는 것도 아주 흥미로운 주제가 되겠다는 생각이 들었다. 이 글에서는 19세기 말의 조선에 살았던 동학농민혁명 최고 지도자 '녹두장군' 전봉준과, 역시 19세기 메이지 일본에 살면서 '아시오 구리광산 광독사건(足尾銅山 鉱毒事件)'의 피해자 구제를 위해 일생을 헌신한 다나카 쇼조의 삶을 공공성(公共性)의 관점에서 비교하며 살펴보고자 한다.[6]

글의 전개 순서는 다음과 같다. 첫째, 전봉준과 다나카 쇼조가 살았던 시대, 즉 19세기 말의 조선과 메이지 일본에 대해 개관한다. 둘째, 전봉준과 다나카 쇼조의 생애, 즉 출생에서 서거까지 특징적인 내용을 살펴본다. 셋째, 전봉준과 다나카 쇼조 양자의 상호인식, 즉 전봉준이 바라본 일본과 다나카 쇼조가 바라본 동학에 대해 개관한다. 넷째, '동학농민혁명'을 이끈 전봉준과 '아시오 구리광산 광독사건'의 피해자 구제에 일생을 바친 다나카 쇼조의 실천적 삶에서 읽을 수 있는 '공공성(公共性)'에 대해 알아본다. 다섯째, 는 전봉준과 다나카 쇼조의 실천적 삶과 운동에서 제시된 '근대' 사상을 '우주적 공공성'이라는 관점에서 재조명한다.

2. 전봉준과 다나카 쇼조의 시대

주지하듯이, 1855년에 태어난 전봉준과 1841년에 태어난 다나카 쇼조가 살았던 시대는 19세기 중엽에서 20세기 초에 걸쳐 있다. 그런데 전봉준은 41세인 1895년에, 다나카 쇼조는 72세 때인 1913년에 서거한다. 따라서 양자가 함께 살아간 시대는 대체로 19세기 말이라고 해야 옳을 듯하다. 그렇다면 양자가 함께 살았던 19세기 말이라는 시대는 과연 어떤 특징을 지닌 시대였을까? 앞에서 이미 지적했듯이 17세기부터 19세기까지는 '유럽의 제3세계 지배' 즉 서구문명의 동점이 치열하게 전개되던 시대였으며, 그중에서도 19세기는 그 서구문명이 한·중·일로 대표되는 동아시아에서 치열한 각축을 벌이던 시대였다. 예컨대 19세기 조선과 일본에서는,

실증 위주 또는 감각 위주, 즉 가시성·가촉성 또는 증명 가능성·실현 가능성-이것만을 과학의 한계로 두고, 또 인간을 중심으로 모든 것을 보는,

인간의 모든 이해관계와 인간의 모든 현재 통용되는 사고–이것을 중심으로 일체 생명을 보아 버렸을 때, 오늘날과 같은 비극적인 여러 가지 사태들을 만들게 된 것이 아닌가. 그것의 대표적인 사회구조적 형태나 문화, 문명의 형태가 서구를 대표하는 물질 위주의, 인간 위주의, 검증 가능한 과학 위주의, 또는 현실적인 필요나 공리성 위주의 기술관–이런 것과 전부 결합되어 있는 소위 '우상숭배', '물신숭배' 따위가 바로 오늘날 서구문명의 기본 구조가 아닌가.[7]

라는 지적과 같이, "물질 위주의, 인간 위주의, 검증 가능한 과학 위주의, 또는 현실적인 필요나 공리성 위주의" 서구 문명이 조선과 일본, 중국 등지로 그 지배를 확대하기 위한 동점 현상이 치열하게 전개되던 시기였다.[8] 전봉준과 다나카 쇼조의 시대는 바로 이 같은 '유럽 문명의 동아시아 지배', 즉 '서세동점'으로 대표되는 시대였던 것이다. 그렇다면 전봉준과 다나카 쇼조 두 사람은 이 같은 서세동점에 어떻게 대응하려 했을까?

먼저, 전봉준이 살았던 19세기 말 조선 속으로 들어가 보자. 19세기 말 조선에서는 서세동점에 대해 세 가지 서로 다른 사상과 운동이 일어나 각축하면서 서세동점으로 인한 위기를 극복하려 했다. 우선, 서세동점의 위기에 가장 적극적으로 대응했던 세력은 조선왕조의 젊은 양반 관료들과 실학자의 후손 등이었다. 김옥균과 박영효를 비롯한 양반 관료, 북학파 실학자 연암 박지원의 손자인 박규수 등이 손잡고 서구 문명을 적극적으로 도입하여 조선을 개혁해야 한다고 했던 개화사상, 이들 개화파들이 주도한 1884년의 갑신정변과 1894년의 갑오개혁 등이 바로 그것이다. 다음으로, 재야(在野)의 양반 지식인들이 중심이 된 위정척사사상과 그 운동은 서구 문명의 제국주의적이며 침략적 성격에 적극적으로 반대하는 동시에, 조선왕조의 지배 이데올로기인 주자학의 수호를 통해 서세로부터 조선을 지키고자 했다. 이들 개화사상과 위정척사사상은 서세=유럽 문명에 대해 정반대의 입장을 취했지만, 양자 모두 지배 엘리트 층이 주도했다는 공통점이 있다. 이 양자에 대해 민중 층을 중심으로 형성되고 전개된 사상이 바로 동학사상과 동학농민혁명이다. 동학은 1860년 수운 최제우가 창도하였는데 그는 몰락양반의 서자로서 평민이나 다름없는 신분이었고, 그 덕분에 동학은 창도 초기부터 민중 층으로부터 대대적인 지지를 받았다. 전봉준은 동학이 창도된 지 2~30년이 흐른 뒤인 1880년대 후반(또는 1890년대 초반)에 동학에 입도하여 1892년경에는 전라도를 대표하는 동학 지도자의 한 사람으로 성장하게 되는데, 그가 주목한 동학사상은 개화사상이나 위정척사사상과는 달리 서구문명에 대해 '균형 잡힌' 이해를 보여 주고 있다는 점이 주목을 요한다. 동학의 주요 경전인 『동경대전』에는 서세=유럽 문명에 대한 동학의 입장이 아주 선명하게 제시되어 있다.[9]

> (동학과 서학이-인용자 주) 시대의 운수를 타고난 것은 하나요, 도도 (동학과 서학은-인용자 주) 같지만, 이치는 다르니라(運卽一 道卽同 理卽非也).

동학은 서세=유럽 문명에 대해 '운수', 즉 시대적 요청이라는 점에서 동학과 하나요, 보편적인 진리를 추구한다는 점에서 동학과 그 길이 같지만, '이치', 즉 그 보편적인 진리가 구현되는 시공간이라는 구체적 상황은 다를 수밖에 없다고 하였다. 다시 말해 서세=유럽 문명의 보편성은 긍정하면서도, 시공간이 서로 다르다고 하는 구체적 상황을 무시하고 일방적으로 보편성을 강요하는 것에 대해서는 비판적인 관점을 표방함으로써, 서세=유럽 문명에 대해 개화사상이나 위정척사사상과는 그 위상을 달리하고 있다. 이렇게 서세=유럽 문명에 대해 '균형 잡힌' 관점을 가지고, 민중 층을 기반으로 삼아 성립된 동학은 불행하게도 개화 사상가 및 위정척사 사상가 양측의 견제와 탄압 속에서 공인받지 못했다. 특히 동학사상과 동학의 조직을 기반으로 전봉준이 최고 지도자가 되어 전개한 1894년 동학농민혁명은 개화와 척사 양측으로부터 탄압을 받았으며, 그 위에 다나카 쇼조가 살았던 메이지 일본이 파견한 일본군의 공격에 의해 대실패로 귀결된다.

그렇다면 전봉준이 지도한 동학농민혁명을 탄압하고, 동학농민군을 대량 학살한 책임으로부터 자유롭지 못하는 메이지 일본, 그 메이지 일본은 서세 동점의 공격을 어떻게 극복하려 했을까? 메이지 일본 정부의 행보를 알아보도록 하자. 주지하듯이 메이지 일본은 1868년에 메이지유신(明治維新)을 단행하여 천황제 국가로 재출발하는 동시에, 부국강병과 문명개화를 기치로 한 서구적 근대화 노선을 표방하였다. 이 과정에서 메이지 일본은 '미개한' 조선과 청조 중국과는 함께 갈 수 없고, 근대화를 앞서서 달성한 서구와 함께 간다는 '탈아입구(脫亞入歐)'의 노선을 내세움으로써, 조선과 중국에 대한 메이지 일본인들의 차별과 멸시를 강화하는 데 일조했다. 1880년대 메이지 일본에는 서구의 자유민권사상이 유입되어 1881년에 국회가 개설되고, 각지에서는 '자유민권운동'의 바람이 크게 일어났다.[10] 그러나 '자유민권운동'의 바람과 더불어 메이지 일본의 문명개화 정책의 희생양이 되고 있던 민중들의 저항도 거세게 일어났다. 그 대표적인 사건이 바로 1884년 치치부(秩父) 곤민당(困民堂)이 주도한 치치부 봉기였다. 하지만 치치부 곤민당의 봉기는 1주일 만에 진압되고 그 주모자들은 대부분 체포되어 실패로 귀결된다.[11] 1889년에는 '대일본제국헌법'이 반포되고, 1891년에는 최초의 총선거가 실시되어 중의원과 참의원으로 구성되는 국회가 출범하는 등 메이지 일본은 근대국가의 면모와 체제를 착실하게 갖추어 갔다.

그러나 대외적인 측면에서 메이지 일본은 '탈아입구'의 기치 아래 이웃 조선과 중국 등 아시아에 대한 침략주의적 외교 정책을 표방하였다. 특히 '정한론(征韓論)'으로부터 시작된 조선에 대한 침략적 팽창 정책은 1875년의 '운양호사건(雲揚號事件)'을 통해 노골적으로 드러나기 시작하여 1876년에는 불평등조약인 '조일수호조규(朝日修好條約)' 체결을 강요하였으며, 이후 조선에 대한 주도권 장악을 둘러싸고 청국과 강하게 대립하기 일쑤였다. 1882년의 임오군란과 1884년의 갑신정변은 바로 조선에 대한 주도권 장악을 둘러싸고 청국과의 사이에 벌어진 사건이다. 메이지 일본은 향후 조선에 대한 침략적 팽창 정책을 성공리에 전개하기 위해서는 청국과의 전쟁은 피할 길이 없다는 것을 인식하고, 1884년 이후 전쟁 준비를 위해 일본 민중에 대한 가혹한 억압과 수탈 정책을 통해 군비를 확장해 갔다. 1894년 동학농민혁명을 계기로 발발한 청일전쟁은 바로 메이지 일본이 오랜 기간 준비하여 '기다리고 기다리던' 전쟁이었다. 메이지 일본 최초의 대외 침략 전쟁인 청일전쟁에서 일본은 군사적으로 청국에 승리했지만 조선의 동학농민군 수만명을 비롯하여 청국 민중, 그리고 타이완(台灣)에서도 수만명의 원주민 등 아시아 민중을 대량 학살하는 전쟁범죄를 저질렀다.

바로 이렇게 메이지 일본이 조선을 비롯한 아시아 각국에 대해 침략 전쟁을 벌이고, 그 과정에서 아시아 민중을 대량 학살하던 시기에 다나카 쇼조는 국회의원 신분으로 대외 침략 전쟁 및 아시아 민중의 대량 학살이라는 메이지 일본의 '어두운 그림자'를 온몸으로 겪었다. 한편, 다나카 쇼조가 처음 국회의원이 된 해가 1890년인데, 이 해는 바로 '아시오 구리광산 광독사건'의 피해가 현재화(顯在化)하기 시작한 해이기도 했다. 1891년 12월에 쇼조는 국회에 아시오 구리광산 광독 피해 문제에 대한 질문서를 제출하였다. 이후 쇼조는 광독 피해자 구제를 위해 국회의원을 사직하는 1901년까지 6

기 연속으로 국회의원에 당선되었고, 이 기간 내내 그는 피해 민중의 구제를 위한 활동에 헌신하였다.

3. 전봉준과 다나카 쇼조의 생애

먼저 전봉준의 생애에 대해 간단히 살펴보기로 한다. 전봉준은 1855년에 지금의 전라북도 고창군 고창읍 당촌 마을의 천안 전씨(天安 全氏) 집안에서 태어났다. 어렸을 때 이름은 철로, 자는 명숙, 동학농민군들 사이에서는 '녹두장군'이라는 애칭으로 불렸다. 전라도 일대에 전승되어 오는 구전에 의하면, 전봉준은 어려서 금산사가 있는 김제 원평 부근에서 서당에 다녔다고 전한다.[12] 동학농민혁명 실패 뒤에 체포되어 진술한 「전봉준공초(全琫準供草)」에 따르면, 거주지를 전라도 태인현(泰仁懸) 산외면(山外面) 동곡(東谷)으로 진술하고 있는 사실로 보아 동곡에서도 거주한 것이 확실하다. 동곡은 원평에서 가까운 거리에 있다. 또한 그 공초에 따르면, 동학농민혁명이 일어나기 수년 전, 즉 1880년대 후반, 그의 나이 30대 중후반경에는 태인 산외면 동곡에서 고부군 이평면 조소리(鳥巢里)로 이주했다고 한다. 이처럼 고창에서 태어나 김제 원평, 태인 동곡을 거쳐 동학농민혁명 수년 전에 고부 조소리에 자리를 잡은 전봉준이 각지를 전전하면서 목격하고 체험한 것은 과연 무엇이었을까? 그것은 바로 '서세동점'과 조선왕조 지배 체제의 모순, 즉 탐관오리들의 가렴주구에 시달리고 있는 민초들의 신산(辛酸)한 삶 바로 그것이었고, 이 같은 시대의 모순을 타파하고자 하는 민중들의 열망을 집대성한 새로운 사상, 새로운 학문인 '동학'이 1880년대 후반부터 전라도 일대(전주, 삼례, 익산, 고산, 부안, 태인, 고부, 정읍, 무장)에 널리 전파되고 있는 상황이었다. 전봉준은 고부 조소리로 이사를 오면서 동학에 입도했던 것으로 보인다. 그렇다면 그는 왜 당시 조선왕조 지배층이 이단사술(異端邪術)로 배척·탄압하는 동학에 빠져들게 되었을까? 그 이유의 일단을 알 수 있는 내용이 「전봉준 공초」에 고스란히 남아 있다. 관련 내용을 인용한다.[13]

문: 소위 동학이라는 것은 어떤 주의이며 어떤 도학인가? (所謂東學 何主義 何道學乎)

답: 마음을 지켜 충효로 본을 삼고, 보국안민하고자 하는 것이다. (守心 以忠孝爲本 欲輔國安民也)

문: 너도 역시 동학을 대단히 좋아하는 자인가? (汝亦酷好東學者耶)

답: 동학은 수심경천의 도이기 때문에 대단히 좋아한다. (東學是守心敬天之道 故酷好也)

보국안민(輔國安民)과 수심경천(守心敬天)의 도인 동학은 전봉준에게는 서세동점에 시달리는 조선이라는 나라와, 탐관오리들의 가렴주구에 시달리던 조선의 민중들을 건질 '새로운 도학(道學)'이었기에 그는 동학을 '혹호(酷好; 대단히 좋아함)'할 수밖에 없었고, 그리하여 동학에 입도하지 않을 수 없었던 것으로 보인다.

이르면 1888~1889년경, 적어도 1890~1891년경에 동학에 입도한 전봉준이 동학 교단의 유력한 지도자로 부상하게 되는 것은 1892년 7월경부터 준비되어 전개되기 시작한 동학의 '교조신원운동' 단계부터이다. 구체적으로는 1892년 음력 11월초부터 전개된 삼례집회(參禮集會)에서 전봉준은 두드러진 활약을 보이기 시작하였다.[14] 교조신원운동은 동학 교단이 중심이 되어 '교조의 신원(동학 공인 요구), 지방관의 가렴주구 금지, 척왜양'이라는 세 가지 요구를 내걸고 전개되었는데, 전봉준은 그중에서도 특히 서양 열강과 일본의 경제적 침탈에 반대하는 '척왜양' 운동을 주도했다.[15] 삼례집회에서 지도력을 발휘한 전봉준은 1893년 2월의 서울 광화문 앞 복합상소와 같은 해 3월 10일부터 진행된 충청도 보은집회에 호응하기 위하여 그가 어린 시절에 서당에 다녔던 원평을 중심으로 동학 교도 등을 결집하였다.

그러나 교조신원운동은 조선왕조 지배층의 강경 탄압책과 외국 열강의 간섭으로 좌절되고 말았다. 교조신원운동 좌절 이후, 전봉준은 고부 조소리에 칩거하면서 고부군수 조병갑의 악정(惡政)에 반대하는 진정서를 여러 차례 제출[16]했지만 번번이 거절당하였고, 진정서를 제출한 대표자들과 함께 탄압을 받았다. 이에 전봉준은 '사발통문 모의'를 해서라도 고부군수 조병갑으로 상징되는 조선팔도의 악정을 개혁하고자 했지만 이 역시 실패로 돌아간다. 1894년 음력 1월 10일, 익산군수로 전임 발령이 난 조병갑이 다시 고부군수로 눌러 앉게 된 날, 전봉준은 무력을 통한 '악정' 개혁의 길로 나아가는 첫발을 내디뎠다. 고부농민봉기를 주도한 것이다. 하지만 고부농민봉기 역시 2개월여에 걸친 장기간의 항쟁에도 불구하고 끝내 실패로 귀결되었다. 이에 전봉준은 자신과 운명을 함께 하고자 남은 5~60명의 동학 교도들과 함께 고부를 떠나 이웃 고을인 무장(茂長)으로 피신하여 수천 명의 연비(聯臂;자신이 동학에 입도시킨 제자)를 거느리고 있던 대접주 손화중을 설득, 1894년 음력 3월 21일에 마침내 동학농민혁명의 봉화를 힘차게 올렸다. 학력과 사회적 경력이 보잘것없는 전봉준은 과연 어떻게 해서, 어떤 심경으로 동학농민혁명의 불길을 당겼던 것일까? 그리고 혁명 실패 뒤에는 어떤 심경으로 죽음을 맞이했으며, 후세에 무엇을 남기고자 했던 것일까? 전봉준이 꿈꾼 세상, 그리고 그가 남기고자 했던 이상(理想) 등에 대해서는 장을 달리하여 고찰한다.

다음으로, 전봉준과 여러 측면에서 대비되는 다나카 쇼조의 삶에 대해 약술한다. 다나카 쇼조는 1843년에 현재의 일본 도치기현(栃木縣) 사노시(佐野市) 코나카무라(小中村)에서 태어났다. 어렸을 때 이름은 켄자부로(兼三郎)였다. 그의 집안은 '나누시(名主)'로 불리는 중농(中農) 규모의 농사를 짓는 농민 집안으로 다나카 자신도 1859년에 나누시로 임명된다. 21세 때인 1863년에 다나카는 영주 '롯카쿠가(六角家)'의 무리한 수탈에 반대하는 개혁운동을 전개한 바 있는데, 메이지유신이 일어나던 1868년에 개혁운동을 주도했다는 이유로 '롯카쿠가'에 의해 체포되어 수 개월 동안 구금되었다가 그해 11월에 석방되지만 영외로 추방되는 수난을 당한다. 1869년에는 이름을 쇼조(正造)로 개명하며, 1870년에는 이와테현(岩手縣)의 하급관리가 되어 가난한 농민들의 신산한 삶은 물론이고, 식량난에 굶주리는 농민들의 피폐된 삶을 직접 체험하였다. 1871년 6월에 상사(上司) 기무라 신하치로(木村新八郎)를 암살했다는 무고로 체포되었다가 1874년 4월에야 가까스로 무죄 석방되어 고향인 코나카무라로 돌아온다.[17] 이처럼 젊은 날의 쇼조는 여러 차례에 걸친 투옥 생활과 함께 민중들의 신산한 삶을 온몸으로 체험하는 나날을 보냈다.

1878년에 다나카 쇼조는 마침내 "일신으로 공공에 진력하겠다(一身以て公共に盡くす)."는 결의를 굳히고 도치기현 제4대구 제3소구 구회(区会) 의원이 되었고, 1880년 2월의 보결선거에서는 도치기현 의회 의원으로 당선되었으며, 그해 11월에는 국회 개설 건백서를 원로원에 제출하였다. 이 무렵 다나카는 도치기현을 대표하는 '자유민권운동가'였다고 한다.[18] 1884년 8월에는 도치기현 현령 미시마(三島通庸)의 폭정에 저항하다가 구금되어 3개월 만인 12월에 석방되었다. 이것이 세 번째 구금 생활이었다. 1890년 7월에는 처음으로 실시된 총선거에서 도치기현 제3구 중의원(衆議院) 의원으로 당선, 이후 1901년에 사직하기까지 연속 6기에 걸쳐 당선되었다. 그러나 다나카가 국회의원에 당선된 지 1개월여 뒤인 그해 8월, 아시오 구리광산(足尾銅山)으

로부터 흘러나온 광독(鑛毒)이 아시오 산의 수계(水系)를 이루고 있던 와타라세강(渡良瀬川)의 대홍수로 인해 유역을 오염시켜 주민들에게 큰 피해를 주는 사건이 일어났다. 이에 다나카 쇼조는 1891년 제2의회에서 아시오 구리광산 광독 문제에 대한 질문서 제출한 것을 계기로 죽을 때까지 아시오 구리광산 광독사건에 따른 메이지 일본 정부의 책임 추궁과 피해자 구제에 헌신하기에 이른다. 1891년 이후 다나카 쇼조는 여러 차례에 걸쳐 '아시오 구리광산 광독 피해 문제'를 거론하며 메이지 일본 정부를 추궁했지만 정부는 효과적인 대책을 세우려 하지 않았다. 왜냐하면 아시오 구리광산이 일본의 근대화에 필요불가결하다고 인식하고 있었기 때문이다.[19]

아시오 구리광산 광독 피해가 현재화되고 있을 무렵인 1894년에 조선에서 동학농민혁명이 일어났고, 그것을 계기로 청일전쟁이 발발했다. 청일전쟁은 메이지 일본 정부 최초의 대외 침략 전쟁이었는데, 당시 메이지 일본 정부는 이것을 '조선의 독립을 위한 전쟁'이자 미개한 청조 중국과 싸우는 '문명 전쟁'이라고 선전했다.[20] 1896년에는 와타라세 강의 대홍수가 반복되어 광독 피해가 도치기, 군마(群馬), 사이타마(埼玉), 이바라키(茨城), 치바(千葉), 도쿄(東京) 등 1부 5개현으로 확산되었다. 이에 다나카 쇼조는 군마현 다테바야시(館林市)에 있는 운룡사(雲龍寺)에 광독 문제 임시사무소를 설치하고 아시오 구리광산 광업 정지 청원운동을 지도하기에 이르렀고, 1897년 3월부터는 광독 문제 해결을 위한 '상경청원운동(押出し運動)'을 전개하기 시작하였다. 상경청원운동은 1900년까지 연 4회에 걸쳐 전개되었는데, 제4회 때인 1900년 2월 13일의 상경청원운동은 헌병과 경찰을 동원한 메이지 일본 정부에 의해 대탄압을 받았다.[21] 이에 다나카 쇼조는 「망국에 이르는 것을 모르는 것이 곧 망국이란 요지의 질문서」(「亡國に至るを知らざればこれ即ち亡國の儀につき質問書」)를 정부에 제출, 이듬해인 1901년에는 광독 피해 문제

해결에 전력을 다하기 위해 중의원 의원을 사직하였다. 또한 같은 해 12월 10일에는 목숨을 걸고 천황에게 직소(直訴) 하여 광독 피해 문제를 해결하고자 하였으나, 관리 모독죄로 또 다시 체포당하여 유죄 판결을 받고 1개월여를 복역했다. 다나카 쇼조의 '직소'를 계기로 아시오 구리광산 광독 피해 문제는 일거에 커다란 사회 문제로 비화하였다. 그리하여 수많은 종교인, 지식인, 여성, 학생들을 중심으로 지원 활동이 크게 일어났다. 그러나 1903년 메이지 일본 정부는 아시오 구리광산 광독 피해 문제를 홍수 문제로 바꿔치기 하여 피해가 가장 심한 야나카무라(谷中村) 일대를 유수지화(遊水池化)하려는 계획을 내세웠다. 다나카 쇼조는 그것에 반대하였다. 러일전쟁이 일어난 1904년에는 야나카무라 문제에 전념하기 위해 거처를 야나카무라 안으로 옮겼다. 1907년 1월 26일 일본 내각이 야나카무라에 대해 토지수용법 적용 인정공고를 통해 강제로 토지를 수용하려는 방침을 내세우자, 2월 4일 피해민들을 중심으로 아시오 구리광산에서 폭동이 발생하였다. 이에 다나카 쇼조는 야나카무라에 잔류한 16호의 피해민들과 함께 끝까지 메이지 일본 정부의 방침에 반대하는 운동을 전개하였다. 1910년부터는 홍수가 빈번한 와타라세 강의 치수(治水)를 위한 하천 조사를 개시하였다. 1913년 8월 2일 하천 조사에 필요한 자금 조달을 위한 행각을 계속하다가 쓰러져 동년 9월 4일 서거하게 된다.

4. 전봉준과 다나카 쇼조의 상호인식

전봉준은 1892년 11월, 전라도 삼례에서 약 2개월 걸쳐 전개되었던 교조신원운동[22] 단계부터 동학 교단 내의 유력한 지도자의 한 사람으로 부상하였다. 전봉준이 지도자로 부상한 삼례집회의 특징 가운데 하나는 이른바

'척왜양(斥倭洋)'이라는 반외세적 요구가 집회의 주된 요구로 등장하고, 그 운동의 주도자 가운데 한 사람이 바로 전봉준이라는 사실이다. '척왜양'에 대한 지금까지의 이해는 '일본과 서양 세력을 배척하는' 배외주의(排外主義) 또는 폐쇄적인 민족주의적 요구로 보는 경향이 지배적이었다. 그러나 이 글에서 필자는 동학 교조신원운동 단계에서 등장한 '척왜양', 특히 1892년 11월의 삼례집회 단계부터 1894년 동학농민혁명 기간 내내 일관되게 동학농민군들이 주장했던 '척왜양'이 단순한 배외주의적 요구이거나 폐쇄적인 민족주의적 요구가 아닌 당시의 '만국공법(萬國公法)' 즉 근대 국제법을 준수하는 가운데 주창된 열린 민족주의적 요구였다는 점을 전봉준의 활동과 그의 진술을 통해 해명하고자 한다.

전봉준이 주도한 동학농민혁명은 1894년 음력 3월 21일의 제1차 봉기(무장기포)와 음력 9월 15일경의 제2차 봉기(삼례기포)로 대별되며, 1차 봉기는 주로 조선왕조 지배 체제의 모순을 무력을 통해 제거하고자 했던 반봉건적 성격의 봉기이며, 2차 봉기는 일본군의 '불법적인' 경복궁 점령(음력 6월 21일)으로 초래된 조선의 '국난'을 타파하기 위해 일본군 구축(驅逐)을 명분으로 봉기한 항일 봉기로 이해하는 것이 일반적이다. 이 2차 봉기와 관련하여 전봉준의 명확한 진술이 남아 있다. 아래에 인용한다.[23]

문: 다시 기포(제2차 봉기-인용자 주)한 것은 무엇 때문이냐? (更起包 何故)
답: 그 후 들으니, 귀국(貴國-일본; 인용자 주)이 개화(開化-내정개혁; 인용자 주)를 한답시고 처음부터 민간에게 일언반구 알림도 없고, 또 격서(激書-선전포고; 인용자 주)도 없이 군대를 거느리고 도성(都城-서울; 인용자 주)으로 쳐들어와 야반에 왕궁(王宮-경복궁; 인용자 주)을 격파하여 주상(主上-고종 임금을 말함; 인용자 주)을 경동케 하였다는 말을 들었기 때문에 나와 같은 시골 선비와 일

반 백성들은 충군애국(忠君愛國)의 마음으로 분개를 이기지 못하여 의병(義兵)을 규합하여 일본군과 싸우되, 일차적으로 이러한 사실을 청문(聽聞)하고자 하였다. (其後聞則 貴國稱以開化 自初無一言半辭傳布民間 且無激書率兵入都城 夜半擊破王宮 驚動主上云 故草野士民等 忠君愛國之心不勝慷慨 糾合義旅 與日人接戰 欲一次 請問此 事實)

전봉준은 일본이 조선의 백성들에게 일언반구 알린 일도 없이 제멋대로 남의 나라의 내정개혁을 하겠다고 하고, 그것을 거부한 조선왕조 정부에 대해 '격서' 즉 선전포고도 없이 불법으로 군대를 동원하여 왕궁을 점령하고 임금을 포로로 삼은 사실에 대해 '충군애국'의 마음을 이기지 못해 '의병'을 규합하여 일본군과 싸우되, 왜 불법을 저지르는가를 '청문'하고자 했다고 분명하게 말하고 있다. 전봉준이 당시의 만국공법을 알고 있었다거나, 또는 읽었다는 증거는 전혀 알려져 있지 않지만, 위의 진술 내용은 그 어디를 읽어 보아도 당시의 국제법에 어긋나는 조항이 전혀 없다. 일본과 관련된 전봉준의 진술은 또 있다.[24]

문: 재차 기포(제2차 봉기; 인용자 주)는 일본군이 왕궁을 침범했기 때문에 다시 봉기했다고 하였는데, 다시 봉기한 후 어떻게 행동하고자 하였는가? (再次起包 因日兵犯闕之故再擧云 再擧之後 於日兵欲行何擧措耶)
답: 왕궁을 침범한 이유를 따지고자 하였다. (欲詰問犯闕緣由)
문: 그렇다면 일본군은 물론이고, 경성에 주둔하고 있는 다른 외국인도 모두 몰아내려 고 하였는가? (然則 日兵與各國人留住京城者 欲盡驅逐耶)
답: 그렇지 않다. 다른 나라의 외국인은 다만 통상만을 할 뿐인데, 일본인만은 유독 군대를 거느리고 경성에 주둔하는 까닭에 우리 국토를 침략하

고자 하는 것이 아닌가 의심이 들었다. (不然 各國人但通商而已 日人則率兵留陣京城 故疑訝侵掠我國境土也)

위 진술에서 전봉준은 2차 봉기를 한 후에 무엇을 하고자 하였는가 하는 질문에 대해, 불법으로 왕궁을 침범한 일본군의 행위를 따지고자 하였으며, 서울에 거주하는 다른 외국인에 대해서는 별도의 행동을 취하고자 하지 않았다고 대답하였다. 전봉준은 특히 일본만이 오직 군대를 서울에 주둔시키는 까닭은 조선의 국토를 '침략'하려는 의도가 있기 때문이라고 믿고 일본군을 '구축(驅逐)'하기 위해 2차 봉기를 단행했음을 명확히 밝히고 있는 것이다. 이미 널리 알려져 있듯이, 동학농민혁명 당시 메이지 일본은 정부건, 군부건, 이토 히로부미를 필두로 한 내각이건, 자유당(自由堂) 등을 필두로 하는 야당이건, 후쿠자와 유키치로 대표되는 지식인이건 일반 민중이건 간에 이구동성으로 일본군의 조선 출병과 조선 왕궁 점령을 지지한 바 있다. 예컨대, 전봉준이 재판 과정에서 그 불법성을 지적하고 있는 1894년 음력 6월 21일(양력 7월 23일) 미명(未明)에 일본군이 조선 왕궁을 침범한 사실에 대해, 그것이 당시의 국제법을 위반한 행위였다고 그 부당성을 지적한 메이지 일본인은 사실상 없었다.[25]

다음으로, 전봉준이 동학농민혁명을 주도하여 안으로는 조선왕조의 악정을 개혁하고, 밖으로는 메이지 일본 정부와 일본군의 침략 행위에 맞서 힘겨운 싸움을 계속하고 있었을 때 다나카 쇼조는 동학농민혁명 최고 지도자 전봉준과 동학농민군에 대해 어떤 인식을 보였을까를 설명하기로 한다. 동학농민혁명이 발발하자 메이지 일본은 조선에 대한 주도권 장악을 위한 절호의 기회로 인식하고 청국에 맞서기 위해 대규모의 군대를 파병하였을 뿐아니라, 외무성 산하의 외교관, 영사관 소속의 경찰, 육군성과 해군성 산하의 무관 등을 대거 파견하여 정보 수집에 열을 올렸다.[26] 여기에 자유당을 비롯한 야당에서도, 그리고『도쿄아사히신문(東京朝日新聞)』,『오사카마이니 치신문(大阪毎日新聞)』 등을 비롯한 중앙지와 지방의 신문사에서도 특파원을 대거 파견하여 조선에서 전개되는 급박한 상황에 대한 취재에 열을 올렸다. 동학농민혁명 당시 일본 내 상황은 '동학당'을 비롯한 조선 관계 기사와 소 문 등이 넘칠 대로 넘쳐 나고 있어서 관민 관계없이 누구든지 조금의 관심 만 있다면 조선에 관한 정보를 손쉽게 얻을 수 있는 상황이었다. 이런 사실 은 당시 야당인 자유당의 유력한 지도자의 한 사람이던 코노 히로나카(河野 廣中, 1849-1923)가 조선의 '동학당'에 관해 정확한 정보를 입수하고 있었던 사 실에서도 그 상황을 유추할 수 있다.[27] 이런 상황 속에서 당시 중의원 의원 신분이던 다나카 쇼조 역시 조선의 '동학당' 즉 동학농민군의 소식을 접하고 있었던 것으로 보인다. 다나카 쇼조가 동학농민군의 소식이나 동학농민혁 명에 관한 정보를 1894년 당시 이미 접하고 있었을 것으로 추론하는 이유는 그가 1896년에 남긴「조선잡기(朝鮮雜記)」라는 글에서 전봉준과 동학농민군 을 높게 평가한 글을 남기고 있기 때문이다.「조선잡기」에 들어 있는 전봉 준과 동학농민군에 관한 기술을 인용한다.

봉준, 자는 녹두, 부하 3천 있다. 동학당 중에 혹 잔폭(殘暴)한 자가 있지만 모두 녹두를 존경하여 전대인(全大人)이라 칭하니 동학당의 숨은 태두이다. 당원은 대략 10만으로 녹두는 品行方正(품행방정)하며, 부하라 할지라도 술 과 담배를 마시거나 피지 않는다. (실제로 동학 교단에서는 당시 어육주초를 금하 고 있었다--인용자 주) (세상이 비록--인용자 주) 모략이 많다고 할지라도 녹두는 공 명정대(公明正大)로써 몸소 개혁의 업(業)에 임하고 있다. 그런데 녹두의 뜻은 종교(宗敎--東學; 인용자 주)로써 근본적인 개혁을 시도하려고 하고 있다.[28]

동학당(東學党-동학농민군; 인용자 주)은 **문명적**(文明的), 12개조의 군율은 **덕의**(德義)를 지키는 데 엄격하다. 인민의 재산을 **빼앗지 않으며, 부녀자를 욕보이지 않는다.** 그 병참부의 쓰임은 나라와 군아의 재물에 의지하고, 군대로써 권력을 취한다거나 재산을 취한다거나, 하는 일이 없고 각 지역을 다스리는 데 있어서 **공평**(公平)하며, 간혹 군율을 어기는 자가 있으면 총살한다.[29]

(고딕은 인용자)

위 인용문에서 알 수 있는 바와 같이, 다나카 쇼조는 「조선잡기」에서 동학농민군 지도자 전봉준을 '품행방정' '공명정대'라는 표현을 써 가면서까지 높게 평가하였고, 12개조 군율을 엄격하게 지키고 있던 동학농민군에 대해서는 '문명적'이라는 말까지 써 가면서 극찬하였다. 전봉준과 동학농민군에 대한 다나카 쇼조의 이 같은 평가는 메이지 일본인 가운데는 매우 이례적이다. 어떻게 그 같은 평가가 가능했을까? 이에 대하여 다나카 쇼조 연구자인 미우라 카즈오(三浦一夫) 씨와 이다 스스무(飯田進) 씨는 "1896년 4월경부터 다나카 쇼조의 조선 인식이 동학농민혁명 당시와는 달리 분명한 변화를 보였기 때문"이라고 밝히고 있다.[30] 필자는 미우라 씨와 이다 씨의 견해가 역사적 사실에 기초한 주장이라는 점에서는 인정하지만 다나카 쇼조가 젊은 날에 걸어 왔던 삶의 궤적, 즉 에도(江戶) 말기의 민초들의 신산한 삶을 목격하고 그들의 고통을 해결하기 위해 몇 차례에 걸쳐 영주와 현령의 폭정에 저항했던 경험에서 자연스럽게 우러나온 결과로 해석하고자 한다. 요컨대, 종래 다나카 쇼조 연구자들이 한결같이 주장해 왔던 것처럼 '민중사상가'인 다나카 쇼조는 아주 자연스럽게 조선 민중들의 열망이 결집되어 나타난 동학사상을 비롯하여 그 지도자 전봉준과, 악정을 개혁하기 위해 떨쳐 일어났던 동학농민군의 지향을 '직시(直視)'할 수 있는 눈을 지니게 되었다고 해석하는 것이 오히려 더 타당성이 있지 않을까 싶다.

5. 전봉준과 다나카 쇼조의 '공공적' 삶

전봉준과 다나카 쇼조는 '서세동점'의 시대 상황 속에서 조선과 메이지 일본이라는 각기 다른 환경 속에서 치열한 삶을 살았다. 살다 간 나라와 지역은 비록 달랐지만 두 사람에게는 서로 닮은 점이 대단히 많았다. 지방의 가난한 농민(또는 평민)으로 태어난 것도 그렇고, 가장 낮은 자리의 민중들의 생명과 생활, 생업을 위해서 앞장서서 '청원'을 하고, 그 청원의 대가로 가혹한 탄압을 받고 투옥 생활을 경험한 것, 국가의 잘못된 정책 때문에 고통과 수난을 당하고 있던 민중들을 위하여 악정을 개혁하고자 애를 쓴 것, 그리고 무엇보다도 민중의 소중한 생명과 생활, 생업을 지키기 위해 그 어떤 고난 속에서도 굴함이 없이 죽을 때까지 자신의 신념과 철학을 일관되게 지켰다는 것 등이 대표적인 공통점이라 하겠다. 바로 이 같은 양자의 공통점을 묶을 수 있는 가장 특징적인 말이 있다면 그것은 바로 두 사람이 한결같이 '공공적 삶'의 모범을 보여주었다는 점이 아닐까?

전봉준에게 나타난 '공공적 삶'의 구체적 사례를 보도록 보자. 그는 동학을 좋아하게 된 이유로써 두 가지를 들고 있다. 하나가 '보국안민(輔國安民)'이고, 다른 하나가 '수심경천(守心敬天)'이다. 여기서 중요한 것이 바로 '보국안민'의 '보국(輔國)' 두 글자이다. 전봉준은 '보국(報國)'도 아니고, '보국(保國)'도 아닌, 바로 '보국(輔國)'을 하고자 목숨을 걸고 '혁명'을 지도했다. 여기서 전봉준의 '보국'은 '안민(安民)'을 저해하는 국가, 즉 '기민(棄民)'이나 '학민(虐民)'을 일삼는 국가의 잘못을 바로잡고자 하는 것이었다. 바로 여기에 전봉준의 동학농민혁명의 지향점, 즉 그 공공적 성격이 선명하게 드러난다.[31] 전술했듯이, 전봉준은 동학 교조신원운동(1892년 음력 11월의 삼례집회) 단계부터 유력한 지도자로 부상하는데, 교조신원운동은 당시 조선왕조의 법전인 『경국대전(經國大典)』 속에서 형사법을 규정하고 있는 「형전(刑典)」에서 허용하고 있던 '신소(申訴)' 제도에 근거한 합법적인 청원운동이었다. 이 청원운동을 통해서 전봉준 등은 '동학 교조의 신원(동학의 공인), 지방관들의 가렴주구 금지, 척왜양' 등의 세 가지 요구를 지방정부 및 중앙정부에 청원하였는데, 이들 요구 역시 '안민'에 직결되는 '보국(輔國)'을 위한 청원이었음은 두 말할 나위도 없으며, 합법적 청원의 형태로 1892년 10월부터 이듬해 4월까지 충청도 공주, 전라도 삼례, 서울 광화문, 그리고 다시 충청도 보은과 전라도 원평 등지에서 전개된 교조신원운동 또한 동학의 보국안민 사상에 근거한 '안민'을 위한 '보국'운동이었다는 점에서 그 '공공적' 성격을 확인할 수 있다.

그러나 무엇보다도 전봉준에 있어 가장 극적인 '공공적 삶'은 그가 1894년 음력 1월의 고부농민봉기와 그 해 3월의 제1차 동학농민혁명(제1차 봉기), 그리고 같은 해 9월의 제2차 동학농민혁명(제2차 봉기)을 지도한 데서 확인할 수 있다. 왜냐하면 이들 행위야말로 기민과 학민 행위를 일삼음으로써 안민이라는 천명(天命)을 저버린 조선왕조에 대한 진정한 '보국(輔國)'행위로 해석할 수 있기 때문이다. 혁명 과정에서 전봉준이 강조했던 12개조 군율은 다나카 쇼조마저 '문명적'이라고 격찬했는데,[32] 바로 그 12개조 군율의 이념적 지향으로서, 지금까지 알려지지 아니한 더욱 극찬할 만한 내용을 일본 외무성 산하 외교사료관에서 필자가 찾아낸 바 있다. 관련 내용을 인용한다.[33]

동도대장이 각 부대장에게 명령을 내려 약속하기를 (첫째-인용자 주) 적을 상대할 때 우리 동학농민군은 칼에 피를 묻히지 아니하고 이기는 것을 으뜸으로 삼으며, (둘째-인용자 주) 어쩔 수 없이 싸우더라도 진실로 적의 목숨만

은 해치지 아니하는 것을 귀하게 여길 것이며, (셋째-인용자 주) 농민군 대열
이 행진하며 지나갈 때에는 진실로 다른 사람의 물건을 해쳐서는 아니 되
며, (넷째-인용자 주) 효제충신의 인물이 살고 있는 마을 10리 안에 주둔해서
는 아니 될 것이다. (東道大將下令於各部隊長約束曰 每於對敵之時 兵不血刃而勝者爲
首功 雖不得已戰 切勿傷命爲貴 每於行軍所過之時 切勿害人之物 孝悌忠信人所居村十里內
勿爲屯住)

이 내용을 필자는 '신(新) 4대명의'라 명명하고자 하는 바, 이 '신 4대명의'
의 핵심은 바로 사람의 목숨, 즉 '생명'을 소중히 여기는 데 있다. '안민'을 저
해하는 국가의 잘못을 바로잡기 위해, 즉 보국을 위해 봉기한 동학농민군의
존재 의의는 바로 국가의 잘못에 의해 시달리고 있던 민중들의 생명과 생
활, 생업을 보호하는 데 있었다. 따라서 무고한 생명을 절대로 해쳐서는 아
니 되는 것이 바로 동학농민군이 궁극적으로 지향하는 것이었다. 그러므로
이 '신 4대명의'야말로 동학농민군의 지향, 동학농민혁명의 공공적 성격을
가장 상징적으로 드러내 주는 내용이라고 하겠다.
　다음으로 다나카 쇼조에게서 확인할 수 있는 '공공적 삶'의 특징들을 알아
보기로 하자. 다나카 쇼조는 전봉준과는 달리 이른바 서구문명의 직접적 영
향 하에 '자유민권운동가'로서 활동한 경험이 있다. 따라서 다나카 쇼조는
이른바 '근대적' 의미의 '공공'에 대해 이미 알고 있었고, 그 자신 '공공'이란
말을 널리 사용했다. 그는 38세 때인 1878년에 "일신으로 공공(公共)에 진력
하겠다."고 선언하고, 다음과 같은 결의를 굳혔다고 한다.

　첫째, 이제부터는 '공공'을 첫째로 생각하여 '자기 영리적'인 사업을 위해서
정신을 혼란하게 하는 일을 하지 않겠다. 둘째, 번 돈은 '공공을 위한' 운동

에 매년 1백20엔씩 35년간에 걸쳐서 사용한다. 셋째, 부부 사이에 아이가 없어 양자로 맞이한 남녀 두 아이를 상당한 교육을 시킨 후에 다른 이에게 준다.[34]

이처럼 30대부터 이미 명확하게 '공공'을 인식, 이해하고 있었던 다나카 쇼조는 구회(區会) 의원 시절부터 중의원 의원이라는 국회의원 시절 내내 '공공'을 화두로 삼고, '공공'을 실현하기 위한 삶을 살았다고 할 수 있다. 다나카 쇼조에 '공공'이란 "국가와 나 사이에 위치하는 것"으로 "사회이며 사회민인(社會民人)"을 의미하는 것이었고, 따라서 '공공의 사무'란 "지역주민의 생명과 일상생활과 재산을 지키는 것, 즉 민중들의 생명과 생활과 생업을 지키는 것"을 뜻했다.[35] 다나카 쇼조는 1890년에 중의원 의원에 당선된 이래, 1913년 9월에 서거하기까지 아시오 구리광산 광독 사건으로 인해 피해를 당한 지역주민의 생명과 일상생활과 재산을 지키기 위해, 즉 그 자신이 말한 '공공'을 위해 헌신했다. 국회에서 지역의 피해 현장에서 '공공'을 위한 다나카의 활동은 단 한순간도 중단되는 일 없이 계속되었고, 그 같은 활동은 마침내 1900년의 「망국에 이르는 것을 모르는 것이 바로 망국이란 요지의 질문서」 제출과, 1901년 목숨을 건 천황에 대한 직소(直訴)로 나타났다. 이는 동학농민혁명 지도자 전봉준이 '기만과 학민'을 일삼음으로써 '안민'이란 천명을 저버리고 있던 조선왕조의 '보국'을 위해 교조신원운동과 고부농민봉기, 제 1-2차 동학농민혁명을 이끈 것과 대비할 수 있다. 그러면, 국회의원을 사직하면서까지, 그리고 목숨을 담보로 천황에게 직소를 하면서까지 다나카 쇼조가 실현하고자 했던 것은 과연 무엇이었을까? 이에 대해 다나카 쇼조 연구의 권위자인 코마츠 히로시 교수는 다음과 같이 정리하였다.

다나카 쇼조는 '아시오 구리광산 광독사건'과 '야나카 마을 문제'라고 하는 한 지역의 문제를 일본이라고 하는 국민국가를 넘어 세계 인류에게 공통되는 보편적인 문제로 보는 관점을 가지고 있었다. 아시오 구리광산 광독사건에 대한 당시의 일반적인 인식은 근대화 과정에서 필연적으로 발생하는 광업(공업)과 농업의 충돌문제라는 것이었지만, 이 같은 인식으로부터는 광업 이익과 농업 이익 어느 한쪽을 우선하든지 하는 양자택일 식 해결법 아니면 기껏해야 그 양자를 조화시키는 식의 해결법밖에 도출되지 않는다. 그러나 쇼조는 그 문제를 '공익(공공의 이익)'의 문제이며, '생명'의 문제라고 인식하고 있었다.[36]

요컨대, 다나카 쇼조의 삶은 '공공의 이익'을 실현하는데, 그리고 근대화라는 미명 아래 '생명'을 압살하는 국가 체제에 맞서 생명을 지키기 위한 일생이었다고 요약할 수 있다. 이 같은 다나카 쇼조의 삶에 대해 '교토포럼'을 통해 '공공철학'을 정립하고 그 보급에 진력해 온 김태창 박사는 "공공하는 인간의 대표적인 실례가 아니겠는가."라고 결론 지은 바 있다.[37]

6. 전봉준과 다나카 쇼조의 사상

전봉준과 다나카 쇼조가 공통적으로 살았던 19세기 말은 서세동점, 즉 "유럽의 제3세계 지배, 문화 파괴와 말살, 정치 경제 사회적 지배, 그리고 자기들 방식의 강요, 착취, 억압, 세뇌"가 조선과 메이지 일본 등 동아시아에서 치열하게 벌어지던 시대였다. 전봉준과 다나카 쇼조는 나라도 다르고, 살다간 지역도, 삶의 궤적도 달랐지만 서로 닮은 부분이 많다. 시골의 가난한 평민(농민)으로 태어나 젊은 시절부터 가장 낮은 자리의 민중들이 겪는 고통에 눈을 돌리고, 민중들의 고통을 초래하는 잘못된 국가 제도나 정책을 바로잡는 일에 앞장섰던 것이 바로 그것이다. 민중들의 고통에 동참하여 그 고통의 원인을 근본적으로 제거하고자 했던 두 사람은 죽을 때까지 굽힘이 없이 그 실천을 계속한 것도 똑 같다. 두 사람이 걸어간 길은 바로 '공공(公共)적 삶' 다시 말해 '공공하는 생애' 그 자체였던 것이다. 이 글에서는 전봉준과 다나카 쇼조에 대해 첫째, 두 사람이 살았던 시대, 둘째, 두 사람의 생애, 셋째, 두 사람의 상호인식, 넷째, 두 사람의 '공공적' 삶의 특징 순으로 살펴보고, 끝으로 두 사람의 '공공적 삶'을 통해 '우주적 공공성'의 가능성을 탐색해 보고자 하였다.

전봉준의 공공적 삶은 동학 입도로부터 시작되는데, 전봉준은 동학의 수심경천과 보국안민 사상에 특별히 공감하여 입도하였으며, 이 가운데 보국안민이야말로 전봉준의 공공적 삶에 결정적 영향을 끼친 사상이었다. 보국안민에 근거한 전봉준의 공공적 삶은 1892년 11월의 삼례집회의 유력한 지도자로 부상하면서 구체화되었다. 삼례집회는 교조신원운동의 일환으로써 합법적 청원운동을 통해 동학이 내세운 보국안민, 즉 '국가의 잘못된 제도나 정책을 바로잡음으로써 민중들의 생명, 생활, 생업을 편안하게 하는' 데에 있었다. 이러한 보국안민의 실현은 전봉준이 목숨을 걸고 실현하고자 했던 공공적 삶의 목표였으며, 그것은 1892년 11월의 삼례집회에서 본격적으로 시작되어 1894년 1월의 고부농민봉기, 1894년 3월의 제1차 동학농민혁명, 그 해 9월의 제2차 동학농민혁명 단계에서도 변함없이 지속되었다.

한편, 다나카 쇼조는 20대 때부터 이미 영주나 현령의 폭정에 항거하여 개혁운동을 주도하였으며, 38세 때에는 "일신으로 공공에 진력하겠다"고 선언하고 국가와 개인 사이의 공공, 즉 사회와 사회 여러 사람을 위한 일에 뛰어들었다. 특히 '자유민권운동'의 영향을 받아 지역 주민의 생명, 생활과 생업에 잘못된 영향을 끼치는 국가의 제도나 정책을 개혁하는 일에 앞장섰다. 즉 젊은 시절부터 다나카 쇼조는 공공적 삶을 시작했던 것이다.

다나카 쇼조의 공공적 삶의 결정판은 그가 중의원이라는 국회의원에 당선된 해에 일어난 아시오 구리광산 광독사건 해결에 참여하면서부터라고 해도 과언은 아니다. 아시오 구리광산 광독 피해는 문명개화 노선을 지향하고 있던 메이지 일본 정부의 정책 때문에 피해가 광역화하고 장기화되었는데, 다나카 쇼조는 1901년에 중의원을 사직할 때까지 아시오 구리광산 광독사건의 피해자 구제를 위해 메이지 일본 정부를 추궁했다. 그러나 메이지 일본 정부는 다나카 쇼조의 문제제기를 철저히 무시했다. 그러자 다나카는 중의원을 사직하고, 천황에게는 목숨을 건 '직소'를, 그리고 피해민과는 마지막까지 함께하며 그들 구제를 위해 노력했다. 그리고 72세의 나이로 피해민 구제를 위한 자금 조달 활동을 계속하다가 서거했다. 그가 아시오 구리광산 광독사건의 해결을 위해 진력하면서 도달한 결론은 다음과 같았다. "참된 문명은 산을 황폐하게 하지 않으며, 강을 더럽히지 않으며, 마을을 파괴하지 않으며, 사람을 죽여서는 아니 된다."

오늘날의 생태계의 파괴, 인간이 살고 있는 모든 사회에서의 빈부 격차, 민족 대 민족에서의 여러 가지 격차의 심화, 인간의 신경질환, 즉 내부 분열, 자기 자신의 정신 안에 축적되어 있는 자기 생의 총체와 자기 활동의 현재 내지 지향과의 완전한 분리—결국 이런 것들이 각종 각양으로 여기저기서 심화되어 온 것이 오늘날의 비극의 총체, 모순의 총체인 것이다. 이것은 역사 전체의 타성으로 보아야 하겠는데, 그것이 극단적인 형태로 나타나는 것이 오늘날 소위 '물질주의', '유물주의'라고 부르는 물신숭배, 이른바 페티시즘(Fetishism)이라고 부르는 세계 지배 문명이 드러내는 양상의 특징이 아닌가.[38]

프랑스 철학자 미셸 세르는 인간과 인간 사이의 '사회계약' 만으로는 현실 세계와 지구 혼돈을 해결할 수 없으므로 그것을 안에 포함하되, 인간과 자연 사이의 '생명 계약'에 눈을 돌림으로써 새 문명을 창조해야 한다고 주장한다. 요컨대, 공공성(公共性, Publicity)과 공심(公心)의 문제다. 사회계약이 인간과 인간의 마음 사이의 소통에 의해 성립되는 공공성이라면, 생명 계약은 인간과 자연의 마음 사이의 소통과 일치에 의해 성립되는 우주적·생태적 공공성, 천지공심(天地公心)이다. 자연의 마음이 무엇인가? 우주의 주재인 신(神)의 마음이다. 인간의 마음과 신의 마음의 소통·일치 문제가 된다. 거기에 인간의 마음과 인간의 마음 사이의 소통·일치가 포함되어야 한다는 이야기다.[39]

용암 김낙철 대접주와
동학농민혁명

1. 서언

　　용암(龍菴) 김낙철(金洛喆, 1858~1917, 이하 용암이라 칭함)은 전라도 부안(扶安) 출신 동학농민군 지도자이다.[1] 그는 동학 2대 교주 해월 최시형(崔時亨, 이하 해월이라 칭함)의 직접 지도를 받은 이른바 '북접(北接)' 계열의 지도자였다.[2] 그러나 용암은 북접 계열 지도자였음에도 불구하고 1893년 2월의 광화문 복합상소(伏閤上疏)에 동학교도를 이끌고 참여하는 등 동학교단이 주도한 교조신원운동(敎祖伸寃運動)에 참여한 이래, 1894년 3월 21일 농민군지도자 전봉준이 이끈 무장기포(茂長起包, 제1차 동학농민혁명)에 호응하여 4월 1일 부안에서 봉기하였고, 전주화약(全州和約) 이후 전라도 일대에 설치된 농민군의 집강소(執綱所)[3] 체제 아래에서는 부안의 2개소에 도소(都所)를 설치하여 관내치안 확보에 기여하였다. 뿐만 아니라 용암은 1894년 9월 중순경부터 시작되는 제2차 동학농민혁명, 즉 전봉준이 주도한 삼례기포(參禮起包)에도 '동모자(同謀者)'의 한 사람으로 적극 참여한[4] 것으로 확인되고 있다. 이로 인해 1894년 12월에 체포된 용암은 이듬해 3월 무죄 석방된다. 하지만 석방 이후에도 그의 신변은 안전하지 못했다. 용암을 비롯하여 무죄로 석방된 동학농민군 지도자를 다시 체포하라는 전라감사 이도재의 명령이 있었기 때문이다. 그리하여 용암은 석방 직후 상당 기간을 부안 일대에서 피신 생활을 거듭하였다. 피신한 농민군 지도자에 대한 감시와 탄압이 어느 정도 누그러들기 시작한 1896년에 들어와 용암은 해월을 중심으로 한 동학교단 재건 운동에 적극 참여하였고, 1898년에는 전라도 고창 일대에서 있었던 영학당(英學黨) 봉기에도 관여하였다.[5] 같은 해에 용암은 경기도 여주에서 스승 해월 최시형을 대신하여 두 번째 체포되었다가 6월에 석방된다. 1900년 이후에는 해월의 수제자 가운데 한 사람이었던 구암(龜菴) 김연국(金演局)을 따라 시천교(侍天敎)에 가담하였다가 1917년에 다시 천도교로 귀의한 후 그 해에 서거하기에 이른다.[6] 이상과 같이 교조신원운동 단계부터 동학농민혁명기를 거쳐 갑오년 이후의 민중운동에도 적극 가담하고, 1905년 이후에 성립되는 천도교에도 참여했던 용암의 생애와 활동은 그 자신의 개인사로서뿐만 아니라, 동학사와 동학농민혁명사, 천도교 역사를 재구성함에 있어 귀중한 사례가 아닐 수 없다. 이 글에서는 용암이 남긴 『김낙철역사』와 용암의 동생 김낙봉이 남긴 『김낙봉이력(金洛鳳履歷)』을 비롯하여 용암의 사위인 학산(鶴山) 정갑수(丁甲秀, 1884~1952)의 일기 등을 기본 자료로 삼고, 기타 관련 자료를 참고로 하여 용암의 생애와 활동을 복원해 보고자 한다.

2. 교조신원운동기의 활동

1) 동학 입도와 포덕

용암은 1890년에 동학에 입도한다. 그의 동학 입도 배경을 알기 위해서는 전라도 지방에 동학이 포교되는 과정을 이해할 필요가 있다. 전라도에 동학이 포교되는 과정은 대체로 세 단계로 나누어 설명할 수 있다. 첫째는 동학교조 수운 최제우에 의한 포덕이요, 둘째는 1880년대 초반 2대 교주 해월 최시형에 의한 포덕이며, 제3단계는 1890년대 초반 이후 해월에 의해 동학의 가르침을 전해 받은 전라도 출신 동학 지도자에 의한 포덕 활동이 그것이다.[7]

용암은 전라도 부안에 세거(世居)하고 있던 부안김씨(扶安 金氏) 가문으로 1858년에 지금의 전라북도 부안군 부안읍 봉덕리(奉德里) 쟁갈 마을에서 3형제 중 장남으로 태어났다. 자(字)는 여중(汝仲)이요, 낙철(洛喆)은 그 이름이며, 동학의 도호(道號)는 용암(龍菴)이다.

그는 동생 낙봉(자, 明仲), 낙주(洛柱, 자, 明眞) 및 사촌 동생인 낙정(洛貞), 낙용(洛庸) 등과 함께 1890년 6월에 동학에 입도하였다.[8] 그해 7월부터는 동학을 포교하는 포덕 활동에 나섰으며, 그의 포덕 활동에 따라 이듬해 3월 무렵에는 따르는 도인 수가 수천 명에 이르렀다.[9]

1891년 3월 이후부터 부안 옹정(甕井) 출신의 김영조(金永祚), 동생 낙봉, 전라도 무장 대접주 손화중(孫化中)[10] 등과 함께 충청도 공주 신평에 머물고 있던 2대 교주 해월 최시형을 찾아가 직접 지도를 받았다.[11] 그 해 7월 해월은 부안을 직접 방문하여 옹정 김영조의 집에서 하룻밤을 머물며 '부안에서 꽃 피어(花開於扶安) 부안에서 열매 맺으리라(結實於扶安)'는 법설을 남긴다.[12]

1890년 6월 이후 전라도 부안에서는 김낙철, 김낙봉 등과 같이 부안을 대표하는 유력 가문인 부안김씨 가문이 동학을 적극 수용하고, 뒤이은 포덕 활동 덕분에 불과 1년 안에 따르는 도인 수가 수천 명에 이를 정도로 동학의 교세가 탄탄하게 형성되고 있었다. 용암 형제는 입도하자마자 곧바로 해월을 찾아가 직접 가르침을 받고 동학의 이른바 '연원(淵源)' 관계를 명확히 함으로써 부안 일대에서 동학 지도자로 성장할 수 있는 기반을 확고히 할 수 있었다. 또한 충청도 공주에 머물고 있던 2대 교주 해월을 방문할 때 무장 대접주 손화중 등과 동행했다는 사실은 용암이 동학농민혁명 이전부터 부안 이외 전라도 여러 지역의 동학 지도자들과도 일정한 '연락망'을 가지고 교류하고 있었음을 보여준다. 그리고 1891년 7월에 해월이 부안을 찾아와 포덕 활동을 벌인 사실로써 용암을 비롯한 부안 지역 동학 교세 및 그 지도자들의 위상을 해월이 높게 평가하였음을 알 수 있다.

이상의 내용을 종합하면, 용암의 동학 입도 및 포교 활동으로 동학 교세가 늘어난 부안 지역은 1891년 7월경부터 이미 전라도 여러 지역 가운데서도 해월이 직접 순회 포덕 활동을 벌일 정도로 교세가 탄탄하게 형성되어 있었으며, 그 같은 교세를 기반으로 용암은 1890년대 초반부터 이미 동학 교단 안에서 전라도를 대표하는 유력 지도자의 한 사람으로 활동하고 있었다. 이런 사실은 1891년 이후 동학 교단 내에서 용암이 전개해 가는 다양한 활동을 규명하는 하나의 열쇠가 된다.

2) 광화문 복합상소 참여

동학의 교조신원운동(敎祖伸寃運動)은 1892년 10월부터 1893년 4월까지 충청도 공주집회로부터 시작되어 전라도 삼례집회, 서울 광화문 복합상소, 다시 충청도 보은집회와 전라도 금구 원평집회 등 전국 각지에서 2년여에 걸쳐 진행되었다. 동학 교도들과 일반 민중들의 대대적인 참여로 이루어진 교조신원운동은 1년 뒤에 전개되는 동학농민혁명의 전사(前史)를 이룬다는 점에서 중대한 의미가 있다.

교조신원운동은 크게 세 가지 요구를 내걸고 전개되었다. 첫째, 동학 교조의 억울한 죽음을 풀어달라는 요구(동학 포교의 자유를 인정해달라는 요구), 둘째, 동학 포교를 금(禁)한다는 핑계로 동학 교도 및 일반 민중들의 재산을 불법으로 수탈하는 지방관들의 부당한 행위를 막아 달라는 요구(가렴주구 금지 요구), 셋째, 나날이 만연하는 서학(西學)과, 불법적인 침탈을 벌이는 일본상인을 비롯한 외국에 대항하자는 요구(척왜양의 요구)가 그것이다. 이 세 가지 요구는 기본적으로 동학교도들의 요구였지만 동시에 당시 일반 민중들의 요구이기도 했다.[13]

그렇다면 1890년대 초반부터 부안 일대를 중심으로 활발한 포덕 활동을 벌여 탄탄한 교세를 구축해 가고 있던 용암과 그 휘하 교도들은 교조신원운동에 대해 어떤 인식과 대응을 보여주었을까? 결론부터 말하면, 용암과 부안 동학 교도들 역시 교조신원운동에 대대적으로 참여한 것으로 확인된다. 관련 내용을 『김낙철역사』에서 인용한다.

> (1893년) 三月에 大先生主 伸冤次 舍弟 洛鳳與金永祚 敎徒 幾百名으로 往于 京城 未成 伸冤之來, 其時에 道內 都都執이라. 自此以後로 各道 各邑의 指 目이 大發, 捕捉者 死刑者 不可勝數나 然이나 余는 不懼指目하고 通開中 門하고 (중략) 三四年을 無事布德矣리니[14]

위의 내용에 따르면, 용암은 동생 낙봉을 비롯하여 동향의 김영조(金永 祚)[15] 등과 함께 부안의 동학 교도 수백명을 이끌고 상경하여 광화문 복합상 소에 참여하였지만 뜻을 이루지 못하고 내려왔다는 것이다. 그리고 당시 용 암이 맡았던 직임은 전라도 도내 동학 도인들을 총괄하는 '도도집(都都執)'의 직책이었다고 한다. 그런데 용암은 『김낙철역사』에서 복합상소 이후에 각 도와 각 읍으로부터 동학 접주 및 일반 교도들에 대한 지목이 더욱 심해져 다수 도인이 체포되거나 사형에 처해지는 사태를 맞이했음에도 불구하고 포덕 활동을 멈추지 않았다고 말하고 있다.[16]

기존 연구에 의하면 광화문 복합상소는 '척왜양(斥倭洋) 격문게시운동(檄文 揭示運動)'과 함께 이루어졌는데,[17] 척왜양 격문게시운동을 주도한 세력이 누구인가에 대해서는 견해가 갈리고 있다. 문제는 이른바 북접(北接) 계열 지도자인 전라도 부안의 용암과 그 휘하 교도 수백명이 광화문 복합상소에 참가하기 위해 상경했다는 사실이다.[18] 이런 사실은 교조신원운동 단계부터 동학이 남접과 북접으로 나뉘어 대립했다는 기존 연구[19]에 중대한 문제가 있음을 시사한다. 용암과 부안 동학교도들이 광화문 복합상소에 참여한 사실은 기존의 '남북접 대립설'을 극복할 귀중한 사례가 아닐 수 없다.

그런데 용암은 자신의 회고록인 『김낙철역사』에서 광화문 복합상소에 참여했다는 기록 외에 또 다른 신원운동, 즉 복합상소 이전의 공주집회와 삼례집회나 복합상소 이후의 보은집회 등에 참여했는지에 대해서는 언급하지 않았다. 그러나 용암의 동생 김낙봉의 회고록인 『김낙봉이력』을 보면,

> 翌年 癸巳 春 伏閤 時에 進參하옵고 連次 報恩 帳內 會가 有하기로 高山 等地에 上去 하다가 解散하라신 命令이 有함을 聞하고 還家하였다[20]

라고 기록되어 있다. 위의 내용은 용암을 비롯한 부안 동학 도인들이 광화문 복합상소에 이어 개최된 충청도 보은집회에 참여하기 위해 고산(高山)까지 올라갔다가 해월의 해산령에 따라 되돌아왔다는 내용이다. 용암과 부안 동학교도들이 광화문 복합상소 직후에 열린 보은집회에도 적극 참여하고자 했던 사실이 명확하게 확인되는 것이다.

종래 교조신원운동의 역사적 의의를 평가하는 연구자들은 그 가장 중요한 내용으로 "일련의 교조신원운동 전개과정에서 남접 계열의 전봉준 등이 지도부로 성장할 수 있었으며" "이들은 해월 중심의 북접 계열과는 일정하게 노선을 달리하고 있었다."고 말해 왔다.[21] 하지만, 전라도 부안 용암 김낙철 형제의 사례에서 확인했듯이, 광화문 복합상소나 보은집회 때까지도 해

월의 직접적인 지도 아래 있던 동학 지도자들이나 해월의 영향력 아래에 있던 지역들, 즉 북접(北接) 역시 교조신원운동에 적극적으로 참여하였다. 이같은 사실은 이른바 동학의 남북접 대립의 출발이 교조신원운동 단계부터였다고 하는 기존 연구를 재고(再考)할 필요성을 제기하고 있다는 점에서 주목을 요하는 대목이 아닐 수 없다.

3. 제1차 혁명기의 활동

1) 제1차 혁명 참여

1894년 3월 21일, 전봉준이 이끄는 동학농민군이 전라도 무장에서 전면 봉기함에 따라 전라도를 비롯한 전국 각지의 농민군들도 잇따라 봉기하였다. 이로써 제1차 동학농민혁명이 본격적으로 전개되기 시작했다.

그런데 제1차 동학농민혁명 과정에서 1890년대 초반부터 용암과 함께 해월의 지도를 받았던 무장 대접주 손화중이 전봉준의 봉기에 전면적으로 호응하여 휘하 도인들에 대한 지휘권을 전봉준에게 넘겨주었다고 알려지고 있다.

그렇다면 평소 손화중과 안면이 있으면서도 해월로부터 직접 지도를 받고 있던 부안의 용암은 전봉준 및 손화중 등이 이끈 제1차 혁명에 대해 어떤 태도를 취했을까? 지금까지의 통설에 따르면, 용암처럼 해월의 직접 지도를 받고 있던 이른바 북접 계열 동학 지도자들은 전봉준의 전면 봉기에 반대하여 함께 봉기하지 않았거나, 적어도 소극적으로 방관하는 태도라도 보이는 것이 옳을 것이다.

『김낙철역사』를 보면, 제1차 혁명 소식을 접한 용암은 처음에는 전봉준의 본의(本意)를 알기 어려워 동생 낙봉을 스승(해월) 문하로 보내 봉기 소식을 전하고 그 대응책을 물었다고 기록하고 있다.[22] 용암의 동생 김낙봉으로 부터 전봉준이 제1차 혁명을 일으켰다는 소식을 접한 해월은 "차역(此亦) 시 운(時運)이니 금지(禁止)키 난(難)하다(이 또한 시운이니 금지하기 어렵다)"[23]고 하면 서도 용암 등에게는 자중(自重)할 것을 촉구하였다. 여기서 주목을 요하는 것은 김낙봉의 보고를 받은 해월이 "이 또한 시운이니 금지하기 어렵다"고 하면서 전봉준의 봉기를 사실상 용인 또는 묵인하고 있었다는 점이다. 이 같은 내용은 『백범일지』 및 『동비토록(東匪討錄)』에는,

선생은 진노한 안색을 띠고 순 경상도 어조로 외쳤다. "호랑이가 물자고 들어오면 가만히 앉아서 죽을까? 참나무 몽둥이라도 들고 나가서 싸우자." 선생의 이 말이 곧 동원령이다.[24]

(농민군에 대해) 정탐한 감영 포교가 보낸 보고를 접해 보니, 동도(=동학도) 최 법헌(=최시형)이 돌린 통문 내용 안에 "호남의 그 무리(동학교도)들이 한꺼번 에 타살당하는 것을 앉아서 기다릴 수 없으니 (4월) 초 6일에 청산 소사전으 로 모이라고 했다."고 한다.(卽接偵探營校馳報 則東徒崔法軒輪通內 自湖南渠徒 一幷 打殺 不可坐待 初六日 來會于靑山小蛇田云)[25]

라는 내용이 실려 있다. 제1차 동학농민혁명에 대한 해월의 인식과 대응이 기존에 알려져 있던 사실[26]과는 달랐다는 점을 시사하는 대목이다. 따라서 『김낙철역사』의 내용은 제1차 혁명에 대한 용암 자신의 대응은 말할 것도 없고, 해월을 중심으로 한 동학 최고지도부, 즉 이른바 북접 지도부의 인식 과 대응을 새롭게 규명함에 있어 결정적인 단서를 제공하는 내용이 될 수도 있다는 점에서 향후 면밀한 검토가 있어야 할 것으로 생각한다.

한편, 해월로부터 '자중하라'는 지시를 받았던 용암은 전봉준의 제1차 봉기가 있은 지 약 열흘 뒤인 4월 1일에 부안에서 봉기를 단행하였다.[27] 그는 수백명의 도인들을 이끌고 부안 읍내로 들어가 서도면(西道面) 송정리(松亭里) 신씨제각(辛氏祭閣)에 도소(都所)를 설치하는 한편,[28] 동생 낙봉과 동학 도인 신소능(申小能)으로 하여금 줄포(茁浦)에도 도소를 설치하도록 하였다.[29]

이 같은 용암의 제1차 혁명 참여는 전봉준의 1차 봉기에 호응하는 형태를 취하긴 했으나, 도소 설치 이후 그는 부안 농민군을 이끌고 전봉준의 농민군과는 '독립적인' 행동을 취하였다. 즉, 부안현 관내만 장악하여 치안을 유지할 뿐 타 지역으로 이동하거나 전봉준의 농민군에 합류하지는 않았다.[30]

이처럼 용암이 지휘하는 부안 농민군이 전봉준이 이끄는 농민군 본대와 '독립적으로' 행동한 데는 그 나름의 이유가 있었다. 그 이유를 필자는 다음과 같이 생각한다. 첫째, 해월로부터 '자중하라'는 지시를 받은 것이 하나의 이유가 되었으며, 둘째, 동학의 독특한 조직 체계인 포접제(包接制)의 특성에서 기인하였다.

주지하듯이, 동학의 포접 조직은 각각 철저하게 독립적이며 자치적 성격을 가진 조직이었다. 따라서 각각의 포접을 이끄는 지도자, 즉 대접주(大接主)나 접주(接主)는 오직 동학의 최고 지도자인 해월의 지시와 명령에만 귀기울일 뿐, 다른 포접의 대접주나 접주와는 독립적이며 대등한 관계를 유지하고 있었다. 이 같은 동학 포접 조직의 독립적 성격에 유의하게 되면, 제1차 혁명 당시 각 지역의 농민군 활동의 특징을 비교적 쉽게 이해할 수가 있다. 예를 들면, 제1차 혁명 당시 전라도 태인(泰仁)에서 봉기한 김개남군은 기본적으로 전봉준군과 '이합집산(離合集散)'을 계속하면서 어디까지나 독자적인 활동을 전개하였다.[31] 김개남의 독자적인 활동은 특별히 전주화약 이후 남원에 웅거하며 전봉준과 별개로 행동했던 데에서 단적으로 확인된다.

부안의 김낙철, 태인의 김개남처럼 제1차 혁명 때 봉기했으면서도 전봉준군에 합류하지 아니하고 독립적으로 행동한 사례는 또 있다. 임실(任實) 사례가 그것이다.『천도교 임실교사』에 의하면, 임실에서도 3월 25일경 도접주(都接主) 최승우(崔承雨)의 지휘 아래 동학교도들이 봉기하였는데,[32] 임실은 동학 포교 초기부터 해월의 직접적인 영향 아래 있던 이른바 북접 관할 지역이었다. 그럼에도 불구하고 제1차 혁명 때 임실 농민군이 봉기했다는 점은 여러 모로 주목을 요하는 대목이다.

기록에 의하면, 임실 농민군은 3월 25일 봉기 이후 임실 관아에 도소를 설치하고 6개월 정도 '집강소 통치'를 시행하였다고 한다.[33] 후일 일본군이 임실 현감 민충식(閔忠植)을, 농민군과 결탁했을 뿐만 아니라 농민군이 전주성을 공격할 때 전봉준 등과 동행했다는 죄목으로 체포한 사실[34]을 고려할 때 제1차 혁명 당시 임실 농민군이 봉기했던 것은 분명한 역사적 사실이다. 그럼에도 불구하고 임실 농민군이 부안 농민군과 마찬가지로 제1차 혁명 때부터 봉기했으면서도 전봉준 군과는 별개로 행동하고 있었다는 것은 동학 포접 조직의 독립적 성격을 보여주는 또 하나의 예라 할 수 있다.

그 외에도『김낙봉이력』에 의하면, 1894년 3월경 전라도 진산(珍山) 방축점(坊築店)에서도 서장옥 휘하의 농민군 수천명이 전봉준군의 제1차 혁명에 호응하여 봉기하였다는 기록이 있으며,[35] 전라도뿐만 아니라 충청도와 경상도에서도 제1차 혁명 당시 전봉준군의 봉기에 호응한 사례는 최근 속속 확인되고 있다. 경상도의 경우에는 예천(醴泉)의 도접주(首接主) 최맹순(崔孟淳)이 3월부터 접소를 설치하고 농민군을 모으고 있었으며,[36] 김산(金山)에서는 편보언(片甫彦)이 1차 혁명 당시부터 활동하기 시작하였다.[37] 또한 경상도 상주(尙州) 화북면(化北面)에서도 갑오년 4월경에 농민군들의 봉기 움직임이 일고 있었다.[38] 경상도 진주(晋州)에서는 백도홍(白道弘)과 손은석(孫殷錫) 등이 4월초에 이미 봉기하였다.[39] 이들은 모두 해월의 지시를 받는 북접 지역에 속했음에 불구하고 독자적으로 봉기한 세력들이었다. 충청도의 경우는 금산(錦山), 진산(珍山), 회덕(懷德), 진잠(鎭岑), 옥천(沃川), 청산(靑山) 일대의 농민군들이 3월 12일경에 봉기한 이래 4월 12일경까지 한 달 이상 관군 및 보부상군에 맞서 활동을 계속하였으며, 4월 18일경에는 괴산(槐山)과 연풍(延豊) 일대의 농민군들이 관아를 포위하고 토호들을 응징하였다.[40]

이처럼 제1차 혁명 당시 전라도 부안을 비롯한 태인, 임실 등 전라도 각 지역, 충청도와 경상도 일부 지역에서는 전봉준군의 봉기와는 별개로 봉기하였다. 그들 농민군 대부분은 이른바 북접 계열, 즉 해월의 직접 지시를 받고 있었음에도 봉기를 했다는 점에서 종래 제1차 혁명은 이른바 남접 계열의 전봉준군이 중심이 되었다고 보는 기존 견해는 수정되어야 마땅하다. 이상과 같이, 용암의 제1차 혁명 참여 사실은 제1차 동학농민혁명에 대한 종래의 이해를 확장하는 데 크게 기여할 만한 귀중한 사례로 평가할 수 있다.

2) 집강소 활동

집강소란 동학농민혁명 당시 농민군들이 전라도를 비롯한 각 지방에 설치했던 자치기관으로 당시에는 '도소(都所)' 또는 '집강소(都會所)'로 불렀다.

1894년 4월 27일에 전주성을 점령한 전봉준은 4월 27일부터 5월 3일 사이에 농민군 진압 차 서울에서 내려온 경군(京軍)--당시 지휘관은 양호초토사(兩湖招討使) 홍계훈(洪啓薰)--과 3차에 걸친 치열한 공방전을 벌였다. 이 공방전 때문에 경기전(慶基殿)--조선왕조를 건국한 태조 이성계의 영정을 보관하는 건물--의 일부가 훼손되고, 전주성 서문 근처의 많은 민가들이 불탔으며, 농민군 측과 경군 측에서도 다수의 사상자가 발생하였다.

그뿐만 아니라, 전주성 공방전이 한창일 무렵, 청일 양국의 군대가 출병

함으로써 조선왕조를 둘러싼 안팎의 위기가 더욱 고조되어 갔다. 이 같은 위기상황에 처하자 전봉준은 홍계훈과 협상을 벌여 화약(和約)을 체결하기에 이른다. 그리하여 5월 7일 '전주화약(全州和約)'이 체결되고 이튿날인 5월 8일 농민군은 전주성에서 자진 철수하였다. 이때 농민군은 전주성에서 자진 철수하는 대신에 27개조에 달하는 폐정개혁안(弊政改革案)을 홍계훈에게 제출하고 개혁을 요구하였으며, 홍계훈은 농민군 측의 폐정개혁 요구를 수용하기로 하였다. 고향으로 돌아온 농민군들은 농민군 자치기관인 집강소를 설치하고, 농민군 자력으로 폐정개혁을 단행하기에 이른다.

농민군이 설치한 집강소는 전라도뿐만 아니라, 충청도와 경상도, 경기도와 강원도 등 일부 군현에도 설치되었다. 하나의 군현에 한 개의 집강소가 설치되는 것이 일반적이었지만, 한 개의 군현에 2개 이상의 집강소가 설치되는 경우도 있었다. 전라도 부안의 경우가 대표적이다. 『김낙철역사』에는 서도면 송정리(현재의 부안군 행안면 송정리)와 줄포(茁浦) 두 곳에 집강소를 설치했다는 기록이 있다.[41]

집강소와 관련하여 무엇보다도 중요한 문제는 설립 주체에 따른 집강소의 성격 문제이다. 전주화약 이후, 전라도를 비롯한 삼남 지방의 각 고을에 설치된 집강소는 해당 지역 농민군의 군세 및 폐정개혁을 향한 과감성 여하에 따라 크게 세 종류로 나눌 수 있다.

첫째, 동학농민군이 주도하는 집강소이다. 이 같은 성격의 집강소는 농민군 세력이 해당 고을의 수령이나 양반 세력의 저항을 완전히 압도할 만한 충분한 역량을 지니고 있는 고을에서 가능했다. 구체적인 사례로는 전라도 전주와 고부, 정읍, 태인, 무장, 고창, 흥덕, 영광 등이 대표적이다.

둘째, 동학농민군이 각 고을의 수령이나 재지사족(在地士族)과 연합하여 설치하는 타협적 집강소이다. 이 타협적 집강소는 농민군의 역량이 해당 고을의 수령이나 향리 세력, 도는 재지사족의 반발을 완전히 압도할 만한 충분한 힘이 없을 때 농민군들이 해당 고을의 수령 및 향리 세력, 재지사족들과 일정하여 타협하여 설치한 집강소를 말한다. 이 같은 형태의 집강소로는 전라도 임실과 부안, 함평, 보성 등이 대표적이다.

셋째, 반농민군 세력에 의해 설치된 보수(保守) 집강소이다. 보수 집강소란 농민군의 역량이 해당 고을의 수령 및 재지사족들의 역량보다 약할 때 농민군을 탄압하기 위해 유림 등이 설치한 집강소를 말한다. 이 같은 사례로는 전라도 강진과 경상도 예천의 집강소가 대표적이다.

전라도 부안의 집강소는 부안 현감과 향리 등의 요청으로 관내 치안 유지를 위해 설치했다고 『김낙철역사』는 기록하고 있다.[42] 이것은 부안에 설치된 집강소가 타협적 성격의 집강소임을 시사하는 대목이라고 할 수 있다.

타협적 집강소의 가장 큰 특징은 해당 고을 관내에서 동학농민군과 반농민군 세력 간의 충돌이 거의 없어 사상자가 발생하지 않고, 농민군을 가장한 무뢰배에 의한 약탈 행위가 거의 없다는 점이다. 이런 사실은 용암이 설치한 부안 집강소의 활동에서도 확인된다. 부안은 동학농민혁명의 핵심 진원지인 고부나 백산, 황토현에서 불과 20킬로미터 이내에 있을 정도로 지근거리에 위치해 있었음에도 용암이 설치한 집강소 덕분에 관내 치안이 대단히 잘 유지되었다고 한다.[43] 특히 용암이 설치한 집강소의 치안 유지 활동은 흉년으로 인해 줄포로 미곡(米穀)을 구하러 온 제주도 어민들이 무사히 미곡을 구할 수 있게 함으로써 제주도 어민들을 아사(餓死)의 위기를 구할 수 있었다고 한다. 『김낙철역사』에서 관련 내용을 인용한다.

제주도가 계사 갑오 두 해에 홀로 큰 가뭄을 만나 경내 몇만 명 생령들이 거의 죽을 지경에 이르러 생선 등을 싣고 전라도 각 포구에 이르러 곡식과 바꾸려고 할 즈음에 다른 포구에서는 탁란군(濁亂軍)–동학농민군을 빙자하여 부호들의 돈이나 곡물을 약탈하던 무리–에게 배에 실었던 물건을 모두 빼앗겼으나, 오직 부안의 각 포구에서는 혹시라도 탁란군에게 물건을 빼앗기면 김 모(김낙철)가 즉시 사람을 보내어 추급(推給, 물건 값을 일일이 셈하여 지불함)했기 때문에 단 한 홉의 곡식도 잃어버리지 않아 제주 경내 인민들이 부안군의 조맥(租麥, 쌀과 보리)으로 모두 목숨을 유지할 수 있었으니 이것은 바로 김 모(김낙철을 지칭함) 형제의 덕화가 아니겠습니까.[44]

위에 인용한 대목은 용암 김낙철 형제가 설치한 집강소 덕분에 부안 관내의 치안이 잘 유지되고, 그 덕분에 수만명 제주도민들의 기근을 구제할 수 있었다고 하는 내용이다. 용암이 부안 관내에 설치한 타협적 집강소의 진면목을 알려주는 귀중한 글이 아닐 수 없다.

전라도 부안에 설치된 집강소와 관련하여 한 가지 더 언급할 사항이 있다. 집강소는 대체로 농민군이 점령했던 군현의 관아(官衙)에 설치되는 것이 통례이지만 농민군에 협조적인 양반들이 소유하고 있던 재각(齋閣)이나 농민군 지도자 자신의 집에 설치되는 경우도 흔했다. 전라도 부안에서는 부안의 양반 가문을 대표하는 신씨(辛氏) 가문의 재각을 집강소로 사용한 것으로 확인된다.[45] 당시 농민군이 집강소로 사용했던 건물이 지금도 남아 있다.

4. 제2차 혁명기의 활동

1) 제2차 혁명 참여

제2차 동학농민혁명, 즉 1894년 9월 중순경의 삼례기포(參禮起包)에 대해 용암은 어떤 인식과 대응을 하였을까? 『김낙철역사』와 『김낙봉이력』에는 이상하게도 제2차 혁명 당시 용암 형제가 어떤 활동을 했는지 한 줄의 기록도 들어 있지 않다. 왜 그럴까? 필자는 그렇게 된 것이 매우 '의도적'이었다고 생각한다. 제2차 혁명 당시 용암의 활동 상황이 회고록에서 의도적으로 누락되었다고 볼 수 있는 근거가 다름 아닌 아래에 인용하는 「전봉준 판결선고서 원본」에 있다. 「전봉준 판결선고서 원본」에는 용암과 관련한 주목할 만한 사실을 언급하고 있다. 여기에 그 내용을 인용한다.

> 同年 九月分에 泰仁을 發程하여 院坪을 지나 參禮驛을 이르러 그곳으로 起兵하는 大都所를 삼고, 鎭安居 東學接主 文季八 金永東 李宗泰, 金溝居 接主 趙駿九, 全州居 接主 崔大奉 宋日斗, 井邑居 孫汝玉, 扶安居 金錫允 金汝中 崔卿宣 宋憙玉 等과 同謀하여….[46]

위의 내용에 따르면, 전봉준은 1894년 9월경에 전라도 삼례역에 제2차 혁명을 위한 대도소를 설치하고 2차 봉기를 준비하면서 각 지역의 동학 지도자들, 즉 접주급 이상 지도자들과 '동모(同謀)'하였다고 진술하고 있으며, 여러 동모자 중에는 부안에 살고 있는 동학 지도자 김석윤(金錫允)과 김여중(金汝中)도 있었다고 진술하고 있다.

그렇다면 전봉준이 동모자라고 밝힌 부안의 김석윤과 김여중은 누구인가? 김석윤은 『김낙철역사』에 빈번하게 등장하고 있는 김영조와 동일 인물이며, 김여중은 바로 용암 김낙철을 가리킨다. 여중(汝中)이 바로 용암의 자(字)이기 때문이다. 그런데 이처럼 제2차 기포의 동모자 가운데 한 사람이었던 용암은 왜 2차 혁명에 즈음한 자신의 활동에 대해 한 줄의 기록도 남기지 않았던 것일까? 이 점 역시 의도적이었을 가능성이 크며, 향후 검토의 여지가 많은 대목이 아닐 수 없다.

이처럼 제2차 혁명 과정에서 전봉준과 '동모자'의 한 사람이 될 만큼 제2차 봉기에도 관여했던 용암이 봉기 이후에 전봉준과 함께 공주까지 북상했는지, 그리고 공주 우금티전투에 참여했는지는 관련 기록이 남아 있지 않아 구체적으로 해명할 길이 없다. 다만, 『김낙봉이력』에

十月에 郡守 尹始永 씨가 新莅하여 舍伯(형님의 존칭으로 김낙철을 지칭함; 주)을 대 하여 言하기를 此處에 와 探問한즉 一境人民이 君의 德으로 圖生하였으니 自此로 有 한 事는 我가 擔當하고 濁亂軍의 禁止는 君이 擔當하라 하기로 彼此 義가 自別하게 지내더니…[47]

라고 한 사실로 보아 제2차 혁명 이후에도 용암과 그 휘하 동학 교도들은 전봉준의 본대에는 합류하여 북상하지 아니하고 주로 부안 지역 관내의 치안 유지, 즉 '탁란군의 금지' 활동에 전념한 것으로 짐작된다.

제1차 혁명 당시에 전봉준의 봉기에 호응하여 기포하고, 제2차 혁명 과정에서도 전봉준의 '동모자' 가운데 한 사람이었던 용암은 전봉준이 이끄는 동학농민군 본대와는 독립적인 활동을 벌였으며, 그 독립적 활동의 대부분은 부안 관내의 '탁란군의 금지', 즉 치안유지 활동에 주력하는 것이었다. 이 같은 용암의 활동은 부안현감-이철화(李哲化), 윤시영(尹始永)- 등으로부터 지지를 받았을 뿐만 아니라, 부안 관내의 사민(士民)들로부터도 폭넓은 지지와 존경을 받는 원인이 되었다.[48]

그러나 용암은 1894년 12월에 체포되기에 이른다. 『김낙철역사』를 보면, 1894년 12월 11일 쟁갈 마을 인근 갈촌(葛村)에 사는 김치만(金治萬)의 아들의 고발로 체포되었다[49]고 하였으며, 체포된 이후의 상황이 상세하게 기록되어 있다. 『김낙철역사』 기록에 의거하여 체포된 이후의 상황을 복원하면 다

음과 같다.

용암 형제는 함께 체포된 32명의 농민군과 더불어 경군(京軍) 및 일병(日兵)에 의해 전라도 나주(羅州)[50]로 압송된다. 12월 23일 부안을 출발한 용암 형제는 김제, 고부, 정읍, 장성을 거쳐 1895년 1월 3일 나주에 도착한다. 이때 나주 수성군 50여 명 및 관속 50여 명에 의해 몽둥이 등으로 2시간 동안이나 난타를 당하여 어깨가 부러지고 팔다리가 부러지는 등 거의 사경에 이르렀다.[51] 이런 사실은 체포된 동학농민군에 대해 관속(官屬)과 반농민군 측이 사형(私刑)과 보복 행위를 아무런 제재 없이 자행하였음을 증언해 주고 있으며, 농민군은 전투에서뿐만 아니라 체포된 뒤에 이루어지는 관속 및 반농민군 측의 사형(私刑) 및 보복 때문에 상당수의 희생자를 낼 수밖에 없었다는 것을 보여준다.

나주에 도착한 32명의 농민군 가운데 3명은 3일 후에 석방되고, 용암을 포함한 나머지 29명의 농민군은 일본군 대장소(日兵 大將所), 즉 미나미 고시로(南小四郎) 소좌가 지휘하는 일본군 후비보병 제19대대 본부로 이송되었다. 1월 6일에는 용암 형제(김낙철·김낙봉)만 일본군이 감독하는 순사청(巡査廳)에 수감되고 나머지 농민군 27명은 그 자리에서 포살(砲殺)되었다.[52] 이것은 생포된 농민군 가운데 다수가 아무런 사법적 절차 없이 처형되었음을 알려 준다.

용암은 전라도 나주의 일본군 순사청에 수감되었을 때 함께 수감되어 있던 농민군 지도자들의 이름을 기록하였다. 그 가운데는 농민군 최고지도자 전봉준(全琫準)과 손화중(孫化中)을 비롯하여 전라도 장흥 출신의 이방언(李芳彦), 운봉 출신의 구모사(丘模史)와 백낙천(白樂天), 그리고 보성군수 유기원(柳基元--柳遠圭의 誤記), 전 보성군수 박태로(朴泰魯) 등의 이름도 보인다. 용암은 또한 이들 농민군 지도자의 서울 압송 사실도 함께 기록하고 있는데, 전봉준과 손화중은 1895년 1월 5일에 서울로 압송되고, 용암 자신은 1월 12일경에 동생 낙봉과 함께 서울로 압송되어 진고개 일인 순사청에 수감되었다고 한다.[54]

용암은 서울의 진고개 일인 순사청에는 수감되어 있던 농민군 지도자들의 이름도 열거하였는데, 구암 김연국, 김연국의 숙부 김광문(金光文), 김연국의 종제 김기원(金基元), 충청도 청풍 출신 농민군지도자 성두환(成斗煥)과 수백명의 농민군, 그리고 전봉준, 손화중, 최경선(崔景善) 등도 수감되어 있었다[55]고 용암은 증언한다. 농민군 최고지도자 전봉준은 이때 다리가 부러진 상태였다고 한다.

서울로 압송되어 진고개 일인 순사청에 수감되어 있던 용암은 4~5차례의 심문 끝에 3월 21일 무죄로 석방되기에 이른다. 이때 보성군수 유원규는 용암보다 먼저 석방되었으며, 용암은 동생 낙봉, 금구 농민군 지도자 김방서(金邦瑞), 보성의 박태로, 장흥의 이방언 등과 함께 석방되었다.[56] 용암이 무죄로 석방된 이유는 무엇보다도 용암이 1, 2차 혁명에 모두 참여했음에도 불구하고 전봉준의 본대와는 독립적으로 행동한 점, 특히 1차 봉기 직후에 두 군데에 설치한 집강소를 통해 부안 관내의 치안 유지를 잘함으로써 미곡을 구하러 온 제주도 어민들이 무사히 미곡을 구할 수 있게 도와준 일로 제주도 어민들이 적극적인 구명 활동을 벌인 덕분이었다.[57]

2) 갑오 이후의 동향

무죄로 석방된 김낙철은 1895년 3월 29일에 향리인 부안 갈촌에 도착한 직후 은신을 계속하지 않으면 안 되었다. 반농민군 측의 사적인 보복이 두려웠기 때문이다. 설상가상으로 1895년 5월 중순에는 전라감사 이도재의 토포령(討捕令)이 다시 내려왔다. 그리하여 서울에서 무죄로 석방되었던 보성의 박태로, 금구의 김방서, 장흥의 이방언 등이 다시 체포되어 포살되었다. 이러한 흉흉한 소식을 접한 용암은 동생과 함께 급히 피신하여 가까스로 체포를 모면하였으나 계속된 관의 지목을 피해 부안군 동도면(東道面) 신월리(新月里)와 하동면(下東面) 신성리(新城里) 등을 전전하며 은신하였다.

은신 생활한 지 1년 이상이 지난 1896년 4월경 용암은 관의 지목이 느슨해지자 인근의 동학 지도자들과 연락을 취하며 동학교단 재건 활동에 착수하였다. 8월경에는 자신의 관할 아래에 있는 접(接)을 순회하기 위해 태인과 임실 등을 연이어 방문하였다. 이 무렵 동학 2대 교주 해월과 연락이 닿아 경상도 상주 '높은터'에 은신해 있던 해월을 찾아가 지도를 받았다. 이후 용암은 해월과 긴밀한 연락관계를 유지하면서 동학교단 재건 활동에 전념하였다. 그러나 동학에 대한 관변 측의 탄압은 좀처럼 누그러들지 아니하였다. 특히 살아남은 동학농민군 지도자 또는 동학 지도자 체포를 위한 관변의 동학 감시 활동은 집요하기만 하였다. 이런 상황 속에서 용암은 1898년 1월 4일 경기도 여주 '전거론'에서 해월을 대신하여 이천 병정들에게 체포되기에 이르렀다. 체포 직전에 있던 스승 해월을 급히 피신시킨 용암이 해월인 양 가장하여 체포된 것이다. 서울의 경무청으로 이송된 용암은 여러 차례 혹심한 고문을 당한 끝에 수원 감옥으로 이송되었다가 6월 13일에 가까스로 석방되었다.

한편, 1898년 전라도 고창, 정읍 일대에서는 동학농민군이 보국안민(輔國安民)의 기치를 내건 영학당(英學黨) 봉기가 일어났다. 용암은 이 영학당 봉기 과정에도 일정하게 관여함으로써 관의 지목과 체포령에 시달리게 된다.

1900년에는 해월이 내린 강서(降書)를 통해 도통을 확인하려는 손병희(孫秉熙)에 대해 구암 김연국과 함께 반대의 입장을 분명히 하였다. 1907년에는 김연국과 함께 시천교(侍天敎)에 참여하였다. 그러나 1917년에는 김연국의 시천교 노선을 비판하고 다시 천도교에 합류하기에 이르며, 1917년 12월 22일 60세를 일기로 파란만장한 생을 마감한다.[58]

5. 결언

이 글에서는 전라도 부안 출신 동학 대접주 용암 김낙철의 농민군 활동과 갑오년 이후의 동향을 고찰하였다.

용암은 1890년 동학에 입도한 이래, 1893년 광화문 복합상소에 참여하였고, 1894년의 제1~2차 혁명에도 모두 참여하였다. 동학 2대 교주 해월 최시형의 직접 지도를 받은 이른바 북접 계열 지도자였던 용암의 동학농민혁명 참여는 기존의 '남북접 대립설'을 극복할 수 있는 유력한 사례의 하나로 확인되었다.

집강소 통치기에 용암은 부안 지역 2개소에 도소를 설치하여 관내 치안 유지에 크게 공헌하였는데, 그가 설치한 집강소는 지방 수령 또는 재지사족과 일정한 타협과 협조 관계로 성립된 '타협적 집강소'를 대표하는 사례 가운데 하나였다. 이 같은 용암의 집강소 활동은 부안 현감의 적극적인 협조를 이끌어냈을 뿐만 아니라, 부안지역 사민(士民, 양반과 평민)들로부터도 광범한 지지를 받았던 것으로 확인되었다.

제1~2차 혁명 참여 및 집강소 활동 등으로 용암은 1894년 12월에 체포되어 전라도 나주를 거쳐 서울로 압송되었다. 그는 전봉준과 손화중 등 농민군 최고지도자들과 함께 재판에 회부되었지만, 집강소 통치기에 부안 지역 관내의 치안유지 활동의 공을 인정받아 무죄로 석방되었다. 그의 석방 배경에는 특히 용암의 집강소 활동 덕분에 무사히 기민(饑民) 구휼을 할 수 있었던 제주도민의 구명운동이 크게 작용하였다.

그러나 용암은 무죄 석방 뒤, 다시 내려진 전라감사의 토포령 때문에 1894년 12월 이후 2년여에 걸쳐 각지를 전전하는 은신생활을 강요당했다. 그 후 1896년부터는 다시 해월 최시형과 함께 동학교단 재건 활동에 헌신하였으며, 1898년의 영학당 봉기에도 참여하였다. 같은 해에 용암은 스승 해월을 대신하여 재차 체포되는 수난을 당하기도 하였으며, 해월 사후 일시적으로 시천교에 가담하기도 했다. 그러나 만년에 다시 천도교에 귀의하였다가 1917년에 사거하였다.

　이상과 같이, 1890년 동학 입교를 시작으로, 교조신원운동 과정과 동학농민혁명기를 거쳐 갑오년 이후의 민중운동에도 적극 가담하고, 천도교 활동에도 참여했던 용암의 생애와 활동은 그 자신의 개인사로서뿐만 아니라, 동학사와 천도교 교단사, 동학농민혁명사를 재구성하는 데 귀중한 사례가 아닐 수 없다.

매천 황현의
동학농민군에 대한 인식

1. 머리말

조선왕조 말기 재야 지식인이었던 매천(梅泉) 황현(黃玹, 1855~1910, 이하 매천)은 동학농민혁명[1]과 관련하여 방대한 기록을 남겼다. 『동비기략(東匪紀略)』[2]과 『오하기문(梧下記聞)』[3]이 바로 그것이다. 이 가운데 『오하기문』은 전북 익산 출신의 동학 접주 오지영(吳知泳, 1868~1950)이 남긴 『동학사(東學史)』[4]와 함께 동학농민혁명을 연구하는 데 없어서는 안 될 1차 사료로서 널리 인용되어 왔으며, 매천 자신의 동학농민혁명에 대한 인식을 이해하는 기본 자료로 활용되어 왔다.

매천의 동학농민혁명 인식에 관한 지금까지의 연구는 매천과 동학농민군(이하 농민군) 사이의 '대립과 갈등'의 측면만 일방적으로 강조해 왔을 뿐, 양자 사이에 보이는 공통 인식, 공통 이해의 측면에 대해서는 거의 주목하지 않았다.[5] 그런데 『오하기문』의 농민군 관련 서술을 면밀하게 검토해 보면, 1892~3년의 교조신원운동 단계부터 1894년 동학농민혁명 단계에 이르기까지 동학농민혁명 지도부가 폐정의 개혁을 요구하며 제시했던 각종 격문 및 포고문, 원정(原情) 등의 내용에 일정 부분 공감을 표시하는 부분도 적지 않게 발견할 수 있다. 요컨대, 양자 사이에는 '대립, 갈등의 측면'만 있었던 것이 아니라, 특정 사안에 대한 인식을 '공유'하거나 이해관계가 '공통'되는 측면도 있었던 것이다.

이 글에서는 종래 연구에서 강조되어 왔던 매천과 농민군 사이의 '대립과 갈등'의 측면을 충분히 유의하면서도, 종래의 연구가 간과해 왔던 '공유와 공통'의 측면에 대해 중점적으로 고찰해 보고자 한다. 이 같은 작업을 통해 필자는 1860년에 창도된 동학과, 그 같은 동학을 사상적 및 조직적 기반으로 삼아 1894년에 일어난 동학농민혁명이 매천이 목숨을 걸고 평생토록 고민했던 강화학(江華學=陽明學)[6]의 본령과 그다지 멀지 않은 지점에 있었다는 사실을 규명해 냄으로써 양자가 화해할 수 있는 가능성을 모색하고자 한다.

2. 연구사 검토

매천의 동학농민군 이해와 관련한 기존 연구는 매천의 역사의식 전반을 다루면서 그 속에서 나타난 농민군 인식을 다룬 연구와 매천의 동학농민혁명 관련 저술을 중심으로 농민군 인식을 다룬 연구, 그리고 경기도 강화와 충북 진천 일대의 강화학파를 다루면서 그 속에서 매천 등 강화학파의 농민군 인식을 다룬 연구 등으로 크게 세 가지로 분류할 수 있다. 우선 전자에 속한 연구로는 아래와 같은 성과가 있다.

> 홍이섭,「현의 역사의식-매천야록 독해에의 시론」,『숙대사론』4, 1963.
> _____,「황현의 역사의식」,『인문과학』27-28, 연세대학교 인문과학연구소, 1972.
> 이상식,「매천 황현의 역사의식」,『역사학연구』8, 전남사학회, 1978.
> 최홍규,「황현의 현실인식과 역사감각」,『한국사상』17, 1979.

하우봉,「황현의 역사인식에 대한 연구」,『전북사학』6, 1982.

김창수,「매천 황현의 역사의식」,『매천 황현의 생애와 사상』, 한국정신문화연구원, 1999.

이이화,「황현의 삶과 사상」,『매천 황현의 역사의식과 문학』, 광양시, 1999.

다음으로 매천의 동학농민혁명 관련 저술인『갑오평비책』,『동비기략』,『오하기문』등을 중심으로 한 연구로는 아래와 같은 성과가 있다.

김창수,「갑오평비책에 대하여–매천 황현의 동학인식」,『남사 정재각박사 고희기념 동 양학논총』, 1984.

김창수,「황현의 동비기략초고에 대하여-오하기문 을미 4월 이전 기사의 검토」,『천관 우선생 환력기념 한국사학논총』, 1985.

김용섭,「황현의 농민전쟁 수습책」,『고병익박사 회갑기념 사학논총: 역사와 인간의 대응』, 1985.

이이화,「황현의 오하기문에 대한 내용 검토-1894년 동학농민전쟁 기술을 중심으로」,『서지학보』4, 1991.

끝으로 경기도 강화와 충북 진천 일대의 강화학파(양명학자)를 다루면서 부분적으로 매천의 농민군 인식을 다룬 연구로는 아래와 같은 성과가 있다.

민영규,「강화학 최후의 광경」,『회귀』3, 범양사출판부, 1987;『강화학 최후의 광경 서 여문존 其一』, 도서출판 우반, 1994.

신영우,「한말 일제하 충북 진천의 유교지식인 연구-홍승헌, 정원하, 정인

표를 중심으로-」, 『광무 양안과 진천의 사회경제 변동』, 도서출판 혜안, 2007.

3. 매천의 갑오시국(甲午時局) 인식

매천은 『오하기문』에서 1894년 동학농민군 봉기를 중심으로 당시 정국에 대한 자신의 견해를 다양한 각도에서 기술하였다. 이 장에서는 『오하기문』에 나타난 매천의 갑오시국 인식을 첫째, 동학농민군에 대한 인식, 둘째, 지방관의 가렴주구(苛斂誅求)에 대한 인식, 셋째, 일본군에 대한 인식 등으로 나누어 그 내용을 구체적으로 해명해 보고자 한다.

1) 동학농민군에 대한 인식

우선, 매천의 동학농민군 인식을 객관적으로 이해하는 데 지남(指南)이 될 말한 선학의 연구가 있다. 만년까지 강화학(=양명학)의 본령을 바르게 전달하기 위해 한국학중앙연구원과 연세대학교 등에서 강학(講學)을 멈추지 않았던 서여(西餘) 민영규(閔泳珪) 선생의 「강화학 최후의 광경」[7]이 바로 그것이다. 서여 선생은 「강화학 최후의 광경」에서 다음과 같이 말하고 있다.

> 일찍이 이건창(李建昌, 1852~1899; 인용자 주)은 동학란으로 대표되는 농민의 반란을 용서하려 하지 않았다. 그러나 농민의 반란이 지방 관리들의 무참한 가렴주구에서 발단된 것임을 이건창은 누구보다도 잘 알고 있었다. 관가를 부수러 온 농민들의 분노를 잠재울 생각은 않고 무작정 도망쳐서 관가의 무기고를 송두리째 반란군에게 넘겨준 나머지, 급기야 수습할 수 없는 무정부 상태로 몰고간 당국의 처사에 더욱 분노를 터뜨렸다고 보는 것

이 옳은 것 같다. 黃梅泉(梅泉 黃玹, 1855~1910; 인용자 주) 형제도 그러했고, 洪汝園(汝園 洪承憲, 1854~1914; 인용자 주), 鄭綺堂(綺堂 鄭元夏, 1854~1925; 인용자 주), 李建昇(1858~1924; 인용자 주), 李建芳(1861~1939; 인용자 주) 등 한때 강화에서 양명학을 강론하던 인사들이 역시 모두 그러해서, 시대가 요구하는 커다란 물결을 적극적으로 평가하지 못했던 점, 뒷날의 역사가들로부터 반시대적이라는 지탄을 받는다 해서 나는 굳이 거기에 반대할 의사를 갖지 않는다. (중략) 이건창과 그 맹우 관계에 있었던 인사들이 전통사회가 부딪친 현실사회의 모순을 뛰어넘지 못했던 점, 나는 그것을 안타까워 할 따름이다.[8]

이상에서 서여 선생이 지적하는 것처럼, 매천 역시 이건창과 마찬가지로 '사도(邪道)'인 동학과 '사도'를 추종하는 무리들이 일으킨 농민군의 봉기를 인정하지 않은 것은 분명한 역사적 사실이다.[9] 하지만 『오하기문』을 구석구석 살펴보면, 매천은 의외로 동학의 접포 조직의 특성을 비롯하여 질서정연한 농민군들의 봉기 모습을 자신의 견문에 근거하여 실사구시적 입장에서 서술한 부분이 상당하다는 사실을 발견할 수 있다. 갑오년 당시 농민군 봉기를 바라보는 여느 유생들과는 '구별'되는 인식을 매천이 지니고 있었을 가능성을 시사하는 내용이 아닐 수 없다. 조금 과장하여 말한다면, 농민군의 봉기를 일정 정도 '긍정적으로' 바라본 측면이 있는 것이다. 동학과 농민군에 대한 매천의 기술을 인용해 보기로 한다.

〈사료-1〉
관군은 행군을 하면 연도에서 닥치는 대로 노략질을 하였고, 점포를 망가뜨리고 상인들의 물건을 겁탈하는가 하면, 마을로 가득 몰려와 닭이나 개가 남아 있는 게 없었기에 백성들은 한결같이 이를 갈면서도 겁이 나 피했다. (중략) 적(농민군; 인용자 주)은 관군의 소행과는 반대로 하기에 힘써 백성들에게 폐를 끼치는 일은 하지 않게끔 명령을 내려 조금도 이를 어기지 않으면서 쓰러진 보리를 일으켜 세우며 행군하였다.[10]

〈사료-2〉

그들(동학농민군; 인용자 주)의 형벌에는 목을 베는 것, 목을 매는 것, 몽둥이로 때리는 것, 회초리로 엉덩이를 때리는 것 등이 있었는데, 다만 주리 트는 것을 늘상 적용하였다. 비록 큰 죄를 진 경우에도 죽이지는 않고 주리를 틀어 겁을 주면서 도인(동학농민군; 인용자 주)은 사람을 죽이지 않는다고 했다. (중략) 그 무리들 중에서 법을 범하면 또한 서로 죽이지 않고 대개 매질로 다스리며 "도인은 동지를 아끼고 사랑한다."고 말하였다.[11]

위의 〈사료-1, 2〉 외에도 "노비와 주인이 함께 입도(入道)한 경우에는 또한 서로를 접장(接長)이라 불러 마치 벗들이 교제하는 것 같았다. 이런 까닭에 사노비와 역참에서 일하는 사람, 무당의 서방, 백정 등과 같이 천한 사람들이 가장 좋아라 추종하였다."[12](〈사료-3〉)라든가, "간혹 양반 중에는 주인과 노비가 함께 적을 추종하는 경우도 있었는데, 이들은 서로를 접장이라 부르면서 적의 법도를 따랐다."[13](〈사료-4〉)라든가, 또는 "적은 서로 대하는 예가 매우 공순하였으며, 신분의 귀천이나 나이에 상관없이 평등한 예로 대하였다. 비록 접주라고 불리는 사람 중에서 남보다 뒤쳐지는 사람이 있다 하여도 도적들은 정성껏 섬겼다."[14](〈사료-5〉)라고 서술하였다. 이 같은 매천의 동학 및 농민군 관련 기술은 동학농민혁명 당시 일본 측이 입수한 1차 사료와 농민군 자신이 남긴 기록 등에서도 사실로 확인된다. 먼저 일본 측 사료를 보기로 하자.

동도대장(東道大將)이 각 부대장에게 명령을 내려 약속하여 말하기를, 매번 적을 상대할 때 우리 농민군들은 칼에 피를 묻히지 아니하고 이기는 것을 으뜸의 공으로 삼고, 어쩔 수 없이 싸우더라도 사람의 목숨만은 해치지 아니하는 것을 귀하여 여기며, 매번 행진하여 지나갈 때는 다른 사람들의 물건에 피해를 끼치지 아니하며, 효제충신(孝悌忠信)하는 사람이 사는 동네 십 리 안에는 주둔하지 않도록 하라고 하였다.[15]

매천은 『오하기문』에서 농민군은 "백성들에게 폐를 끼치는 일은 하지 않게끔 명령을 내려 조금도 이를 어기지 않으면서 쓰러진 보리를 일으켜 세우며 행군하였다."(〈사료-1〉 참조)고 하였으며, "비록 큰 죄를 진 경우에도 죽이지는 않고 주리를 틀어 겁을 주면서 도인(농민군; 인용자 주)은 사람을 죽이지 않는다고 했다"(〈사료-2〉 참조)고 서술하였다. 이와 같은 매천의 기술은 일본 측 사료에서도 나오는 "매번 적을 상대할 때 우리 농민군들은 칼에 피를 묻히지 아니하고 이기는 것을 으뜸의 공으로 삼고, 어쩔 수 없이 싸우더라도 사람의 목숨만은 해치지 않는 것을 귀하게 여기며, 매번 행진하며 지나갈 때는 다른 사람의 물건에 피해를 끼치지 않았다(每於對敵之時 兵不血刃而勝者爲首功 雖不得已 戰 切勿傷命爲貴 每於行陣所過之時 切勿害人之物)."[16]는 내용과 완벽하게 일치한다.

이상의 내용에서 매천의 동학농민군에 대한 기술이 사실에 입각하여 기술하는 실사구시적 태도를 취하였다는 사실을 엿볼 수 있다. 주지하듯이 매천은 신분제적 질서를 부정하는 농민군의 봉기를 결코 인정하지 않았다. 그렇기 때문에 매천은 농민군을 어디까지나 '적'이라고 표현하였다. 그렇지만, 농민군의 엄정한 규율이라든지 질서 있는 행동을 실사구시적 입장에서 객관적인 사실 그대로 기술하였던 것은 주목할 만한 서술 태도라 할 만하다.

한편, 농민군 조직이 신분 차별을 뛰어넘은 평등한 조직이었다는 사실에 대해서도 매천은 여러 곳에서 언급하는데(위의 〈사료-3, 4, 5〉 참조), 이는 농민군 자신이 남긴 기록에서도 확인할 수 있다. 다음에 인용하는 내용이 바로 그것이다.

동학의 바람이 사방으로 퍼지는데 하루에 몇십 명씩 입도를 하곤 하였습니다. 마치 봄 잔디에 불붙듯이 포덕이 어찌도 잘 되든지 불과 일이삭(一二朔) 안에 서산(충청남도 瑞山; 인용자 주) 일군(一郡)이 거의 동학화가 되어 버렸습니다. 그 까닭은 말할 것도 없이 (중략) 만민평등을 표방한 까닭입니다. (중략) 첫째, 입도만 하면 사인여천(事人如天)이라는 주의(主義)하(下)에서 상하귀천(上下貴賤) 남녀존비(男女尊卑)–양반과 노비: 인용자 주–할 것 없이 꼭꼭 맞절을 하며 경어를 쓰며 서로 존경하는 데서 모두 심열성복(心悅性服)이 되었고….[17]

위의 내용은 1894년 2월에 충청남도 서산에서 동학에 입도한 뒤, 접주 신분으로 동학농민혁명에 참가했던 홍종식(洪鍾植)이란 동학농민군이 갑오년 이후에도 살아남아 1929년에 증언한 내용이다. 이 증언 속에는 갑오년 당시의 농민군 조직은 "사인여천주의 하에서 상하 귀천 남녀 존비 할 것 없이 꼭꼭 맞절을 하며 경어를 쓰며 서로 존경하였다."고 회고하는데, 홍종식의 회고 내용과 매천의 기술은 조금도 어김없이 일치한다. 홍종식의 회고 내용에 비추어 볼 때 매천의 농민군에 대한 서술이 역사적 사실과 부합하는 실사구시적 내용임을 알 수 있다.

매천이 묘사한 것처럼, 동학(농민군)의 접포 조직에 입도한 양반과 노비는 '서로를 접장이라고 부르며 맞절을 하는'(〈사료-3, 4, 5〉 참조) 등 신분 차별이 전혀 없는 평등한 조직이었다. 이 같은 농민군 조직 내의 신분 평등 문화는 동학 창도 초기부터 비롯되어 농민군이 봉기한 1894년에 이르기까지 줄기차게 실천되고 있었다. 창도 초기 동학 조직 내의 신분 평등 문화를 잘 보여주는 자료를 아래에 소개한다.

> 귀천(貴賤)과 등위(等位)를 차별하지 않으니 백정과 술장사들이 모이고, 남녀를 차별하지 아니하고 유박(帷薄, 동학의 집회소; 인용자 주)을 설치하니 홀아비와 과부들이 모여들고, 돈과 재물을 좋아하여 있는 사람과 없는 사람이 서로 도우니 가난하고 궁핍한 사람들이 기뻐했다.[18]

위의 내용에서 보는 바와 같이, 창도 초기부터 귀천과 등위, 남녀, 빈부 차별이 없는 평등한 조직으로 출발했던 동학은 충청도 서산 출신 접주 홍종식의 회고[19]에서 증명하는 것처럼 갑오년에 이르기까지 동학의 사인여천(事人如天)의 정신 아래 신분 차별이 전혀 없었다. 그리하여 수많은 민중들이 동학(농민군) 조직에 '봄 잔디에 불붙듯이' 앞다투어 입도하였으며, 매천은 그 같은 역사적 사실을 있는 그대로 기술하는 자세를 견지했다.

2) 지방관의 가렴주구에 대한 인식

1894년 동학농민혁명이 일어나게 된 요인은 다양하다. 그러나 가장 결정적인 이유는 당시 전국적으로 만연해 있던 중앙 관료의 탐학 및 지방관들의 가렴주구, 즉 부당한 세금 징수 때문이라는 것이 학계의 정설이다. 가렴주구에 대한 농민군들의 분노를 가장 상징적으로 보여주는 농민군 측의 문서가 바로 「무장포고문(茂長布告文)」이다. 「무장포고문」은 1894년 3월 20일에 전라도 무장현[20]에서 전봉준이 이끄는 농민군이 조선왕조의 전반적인 폐정(弊政), 즉 악정(惡政) 개혁을 위하여 전면 봉기를 단행하면서 전국 각지에 널

리 포고하여 농민군의 봉기를 촉구하는 내용의 격문을 말한다. 전봉준이 이
끄는 농민군은 음력 3월 21일[21]에 전면 봉기를 단행하였기 때문에 이 포고
문은 3월 20일, 또는 그 이전에 포고되었을 것으로 짐작되며, 농민군 최고지
도자 전봉준이 직접 쓴 것으로 알려져 있다.[22] 「무장포고문」에는 농민군 지
도부의 당면한 시국 인식을 비롯하여 무장봉기를 단행하지 않으면 안 되게
된 필연적 이유, 민중들의 삶을 파탄으로 몰아넣고 있는 지배 체제의 모순
을 타파하고자 하는 농민군들의 혁명적 의지, 그리고 그 같은 취지에 찬동
하는 양반, 향리, 일반 민중들의 적극적인 동참과 협력을 촉구하는 내용이
서술되어 있다. 요컨대, 동학농민혁명을 통해 농민군들이 실현하고자 했던
대의(大義)가 실감나게 표현되어 있는 것이다.

　농민군이 전면봉기하게 된 대의를 천명하고 있는 「무장포고문」은 전라
도뿐만 아니라 충청도와 경상도 등 전국 각지로 발송되거나 전달되었던 것
으로 확인된다. 이 같은 사실은 「무장포고문」이 전라도 익산[23] 출신인 오지
영의 『동학사』를 비롯하여, 갑오년 당시 구례에 거주하던 유생 매천 황현의
『오하기문』, 경상도 예천에 거주하고 있던 유생 박주대의 『나암수록』, 관
변 기록인 『동비토록』, 충청도 보은 관아에서 1893년부터 1894년에 걸쳐 보
은집회에 참여한 동학도인 및 갑오년 당시 농민군의 동정을 탐지하여 수록
한 관변 기록 『취어』, 전라도 무주 관아에서 수집하여 남긴 관변 기록인 『수
록』, 1894년 동학농민혁명 당시 서울 명동성당에 주재하며 농민군 관련 문
서를 광범위하게 수집했던 뮈텔 주교가 남긴 『뮈텔문서』(천주교 한국교회사연
구소 소장), 동학농민혁명을 전후하여 전라도 줄포에 거주하던 일본인 파계
생(巴溪生)이 쓴 『전라도고부민요일기(全羅道古阜民擾日記)』[24] 등에 포고문의
원문 또는 사본이 수록되어 있거나, 그 당시의 문서가 보존되어 있는 점에
서 분명하게 확인할 수 있다.

이상 위에 열거한 자료 가운데 오지영의 『동학사』에는 국한문으로, 『전라도고부민요일기』에는 일본어로, 나머지 사료에는 모두 순한문으로 수록되어 있다. 관변 기록인 『취어』에는 405자, 관변 기록인 『수록』에는 400자 정도의 한자로 되어 있으나 내용은 거의 동일하다.

『오하기문』과 『동비토록』, 『취어』 등에 실린 「무장포고문」을 서로 대조하여 핵심 부분만을 소개한다.

지금 이 나라는 위로 공경대부(公卿大夫)로부터 아래로 방백수령(方伯守令)들에 이르기까지 모두가 나라의 위태로움은 생각하지 않고, 그저 자기 몸 살찌우고 제 집 윤택하게 할 계책에만 골몰하고 있으며, 벼슬길에 나아가는 문을 마치 재화가 생기는 길처럼 생각하고, 과거 시험 보는 장소를 마치 돈을 주고 물건을 바꾸는 장터로 여기고 있으며, 나라 안의 허다한 재화와 물건들은 나라 창고로 들어가지 않고 도리어 개인의 창고만 채우고 있다. 또한 나라 빚은 쌓여만 가는데 아무도 갚을 생각은 하지 않고, 그저 교만하고 사치하며 방탕한 짓을 하는 것이 도무지 거리낌이 없어 팔도(八道, 조선 각지; 번역자 주)는 모두 어육(魚肉)이 되고 만백성은 모두 도탄에 빠졌는데도 지방 수령들의 가혹한 탐학은 더욱 더하기만 하니 어찌 백성들이 곤궁해지지 않을 수 있겠는가.

백성은 나라의 근본인 바, 근본이 깎이면 나라 역시 쇠잔해지는 법이다. 그러니 잘못되어 가는 나라를 바로잡고 백성들을 편안하게 만들 방책을 생각하지 않고 시골에 집이나 지어 그저 오직 저 혼자만 온전할 방책만 도모하고 한갓 벼슬자리나 도둑질하고자 한다면 그것을 어찌 올바른 도리라 하겠는가. 우리들은 비록 시골에 사는 이름 없는 백성들이지만 이 땅에서 나는 것을 먹고 이 땅에서 나는 것을 입고 사는 까닭에 나라의 위태로움을

차마 앉아서 볼 수 없어 팔도가 마음을 함께 하고 억조창생(億兆蒼生)들과
서로 상의하여 오늘의 이 의로운 깃발을 들어 잘못되어 가는 나라를 바로
잡고 백성들을 편안하게 만들 것을 죽음으로써 맹세하노니, 오늘의 이 광
경은 비록 크게 놀랄 만한 일이겠으나 절대로 두려워하거나 동요하지 말
고 각자 자기 생업에 편히 종사하여 다 함께 태평성대를 축원하고 다 함께
임금님의 덕화(德化)를 입을 수 있다면 천만다행이겠노라.[25]

위의 「무장포고문」에서 농민군 지도부는 "지금 이 나라는 위로 공경대부
로부터 아래로 방백수령에 이르기까지 모두가 나라의 위태로움은 생각하
지 않고 그저 자기 몸 살찌우고 제 집 윤택하게 할 계책에만 몰두하고 있으
며, 벼슬길에 나아가는 문을 마치 재화가 생기는 길처럼 생각하고 과거시험
보는 장소를 마치 돈을 주고 물건을 바꾸는 장터로 여기고 있으며, 나라 안
의 허다한 재화와 물건들은 나라의 창고로 들어가지 않고 도리어 개인의 창
고만 채우고 있다. 또한 나라의 빚은 쌓여만 가는데 아무도 갚을 생각은 하
지 않고, 그저 교만하고 사치하며 방탕한 짓을 하는 것이 도무지 거리낌이
없어 팔도(八道)는 모두 어육(魚肉)이 되고 만백성은 모두 도탄에 빠졌는데도
지방 수령들의 가혹한 탐학은 더욱 더하니 어찌 백성들이 곤궁해지지 않을
수 있겠는가?" 라고 하여, 위로는 중앙관료인 공경대부로부터 아래로는 지
방관들인 방백수령에 이르기까지 도탄에 빠진 민중들의 삶은 아랑곳없이
탐학, 즉 가렴주구만을 일삼고 있음을 통렬하게 비판하고 있다. 그렇다면
동학농민혁명을 전후한 시기에 지방관들이 자행하던 가렴주구 행위에 대
한 매천의 인식은 과연 어떠했을까? 매천의 『오하기문』 속으로 들어가 보기
로 한다.

〈사료-6〉

이 무렵 민씨(閔氏)들 중 도둑으로 지목되는 세 사람이 있었다. 서울의 도둑은 민영주(閔泳柱), 관동(강원도 關東; 인용자 주)의 도둑은 민두호(閔斗鎬), 영남(경상도; 인용자 주)의 도둑은 민형식(閔炯植)이었다. 두호는 영준(泳駿)의 아비이고, 영주는 영준에게 종형(從兄)이 되고, 형식은 영위(泳緯)의 서자(庶子)다.(중략) 대개 성이 민 씨인 사람들은 하나같이 탐욕스러웠고 전국의 큰 고을은 대부분 민 씨들이 수령 자리를 차지하였고, 평양 감사와 통제사는 민씨가 아니면 할 수 없게 된 지가 이미 10년이나 되었다. 그런데 저 형식과 같은 놈은 고금에서도 처음 있을 정도였다. 백성들은 그를 '악귀(惡鬼)'라고 하였으며, 때로는 '광호(狂虎)'라고도 하였는데, 이는 그가 능히 산 채로 사람을 씹었기 때문이었다. 이에 온 나라가 시끄러웠고 동요(童謠)가 분분하게 떠돌았는데, 대부분 '난리가 왜 일어나지 않느냐?'는 것이었으며, 더러는 '무슨 좋은 팔자라고 난리를 볼 수 있겠느냐?'고 장탄식을 하였다.[26]

〈사료-7〉

호남은 재물이 풍부하여 그 욕심을 채워줄 만하였다. 무릇 이곳에서 벼슬하는 사람들은 백성들을 양이나 돼지처럼 여기면서 마음대로 묶고 빼앗았으며, 일생 동안 종과 북을 치면서 사방에서 빼앗았다. 이리하여 서울에서는 "아들을 낳아 호남에서 벼슬을 살게 하는 것이 소원이다."라는 말이 떠돌 정도였다. 이에 관리는 도척(盜跖)이 되고 아전은 창귀(倀鬼)가 되어 살을 깎고 뼈를 바루며 거두었고, 그 부정한 재물을 나누어 가지는 데 참여하였다.[27]

이 외에도 지방관들의 가렴주구와 관련한 매천의 서술은 "대원군(大院君)

하응(昰應)은 일찍이 '우리나라에 세 가지 폐단이 있는데, 충청지방의 사대부와 평안지방의 기생과 전라지방의 아전이다.'라고 했"[28](〈사료-8〉)다는 내용을 비롯하여, "충청지방은 본래 사대부들이 많이 모여 사는 곳으로 훈신(勳臣, 나라에 공훈을 세운 신하; 인용자 주)과 척신(戚臣, 국왕의 외척; 인용자 주), 그리고 지방 수령을 지낸 사람들이 숲을 이루듯이 즐비했고, 또한 파당(派黨, 사색 당파; 인용자 주)을 형성하여 그들 마음대로 일을 처리하는 것이 풍속을 이루고 있었기 때문에 억지로 농가를 사들이고 강제로 묘지를 빼앗기도 하였다. 가난한 서민들은 이들에 대한 원한이 뼈에 사무쳐 동학(東學)이 일어나자 팔을 걷어붙이고 호응한 사람들의 숫자가 백만을 헤아리게 되었다."[29](〈사료-9〉)라는 내용, 그리고 "이 무렵 호남의 난리는 날마다 위급해졌다. 그러나 영남 우도는 아직 난이 일어나지 않아 관청의 명령이 먹혀들었으므로 군사권을 가진 관리와 지방 수령들의 탐욕스러움과 포악함이 조금도 줄어들지 않았다. 백성들의 한은 점점 깊어져 날마다 적이 오기만을 학수고대하였다."(〈사료-10〉) 등이 있다.[30]

지방관들의 가렴주구와 관련하여 위에 언급한 〈사료-6, 7, 8, 9, 10〉의 내용을 보면, 농민군 지도부가 「무장포고문」에서 신랄하게 지적한 바와 같이, 위로는 중앙의 공경대부, 즉 민씨 정권 지배층으로부터 아래로는 경상도·충청도·전라도 등 이른바 삼남 지방의 수령방백, 즉 지방관에 이르기까지 민중에 대한 가혹한 수탈을 태연하게 자행하고 있었음을 확인할 수 있다. 동학농민혁명이 일어날 수밖에 없었음을 매천 또한 뼈저리게 이해하고 있었다고 할 수 있는 대목이다. 바로 이런 견지에서 보자면, 서여 선생이 매천을 비롯한 강화학파 인물들을 평하기를 "관가를 부수러 온 농민들의 분노를 잠재울 생각은 않고 무작정 도망쳐서 관가의 무기고를 송두리째 반란군에게 넘겨준 나머지, 급기야엔 수습할 수 없는 무정부 상태로 몰고 간 당국의 처사에 분노를 터뜨렸다고 보는 것이 옳을 것이다."[31]라고 말한 것은 정곡을 찌르고 있다고 하겠다.

　지방관들의 가렴주구에 대해 매천은 한 걸음 더 나아가, 동학농민혁명의 원인 제공을 한 다섯 인물을 가리켜 "이 무렵 호남 사람들은 (김)문현처럼 난 의 원인을 조성한 사람들을 '오적(五賊)' 또는 '오역(五逆)'이라고 불렀다."[32]라 고 지적하면서, 전운사(轉運使) 조필영(趙弼永), 균전사(均田使) 김창석(金昌錫), 전라감사(全羅監司) 김문현(金文鉉), 고부군수(古阜郡守) 조병갑(趙秉甲), 고부안 핵사(古阜按覈使) 이용태(李容泰) 등이 자행한 가렴주구 및 가혹한 민중 탄압 행위를 엄중히 비판하였다. 매천이 강력하게 규탄하는 '5적'의 행위를 『오하 기문』을 통해 살펴본다.

〈사료-11〉

조필영이 전운사로 부임하여 교묘하게 명목을 추가하여 세금에 세금을 가 산하여, 해마다 엽전 백만 꾸러미씩 사사로이 위에다 바치게 하여 3년의 짧은 기간에 일약 소론 갑부가 되었다. 그리하여 전라도 전역은 모두 병색 이 완연하였다.[33]

〈사료-12〉

김창석이 균전어사로 부임해서는 농사가 제대로 되지 않아 거두어 들일 것이 없는 땅에다 세금을 징수하고 국세를 덜어내어 개인의 뱃속을 채우 면서도 임금에게 바치는 것을 지속하여 백성의 원망에 아랑곳없이 위의 총애를 사고자 하였다. 저 시골집에 편히 누워 있어도 녹공이 승지에 이르 렀으니 전라 우도는 더욱 병이 피폐해졌다.[34]

〈사료-13〉

김문현의 탐오한 학정과 흐릿하고 멍청함이 더해져 돈 많은 부잣집도 밤이면 잠자리가 편치 않았고, 소민(小民=평민)들은 빌려 대납할 곳도 없어 입만 오물거리며 죽기를 기다렸다.[35]

〈사료-13-1〉

(김)문현이 전라감사가 된 다음 백성들로부터 재물을 수탈한 일들은 일일이 열거하기도 어려울 지경인데 더구나 환전(還錢)까지 거두어들이려 하였다.[36]

〈사료-14〉

계사년(癸巳年, 1893)에 충청 우도 일대에 가뭄이 극심하여 세금을 거둘 수조차 없었는데, (전라도) 고부는 산과 바다가 서로 엇갈리는 지형으로 북쪽은 흉년이 들었지만 남쪽은 그런대로 추수를 하였다. (조)병갑은 가뭄에 대한 보고를 받고 각 고을을 순시하면서 북쪽 4개 면의 세금을 탕감해 주었다. 그러나 다른 고을에는 '가뭄의 재해로 세금을 탕감하지는 않는다'고 말하면서, 북쪽 지방의 세금을 남쪽 지방에다 옮겨 부과하고 실제보다 배나 되게 독촉하여 받아들였다. 그리고 북쪽에는 세금을 다른 지방에 옮겨 부과한 것을 자랑하고 백성들에게 후한 보상을 요구하여, 논 백 이랑당 거두어들인 것이 백 말이나 되었다. 이것은 실제로 국세의 세 배나 되었다. (중략) 지금 생각해 보면, 삼남 지방에 민란이 일어나고 동학이 반란을 일으켜, 청·왜가 연이어 군대를 몰고 와 천하가 동요되고, 종묘사직이 뒤흔들릴 만큼 긴박한 상황이 조성되었던 것은 모두 저 몹쓸 조병갑 한 놈 때문에 일어난 일이었다. 아! 이러한 일은 시대 때문인가. 운수 때문인가. 비록 그놈의

고기로 제사지내고 그 가죽을 벗긴다 해도 어찌 보충할 수 있겠는가.[37]

〈사료-15〉

(신임) 고부군수 박원명(朴源明)은 크게 잔치를 열고 난민들을 불러서 조정에서 난(亂, 1894년 음력 1월 10일에 일어난 고부농민봉기; 인용자 주)을 일으킨 죄를 용서하고 농사일에 돌아가 생업에 종사할 것을 허락한다는 뜻을 설명해주자 난민들이 대부분 해산하였다. (중략)

얼마 지나서 안핵사 이용태(李容泰)가 고부에 당도하여 원명이 했던 것과는 정반대로 일을 처리하였는데, 병갑을 두둔하면서 난민들을 반역의 죄목으로 몰아넣어 죽이고자 하였다. 김문현(金文鉉)은 또 부호들을 잡아들여 뒤에서 난을 조종했다고 덮어씌우며 협박하여 많은 뇌물을 긁어 들였다. 이렇게 되자 백성들은 분함과 원망에 차 다시 난을 일으켰다.[28]

위의 〈사료-11, 12, 13, 13-1, 14, 15〉에 나타난 '5적'의 죄상은 동학농민혁명 당시 부호군(副護軍) 이설(李偰)이 올린 상소 내용과도 대동소이[39]하며, 농민군 지도부가 1894년 음력 4월 4일경에 법성포의 이향(吏鄕)에게 보낸 통문 내용, 그리고 농민군 지도부가 1894년 음력 4월 19일에 전라도 함평에서 초토사 홍계훈(洪啓薰)에게 올린 원정(原情) 내용과도 거의 상통한다. 우선 「법성포 이향에게 보낸 통문」의 내용을 보면, "백성들에 대한 폐단의 뿌리는 이포(吏逋=지방 하급관리들의 부정부패; 번역자 주)에서 유래하고, 지방 하급관리들의 부정부패는 군수와 현감 등 지방 수령들의 부정부패 때문이며, 지방 수령들이 부정부패를 저지르는 것은 집권층의 탐욕 때문입니다."[40] 하고 있고, 전라도 함평에서 농민군 지도부가 초토사에게 보낸 원정에서는 "오늘날의 지방관들은 나라의 법도를 도외시할 뿐만 아니라, 백성조차 염두에 두지 않아 탐욕과 포악함을 가늠할 수가 없습니다. 군전(軍錢=軍布)은 아무 때나 부과하고, 환곡(還穀)은 원본을 회수하고도 이자를 독촉하며, 세미(稅米)는 명목도 없이 징수하고 있습니다. 민가에 부과하는 각종 잡역(雜役)은 나날이 늘어가고, 인척에게 재물을 빼앗는 것도 마다하지 않습니다. 전영관(轉營官, 전운영 관리 즉 전운사 조필영(趙弼永)을 말함; 인용자 주)은 실제보다 더 거두어들이면서도 독촉이 심하고, 균전관(均田官, 균전어사 김창석(金昌錫)을 말함; 인용자 주)은 토지 면적을 속여서 세금을 징수합니다. 더구나 각 관청의 구실아치(아전=향리; 인용자 주)들은 백성들로부터 강제로 빼앗고 가혹하게 굴어, 그것들을 참고 견디어낼 수가 없습니다."[41]라고 지적하고 있다.

이처럼 농민군 지도부가 지적하는 지방관들의 가렴주구 행위는 매천이 지적하는 '오적'의 죄상과 거의 동일하다. 농민군 지도부는 전면봉기 이래 일관되게 지방관들의 가렴주구 폐해를 지적하고 있는 바, 그 같은 폐해는 『오하기문』에서 매천이 통렬하게 비판하는 내용과 아무런 차이가 없는 것으로 확인되는 것이다.

이상과 같이, 매천은 농민군 지도부와 마찬가지로 중앙 관료 및 지방관들의 가렴주구 행위를 통렬하게 비판하고 있었다. 매천은 심지어 농민군의 봉기를 촉발시킨 대표적인 탐관오리 5명을 열거하며 '5적'이라고까지 혹평하였으며, 그 가운데 고부 군수 조병갑에 대해서는 "그놈의 고기로 제사지내고 그 가죽을 벗긴다 해도 어찌 보충할 수 있겠는가?"라고 하면서 극도의 분노마저 표출하고 있다. 이 같은 매천의 비판과 분노는 농민군 지도부는 물론이고 당시 일반 민중들의 그것과 단 한 치도 차이가 없을 정도로 완전하게 일치하는 것이다. 이로 볼 때 일찍이 서여 선생이 지적한 바처럼 매천을 비롯한 강화학파들은 "농민의 슬픔을 누구보다도 민감하게 공감하고"[42] 있었음에 틀림없다고 할 것이다.

3) 일본군에 대한 인식

근대 일본은 1875년에 의도적으로 '운양호사건(雲揚號事件)'[43]을 일으키고, 이듬해인 1876년에 이 사건을 빌미로 조선왕조에 불평등조약인 '조일수호조규(朝日修好條規, 일명 강화도조약)'을 강요하였다. 조약 체결 이후 일본은 1882년의 임오군란, 1884년의 갑신정변 등을 통해 끊임없이 조선을 지배하기 위한 침략 행위와 무역상의 이권 등 경제적 이익을 획득하기 위한 침탈 행위를 그치지 아니하였다. 그중에서도 개항장을 중심으로 한 일본 상인들의 경제적 침탈은 갈수록 도를 더해 갔으며, 동학의 교조신원운동이 고조되어 간 1892~1893년간에는 조선에 거주하는 일본인들이 9천 명을 육박[44]할 정도로 급격한 증가 추세에 있었다.

이렇듯 근대 일본의 조선 침략 및 침탈 행위가 가중되고, 그 결과 조선에 거주하는 일본인 수가 급격히 증가함에 따라 민중들 사이에서는 '척왜(斥倭)' 의식이 깊어져 갔다. 교조신원운동 당시 동학 지도부는 이 같은 민중들의 척왜 의식을 그대로 수용하여 "척왜양(斥倭洋), 가렴주구 반대, 동학 교조의 신원"이라는 세 가지 요구를 내건 교조신원운동을 대대적으로, 그리고 공공연하게 전개하기에 이르렀다.

1892~1893년의 교조신원운동 단계에서 나타난 '척왜양' 의식은 이듬해 동학농민혁명 단계에서도 더욱 강화되는 형태로 나타났다. 농민군 지도부가 내걸었거나 제출한 각종 포고문, 격문, 폐정개혁 요구안 등에 '척왜' 조항이 예외 없이 반영되어 나타난 것이 바로 그것을 뒷받침하고 있다. 아래에 교조신원운동 당시부터 농민혁명 단계에 이르기까지 동학 지도부 또는 농민군 지도부의 포고문, 격문, 폐정개혁 요구안 등에 나타난 '척왜' 조항 가운데 대표적인 몇 대목을 인용한다.

〈척왜 사료-1〉

지금 서양 오랑캐의 학문이 동토(東土, 우리나라-번역자 주)에 섞여 들어오고,

왜추(倭酋, 일본 상인-번역자 주)들의 독(毒, 피해-번역자 주)이 다시 외진(外鎭, 개항

장-번역자 주)에서 제멋대로 퍼지고 있으니 망극하기 그지없습니다.[45]

〈척왜 사료-2〉

지금 왜(倭, 일본-번역자 주)와 양(洋, 서양 열강-번역자 주)이 심복(心腹, 우리나라 조

선의 한복판-번역자 주)까지 들어와 나라를 크게 어지럽히는 것이 극에 이르렀

습니다.[46]

이 외에도 농민군 지도부는 "창의(倡義, 척왜양의 기치를 내걸고 취회하는 일-번
역자 주)를 한 것은 다른 까닭이 있어서가 아닙니다. 오로지 왜와 양을 물리
치고자 하는 뜻에서 한 것입니다."[47](〈척왜 사료-3〉)라든가, "충과 효를 아울러
온전하게 하며, 세상을 건지고 백성을 편안하게 하며, 왜(倭)와 양(洋)을 물
리쳐 멸망시키며, 성도(聖道, 우리나라 조선의 문화와 전통을 말함-번역자 주)를 맑혀
깨끗하게 하며, 군대를 몰고 서울로 진격하여 권귀(權貴, 탐학과 부정만을 일삼
는 중앙의 지배층을 말함-번역자 주)를 모두 없애고자 합니다."[48](〈척왜 사료-4〉)라든
가, "왜(倭)와 간통(姦通)하는 자는 엄벌에 처할 것"[49](〈척왜 사료-5〉)이라 하여
지속적으로 '척왜양'을 주장하였다.

이와 같이 1892~1893년 교조신원운동 단계부터 1894년의 제1차 동학농
민혁명 단계에 이르기까지 동학교도 및 농민군이 제출하거나 포고한 각종
단자, 포고문, 격문 등에 일관되게 나타나고 있었던 '척왜' 의식과 비교해서
매천의 '척왜' 의식, 즉 일본(일본군)에 대한 인식은 과연 어떠했을까? 매천의
일본(일본군)에 대한 인식을 이해하는 데 참고가 될 만한 내용은 일찍이 서여

선생이 언급한 바 있는데, 여기에 그 내용을 인용하기로 한다.

이건창과 그 일당은 갑오정국을 용서하려 하지 않았다. "아닌 밤중에 일본 군대가 기습해 들어와서 서울의 요소와 궁궐의 안팎을 점령한 것이 무엇이 경사라고 이리 뛰고 저리 뛰며 나라 체모를 뜯어고친다고들 하니 이것이 욕이 아니고 무엇이겠느냐."는 것이었다.[50]

서여 선생의 견해에 따르면, 매천을 비롯한 강화학파들은 1894년 음력 6월 21일(양력 7월 23일) 일본군이 불법으로 왕궁을 점령한 뒤, 친일 관료를 앞세워 추진한 갑오개혁을 용납하지 않았다는 것이다. 이 같은 강화학파의 현실 인식과 대응은 농민군의 그것과 상당 부분 일치한다. 일본군의 왕궁(경복궁) 불법 점령과 그에 따른 갑오개혁 정국에 대한 농민군 최고지도자 전봉준의 인식과 대응을 잠시 살펴보기로 한다.

나는 시골에서 생장하여 세상일에 소원해서 일본 정부의 우리나라에 대한 정략 방침을 잘 모르나, 올해 6월 이후 일본 군대가 속속 우리나라에 오는 것을 보고 이것은 필시 우리나라를 병탄하려고 한다고 생각하였다. 지난날 임신(壬申, 임오군란과 갑신정변; 번역자 주)의 화란(禍亂)이 다시 생각이 나서 '국가가 멸망하게 되면 생민(生民)이 어찌 하루라도 편안함을 얻을 수 있겠는가.'라는 생각이 들었다. 그리하여 인민들이 의구의 념(念)을 가지고 나를 추대하여 수령으로 삼고 국가의 멸망과 함께 할 것을 결심하고 이번 거사를 도모하게 되었노라.[51]

그리고 그 후에 일본 군대가 대궐(왕궁=경복궁)을 침범하였다는 소식을 들고, 이것은 일본인이 우리나라를 병탄하려는 뜻과 다름이 아니라고 생각하여 일본 군대를 격양(擊攘)하고 그 거류민을 국외로 구축(驅逐)할 것을 목적으로 재기병(再起兵, 1894년 음력 9월의 제 2차 봉기를 말함-번역자 주)을 도모하였노라.[52]

위의 진술에서, 전봉준은 당초의 거사(1894년 음력 3월의 1차 기포)가 일본군의 출병 때문에 위기에 빠진 나라를 건지기 위한 것이었다는 것, 그리고 '재기병(동년 음력 9월의 2차 기포)'은 대궐, 즉 왕궁인 경복궁을 불법 점령한 일본군을 격양(擊攘, 물리침)하고, 온갖 불법적 상행위를 일삼고 있던 거류민(재조 일본인)을 국외로 구축(쫓아냄)하기 위한 것임을 강조하고 있다. 왕궁 점령 및 그에 따른 갑오시국에 반대했던 강화학파의 시국 인식과 대부분 상통하는 내용이다. 상통하는 정도가 아니라, 전봉준을 중심으로 한 농민군 지도부의 시국 인식이 훨씬 더 역사적 사실에 근접할 뿐만 아니라 시의적절한 것이었음을 알 수 있다. 어찌 됐건 양자의 시국 인식에 차이가 있는 것은 사실이나 적어도 일본군의 왕궁 점령과 그 뒤를 이은 친일파 주도의 갑오정국을 양자가 공통적으로 반대하고 있었다는 점은 주목할 만하다고 하겠다.

『오하기문』 속에는 갑오년 당시 일본군의 동향에 대한 매천의 기술이 여러 군데 나온다. 그것은 대부분 일본군을 비판하는 내용이 주류를 이루고 있다. 관련 기술 속으로 들어가 보자.

〈사료-16〉

(1894년 5월) 12일 일본군은 인천에서 서울로 들어오면서 남산의 성 일부를 파손하고 안으로 들어왔다. 지난 날 일본은 임오년 군사변란과 갑신년 역적들의 변란이 있었을 때, 두 번 모두 우리 정부를 협박하여 은(銀)으로 배

상을 받아 갔고, 다시 강화조약을 변경하는 등 모든 일을 자기들이 뜻한 대로 하였다.[53]

〈사료-17〉

오토리(大鳥圭介; 제 1차 동학농민혁명 당시 주한일본공사; 인용자 주)는 백금 두 수레를 (李)홍장(鴻章)에게 뇌물을 주고, 급히 배를 타고 조선으로 건너와 인천항에 배를 대고, 육군 5백 명을 먼저 출발시켜 서울로 보내고 수군 3천 명이 뒤따르게 했다. 이들은 (음력 5월) 12일 황혼 무렵에 숭례문(崇禮門, 남대문-인용자 주) 앞에 도착하였는데 문이 닫혀 있었으므로 문 옆의 성곽을 헐고 남산에서 사닥다리를 놓아 성안으로 들어와 잠두봉(蠶頭峰) 부근에 진을 치고 둘레에 대포를 매설하는 것이 마치 전쟁에 대비하려는 듯하였다. 이렇게 되자 서쪽으로는 인천까지, 남쪽으로는 수원에 이르는 수십 리에 하나의 진이 형성되었고, 서로 주고받는 봉화가 이어졌으며 북소리를 울리며 사람들의 출입을 막고 경비를 엄중히 하여 서울 인근이 크게 혼란스러워졌다.[54]

〈사료-18〉

오토리는 날마다 우리 정부에 "자주국가의 명분을 세워 청과의 복속관계를 단절하고, 황제로 호칭하며, 연호를 쓰며, 아울러 관제를 변경하고, 옷색깔을 바꾸며, 머리를 깎는 등 국가의 모든 제도를 하나같이 일본과 서양의 제도처럼 하라."고 위협하였다.[55]

〈사료-19〉

(음력 6월) 21일 일본군은 궁궐을 침범하여 맹약을 체결할 것을 강요하였다.

(중략) 이날 새벽 오토리 케이스케는 먼저 대궐을 포위하고 군대를 풀어 돈화문으로 진입시켰다. 이때 대궐 내에서 당직을 하고 있던 평양 감영 소속 호위군 5백 명이 서양 대포를 연달아 발사하여 일본군 수십 명을 죽였다. 그러자 일본군은 곁문을 통하여 곧바로 중희당(重熙堂)으로 가서 (고종) 임금에게 대포를 쏘지 못하게 하라고 협박하였다.[56]

〈사료-20〉
케이스케는 대원군을 가마에 태워 대궐로 데려와 칼을 빼들고 큰 소리로 "국태공이 아니면 이번 일을 결단할 사람이 없습니다. 속히 단안을 내리십시오. 그렇지 않으면 군대를 풀어 모두 죽여 종묘의 제사마저 끊고 골육조차 보전할 수 없게 만들겠습니다." 하였다.[57] (중략) 그러나 대원군은 계속하여 강경하게 항변하며 조금도 수그러들지 않았기 때문에 어찌할 수 없는 지경에까지 이르렀으므로 더욱 강도 높게 협박하였다.[58]

〈사료-21〉
일본군이 (전라도) 나주(羅州)를 심하게 약탈하였다. (중략) 일본군이 도와주러 와서 부녀자와 재물을 겁탈하게 되자 온 (나주) 부(府)가 크게 어지러워졌다. 그러나 (나주목사) (閔)종렬(種烈)과 (영장) (李)원우(源佑) 등은 다툼의 단서를 불러올까 두려워 감히 금지시키지 못했다.[59]

위의 〈사료-16, 17, 18, 19, 20〉에서 매천이 한결같이 '우리 정부를 협박(사료-16)', '전쟁에 대비'(사료-17), '우리 정부에 위협(사료-18)', '임금에게 협박(사료-19)', '칼을 빼들고 강도 높게 협박(사료-20)', '일본군이 부녀자와 재물을 겁탈(사료-21)' 등의 표현을 사용한 점으로 볼 때, 갑오년 당시 그의 일본군에 대한 인식은 대단히 비판적이었음에 틀림없다. 이는 갑오년 당시 강화학파 전반의 일본군에 대한 인식과 대동소이함과 동시에, 농민군의 일본군에 대한 인식과도 일맥상통하는 측면이 있다고 보아도 지나치지 않을 것이다.

4. 맺음말

이상으로 갑오년 동학농민혁명 당시 매천의 정국 인식을 농민군에 대한 인식, 가렴주구에 대한 인식, 일본군에 대한 인식 등 세 갈래로 나누어 농민군의 그것과 비교하면서 검토해 보았다. 검토한 결과는 다음과 같이 확인되었다. 첫째, 매천의 농민군에 대한 인식은 갑오년 당시 다른 유생들과는 달리 실사구시적 입장에서 농민군 주장에 나타나는 '긍정적인 부분'을 객관적으로 기술하고 있다는 사실을 확인하였다. 그 구체적인 사례는 봉기한 농민군들이 '엄격한 기율' 아래 매우 질서정연하게 움직이고 있었다는 것, 그리고 동학 조직 또는 농민군 조직이 매우 '평등한' 조직이었다는 점 등이다. 둘째, 가렴주구에 대한 매천의 인식을 농민군의 그것과 비교하면서 고찰하였다. 매천은 중앙 관료를 비롯한 지방관들의 가렴주구 행위를 가차 없이 비판하였다. 이 같은 가렴주구에 대한 매천의 비판은 농민군 지도부가 포고했거나 제출한 각종 의송단자(議送單子), 포고문, 격문, 원정 등에서 드러나는 비판과 한 치도 틀림이 없을 정도로 일치하고 있음을 확인하였다. 매천은 특히 고부군수 조병갑의 탐학에 대하여 "그놈의 고기로 제사지내고 그 가죽을 벗긴다 해도 어찌 보충할 수 있겠는가."라고 지적하면서 "청과 왜가 연이어 군대를 몰고 와 천하가 동요되고, 종묘사직이 뒤흔들릴 만큼 긴박한 상황이 조성된 것은 모두 저 몹쓸 조병갑 한 놈 때문"이라고까지 단언하였다. 셋째, 갑오 시국 당시 일본군에 대한 매천의 인식을 역시 농민군의 그것과 비교하면서 고찰하였다. 매천은 갑오 시국 속에서 일본군이 자행한 모든 행위에 대해 '위협' '협박' '겁탈' 등의 표현을 사용하면서 시종일관 날카롭게 비판하고 있었다. 이 같은 비판적 인식은 농민군 지도부, 특히 전봉준의 그것과 일맥상통하는 것이었음을 확인하였다.

갑오년 당시 매천이 거주하고 있던 구례, 남원 일대에서는 농민군의 패색이 짙어 가던 음력 11월 이후 농민군을 '토벌'하기 위한 민보군(반농민군)이 활발하게 결성되고 있었다. 그러나 매천은 끝내 민보군의 농민군 토벌 활동에는 참여하지 않았다. 그는 오히려 실사구시적 입장에서 당시 상황을 객관적으로 기술하는 역사서 저술에 힘썼다.(『오하기문』) 이 같은 매천의 처신은 매천과 친교를 맺고 있었던 강진 유생 강재(剛齋) 박기현(朴冀鉉, 1864~1913)도 마찬가지였다. 강재 역시 강진 장흥 일대 농민군 활동을 상세하게 전하는 기록(『강재일사』)를 남겼으면서도 민보군 활동에는 직접 참여하지 않다.[60] 왜 매천과 강재는 동학과 농민군에 대해 '적'으로 규정하면서도 직접적인 '토벌'에는 참여하지 않았던 것일까? 그 해답이 바로 앞에서 살펴본 바와 같이, 매천을 비롯한 강화학파의 시국 인식과 전봉준을 비롯한 농민군 지도부의 시국 인식과의 '유사성(類似性)'에 있다는 것이 필자의 관견(管見)이다.

전라도 유교지식인의
동학농민군 인식과 대응

1. 머리말

1894년 봄부터 1895년 봄까지 전라도, 충청도, 경상도 등 삼남(三南)지방을 포함하여 조선 각지에서 일어난 동학농민혁명[1]에 대해 유교 지식인[2]들은 어떤 인식과 대응을 보여주었을까? 이 글에서는 삼남 지방 가운데 동학농민혁명의 주무대였던 전라도 지역 유교 지식인들의 동학 및 동학농민군(이하, 농민군으로 약칭)에 대한 인식과 대응에 대해 주목하고자 한다. 유교 지식인들의 농민군 인식과 대응에 주목하고자 한 이유는 다음과 같다.

첫째, 재지(在地) 기반을 가진 유교 지식인들은 자신이 거주하던 지역에서 포교되던 동학이나 봉기한 농민군의 움직임을 지근 거리에서 직접 견문 또는 체험함으로써 지역 단위 동학농민혁명에 대해 자세하면서도 방대한 기록을 남겼다. 그러나 '지역의 반란'이기도 했던 동학농민혁명의 실상에 대해 자세하면서도 방대한 기록을 남긴 유교 지식인들의 동학 및 농민군에 대한 인식과 대응의 전모는 지금까지 제대로 밝혀진 바가 없다. 이로 인해 동학농민혁명의 지역별 사례 연구 역시 아직 충분히 해명되지 못한 상태에 있으며, 잘못된 사실이 마치 역사적 사실인 것처럼 알려진 경우도 있다. 그러므로 재지 유교 지식인들의 동학 관련 기록을 분석하면 동학농민혁명에 대한 기존 연구와 이해를 한 단계 심화시킬 수 있을 것이다.

둘째, 재지 유교 지식인들의 동학 및 농민군에 대한 인식과 대응 양상을 해명하기 위해서는 무엇보다도 1차 사료를 중심으로 한 실증적 분석이 필요하다. 기존의 통설은 재지 유교 지식인들은 한결같이 척사위정(斥邪衛正)의 관점에 서서, 동학은 주자학적 지배 이념에 배치되는 사도(邪道)로, 그리고 동학농민혁명은 그 사도를 따르는 무리들이 일으킨 난(亂)으로 이해하였던 것으로 설명한다. 그러나 1차 사료에 의하면, 유교 지식인의 일부는 동학의 평등사상과 유무상자(有無相資)의 전통에 호기심을 갖고 동학을 혹호(酷好)하여 입도하는 경우도 있었으며,[3] 1894년 3월부터 전주화약(全州和約)이 이루어지는 5월 초에 이르기까지 제1차 동학농민혁명이 한창 전개될 당시 전라도지역 유교 지식인은 지나가는 농민군에게 밥상을 차려 대접하거나 군량미 조달에 협조하기도 하였다.[4] 물론, 전라도 지역 유교 지식인들이 1892년 11월의 삼례취회(參禮聚會)[5] 때부터 동학을 배척하는 상소를 올리고, 1894년 동학농민혁명기에는 민보군(民堡軍=반농민군)을 조직하여 농민군 진압에 나서는 등 적극적 대응을 한 것은 사실이지만, 대부분의 유교 지식인들은 농민군의 봉기를 방조 또는 관망하거나, 아니면 가솔을 거느리고 피난하는 소극적 대응으로 일관했다. 유교 지식인이라 해서 무조건 동학을 배척하거나 민보군 활동에 가담한 것이 아니라 처지와 상황에 따라 각기 다른 인식과 대응을 보인 것이다. 그러므로 동학 및 농민군에 대한 유교 지식인들의 인식과 대응 양상을 구체적으로 해명하기 위해서는 1차 사료를 중심으로, 구체적으로 그리고 다양한 관점에서 분석할 필요가 있다.

이 글에서는 첫째, 동학농민혁명 1백주년인 1994년을 전후하여 간행된 『동학농민전쟁사료총서(東學農民戰爭史料叢書)』[6]에 실려 있는 관련 자료는 물론, 2004년에 개관한 전라북도 동학농민혁명기념관에서 수집한 전라도 유교 지식인들의 문집,[7] 그리고 전라남북도 관내에 있는 국공립도서관 및 대학 도서관, 개인이 소장하고 있는 자료들을 최대한 조사하여 유교 지식인들이 남긴 관련 자료의 전모를 밝히고자 한다.

둘째, 동학 및 동학농민군에 대한 전라도 지역 유교 지식인들의 인식과 대응을 시기별로 검토하고자 한다. 전술한 바와 같이, 전라도 유교 지식인들의 동학 및 농민군에 대한 인식과 대응은 천편일률인 것이 아니라, 시기별로 또는 군현 단위의 지역별·학파별로 서로 다른 양상을 보였다. 경상도나 충청도와는 달리 전라도 지역 유교 지식인의 일부는 농민군에 적극 가담하거나,[8] 부분적으로 협력한 사례도 적지 않았다. 그 가운데는 한 문중(門中)에서 한쪽은 농민군으로, 다른 한쪽은 민보군으로 참여했던 사례도 있다.[9]

셋째, 전라도에서 유교 지식인들이 중심이 된 민보군 활동이 가장 활발했거나, 동학농민군과의 대립이 가장 격렬했던 지역 사례 분석을 시도하고자 한다. 민보군 활동 또는 농민군과 치열하게 대립했던 지역은 대체로 전라좌도의 구례·남원·운봉·임실·순창 권역[10]과 전라 우도의 정읍·태인 권역,[11] 고창·무장·흥덕 권역·나주·장성 권역,[12] 강진·장흥 권역[13]으로 확인되는데, 이 글에서는 강진 유생 박기현의 일기 『강재일사』를 중심으로 강진 장흥 권역 사례를 검토하기로 한다.

2. 동학 관련 자료 현황

동학 및 농민군에 대한 전라도 유교 지식인들의 인식과 대응을 구체적으로 해명하기 위해서는 우선 관련 자료의 전모를 밝혀 내는 일이 급선무이다. 이를 위해서는 기존에 알려진 자료는 물론이려니와, 전라도 지역에 있는 국공립도서관, 대학도서관, 개인 소장자에 대한 광범위한 탐문과 조사

가 필요하다. 이 장에서는 이미 발굴 소개된 자료를 집대성한『동학농민전
쟁사료총서』를 비롯하여, 전남과 전북 소재 대학도서관, 정읍시의 동학농
민혁명 기념관, 개인 소장자들의 협조를 받아 확인한 관련 자료를 〈표-1〉로
정리했다.[14] 목록 가운데 고딕체 글씨로 된 목록은『총서』간행 이후에 새
로 발굴된 관련 기록 목록들이다. 목록 작성 순서는 한글 성명(괄호 안에 한자
성명), 출신지(또는 거주지), 생몰연대, 관련 기록명, 출전(出典) 순으로 하였다.
단, 생몰연대가 미상일 경우에는 물음표(?)를 붙였으며,『동학농민전쟁사료
총서』에 수록되어 있는 기록의 출전은『총서』로 약기(略記)하였다.

〈표-1〉 전라도 유교 지식인의 동학 관련 자료 현황

순번	성명	출신지	생몰년	관련자료명	출전
1	강수중 姜守重	고창	1841~1919	「鳳巖公 守重 墓碣銘」「擧義錄」	『晉山世蹟』『叢書』7권
2	강순형 姜舜馨	남원	1863~?	「癸巳二月二十六日上言(東學排斥)」	『記聞』, 전북대 도서관 소장
3	고석진 高石鎭	고창	1856~1924	「代本縣討東匪所答告文」「代本縣討東匪所檄告列邑」「討東匪檄」	이상,『方壺集』, 동학농민혁명기념관 소장
4	기우만 奇宇萬	장성	1846~1916	「羅州平賊碑」「長興府使朴公(朴憲陽)祭壇碑」	이상,『松沙文集』권 25,『叢書』8권
5	김기술 金箕述	태인	1849~1929	「甲午三月二十五日 古縣內面條約」「泰仁古縣 倡義討捕所 事實」(위 문서와 내용 동일)「甲午四月四日 倡義有司望」	이상,『叢書』8권
6	김기형 金基衡	무장	1841~1917	「甲午東匪(詩)」「續行狀」	『沙南遺稿』, 전북대 도서관 소장
7	김방선 金邦善	부안	1843~1901	「甲午九月日 濟行日記」	『林下遺稿』,『叢書』5권
8	김병휘 金炳輝	강진	1842~1903	「行狀」	『蓮坡集』,『叢書』8권
9	김상철 金相轍	완도	1860~1936	「履歷行狀」	『枕泉 金先生自敍行錄』,『叢書』7권
10	김성규 金星圭	전주 목포	1864~	「曉諭文」	『草亭集』,『叢書』5권

11	김영원 金榮遠	임실	1853~ 1919	武城書院 掌議(戊寅年, 1878)」「武城書 院 色掌(己卯年, 1879)」「任實 接主(甲 午年 八月, 1894)」	『三革堂功績文集』
12	김용환 金容桓	전주	1870~ 1838	「甲午條」	『敬齋遺稿』, 동학농민 혁명기념관 소장
13	김재홍 金在洪	남원	?	「嶺上日記」	國史編纂委員會 소장, 『叢書』 2권
14	김창조 金昌祚	장흥	?~ 1894	「永懷堂史輯」	『叢書』 8권
15	김택주 金澤柱	남원	1855~ 1926	「以斥東匪事通于太學(癸巳二月日)」 「癸巳二月二十六日上言(東學排斥)」	『敬述』, 구례 金種萬 소 장 『記聞』, 전북대 도서관 소장
16	김한섭 金漢燮	강진	1838~ 1894	「警示賊徒文」	『吾南集』, 『叢書』 8권
17	김훈 金勳	함평	1836~ 1910	「掃東學頌」	『東海集』, 전북대 도서 관 소장
18	노일상 魯一相	함평	1842~ 1911	「馬羊錄」	『警堂遺稿』, 동학농민 혁명기념관 소장
19	박기현 朴冀鉉	강진	1864~ 1913	「日史」 「剛齋遺稿」	『叢書』 7권 『叢書』 8권
20	박문규 朴文圭	고부	1879~	「石南歷事」	『叢書』 5권
21	박봉양 朴鳳陽	운봉	1837~	「朴鳳陽經歷書」	『叢書』 7권
22	박주현 朴周鉉	남원	1844~ 1910	「年譜·甲午條(1894)」	『松谷年譜』, 필자 소장
23	백영직 白永直	장흥	1841~ 1912	「朴侯義蹟」	『六有齋遺稿』, 『叢書』 8권
24	변만기 邊萬基	장성	1858~ 1925	「鳳南日記」	『叢書』 7권
25	소학섭 蘇學燮	남원	1856~ 1919	「日記」	『南谷遺稿』 下卷, 필 자 소장
26	송진봉 宋鎭鳳	장흥	1840~ 1898	「宗人鍾淋甲午事狀」	『思復齋集』, 『叢書』 8 권
27	오재수 吳在洙	나주	?	「羊猿臥薪錄」	錦城正義錄의 이본, 나 주 李紀賢 소장
28	오주영 吳冑泳	남원	1860~	「癸巳二月二十六日上言(東學排斥)」	『記聞』, 전북대 도서관 소장

29	위계민 魏啓玫	장흥	1855~ 1923	「五衛將 申公行略」	『復齋集』,『叢書』8권
30	유양천 柳暘川	고부	1830~	「東學推考」	『語錄藝珠合部』, 洪允 杓 교수 소장
31	유제양 柳濟陽	구례		『求禮 柳氏家의 生活日記』上(1851- 1915)	한국농촌경제연구원, 1991
32	이규채 李圭彩	흥덕 고창	?	「擧義錄」	『叢書』7권
33	이기 李沂	구례	1848~ 1909	「李沂墓誌銘」	『舊園文錄(海鶴李公墓 誌銘)』,『叢書』8권
34	이병수 李炳壽	자주	1855~ 1941	「錦城正義錄」	『謙山遺稿』,『叢書』7 권
35	이속의 李涑儀	임실	1859~	『南原誌(1960)』	
36	임병찬 林炳瓚	태인	1851~ 1916	「弓峴洞約契書」	『遯軒遺稿』, 동학농민 혁명기념관 소장
37	전우 田愚	전주	1841~ 1922	「金碧峯傳」「蓮泉書堂贈崔君」 「題崔念喜傳」「題泰安忠節錄」	『艮齋先生文集』, 동학 농민혁명기념관 소장 이상,『秋潭別集』, 동학 농민혁명기념관 소장
38	정관원 鄭官源	부장	1857~ 1920	「龍塢先生鄭公行狀」	『龍塢集』
39	정석모 鄭碩謨	전주	1871~	「甲午略歷」	『叢書』5권
40	정석진 鄭錫珍	나주	1851~ 1896	「蘭坡遺稿」	『叢書』8권
41	정의림 鄭義林	능주	1845~ 1910	「日新齋集」	국립중앙도서관 소장
42	조덕승 曹悳承	고창	1873~ 1960	「金氏三綱㫌閭記」	『欽齋文藁』
43	조송광 曹頌廣	김제	1876~ 1957	『曺沃政百年史』	원광대 도서관 소장
44	조의곤 趙毅坤	고창	?	「梧下記聞」	『叢書』1권
45	황현 黃玹	구례	1855- 1910	「梧下記聞」 「討匪倡義檄文(李沂) 甲午平匪策」 「過康津弔金義將漢燮」「哀朴長興憲 陽」	『叢書』1권 『梅泉集』,『叢書』8권 『黃玹全集』

〈표-2〉와 같이, 45명의 유교 지식인들이 남긴 동학 관련 기록을 군현별로 분류해 보면 총 19개 군현으로 나누어진다.

〈표-2〉 유교 지식인 기록의 군현별 분포

강진	김병휘, 김한섭, 박기현
고부	박문규, 유양천
고창	강수중, 고석진, 조덕승, 조의곤
구례	유제양, 이기, 황현
김제	조송광
나주	오재수, 이병수, 정석진
남원	강순형, 김재홍, 김택주, 박주현, 소학섭, 오주영
무장	김기형, 정관원
부안	김방선
완도	김상철
운봉	박봉양
임실	김영원, 이속의
장성	기우만, 변만기
장흥	김창조, 백영직, 송진봉, 위계민
전주	김성규, 김용환, 전우, 정석모
태인	김기술, 임병찬
함평	김훈, 노일상
흥덕	이규채
능주	정의림

군현별 분류에서 주목할 만한 것은 민보군 활동이 활발한 지역일수록 관련 기록이 많다는 점이다. 강진과 장흥(7명), 남원과 운봉(7명), 고창 무장 흥덕(7명), 나주와 장성(5명) 지역이 그 대표적 사례이다.

3. 동학 및 농민군에 대한 인식과 대응

1) 초기 동학에 대한 인식과 대응

1860년 4월 경상도 경주에서 수운 최제우에 의해 성립된 동학은 세 시기에 걸쳐 전라도 지역에 포교되었다. 제1단계는 수운 최제우에 의한 직접 포교, 제2단계는 2대 교주 해월 최시형에 의한 순회포교, 제 3단계는 해월의 지도를 받고 성장한 전라도 출신 지도자들에 의한 포교가 그것이다.[15]

제1단계 포교는 수운 최제우에 의해 이루어졌다. 1860년 4월에 '득도'하여 1년 여의 수련을 하며 동학의 체제를 정비한 수운 최제우는 1861년 6월부터 본격적인 포교 활동에 들어갔다.[16] "귀천(貴賤)이 같아 등위(等位)에 차별이 없으니(신분차별이 없다는 뜻; 필자 주) 백정과 술장사들이 모이고, 남녀를 가리지 않고(남녀평등을 뜻함; 필자 주) 포교소를 설치하니 홀아비와 홀어미가 모이고, 재화를 좋아하여 유무상자(有無相資)하니(가난한 자와 부자들이 서로 도움; 필자 주) 빈궁한 이들이 기뻐했던"[17] 수운의 가르침, 동학은 짧은 시간에 급속도로 경상도 일대로 퍼져 나갔다. 이에 위기의식을 느낀 경상도 유교 지식인들은 동학 배척 상소[18]를 올리는 한편, 서원을 중심으로 동학 배척 운동을 일으켰다.[19] 이에 수운은 탄압을 피해 1861년 11월 전라도 남원 은적암으로 피신하여 이듬해 3월까지 지내면서 「동학론(東學論=論學文)」 등을 저술하여 동학 교리의 체계화에 힘썼다. 바로 이 시기에 수운에 의해 전라도의 남원과 전주, 진산과 금산 등지에 동학이 포교되었으나 1864년 수운이 체포·처형됨으로써 전라도 동학 교인들은 지하로 잠적하였다.

수운이 전라도 남원을 중심으로 1861년 11월부터 이듬해 3월까지 동학을 포교할 당시에 전라도 지역에서 동학의 동향을 주목한 유교 지식인은 아직까지 확인된 바 없다. 다만, 1894년을 전후하여 구례에서 동학과 동학농민혁명에 관하여 견문한 내용을 기록으로 남긴 황현의『오하기문(梧下記聞)』
내용을 통해 간접적으로나마 초기 동학에 대한 전라도 유교 지식인들의 인
식을 짐작해 볼 수 있을 따름이다.

> 이때 경주에 사는 최제우라는 사람이 스스로 "하느님이 재난을 내린다."
> 하면서 문서를 만들고, 유언비어를 퍼뜨리며 부적과 주문을 횡행케 하였
> 다. 그 학문 역시 '천주'를 받드는 것인데 서학과 구별하고자 '동학'이라고
> 고쳐 불렀다. 그는 지례, 김산, 호남의 진산과 금산의 산골짜기를 오가며
> 양민을 속여 하늘에 제사를 지내고 계를 받게 하고는 "장차 이씨는 망하고
> 정씨가 일어나는데, 앞으로 큰 난이 일어나 동학을 믿는 사람이 아니면 살
> 아남을 수 없다. 우리들은 다만 가만히 앉아서 천주를 암송하면서 참된 주
> 인을 보좌하면 장차 태평한복을 누릴 것이다."라고 선언하였다. 그가 일어
> 난 것이 경신년(1860)과 신유년(1861) 사이였는데 얼마 후에 잡혀 죽었으므
> 로 그 무리들 또한 한꺼번에 조용해졌다.[20]

위의 내용에서 황현은 동학을 '서학의 변종(變種)'으로 간주하는 경상도 유
교 지식인들과 동일하게 인식하고 있으며, '양민을 속이는' 학문, 즉 혹세무
민(惑世誣民)의 학으로 간주한 중앙 조정의 입장과도 같은 견해를 보이고 있
다. 이 같은 황현의 초기 동학에 대한 인식은 풍문을 통한 인식이었다는 점
에서 일정한 한계가 있으며, '서학의 변종' 또는 '혹세무민의 학'으로 인식했
다는 점에서 다른 유교 지식인들과 차이가 없다.

2) 지하포교 활동에 대한 인식과 대응

1864년 3월에 수운이 '좌도난정(左道亂正)'의 죄목으로 처형된 직후부터 그

의 억울한 죽음에 대한 신원운동, 즉 교조신원운동이 본격화되는 1892년까지는 동학(천도교) 교단에서는 '은도시대(隱道時代)' 부르는 시기에 속한다. 이 '은도시대'의 동학 포교는 주로 2대 교주 해월 최시형의 지하포교 또는 비밀포교를 통해 이루어진다. 전라도에 대한 제2단계 동학 포교 역시 '은도시대'인 1880년대 초반 해월의 순회 비밀포교 활동을 중심으로 이루어졌다. 1880년대 초반 전라도 지방 동학 포교 상황은 다음과 같다.

〈사료-A〉

六月에 神師 指目의 嫌으로 益山 獅子庵에 隱居하실 새 朴致京의 周旋으로 四朔동안을 經過하다가 朴致京이 尙州 前城村에 家屋三間을 買得하야 神師宅을 移接케하다 [21]

〈사료-B〉

6月에 神師 指目의 嫌으로 益山 獅子庵에 隱居하실 새 朴致京의 周旋으로써 凡四朔 동안을 經過하시다. 朴致京이 尙州 前城村에 家屋 三間을 買得하여 神師宅 眷屬을 奠接케 하다 [22]

〈사료-C〉

우리 郡에 大道의 盛運을 맞든 時機는 곳 布德 二十四年 癸未에 朴致卿氏로써 曙光이 照入하얏다 翌年 甲申春에 海月神師게압서 致卿家에 來駕하사 金馬山 獅子庵에 煉性하시며 또 布教를 爲始하시니 教徒가 多數에 至하엿다 [23]

〈사료-C〉에 의하면, 1883년경에 여산 출신 박치경이 동학에 입교하였으며,[24] 〈사료-A와 B〉는 1884년 6월에 박치경의 주선으로 해월이 익산 사자암에 와서 4개월가량 머물며 수련과 포교 활동을 전개하였다고 하였다. 이외에도 해월은 1887년 말, 1888년 1월에도 익산과 삼례를 순회했다. 해월의 순회 비밀포교를 계기로 전라도의 동학 교세는 1880년대 후반부터 급증하기 시작한다. 관련 사료를 인용한다.

〈사료-D〉

仝三十年(1889;인용자주) 己丑에 金洪基氏가 敎의 大源을 更往來하야 布德의 先驅가 된 바 金榮基 金鍾友 李起冕 李起東 金鍾黃 柳泰洪 諸賢이 布德의 機軸을 잡고 黃乃文 李圭淳 崔鎭岳 邊洪斗 鄭東勳 諸氏가 同情하야 布德이 數千에 達하엿다 [25]

〈사료-E〉

鄭鉉氏는 任實郡 雲岩面 馬岩里人이라 布德 三十年 十月 十日에 入敎하다 [26]

위의 〈사료-D와 E〉에 따르면, 1889년에 남원과 임실에도 동학 포교가 활발해지고 있음을 알 수 있다. 이듬해인 1890년에는 익산, 부안, 김제, 남원 등과 지금의 전남 나주와 고흥, 광양에도 동학이 포교되었다. 아래 사료들이 그것을 뒷받침한다.

〈익산〉

布德 三十一年 庚寅(翌年 辛卯)를 前後하야 海月神師게압서 本郡(益山, 필자주) 高濟貞 姜永達 姜水煥家의 往하실 時에 敎化益明하심으로 布敎가 多하

다 然而觀察使 閔正植이 巡捕를 多發하야 敎中에 指目이 莫甚하다 [27]

〈부안〉

庚寅(1890) 六月 初七日 與舍弟 洛봉으로 入道 十七日에 舍弟 洛柱 與從弟

洛貞 洛庸 入敎後 自 七月로 布德漸進 [28]

〈나주〉

李炳元氏 氏는 羅州郡 三道面 松山里人이라 布德 三十一年에 入敎하야 이

래 三十年에 誠信이 如一하여 [29]

〈김제〉

金奉年氏 氏는 湖南 金堤人이라 布德 三十一年 庚寅에 道門에 入하야

至誠修道하며 [30] 氏는 全北 任實郡 靑雄面 楡橋里[31]에서 出生하야 布德

三十一年 四月 二十三日에 入道 하야 [32]

〈남원〉

安洛嬅氏는 南原郡 屯南面 新基里人이라 庚寅에 入道하다 [22]

〈고흥〉

布德 十一年 四月 五日에 全南 高興郡 豆原面 新松里에서 出生하다 同

三十一年 庚寅 十一月 三日에 入道하다 [34]

〈광양〉

布德 八年 丁卯 十月 三十日에 全南 光陽郡 鳳岡面 鳥嶺里에서 生하다 布

德 三十一年 庚寅 十二月 十二日에 本郡 劉壽德氏에게서 道를 受하다 [35]

1891년에는 아래와 같이 전남 광주, 장흥, 보성, 강진, 완도 등지에도 동학이 활발히 포교되었다.

洪錫奎氏는 光州郡 松汀面 西峯里人이라 布德 三十二年에 入敎하다 [36]

布德 三十二年(1891) 辛卯에 本郡 李仁煥 李芳彦 文南澤 諸氏가 敎門에 入하다 是時에 長興 寶城 康津 莞島 各郡에 布德이 大振하여 信徒가 數萬에 달하다 [37]

이처럼, 전라도 교세 증가를 계기로 1891년 5월에 해월은 세 번째 전라도 순회 포교 활동에 나섰다. 그는 우선 전라도와 가까운 공주 신평으로 은거지를 옮기고,[38] 전라도 동학 지도자들과 도인들을 맞이하여 수련 절차 등을 지도하였다. 이때의 상황에 대해 오지영은

이때에 湖南道人 金永祚 金洛喆 金洛봉 金洛三 南啓天 孫和中 金弼商(一名 德明) 朴致京 金錫允 邑宅奎 金箕範(一名開南) 趙元集等은 그 道內 有數한 頭領으로 先生께 相從하였다.[39]

라고 하였다. 그 외 동학계 사서의 기록을 종합하면, 적어도 1891년경에는 전라도 출신 동학 지도자, 즉 1894년의 이른바 '남접' 지도부를 형성하는 전라도 지역 동학 지도자 대부분이 2대 교주 해월을 만나 지도를 받았다는 사실도 확인된다. 이것은 교조신원운동이 일어나기 직전인 1891년경부터 전

라도 지역 동학 교세가 조직화되어 가고 있음을 보여주는 것이다. 전라도의 '남접' 지도자들이 공주 신평으로 해월을 찾아가 지도를 받은 직후인 1891년 5월부터 7월 초까지 해월은 2개월에 걸쳐 전라도 익산, 부안, 고부, 태인, 금구, 전주 등지에 대한 순회 포교 활동에 나섰다.[40] 해월의 순회 포교를 계기로 1880년대 후반부터 1890년대 초반에 걸쳐 전라도 지역 동학 교세는 급격히 증가하였다.

그러나 동학 교세의 증가는 필연적으로 지방관들의 탄압을 불러왔다. 수운이 1864년 3월에 '좌도난정'의 죄목으로 처형된 이래 동학은 줄곧 사도(邪道)로 간주되어 금지되어 있었기 때문이다. 따라서 지방관들은 앞다투어 동학 금단 조치를 내렸다. 향촌의 요민(饒民=豪民) 역시 동학 탄압에 가담했다. 지방관들의 동학 탄압에 동조한 향촌의 요민(호민) 가운데는 유교 지식인들도 포함되어 있었을 것이다. 요민(호민)으로 지칭된 향촌의 유교 지식인들의 동학 탄압 행위는 다음과 같다.

> (동학을) 지목하기를 서학의 여파(餘派)라 하여 열읍(列邑) 수령들이 빗질하듯 잡아 가두고 곤장을 쳐서 전재(錢財)를 토색하니 (동학 도인들이) 죽어 가는 사태가 줄을 이었다. 향곡(鄕曲)의 호민들도 (관에서 동학을 금한다는) 소문을 듣고 (동학 도인들을) 침해하고 업신여기며, 집에서 내쫓고 재산을 약탈하니 도인들과 백성들이 산업을 탕패하고 고향을 떠나 떠돌게 되니…(하략)[41]

위의 내용을 보면, 전라도 지역에서 동학 교세가 증가하자 지방관들과 호민(일부 유교 지식인)들이 동학 금단을 구실로 동학 도인들과 일반 민중들에 대한 전재(錢財) 토색 행위를 일삼아 도인들이 집과 재산을 빼앗기고 정처 없이 떠도는 사태의 심각성을 지적하고 있다. 이 같은 전재토색 행위는 동학 도인들이 있는 곳이면 어디에서든지 일어났지만, 1880년대 이후 해월의 지하포교 활동으로 동학 교세가 크게 증가하고 있던 충청도와 전라도에서 그 정도가 더욱 심했다.

일찍이 동학 교단 지도부는 동학에 대한 금단 및 탄압이 가장 심했던 시기를 '임신지화란(壬申之禍亂)'(1872), '을유지영액(乙酉之營厄)'(1885), '기축지원왕(己丑之寃枉)'(1889) 등으로 지적한 바 있는데,[42] '임신지화란'은 1871년 3월에 일어난 영해 교조신원운동 및 동년 8월 이필제에 의한 문경작변(聞慶作變)으로 인한 경상도에서의 탄압을 말하며, '을유지영액'과 '기축지원왕'은 1880년대 후반 충청도 평야지대를 중심으로 동학이 급격히 전파됨에 따라 충청도에서 일어난 탄압을 말한다.

바로 이 같은 동학에 대한 탄압이 1890년대 초반 전라도에서도 일어나기에 이른 것이다. 그러나 전라도에서 시작된 동학 탄압은 종래의 탄압과는 그 양상이 달랐다. 첫째는 종래 경상도와 충청도에서 있었던 동학 탄압은 주로 지방관에 의한 탄압이었다. 하지만, 1890년대 전라도에서 벌어지는 동학 탄압은 지방관 외에 '향곡(鄕曲)의 호민(豪民)' 즉 각 고을의 유력 양반이나 부호들까지 가세한 탄압이었다. 둘째, 종래의 탄압은 사도인 동학에 대한 금단을 위한 탄압이었으나, 1880년대 후반에서 1890년대 초반 전라도에서의 동학 탄압은 동학 금단을 빙자한 지방관 및 호민들의 전재토색(錢財討索) 행위의 일환으로 이루어지고 있었다. 지방관들과 호민들은 일반 민중 가운데서도 어느 정도 재력이 있는 이들을 사도인 동학을 믿는다는 구실로 잡아가두는 등 가렴주구 행위를 일삼았다. 셋째, 지방관들과 호민들에 의해 동학 금단을 빙자한 전재토색 행위, 즉 가렴주구가 심해짐에 따라 전라도 일대 동학 교도들 사이에서는 지방관 및 호민들의 부당한 가렴주구 행위를 금지시키기 위해서는 반드시 '교조(敎祖)의 신원(伸寃)' 즉 동학에 대한 조정의 공인이 필요하다는 사실을 인식하기 시작하였다는 점이다. 즉 지하포교기에 지방관 및 호민(유교 지식인 포함)들에 의해 전라도 일대에서 벌어진 동학 탄압은 결국 동학교도들의 대대적인 결속과 공공연한 집단 시위 운동을 촉발시키는 계기를 제공하기에 이르렀던 것이다.

3) 교조신원운동에 대한 인식과 대응

1892년 10월부터 1893년 4월에 걸쳐 전개되는 교조신원운동(敎祖伸寃運動)은 크게 세 가지 요구를 내걸고 전개되었다. 첫째, 동학을 창시한 교조 수운 최제우를 죽음으로 내몰아 간 억울한 죄목을 풀어달라는 요구(교조신원, 즉 동학포교의 자유를 인정해달라는 요구), 둘째, 동학 금단을 구실로 동학교도 및 일반 민중들의 재산을 불법으로 수탈하는 지방관들과 향곡 호민들의 전재(錢財) 토색행위, 즉 가렴주구(苛斂誅求)를 막아 달라는 요구(지방관들과 향곡호민들의 가렴주구 금지 요구), 셋째, 나날이 만연하는 서학과, 불법적으로 상업 활동을 벌이고 있는 일본 상인을 비롯한 외국 세력을 물리치자는 요구(척왜양의 요구)였다. 이 같은 요구는 당시 동학교도들의 요구인 동시에 일반 민중들의 요구이기도 했다. 그중에서 주목을 요하는 것이 바로 동학 금단을 구실로 한 '지방관들과 향곡 호민들의 전재토색 행위 금지 요구'이다. 일부 유교 지식인도 가담한 동학 교도들에 대한 토색 행위가 동학 교도들로부터 커다란 불만을 사고 있었기 때문이다.

1892년 음력 10월의 충청도 공주취회를 시발로 불붙기 시작한 교조신원 운동은 같은 해 11월 전라도 삼례에서 전라도·충청도 일대 동학 교도 수천 여 명이 모여 20일이 넘는 기간 동안 집단적인 시위를 벌이는 것으로 나타났다. 동학 교도들의 대규모 집회라는 초유(初有)의 사태에 직면한 충청감사 조병식(趙秉式), 전라감사 이경직(李耕植)은 크게 놀라 동학교도들의 요구를 받아들여 지방관에게 '동학 교도 및 일반 민중에 대한 부당한 전재토색 행위를 금하는' 감결(甘結)을 하달했다. 동학교도들의 요구의 일부를 들어 준 것이다. 교조신원운동이라는 집회를 통해 지방관들의 가렴주구 행위 금지라는 성과를 얻어낸 동학 지도부는 크게 고무되었고, 그 결과 일반 민중들 역시 동학에 다투어 입도함으로써 동학 조직과 일반 민중들이 '결합(結合)'하는 계기가 만들어지게 되었다.

한편, 교조의 억울한 죽음에 대한 신원, 즉 동학 공인 문제는 조정의 권한에 속한다는 두 감사의 입장 표명에 따라 11월말부터는 국왕에게 직접 호소하는 복합상소(伏閣上疏)가 추진되기 시작하였다. 이 계획은 동학교도들이 서울로 올라와 척왜양 운동을 벌일 거라는 소문으로 번져 당시 주한 외국공사관과 주한 외국인들에게 커다란 위기감을 불러 일으켰다. 실제로 동학 교도들의 상경 투쟁은 1893년 2월 현실로 나타났다. 2월 9일 40명의 동학지도자들이 광화문 앞에 엎드려 교조를 죽음으로 내몬 억울한 죄목을 풀어 달라고 3일 밤낮을 호소하였다. 뿐만 아니라 14일부터는 외국인들을 배척하는 내용을 담은 괘서들이 교회와 외국공사관, 외국인이 사는 집 담에 나붙기 시작하여 장안은 온통 공포 분위기가 조성되었다. 이것이 이른바 광화문 복합상소(光化門 伏閣上疏)와 괘서사건(척왜양 격문 게시운동)의 단계이다. 그러나 이 광화문 복소와 괘서사건은 외국 세력의 간섭과 조정의 강경 탄압책에 의하여 실패하고 말았으며, 복소를 주도했던 동학 지도자들은 모두 체포되거나 수배되었다. 체포를 간신히 면한 동학 지도자들은 동학의 본부가 있던 충청도 보은으로 내려와 새로운 대응책을 마련하기 시작하였다.

동학교단 지도부는 각지 동학교도들에게 통문을 띄워 교조가 순교한 3월 10일을 기해 동학 도소가 있는 보은으로 모일 것을 지시하였다. 보은취회가 열리게 된 것이다. 4월 2일 해산 직전까지 모인 교도 수는 3만여 명에 이르렀다. 그들은 '척왜양창의(斥倭洋倡義)'라는 반외세의 깃발을 내걸었다. 이 시기에 보은취회에 호응하기 위한 또 하나의 집회가 전라도 금구 원평에서도 열렸다. 원평(금구)취회가 그것이다. 그러나 보은취회와 금구(원평)취회는 조정에서 파견한 양호선무사(兩湖宣撫使) 어윤중(魚允中)의 설득과 회유, 그리고 군대를 동원한 조정의 강경책에 의해 해산되었다.

이렇게 2년간에 걸쳐 전개된 교조신원운동은 무엇보다도 재지(在地) 유교 지식인들을 크게 자극했다. 혹세무민의 사도(邪道)인 동학이 삼남 각지에 만연했을 뿐 아니라, 그 사도를 따르는 무리들 수천 명 또는 수만명이 공공연하게 모여 집회를 개최하고, 심지어 국왕이 거처하는 서울까지 상경하여 '교조신원' 즉 동학 공인을 요구하는 광경을 목도한 유교 지식인들은 사태의 심각성을 직감했다. 그리하여 초기동학이나 동학의 지하 포교 활동에 대해 주목하지 않았던 유교 지식인들까지 다투어 동학 배척에 가담하기 시작하였다. 이런 면에서 교조신원운동은 향촌사회 유교 지식인들의 동학 배척 및 탄압 활동을 가속화시킨 결정적 사건이었다. 이 점은 전라도 유교 지식인들도 예외는 아니었다.

전라도 지역 유교 지식인들은 교조신원운동을 과연 어떻게 인식하고 대응했을까? 교조신원운동에 대한 적극적 대응 사례로는 성균관을 중심으로 동학 배척 상소 운동을 주도했던 남원유생 김택주(金澤柱), 오주영(吳冑泳), 강순형(姜淳馨) 등이 있다. 3인 가운데 김택주는 동학교도들이 복합상소를 벌이던 1893년 2월경에 서울에 거주하고 있었다. 그는 광화문 복합상소 소식을 듣고 성균관에 통문을 보내 "동학이 비록 서교를 배척한다고 하나 경천모성(敬天慕聖)의 도를 가탁하여 일반 백성을 속이고 청금(靑衿) 사림들을 욕보이며, 조정에 해악을 끼치는 해로운 이단이니 마땅히 그를 물리쳐 선성의 올바른 가르침을 회복하여야 한다."고 주장하였다.[43] 또한 그는 다른 유생들과 함께 성균관에 방문을 게시하여 2월 23일 재경(在京) 호남 유생들이 성균관에 모여 상소를 하자고 제안하고, 당일 수백명의 유생이 모이자 소수(疏首)가 되어 국왕 고종에게 상소하였다. 그는 "미신으로 백성들을 유혹하여 변란을 꾀하는 동학의 우두머리를 처단하여 종묘사직을 공고히 하고 인문(人文)을 혁신하는 일대 기회로 삼자."고 역설하였다.[44] 이에 고종은

> 호남유생 김택주 등이 상소를 올려 동학 무리들이 올린 연명 상소의 우두머리를 엄하게 심문하여 형벌을 적용할 것을 요청하였다. 비답하기를 "간사하고 바른 것을 엄격히 구분하려고 하면 응당 덕행으로 인도하고 법으로 다스리는 방도를 강구하여야 할 것이니 그렇게 알고 물러가서 공부에 힘쓸 일이다.[45]

라는 비답을 내렸다. 김택주의 동학 배척 운동은 여기에 그치지 아니하고 이듬해 향리인 남원을 군거지로 한 민보군 활동으로 이어진다. 김택주 등의 남원 민보군 구성 및 그 활동에 대해서는 후술(後述)하기로 한다.

한편, '사도'인 동학의 만연에 위기감을 느낀 유교 지식인들은 동학을 배척을 위한 구체적 방안의 하나로 향약(鄕約) 실시를 통한 향촌사회 통제를 강화하려 했다. 이 같은 움직임은 황현의 『오하기문』에서 구체적으로 확인할 수 있다.

> (1893년 3월의 보은취회가 끝난; 필자 주) 얼마 후 민영준이 거론하기를, "동학이 번진 것은 풍속이 무너진 데 그 원인이 있다."고 하면서, 경상 전라 양 지방에 공문을 보내어 전라 지방은 향약법(鄕約法)을 시행하고, 경상 지방은 향음주례(鄕飮酒禮)를 시행하게 하였다. (중략) 지방 수령들은 무더위가

한창인 6월에 향약과 향음을 행하느라 땀을 흘리며 꿇어앉아 절을 하였고, 돈을 걷고 먹을 것을 조달하느라 농사일을 방해하고 직무에 지장이 있었으므로 백성들이 몹시 불편해 하였다.[46]

위의 내용에 따르면, 무더운 6월에 향약과 향음을 실시하느라 수령들이 땀을 흘리고, 농사일에 방해되므로 농민들이 불편해 하는 가운데도 향약과 향음주례가 시행되고 있음을 보여준다. 전라도의 경우 교조신원운동 직후에 향약을 실시한 사례들이 다수 확인된다. 나주목(羅州牧)의 경우를 보면,

> 고종 30년 계사 겨울 12월에 지담 민종렬(閔種烈)이 대방(帶方)으로부터 금성군으로 옮겨왔는데 (중략) 이에 향약의 규칙을 중국 남전 여씨들이 정했던 규약에 따라 덕업을 서로 권하고 과실을 사로 규제하며 환난이 있으면 서로 구제해 주기로 하였다. (중략) 진사 나동륜(羅東綸)을 도약장(都約長)으로 추대하고 유림 임병간(林炳幹)과 기주현(奇周鉉)을 부약장(副約長)으로 정하였으며, 이병수(李炳壽)를 도약소(都約所) 직월(直月)로 삼았다.[47]

라고 하여, 교조신원운동이 막을 내린 후인 계사(1893)년 12월에 새로 부임한 목사 민종렬의 제안으로 새로 향약을 실시하자 나동륜, 임병간, 기주현, 이병수 등 나주목 관내의 유교 지식인들이 대거 참여하였다.[48] 교조신원운동 직후 향약 실시 사례는 남해안에 위치한 강진에서도 확인된다.

> 향약계를 조직하려고 사람들이 하고재(下古齋, 하고 마을에 있는 유생들의 서재)에 모였다. 나도 가서 참여하였다. 계에 들고자 하는 모든 사람들이 문서에 이름을 적고, 그 이름으로 계전 1냥 1전씩을 거두었다. 저녁에야 집으

로 돌아왔다.[49]

위의 내용은 강진유생 박기현(朴冀鉉)의 일기『강재일사』에 나오는 것으로, 교조신원운동 직후인 계사년 7월에 강진에서도 향약이 조직되고 있음을 보여준다. 향약계를 조직한 목적은 물론 민심 교화, 향촌사회 통제를 통해 이단사술인 동학의 전파를 차단하려는 목적이었다.

유교 지식인들의 향촌사회 통제는 비단 향약 실시만으로 나타난 것이 아니라 마을 집강(執綱)의 역할 강화와 같은 방식으로도 구체화되었다. 그 구체적 사례는 강진과 이웃한 전라도 보성에서 확인할 수 있다.[50]

4) 제1차 동학농민혁명에 대한 인식과 대응

교조신원운동이 실패로 돌아간 뒤, 동학농민혁명은 1893년 11월의 사발통문(沙鉢通文) 모의 및 그 모의의 실행 단계라고도 할 수 있는 1894년 1월 10일의 고부농민봉기를 계기로 발화하기 시작했다. 1893년 11월, 고부군 서부면 죽산리(현 정읍군 고부면 신중리 주산마을)에 있는 접주 송두호(宋斗浩)의 집에서는 전봉준 등 고부의 동학교도 20여 명이 모여 고부군수 조병갑(趙秉甲)의 폭정에 대한 대응책을 모의하였다. 이들은 고부군민들에게 보내는 통문을 통해서 "① 고부성을 격파하고 군수 조병갑을 효수할 사 ② 군기고와 화약고를 점령할 사 ③ 군수에게 아유하여 인민을 침어한 탐리를 격징할 사 ④ 전주성을 함락하고 경사로 직행할 사"와 같은 혁명적인 내용을 담은 통문을 작성하고 서명하였다. 이것이 바로 사발통문 모의이다.

그런데 고부 동학 교도들이 사발통문 모의를 통해 징치하고자 했던 조병갑이 1893년 말 익산군수로 전임 발령되고, 이로써 이 모의 계획은 일시적으로 중지되었다. 그렇지만 군수 조병갑이 전라감사 김문현의 협조를 받아 고부군수로 부임하자 고부 동학교도들은 조병갑의 폭정에 항거하는 봉기를 일으키게 된다. 고부농민봉기가 일어난 것이다. 1894년 1월 10일, 전봉준(全琫準), 김도삼(金道三), 정익서(鄭益瑞) 등은 동학 교도와 고부 농민 등 1천여 명을 이끌고 봉기하였다. 그들은 군수 조병갑을 지경 밖으로 내쫓는 한편, 수탈의 상징인 만석보(萬石洑)를 허물고 말목장터에 친 진을 중심으로 2개월 이상 항쟁을 계속했다.

고부농민봉기는 종전의 민란에서 볼 수 없는 몇 가지 새로운 특징을 보여주었다. 하나는 1892~3년에 일어났던 동학교단이 중심이 된 일련의 교조신원운동과 고부지방 동학교도 및 농민들이 중심이 된 1893년 11월의 사발통문(沙鉢通文) 모의 계획과 깊은 관련을 가짐으로써 교조신원운동과 1894년의 동학농민혁명의 연결고리가 된다는 점과 1월 10일에 봉기하여 3월 13일 완전 해산하기까지 두 달 이상 항쟁을 계속하는 장기지속성을 보여준다는 점이다. 그다음으로는 전봉준을 비롯한 항쟁 지도부가 조직되어 각 면에서 참가한 농민들을 조직하여 민군(民軍)을 조직하고 군아에서 탈취한 무기와 자체적으로 제작한 죽창 등으로 무장을 강화함으로써 강력한 조직성을 보여준다는 점이다.

이 같은 고부농민봉기 소식은 고부의 박문규와 유양천, 강진의 박기현, 나주의 이병수, 남원의 김재홍, 구례의 황현, 고창의 조의곤 등의 유교 지식인들에 의해 단편적인 기록으로 남겨지는데, 이 가운데 가장 자세하게 고부농민봉기 소식을 전하는 것은 구례 유생 황현은 다음과 같은 기록이다.

갑오년 정월 고부에서 난민들이 들고 일어나자 군수 조병갑은 도망쳤다. 병갑은 옛날 영상 벼슬을 지낸 두순의 서질로 여러 고을의 벼슬길을 거치면서 탐욕이 천성으로 굳었다. 이에 앞서 계사년에 충청 우도 일대가 가뭄이 극심하여 세금을 거둘 수조차 없었는데, 고부는 산과 바다가 서로 엇갈리는 지형으로 북쪽은 흉년이 들었지만 남쪽은 그런대로 추수를 하였다. 병갑은 가뭄에 대한 보고를 받고 각 마을을 순시하면서 북쪽 4개 면의 세금을 탕감해 주었다. 그러나 각 마을에는 "가뭄의 재해로 세금을 탕감하지는 않는다."고 하면서, 북쪽 마을의 세금을 남쪽 마을에다 옮겨 부과하고, 실제보다 배나 되게 독촉하여 받아들였다. 그리고 북쪽에는 세금을 다른 마을에 옮겨 부과한 것을 자랑하고 백성들에게 후한 보상을 요구하여, 논 백 이랑당 거두어들인 것이 백 말이나 되었다. (중략) 지금 생각해 보면 삼남지방에 민란이 일어나고 동학이 반란을 일으켜 청 · 왜가 연이어 군대를 몰고와 천하가 동요되고, 종묘사직이 뒤흔들릴 만큼 긴박한 상황이 조성되었던 것은 모두 몹쓸 조병갑 한 놈 때문에 일어난 일이었다.[51]

황현은 위의 내용에서 고부봉기의 원인이 조병갑의 폭정에 있음을 밝히는 동시에, 조병갑의 폭정이 삼남 각지의 민란뿐 아니라, 동학농민혁명과 청일전쟁의 원인이 되었음을 날카롭게 지적하고 있다. 여기서 황현은 조병갑의 폭정에 항거하여 봉기한 민중들을 비록 '난민'이라 칭하면서도, 그들을 비난하기보다는 고부군수 조병갑의 가렴주구 행위를 더 문제 삼는다는 것을 알 수 있다. 고부봉기의 원인이자 동학농민혁명의 원인이 바로 '몹쓸 조병갑 한 놈 때문에 일어난 일'이라는 그의 지적이 이를 말해 준다.

고부농민봉기는 그 수습을 위해 조정이 파견한 안핵사 이용태(李容泰)가 "병갑을 두둔하면서 난민들을 반역의 죄목으로 몰아넣어 죽이고자"[52] 하면서 새로운 국면을 맞이하게 된다. 이용태의 가혹한 탄압을 견디지 못한 전봉준 등이 3월 13일경 민군을 해산한 뒤 무장으로 피신, 무장의 동학 대접주 손화중(孫化中)의 도움을 받아 3월 21일 마침내 전면 봉기를 하기 때문이다.[53]

1894년 3월 21일 전봉준 등 농민군 지도부는 전라도 무장에서 '포고문(布告文)'을 발표하여 전면 봉기의 대의를 만천하에 고하였다.

포고문을 발표한 농민군은 3월 21일 무장을 출발하여 3월 23일 고부를 점령하고, 3월 25일경에는 고부농민봉기 때 결진(結陣)했던 백산으로 이동하여 각지에서 참가한 농민군을 모아 진영을 확대 개편하였다. 농민군 지도부는 또한 '호남창의대장소(湖南倡義大將所)' 이름의 격문(檄文)[55]을 발표하여 민중들의 봉기와 호응을 촉구하였고, '4대명의(四大名義)'와 '12개조 기율(紀律)'을 발표하여 군율을 정하였다. 이어 4월 7일 새벽에는 황토재[56]에서 전라 감영군을 격파한 다음 전라도 서남해안으로 기수를 돌려 정읍, 흥덕, 고창, 무장, 영광, 함평, 무안을 차례로 점령하였다. 4월 23일에는 장성 황룡 전투에서 홍계훈이 이끄는 경군마저 격파하고, 4월 27일에는 마침내 전라도의 수부(首府)인 전주성(全州城)을 점령하였다. 이후 농민군은 청·일 양국군 출병소식을 접하고 경군과 전주화약을 체결한 뒤 전주성으로부터 자진 철수하였다. 전주성에서 철수한 농민군들은 출신 고을로 돌아가 집강소를 설치하고 '폐정개혁'을 단행하게 된다.

농민군의 전면 봉기 소식은 '(무장)포고문'을 통해 삼남 각지에 널리 알려졌다. 사도의 무리들이 보국안민(輔國安民)의 기치를 내걸고 창검(槍劍)으로 무장한 채 전면 봉기를 했다는 소식은 향촌사회 유교 지식인들에게는 경천동지(驚天動地)할 만한 사건이었다. 여기에 더해 농민군이 황토재와 황룡에서 감영군과 경군을 잇따라 격파하고 조선왕조의 발상지이자 호남의 수부(首府)인 전주성마저 점령하자 유교 지식인들의 위기의식은 최고조에 달했다. 유교 지식인들은 더 이상 앉아서 위기상황을 바라만 볼 수 없게 되었다.

전라도에서는 태인의 유력 가문 출신인 김기술(金箕述, 1849~1929)이 제일 먼저 대응에 나섰다. 김기술은 조선 초에 태인에 정착한 도강김씨(道康金氏) 출신으로 43세 되던 1891년에 무성서원 강수재(講修齋) 장의(掌議)로 임명되었다. 장의로 있던 1894년에 농민군이 봉기했다는 소식을 듣고 4월 4일에 민보군을 결성하고,[57] 자신의 허벅지 살을 베어 혈서를 쓴 다음 농민군 토벌을 맹세하였다. 그는 스스로 선봉이 되어 4월 6일 아침에 북촌(北村)을 출발하여 화호(禾湖)를 거쳐 저녁 무렵에 농민군과 대치하고 있는 황토재의 감영군 진영에 합류했다. 그러나 4월 7일 새벽, 농민군의 기습으로 김기술의 민보군은 싸움 한 번 해 보지 못한 채 달아날 수밖에 없었다. 이때의 상황에 대해 김기술은 "날이 밝기 전 적병이 뒤에서 일어나서 수족을 쓰지 못한 채 졸지에 흉측한 변을 만나, 칼을 뽑아 싸우다 죽고자 했으나 후일이 있는 까닭에 목숨을 도모하여 몸을 빼 달아났다."[58]고 회고하고 있다. 이리하여 김기술이 이끄는 민보군은 아무런 성과 없이 해산하고 말았다. 4월 7일의 황토재 전투에서 전라 감영군이 패배한 이후 김기술을 중심으로 한 민보군 역시 농민군의 위세에 눌려 해산하지 않을 수 없었다. 그러나 김기술은 농민군이 공주 우금티전투에서 패배한 이후인 12월 초부터 또다시 태인을 중심으로 민보군 활동을 전개한다.

한편, 농민군이 황토재에서 승리한 다음 전라도 서남 연안의 고을을 차례로 점령할 무렵인 1894년 4월 14일에 전라 병영에서는 강진, 영암, 해남, 장흥에서 동원한 지방군 2백 명을 나주목으로 보내[59] 농민군의 나주성 공격에 대비하는 한편, 민보군 수백명을 징발하여 병영의 수비를 강화했다. 4월 24일에는 전라도 일대에서 모여든 병사 1천여 명이 병영(兵營)에 집결하여 훈련을 하는 등 혹시 있을지 모를 농민군의 공격에 대비하기에 분주했다.[60] 농민군이 파죽의 기세로 고부, 정읍, 흥덕, 고창, 무장, 영광, 함평, 무안을 차례로 점령하는 상황 속에서 위기감을 느낀 강진유생 전도정(前都正) 박창현

(朴昌鉉, ?-1894, 박기현의 종형)은 4월 27일 병영에 집결한 민보군 6백 명을 이끌고 나주성을 향해 출진했다.[61] 그는 4월 30일경에 나주성에 도착하여 목사 민종렬이 이끄는 나주 수성군에 합류하였으며, 5월 9일에는 전주성으로 진격하라는 명을 받고 5월 13일에 전주성을 향해 진군했으나 전주화약 직후 "각지의 군대를 해산하라"는 초토사 홍계훈의 영을 전달받고 5월 22일 군대를 돌려 고향으로 돌아왔다.[62] 그리하여 박창현의 민보군 활동 역시 김기술의 민보군 활동처럼 별다른 성과 없이 끝나고 말았다.

4. 강진 유생 강재 박기현의 경우

강재(剛齋) 박기현(朴冀鉉, 이하, 강재로 약칭함)의 경우는 집강소 통치기 및 제2차 동학농민혁명 당시 전라도 지역 유교 지식인의 동학농민군 인식과 대응을 대표하는 전형적 사례이다.

강재는 1864년 4월 22일 강진 옴천(唵川)에서 재빈(載彬, 1829~1898)의 2남 3녀 가운데 차남으로 태어났다.[63] 모친은 부안 임씨(林氏)였다. 자는(字) 세현(世顯)이며 호(號)는 강재(剛齋)이다. 강재[64]는 유년기에 옴천 인근의 병영으로 이사하여 1894년까지 살았다. 강재는 1894년 12월에 농민군들이 병영을 점령하기 전까지 병영을 근거지로 생활하면서 가학(家學)을 통해 문리(文理)를 얻은 다음,[65] '선비' 즉 유교 지식인으로서 갖추어야 할 교양을 위한 독서에 힘쓰는 한편, 인근 유생들과 교유하면서 강학(講學) 활동에 널리 힘썼다.[66] 그는 한때 부친의 간곡한 권유로 과거에 등제하여 입신양명(立身揚名)하려는 뜻을 두기도 했으나 몇 차례 응시한 향시(鄕試)에서 매번 낙방하자[67] 과거 등제에 대한 꿈을 접고, 강진 인근의 저명한 유생들이었던 능주(綾州)의 일신재(日新齋) 정의림(鄭義林, 1845~1910),[68] 강진의 오남(吾南) 김한섭(金漢

變, 1838~1894)[69]등의 지도를 받으며 학문 연찬에만 힘쓰게 된다. 강재는 멀리 구례의 매천(梅泉) 황현(黃玹, 1855~1910)과도 교유를 맺어 편지를 주고받기도 하였으며, 매천 사후에는 『매천집(梅泉集)』 발간에 참여했던 것으로 알려지고 있다.

강재의 사남(四男) 윤안(潤安, 1909~1993) 옹에 따르면,[70] 강재는 성리학뿐만 아니라 상수학(象數學)과 천문, 의술 등에 두루 통하였으며, 그 가운데서도 특히 천문에 밝았다고 한다. 강재의 증손인 병채(炳埰, 강진군 작천면 용상리 201번지 거주) 씨 댁에 소장되어 있던 사료 속에 강재가 쓴 것으로 보이는 천문 관련 자료들이 상당수 남아 있는 것으로 볼 때 윤안 옹의 증언은 신빙성이 높은 것으로 보인다. 강재는 강진과 장흥 일대의 유생은 물론이려니와 멀리 나주와 장성, 능주, 구례의 유생들과도 폭넓은 학문적 교류를 하고 있었다. 강재의 학문적 교유 관계를 보여주는 사실은 그의 문집 『강재유고(剛齋遺稿)』 및 강재의 일기 『일사(日史)』 등에 김병휘(金炳輝, 강진 유생), 박계명(朴啓明, 강진 유생), 이병수(李炳壽, 나주 유생), 김기경(金箕璟, 능주 유생), 기참봉(奇參奉, 장성의 기우만(奇宇萬)을 지칭함) 등의 이름이 자주 등장하는 것을 통해서도 증명되며, 이들 유생들의 문집 속에 강재와 관련된 내용이 들어 있는 점에서도 분명하다.

강재는 28세가 되던 1891년부터 40세가 되던 1903년까지 13년간의 일기를 남겼다. 전술한 『일사(日史)』가 바로 그것이다. 그의 일기 속에는 매일의 날씨 기록을 필두로 하루의 주요 일과, 강진 일대 향촌사회의 동향, 인근 유생들과의 교유 관계, 강진과 장흥 일대에서 일어난 중요 사건 등이 상세하게 기록되어 있으며, 중앙 조정에서 일어난 일들도 견문 형식으로 기록되어 있다. 이 일기에 따르면, 강재는 특히 1890년대 초반을 전후하여 강진과 장흥 등 전라도 서남부 해안 지역을 중심으로 급속하게 퍼져 가고 있던 동학을 의식하기 시작했던 것으로 보인다. 대대로 성리학을 기반으로 삼고 있던 강재의 눈에 비친 동학은 그저 이단사술(異端邪術)에 지나지 아니했지만, 민중들 사이로 급속히 전파되는 동학을 무시하지는 못했던 것으로 보인다. 1893년 1월 14일의 일기에 따르면, 강재는 그날 강진 유생 오남 김한섭을 찾아가 문안 인사를 드리고 동학이 급속히 전파되고 있는 현실을 개탄하였다.[71]

이후 강재는 강진 장흥 일대에까지 널리 퍼지고 있던 동학의 전파를 막고 정학(正學)인 성리학을 수호하기 위한 활동에 적극적으로 나선다. 강재는 강진 유생 오남 김한섭,[72] 연파(蓮坡) 김병휘(金炳輝, 1842~1903), 박계명(朴啓明, ?~1893) 등과 함께 향약계를 조직하기도 하고,[73] 1894년에는 농민군들의 활동을 저지하려는 유생들을 중심으로 조직된 민보군 활동에 참여하기도 했다. 그렇지만 강재는 오남 김한섭, 연파 김병휘와는 달리 농민군과 직접 맞서 싸우지는 않았다.[74] 그는 행동에 나서기보다는 일기를 통해 향촌사회에서 일어났던 역사를 매일같이 구체적으로 기록하는데 힘썼다. 이런 점은 강재와 교유 관계를 맺고 있던 구례의 매천 황현의 태도와 아주 흡사하다.[75]

강재는 농민군과 직접 대결하는 것을 피하려 했지만, 농민군이 강진을 점령하고(1894년 12월 7일), 이어서 병영을 점령하여 초토화하는 과정(12월 10일)에서 자신은 물론 그의 가문 전체가 커다란 피해를 당하게 된다. 그의 오랜 삶의 터전이었던 집이 농민군이 병영을 점령하는 과정에서 불타 버리고, 친형 장현(章鉉)은 농민군에게 체포되는 수난을 당했으며, 종형 창현(昌鉉)은 병사마저 도망가 버린 병영을 지키기 위해 농민군과 맞서 싸우다가 전사했다.[76] 『일사』에 따르면, 1894년 12월 10일 농민군의 병영성 점령은 강재의 일생에 커다란 전환을 가져온 것으로 확인된다. 강재는 농민군이 퇴각한 직후에 전사한 종형 창현의 시신 수습에 나섰다. 그러나 수많은 전사자들 가운데서 시신을 수습하기란 용이한 일이 아니었다. 증손 병채 씨의 증언에 따르면, 종형 창현은 효심이 지극하여 모친이 위급했을 때 단지(斷指)를 한 사실이 있었다고 한다. 그래서 강재는 단지의 흔적이 남아 있는 시신을 찾아냄으로써 비로소 종형의 시신을 수습할 수 있었다고 한다.[77] 종형의 시신 수습을 마친 강재는 불타 버린 병영 집터를 뒤로 하고 1894년 12월 28일에 용정 마을(현 강진군 작천면 용상리 용정마을)로 이주하였고, 그 이후에는 조용히 강학(講學)에만 몰두하기에 이르렀다. 물론 일기 쓰기는 계속되었다.[78] 강재는 1910년 이후 일제 강점의 현실에 대한 고뇌를 계속하다가 1913년 6월 1일 50세를 일기로 타계하였다.

강재가 남긴 일기『일사』에서 가장 주목할 부분은 무엇보다도 동학농민혁명에 관련된 내용이다. 강재는 동학농민혁명이 일어나기 직전부터 강진과 장흥 일대를 중심으로 조직화되어 가고 있던 동학 교세 현황 및 그에 대한 향촌사회의 대응을 기록하기 시작하여, 1894년 동학농민혁명 당시 강진 장흥 일대 농민군들의 동향, 조직화되어 가는 동학농민군과 맞선 재지 유생 및 각 지방관들의 움직임, 그리고 1894년 12월에 강진과 장흥을 중심으로 전개된 농민군 및 조일연합군의 전투, 반농민군(수성군)들의 동향 등을 상세하게 기록하였다. 한마디로 강재가 남긴 일기는 강진과 장흥 일대의 동학농민혁명사 해명에 결정적인 내용을 담고 있을 뿐만 아니라, 19세기 말에서 20세기 초에 걸쳐 전라도 강진 일대 향촌사회의 변화를 파악하는 데 필수적인 내용을 담고 있다고 할 수 있다.

주지하듯이, 강재의 일기『일사』는 상·하 두 권으로 되어 있으며, 순한문(純漢文) 붓글씨로 쓰여져 있다. 상권은 1891년부터 1896년까지의 일기가, 하권은 1897년부터 1903년까지의 일기를 담고 있다. 내용은 매일매일의 날씨를 시작으로, 주요 일과와 함께 강재가 교유하던 인근 유생들의 인명과 관련 지명 등을 상세히 기록하였다. 계사년(1893) 분부터 갑오년(1894), 을미

년(1895), 병신년(1896) 분의 일기 속에 강진 장흥 일대에서 차츰 세력화되고 있던 동학 포교 상황과, 동학의 확산에 따른 유생들의 대응 활동, 갑오년 당시 농민군의 동향, 갑오년 말에 벌어진 농민군과 조일연합군 간의 전투, 반농민군의 동향, 동학농민군 잔당들의 동향 등이 날짜별로 상세히 기록되어 있다. 그러므로 이 일기를 통해 동학농민혁명 직전의 강진·장흥 향촌사회의 움직임과 함께 동학의 조직화 과정, 재지 유생 및 일반 농민들의 동향을 구체적으로 파악할 수 있다. 또 갑오년(1894년) 분 일기를 통해서는 1894년 5월 7일의 이른바 전주화약(全州和約) 이후 강진·장흥 일대 농민군의 활동과 그에 따른 재지 보수 유생이 중심이 된 수성군(守城軍) 측의 대응 활동, 농민군의 최후 항쟁 과정 등을 날짜별로 상세하게 파악할 수 있다.

5. 맺음말

이상으로 전라도 지역 유교 지식인들의 동학농민군에 대한 인식과 대응 양상을 살필 수 있는 관련 기록의 전모, 초기 동학의 포교부터 지하포교기, 교조신원운동기, 제1차 동학농민혁명기 등 각 시기에 따른 전라도 지역 유교 지식인들의 동학에 대한 인식과 대응 내용, 그리고 강진 유생 강재 박기현이 남긴 일기 『일사(日史)』를 중심으로 동학농민군에 대한 인식과 대응을 구체적으로 분석하였다. 그 결과는 다음과 같다.

첫째, 전라도 지역 유교 지식인의 동학 관련 기록은 2008년 12월 말 기준으로 모두 45건이 확인되었다. 향후 정밀한 조사가 이루어질 경우 더 많은 관련 기록이 새로 발굴될 가능성이 있는 것으로 확인되었다.

둘째, 초기 동학 포교기부터 교조신원 운동기에 이르기까지 전라도 지역 유교 지식인들 역시 다른 지역과 동일하게 향약 실시, 마을 집강의 역할 강화, 동학 배척 상소 등을 통한 대응에 나섰다는 사실이 밝혀졌다. 다만 전라도 지역 유교 지식인들의 동학에 대한 대응은 타 지역(경상도와 경상도 등)에 비해 좀더 늦은 1880년대 중반 이후부터 나타났다. 이것은 전라도에 대한 동학 포교가 경상도와 충청도에 비해 상대적으로 늦게 시작된 데서 기인하는 것이다.

셋째, 전라도 지역 유교 지식인의 동학농민군에 대한 인식과 대응 사례의 하나인 강진 유생 박기현의 사례 분석 결과는 다음과 같이 요약할 수 있다. 우선 강재 박기현은 전통적인 문반 가문 출신이었으며, 성리학을 정학(正學)으로 삼고 평생토록 성리학적 이념에 충실하고자 했던 유생이었음이 확인되었다. 그러나 강재는 그의 독서 경력에서 확인할 수 있었듯이 '유의(儒醫)'로서 면모를 보이는 등 전근대 사회에서 근대사회로 넘어오는 시기의 유교 지식인으로서 매우 독특하고 흥미로운 모습을 지닌 지식인이었다. 그는 강진·장흥 일대에 동학이 급속하게 전파되는 것을 우려하여 향약계를 조직하여 이단사술(異端邪術)인 동학의 확산을 방지하려고 하고, 또 1894년에는 농민군을 탄압하는 반농민군 측 입장에 서긴 하지만 직접적으로 반농민군 활동을 전개하지는 않았다. 그는 직접적인 반농민군 활동보다는 자신이 거주하던 향촌사회에서 벌어진 대전란의 구체적 전개 과정과, 그에 대한 유교 지식인들의 대응 내용을 중심으로 19세기 말에서 20세기 초에 걸친 전라도 서남부 지역 향촌사회의 동향을 실증적인 기록으로 남기고자 하였다. 이는 『오하기문』이란 저술을 남긴 매천 황현의 태도와도 흡사한 것으로 평가할 수 있다.

한편, 강재가 남긴 일기 『일사』는 반농민군 측 입장에서 기록한 것이긴 하지만 그 구체성과 실증성 덕분에 1890년대 초반에서 1900년대 초반에 걸친 전라도 서남부 지역(강진 장흥 일대) 향촌사회 동향을 연구하는 데 없어서는 안 될 결정적 사료의 하나임을 확인할 수 있다. 물론 강진 장흥 일대에서 전개된 동학농민혁명의 전개 과정과 그 실상을 이해하는 데 귀중한 사료임이 확인되었다.

일본군 후비보병 제19대대장
미나미 고시로(南小四郞)와 동학문서

1. 문서 발견과 공개 경위

일본 야마구치현(山口縣) 야마구치시(山口市)에 있는 현립(縣立) 문서관(文書館)[1]에는 야마구치현 미나미가(南家) 가문에서 기증한 동학문서(東學文書) 수십 점이 소장되어 있다. 이 동학문서는 동학농민군 진압을 전담하기 위해 1894년 11월 초(음력 10월)에 조선으로 파병된 일본군 후비보병(後備步兵) 독립(獨立) 제19대의 대대장 미나미 고시로(南小四郞, 1842~1921) 소좌가 수집한 문서로, 미나미 고시로의 손자인 미나미 사부로(南三郞)[2] 씨가 야마구치현 현립 문서관에 기증함으로써 2010년 3월부터 일반에게 공개되기에 이르렀다.

그런데, 이 미나미가 가문 소장의 동학문서가 야마구치현 현립 문서관에 기증되어 일반에게 공개되기까지는 장장 15년이라는 긴 시간이 필요했다. 이하(以下)에서는 미나미가(南家) 동학문서의 소재가 확인된 이후부터 일반 공개되기까지 지난(至難)했던 15년 동안의 노력을 약술(略述)함으로써 연구자들의 이해를 돕고자 한다.

필자는 1997년 4월부터 2001년 3월까지 만 4년간 일본 홋카이도대학(北海道大學) 대학원 문학연구과에서 일본 근대사를 전공했다. 이때의 지도교수가 한국에도 널리 알려진 이노우에 카츠오(井上勝生) 교수이다. 이노우에 교수와 필자는 1995년 7월에 홋카이도대학 문학부 산하 후루카와(古河) 강당 인류학교실 구표본고(舊標本庫)에서 오랜 기간 방치된 채로 발견된 전라남도 진도 출신 동학농민군(이하, 농민군) 지도자의 '유골(遺骨)'[3] 문제와 관련하여 그 진상을 밝히기 위한 한일 양국의 공동조사에 참여한 것을 계기로 서로 만나 지금까지 학문적 교류를 계속하고 있다.

　동학농민군 지도자 '유골' 문제와 관련한 한일 공동조사가 막 시작된 1997년 여름에 필자는 이노우에 교수와 함께 도쿄(東京)에 있는 일본 외무성 산하 외교사료관(外交史料館)을 비롯하여 방위성 산하의 방위연구소 도서관(防衛研究所 圖書館), 국회도서관 헌정자료실(憲政資料室), 국문학 자료관 등을 차례로 방문하여 일본에 남아 있는 동학농민혁명 관련 자료 조사 및 수집에 착수한 이래, 현재까지 일본 각지의 도서관, 공문서관, 사료관 등에 소장되어 있는 동학농민혁명 관련 자료의 조사와 수집에 임하고 있다. 그중에서도 특히 방위연구소 도서관을 처음 방문했던 1997년 7월에 필자는 농민군 진압에 직접 참여했던 일본군 후비보병 제19대대의 대대장을 비롯한 장교들에 대한 조사가 동학농민혁명 연구에 있어 무엇보다도 중요하다는 점을 이노우에 교수에게 누누이 역설했다. 이노우에 교수 역시 필자의 의견에 전면적인 공감을 표시하였으며, 자료 조사에 적극 협력할 것을 약속했다. 그리하여 1997년 겨울에 필자는 이노우에 교수와 함께 방위연구소 도서관을 재차 방문하여 자료 조사에 임했다. 이때 필자는 이노우에 교수와 함께 방위연구소 도서관에 소장되어 있던 「육군예비후비장교동상당관복역정년명부(陸軍豫備後備將校同相當官服役定年名簿)」(明治 27年 7月 1日 調)를 발견하고, 그 명부 속에서 농민군 진압을 전담하는 부대, 즉 '동학당 토벌대(東學黨 討伐隊)'라는 이름으로 조선에 파병된 일본군 후비보병(後備步兵) 제19대대의 대대장

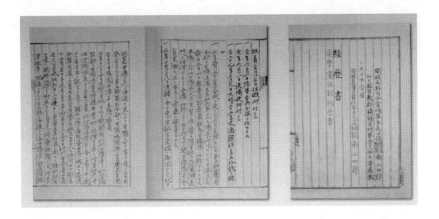

경력서(동학당 정토 경력서)
일본산구현문서관(日本山口縣文書館) 소장
1895년 8월 어은동 병참사령관과 인천병참감에게 보고하기 위해 미나미 고시로가 직접 작성한
동학당 정토 경력서이다. 1894년 10월 29일 도한명령을 받고, 11월 6일 인천에 도착한 이후
동로, 중로, 서로로 나누어 동학농민군을 서남으로 몰아 부쳐가며 진압해가는 내용이 날짜별로
기록되어 있다.

미나미 고시로(南小四郞) 소좌를 비롯하여, 예하 중대장과 소대장들의 군(軍)
경력에 관한 기본 정보를 입수할 수 있었다.

　　이후 필자와 이노우에 교수는 방위연구소 도서관에 소장되어 있는 미나
미 고시로의 군 경력을 토대로 그의 출신지인 야마구치현(山口縣)을 중심으
로 후손의 생존 여부 등을 광범위하게 탐색하는 작업에 착수하였다. 이윽고
미나미 고시로의 손자가 야마구치시(山口市)에 살고 있다는 사실을 확인하
였다. 그때가 1999년 3월경이었다.[4] 어렵사리 미나미 고시로의 후손이 살
아 있다는 사실을 확인하고 난 뒤에는 후손을 만나 미나미 고시로의 행적에
대해 알고 싶은 마음이 더욱 간절해졌다. 하지만 가해자(加害者)인 미나미 고
시로의 후손을 피해자(被害者)인 농민군의 후손격인 필자가 만나는 일은 여
러 가지 문제를 야기할지도 모른다는 점을 고려하여, 미나미의 후손을 만나
는 일과 혹시라도 그 후손이 보존하고 있을지도 모를 자료를 찾아내는 일은

이노우에 교수가 담당하는 것으로 양해하였다. 이리하여 2001년 3월경에 이르러서야 미나미 고시로의 손자인 미나미 사부로(南三郎) 씨가 거주하는 야마구치시(山口市)의 주소지(住所地) 및 전화번호를 알아내는 성과를 거두었다. 그러나 유감스럽게도 필자는 4년간의 유학생활을 마치고 2001년 4월에 귀국하게 되어 미나미가 가문의 동학문서를 찾는 일은 이노우에 교수가 전담하기에 이르렀다.

원래 일본 근대의 메이지유신사(明治維新史)가 전공이던 이노우에 교수[5]는 1995년 7월에 홋카이도대학에서 발견된 농민군 지도자 '유골' 문제에 대한 한일 공동조사에 참여한 것을 계기로, 일본 정부 및 일본군이 동학농민군 진압 과정에서 구체적으로 어떠한 역할을 했는가를 사실적으로 규명하기 위해 동학농민혁명 연구로 그 연구 방향을 전환하였다. 그리하여 방향 전환 이후에는 그야말로 전력을 기울여 괄목할 만한 성과를 속속 발표하였다. 참고로 농민군 지도자 '유골' 문제에 대한 한일 공동조사가 시작된 1997년 7월 이후부터 2011년 6월 현재까지 이노우에 교수가 일본어로 발표한 연구 성과는 아래와 같다.

「동학농민군지도자로 추정되는 두골에 대하여」(홋카이도대학문학부, 『후루카와(古河)강당 구표본고 인골문제 조사보고서』, 1997년 7월)

「갑오농민전쟁(동학농민전쟁)과 일본군」(요시카와코몬관, 『근대일본의 내와 외』, 1999년 11월)

「일본군에 의한 최초의 동아시아 민중학살」(이와나미서점, 『세계』 693호, 2001년 10월)

「제2차 동학농민전쟁의 일본군, 농민대학살--병사들의 고향 시코쿠(四國) 각 지를 찾아서」(삿포로 향토를 발굴하는 모임 편, 『2004년활동기록집』, 2004년 7월)

「동학농민군을 진압한 일본군대를 탐구하여--유적과 사료의 발견」(충북대 중원문화연구소, 『중원문화학술회의 자료집』, 2008년 12월)

「제2차 동학농민전쟁과 일본군, 조선농민군 대학살」(동북아역사재단, 『동북아 평화벨트국제학술대회 자료집』, 2008년 12월)

「일본군의 동학농민군 대학살-충청북도를 중심으로」(충북대 중원문화연구소, 『중원문화 특별초청강연회 자료집』, 2009년 4월)

「동학농민군 포위섬멸작전과 일본정부, 대본영」(이와나미서점, 『사상』 1029호, 2010년 1월)

「동학농민군을 진압한 일본군대의 역사사료--도쿄(東京), 시코쿠(四國), 야마구치(山口)를 찾아서」(동학농민혁명기념재단, 『동학농민혁명 국제학술대회 자료집』, 2010년 10월)

「제2차 동학농민전쟁과 탄압 일본군, 농민대학살-병사의 향토, 시코쿠 각지를 방문하여」(동북아역사재단, 『한중일의 전쟁유적과 동북아평화』, 2010년 12월)

「후비보병 제19대대, 대대장 미나미고시로(南小四郎) 문서」(国立歴史民族博物館 編, 『韓国併合100年を問う:2010年國際シンポジウム』, 岩波書店, 2011년 3월)

「동학농민군을 포위 섬멸한 일본군의 사료를 찾아서」(『청일전쟁기 조선의 동학농민혁명과 에히메(日淸戦争期の朝鮮の東学農民革命と愛媛)』, 동북아 평화의 광장을 만드는 역사포럼, 2012년 7월 30일)

이상의 연구를 수행하는 과정에서 이노우에 교수는 특히 동학농민혁명과 관련된 1차 사료가 있는 곳이라면 아무리 먼 길이라도 마다하지 않고 직접 찾아가 사료 소장처를 일일이 탐색하는 것은 물론, 발견된 사료의 신빙성 여부를 광범위하게 확인하는 작업을 벌였고, 신빙성이 확인된 사료는 누구나 손쉽게 접근하여 이용할 수 있도록 공개하는 일에도 진력하였다. 이러한 일련의 사료 조사 과정에서 새로운 사료가 발견될 때마다 이노우에 교수는 필자를 비롯한 한국 측 연구자에게 어렵사리 발굴해 낸 새 사료들을 아낌없이 제공해 주었다.[6]

이노우에 교수가 발굴해 낸 동학농민혁명 관련 1차 사료 가운데 가장 대표적인 성과를 꼽는다면 바로 농민군 진압 전담 부대였던 후비보병 제19대대 및 대대장 미나미 고시로에 관한 사료라 할 수 있다.[7] 이노우에 교수는 1999년 이래 다년간에 걸쳐 후비보병 제19대대 및 동 대대장 미나미 고시로의 행적을 추적하는 과정에서 19대대의 편성지(編成地) 및 해산지(解散地)가 바로 시코쿠(四國)의 에히메현 마츠야마시(松山市)였다는 사실을 밝혀 내는 한편,[8] 제19대대 병사들이 시코쿠(四國)의 4개 현, 즉 에히메(愛媛), 코치(高知), 카가와(香川), 토쿠시마(德島) 현 출신의 후비역(後備役) 병사들로 편성되었으며, 그들이 시코쿠 지역에서는 최빈곤층이었다는 사실, 그리고 1894년 동학농민혁명이 일어났던 시기에 시코쿠의 4개 현에서 간행되던 지방지(地方紙)인 『카이난신문(海南新聞)』, 『우와지마신문(宇和島新聞)』, 『토쿠시마니치니치신문(德島日日新聞)』, 『카가와신보(香川新報)』 등이 후비보병 제19대대의 동향 및 병사들의 동향을 대대적으로 보도하고 있었다는 사실을 밝혀 냈다. 뿐만 아니라, 후비보병 제19대대 대대장 미나미 고시로의 묘[9]와 함께, 당시 조선에서 전사한 일본군 병사 카타야마 키이치로(片山嘉一郞)의 묘(墓)[10]를 현지 향토사가의 도움을 받아 시코쿠 에히현에서 찾아내는 성과를 거두기도 하였다.

이렇게 후비보병 제19대대와 그 병사들의 동향에 관한 1차 사료를 발굴해 내는 과정 속에서 마침내 획기적인 전기(轉機)가 찾아왔다. 1999년 이래 10년 이상 후비보병 제19대대 및 대대장 미나미 고시로의 행적을 추적하면서 미나미 고시로의 후손과 접촉을 시도했던 이노우에 교수에게 정년 퇴직

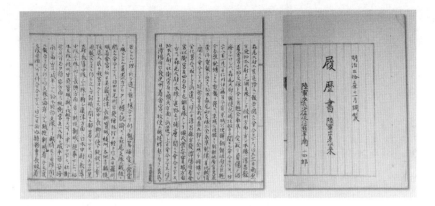

이력서(육군출신이래)
일본산구현문서관(日本山口縣文書館) 소장
메이지33년(1900년) 11월에 작성한 미나미 고시로의 이력서로 메이지3년(1870년)~메이지33년
(1900년) 4월 후비역 만기로 퇴역을 명받을 때까지의 전장 기록이 상세히 기록되어 있다.

일을 며칠 남겨 놓지 않은 2008년 3월경에 미나미 고시로의 손자 미나미 사
부로(南三郞) 씨로부터 만나러 와도 좋다는 연락이 온 것이다. 연구실 퇴실(退
室) 정리 등 퇴직에 따른 업무가 산적한 가운데서도 서둘러 야마구치시로 달
려가 미나미 사부로 씨를 만난 이노우에 교수는 사부로 씨로부터 미나미 고
시로가 동학농민군 진압 당시 조선 현지에서 사용했던 군용(軍用) 고리짝 속
에 다수의 동학농민혁명 관련 사료를 보관하고 있다는 사실을 확인하였다.

그러나 지난한 과정을 거쳐 동학농민혁명 관련 사료를 찾아냈다는 안도
감도 잠시, 이들 자료를 제대로 보존하여 누구나 자유롭게 열람할 수 있도
록 공개하는 일이 새로운 과제로 부상하였다. 왜냐하면, 동학문서를 소장하
고 있는 미나미 고시로의 후손의 적극적 협조 없이는 사료 공개가 불가능했
기 때문이다. 미나미 고시로의 손자를 만나 미나미가 남긴 동학문서를 확인
했다는 소식을 접한 필자는 이노우에 교수와 연락하는 과정에서 무슨 일이
있어도 이들 사료가 제대로 보존되어 연구자들에게 공개될 수 있도록 최선

을 다해 줄 것을 몇 번이나 부탁하였다. 이노우에 교수 역시 미나미 가문 소장 동학문서의 사료적 가치를 누구보다도 잘 알고 있었기 때문에 야마구치현 현립 문서관에 근무하는 지인(知人) 등을 통해 몇 년에 걸쳐 미나미 사부로 씨를 설득하고 또 설득하였다.[11] 그 결과, 미나미 사부로 씨는 2008년 6월경에 자신이 보관하고 있던 동학문서를 야마구치현 현립 문서관에 위탁 보관하기에 이르렀고, 위탁 보관에 즈음하여 이노우에 교수와 치바(千葉)대학의 조경달(趙景達) 교수가 동 문서관을 방문하여 문서 정리 작업에 참여하였다. 한편, 2008년 12월에 충북대 중원문화연구소 소장 신영우(申榮祐) 교수의 초청으로 '중원문화 학술회의'에 참석한 이노우에 교수는 한국에서 처음으로 미나미가 소장 동학문서의 존재와 그 내용의 일부를 소개하였다.[12] 이후, 2010년 3월에 마침내 야마구치현 현립 문서관 측과 미나미 사부로(南三郎) 씨 사이에 문서 기증에 관한 협약이 정식으로 체결[13]되었으며, 이 협약 체결을 계기로 미나미가 가문 소장 동학문서의 전면적인 열람 및 공개가 가능하게 되었다.

필자는 2010년 5월에 이노우에 교수의 안내를 받아 한국방송(KBS)의 '국치 100년 특집 다큐멘터리' 제작팀과 함께 한국인 연구자로서는 최초로 미나미가 가문 소장의 동학문서 열람 및 사진 촬영[14]을 하였으며, 이어 2010년 12월에는 야마구치현 현립 문서관 측의 협조를 얻어 동학농민혁명 기념재단 관계자들과 재차 문서관을 방문하여 미나미가 가문의 동학문서를 열람하고, 총 74건 110점의 문서 가운데 동학농민혁명과 직접적인 관계가 있는 문서 35건의 촬영을 마쳤다. 그 후 야마구치현 현립 문서관 측의 동의를 얻어 미나미가 소장 동학문서 35건에 대한 자료집 간행 및 전시회 개최를 통해 한국에서 그 문서를 전면 공개하기에 이르렀다.

2. 미나미 고시로의 생애와 경력

그러면 후비보병 제19대대 대대장으로 조선에 파병되어 동학농민군 진압 작전을 최일선에서 지휘했던 미나미 고시로(南小四郎)라는 자는 과연 어떤 내력을 가진 인물이었을까? 이 장에서는 미나미 고시로의 생애와 주요 경력에 대해 살펴보기로 한다.

미나미가 가문 소장 동학문서에 포함되어 있는 「가계영대기록(家系永代記錄)」 및 1894년(明治 27) 8월에 작성된 그의 「이력서(履歷書)」에 따르면, 미나미는 1842년(天保 13) 6월 15일에 야마구치현(山口縣) 요시키군(吉敷郡) 이제니츠카사무라지(鑄錢司村字) 미나미촌(南村) 6,163번지에서 야나이한쿠로(柳井半九郎)의 장남으로 태어났다.[15] 이를 통해 미나미의 본래 성(姓)이 당초에는 '야나이(柳井)'였다는 사실을 알 수 있다. '야나이' 가문에서 태어난 미나미는 1870년(明治 3년)에 모리 케이신(毛利敬親)으로부터 '전공(戰功)에 대한 포상'으로 25석(石)을 하사받아 '야나이(柳井)' 가문에서 별립(別立)하여 '미나미(南)' 가문을 세움으로써 성이 미나미로 바뀌게 된다.[16] 여기서 미나미가 '야나이' 가문에서 '미나미' 가문을 별립하는 데 결정적인 계기가 된 '전공(戰功)'이란 과연 어떤 내용이었을까가 궁금해진다.

메이지유신 당시 야마구치현 일대의 상황을 자세하게 묘사하고 있는 『수정증보 방장회천사(修訂增補 防長回天史)』(이하, 『회천사』)[17]에는 미나미 고시로가 메이지유신을 적극적으로 주도하는 쵸슈번 측에 가담하여 메이지유신에 반발하는 번(藩)들의 반란 진압 과정에서 크게 활약하고 있는 내용이 나온다. 그 내용을 요약하면 아래와 같다.

『회천사』에 따르면, 미나미는 1866년(慶應 2)의 막장전쟁(幕長戰爭)에서 쵸슈번(長州藩)이 승리한 뒤에 시모노세키의 오구라구치(小倉口)에서 오구라번

(小倉藩)과의 종전강화(終戰講和) 과정에서 모습을 드러내고 있다. 1866년 10월 16일부터 다음 해인 1867년 1월 11일까지 7회나 등장하는데, 이때 그의 소속은 명확하지는 않지만 쵸슈번(長州藩) 제대(諸隊)의 일원으로서 '우리 응접원(我應接員)'이라는 기록이 나온다. 미나미가 '응접원'으로 활동한 사실은 그의 이력서에도 기록되어 있다.[18] 미나미의 활동 가운데 특히 주목되는 것은 1866년 12월 3일의 가나베고개(金邊峠) 입구에서 있었던 교섭이다. 결렬마저 예상되던 교섭에서 미나미는 단신으로 적군인 오구라번(小倉藩) 사무라이들 다수와의 교섭 사자(使者)로 나서고 있다.[19] 이 같은 사실은 미나미가 메이지유신을 적극 주도했던 쵸슈번(長州藩) 측에 서서 적극적으로 활동하였음을 증명해 준다. 『회천사』에서 확인되는 미나미의 행적은 미나미가 가문 소장 동학문서 속에서도 동일하게 확인할 수 있다. 즉 1894년 8월에 작성된 「이력서」에 의하면, 1866년 12월에 미나미가 오구라번과의 교섭에 임했던 사실이 다음과 같이 기록되어 있다.[20]

> 1866년 12월 날짜 미상. 오구라번(小倉藩)과 여러 날 담판한 끝에 가로(家老) 오가사와라(小笠原豊後)와 수행자 약간명이 시모노세키(馬關)에 이르렀으나 번주(藩主) 및 일족(一族)이 연서(連署)하는 일을 거절하였기 때문에 양쪽을 다니며 연서를 유도하였다.

다음으로 미나미가 크게 활약하는 시기는 1869년(明治 2)에 일어난 제대(諸隊) 탈대소동(脫隊騷動) 때이다. 구 막부파(幕府派) 세력을 격파하고 메이지(明治) 신정부 수립을 확정짓는 무진전쟁(戊辰戰爭, 1868년 1월~1869년 5월) 뒤에 각 번(藩)으로 귀향한 농민들을 다수 입대시킨 제대(諸隊)는 1869년 11월의 번정개혁(藩政改革)의 일환으로 제대(諸隊)의 해산과 함께 중앙정부 직할 상비군으로의 정선(精選)을 명령받았다. 그러나 이 같은 일방적 명령에 불만을 품은 제대의 병사 1,800여 명은 1869년 12월에 야마구치(山口)를 탈주하여 호후(防府)에 둔집, 다음해 1월경에는 야마구치를 점령하였다. 하지만 그들 탈주 병사들은 키도 타카요시(木戶孝允, 1833~1877)가 지휘하는 상비군에 의해 진압당하기에 이른다. 이것이 이른바 제대 탈대소동이다.

죠슈번 제대 병사들이 탈대소동을 일으킨 요인은 소외된 사무라이와 다수 서민들이 참가하고 있던 제대(諸隊)에 대하여 메이지 신정부 측이 일방적으로 위로부터 군율(軍律)을 강요하여 급속하게 근대식 군대로 편성하고자 했던 방침 때문이었다. 신정부 측의 방침에 대해 제대(諸隊)의 지휘관과 병사들은 신정부 측의 상비군과 탈대 측으로 분열하였으며, 탈대 병사들 가운데는 때마침 일어나고 있던 야마구치번(山口藩) 내의 하쿠쇼잇키(百姓一揆; 민란)와 연계하려는 움직임마저 일어나고 있었다. 바로 이때 미나미 고시로는 메이지 신정부의 상비군 측 '장관(長官)'으로 등장하고 있다. 이때의 '장관'이란 소대사령(小隊司令) 또는 반대사령(半隊司令)이라고 하는 이른바 군조(軍曹) 또는 소위(少尉) 계급에 해당하는 하급간부였다.[21]

여기서 중요한 사실은 미나미 고시로처럼 메이지 신정부의 상비군 측에 가담하여 탈대 병사들을 진압했던 78명의 '장관' 중에서 그 경력을 알 수 있는 12명을 추적해 보면, 그들이 후일 메이지 육군(陸軍)의 유력한 군벌(軍閥)을 형성하는 죠슈번 군벌의 핵심 간부로 자리 잡게 되었다는 사실이다. 탈대 병사들의 진압 과정에서 상비군 측에 가담한 '장관' 가운데 메이지 육군의 핵심간부로까지 성장한 인물 내역은 다음과 같다.[22]

시게노 켄타로(滋野謙太郎, 1846~1896) : 바이신(陪臣) 출신, 기병대 서기, 육군 중장

오카자와 세이노스케(岡澤精之助, 1844~1908) : 번의 사무라이(藩士) 출신, 기병대 및 진무대 중대사령, 육군대장

이다 토시스케(飯田敏助, 1846~1914) : 바이신(陪臣) 출신, 기병대 반대사령, 육군중장

미우라 고로(三浦梧樓, 1846~1926) : 번(藩)의 사무라이의 차남, 기병대 소대사령, 육군중장

미요시 로쿠로(三好六郎, 1845-1919) : 번(藩)의 사무라이의 차남, 기병대 소대사령, 육군중장

그럼, 1869년에 상비군 측 '장관'으로서 탈대 병사 진압에 가담했던 미나미 고시로는 탈대소동 진압 후 어떻게 되었을까? 위에서 예시(例示)한 것처럼 미나미 역시 쵸슈번 출신의 다른 '장관'들처럼 메이지 육군 군벌(軍閥)의 유력한 인물로 성장해 갔을까? 1894년 9월에 후비보병 제19대대 대대장으로 임명되기까지의 그의 주요 경력을 이력서를 통해 확인해 보기로 한다.[23]

1870년(명치 3) 10월 15일 제2 교도대(教導隊) 생도로 입대

1871년(명치 4) 8월 6일 육군 소위에 임명

1872년(명치 5) 2월 8일 육군 중위에 임명

1874년(명치 7) 2월 16일 '사가(佐賀)의 난' 진압을 위해 출진

1874년(명치 7) 4월 13일 육군 대위에 임명

1876년(명치 9) 11월 1일 '하기(萩)의 난' 진압을 위해 출진

1877년(명치 10) 2월 24일 가고시마(鹿兒島)에 출진 '서남전쟁(西南戰爭)' 참전

1890년(명치 23) 6월 1일 육군 소좌에 임명, 같은 날 후비역(後備役)이 됨

1894년(명치 27) 9월 7일 후비보병 독립 제19대대 대대장에 임명

1894년(명치 27) 10월 28일 조선으로 출병하라는 명령을 받음

위의 이력에 따르면, 1869년의 탈대소동 과정에서 '장관'으로서 상비군 측에 가담하여 반란 병사들을 진압하는 데 앞장섰던 미나미는 1870년 10월에 메이지 신정부의 육군 교도대(教導隊)에 생도로서 입대한다. 이후 그는 1871년 8월에 육군 소위에 임명되고, 1874년 4월에 육군대위를 거쳐 1890년 6월에는 육군 소좌에 임명된다. 그러나 미나미는 소좌에 임명되자마자 같은 날짜로 바로 후비역(後備役)으로 전환되어 현역에서 물러난다. 이러한 이력은 그와 비슷한 출신 배경을 가진 미우라 고로(三浦梧樓) 등이 메이지 일본 육군의 핵심 간부로 성장하여 중장(中將)까지 진급하는 것과는 대조를 이룬다.

그러나 미나미 고시로의 주요 경력에서 알 수 있는 바와 같이, 그는 막부(幕府) 말기 사회에서 소외되어 있던 하급 사무라이 출신으로 메이지유신을 거치면서, 메이지 신정부에 반대하는 민중들의 반란을 진압하는 과정에서 급속하게 성장해 가는 '장관' 출신으로서, 일본 육군의 중추(中樞)를 이루는 인물들과 함께 활약했다는 점은 매우 주목해야 할 사실이 아닐 수 없다. 위에서 살펴본 바와 같이, 미나미 고시로는 1869년 탈대소동 진압을 비롯하여, 1874년의 '사가의 난'과 1876년의 '하기의 난', 그리고 1877년 '서남전쟁'에 출진하여 메이지 신정부에 반대하는 일본 민중들에 대한 진압에 적극적으로 관여했다. 그러므로, 1894년 11월에 후비보병 제19대대 대대장으로 임명되어 조선에 출병하기 이전에 미나미 고시로가 걸어왔던 주요 경력 가운데 가장 유의해야 할 사실은 그가 바로 메이지유신에 반대하는 일본 민중들을 '잔혹하게' 진압하는 측에 가담했던 인물이라는 점이다. 메이지유신을 전후한 시기에 유신(維新)에 반대하는 일본 민중들에 대한 살육(殺戮)의 경험을 풍부하게 지닌 미나미 고시로를 동학농민군 진압 전담부대인 후비보병

제19대대 대대장으로 임명한 메이지 일본정부의 '저의(底意)'를 바로 여기에서 확인할 수 있을 것이다.

3. 후비보병 제19대대와 미나미 고시로

다음으로 농민군 진압 전담 부대인 일본군 후비보병 독립 제19대대는 어떤 부대이며, 제19대대 대대장으로 임명된 미나미 고시로가 농민군 진압에 참가하는 과정을 구체적으로 살펴보고자 한다.

히로시마(廣島) 대본영에서 농민군 진압을 총지휘하던 카와카미 소로쿠(川上操六, 1848~1898) 병참총감(兵站摠監)은 1894년 음력 9월 30일(양력 10월 28일)에 인천에 있는 남부병참감부(南部兵站監部) 이토 스케요시 사령관 앞으로 농민군 진압 전담 부대인 후비보병(後備步兵) 제19대대를 파견하겠다는 내용의 전보를 타전한다.[24] 같은 날 오후 9시에 이노우에 카오루(井上馨) 주한일본공사(駐韓日本公使) 역시 인천의 남부병참감부 사령관 앞으로 "세 개의 중대(中隊)는 오는 10월 30일(음력 10월 2일) 출범하는 배로 경성(京城)으로 파견할 것이며, 또 다른 세 개 중대를 편선(便船)이 준비되는 대로 파견할 예정이라는 전보가 총리대신과 참모총장으로부터 있었다."는 내용의 전문(電文)을 보냈다. 이노우에 공사가 남부병참감부 사령관 앞으로 보낸 전문(電文) 내용에는 '두 개의 3개 중대'가 조선에 파견될 것이라는 내용이 들어 있는 데, 뒤쪽에 나오는 3개 중대가 바로 농민군 진압을 전담하는 후비보병 제19대대 예하의 3개 중대이다.[25] 이노우에 공사의 전문(電文)을 구체적으로 살펴보면, 전문(電文)의 앞쪽에 나오는 3개 중대는 경성(京城), 즉 서울 수비를 목적으로 파견되는 경성수비대(京城守備隊)인 후비보병 제18대대 휘하의 3개 중대를 말하며, 뒤쪽에 나오는 3개 중대는 후비보병 제19대대 휘하의 3개 중대로서

이 3개 중대가 바로 농민군 진압을 전담할 주력부대였다. 그러나 당초 서울 수비 임무를 띠고 파견된 후비보병 제18대대의 3개 중대의 경우도 나중에 1개 중대(제1중대)가 농민군 진압작전에 참가하기에 이른다.

이처럼 이노우에 공사가 남부병참감부 이토 사령관 앞으로 보낸 전문에서 알 수 있는 바와 같이, 농민군 진압 전담부대의 파견은 당시 일본의 총리대신이었던 이토 히로부미(伊藤博文)와 참모총장이었던 아리스가와노미야 다루히토(有栖川宮 熾仁, 1835~1895)[26] 등 당시 일본 정부(외무성) 및 군부 최고지도자의 지시에 의해 발령되었다. 이 같은 사실은 일본 정부 및 군부가 동학농민군 진압을 대단히 중요한 '외교적 현안의 하나'로 간주하고 있었음을 짐작하게 하는 동시에, 일본 정부 및 군부가 '직접' 농민군 진압에 관여하고 있음을 여실히 보여준다.

그렇다면 농민군 진압에 일본 정부 및 군부가 '직접' 그리고 '적극적으로' 관여하지 않으면 안 되었던 까닭은 어디에 있었을까? 그리고 그들이 조선의 농민군 진압에 직접 관여했다는 것을 '역사적 사실'로서 분명하게 확인하는 것은 어떤 의미를 지니는 것일까? 최근 연구에 따르면,[27] 일본 정부 및 군부의 직접 지시에 의한 농민군 탄압은 조선(朝鮮)의 사법권(司法權)을 침해하는 행위일 뿐 아니라, 당시의 국제법마저 위반한 불법 행위였음이 확인되고 있다.[28] 이것은 일본군의 조선 농민군 탄압이 그 어디에서도 정당성을 찾을 수 없는 명백한 불법행위였음을 말해주는 것이며, 농민군 탄압에 대한 직접적 책임이 일본 정부 및 군부에 있음을 증명하는 것이라고 할 수 있다.

총리대신(이토 히로부미)과 참모총장(아리스가와노미야 다루히토)의 지시에 따라 출동 명령을 하달 받은 후비보병 제19대대는 11월 2일(음력 10월 5일)부터 5일까지 나흘에 걸쳐 히로시마에서 출항하는 선편(船便)을 이용하여 인천으로 출발했다. 이때 후비보병 제19대대의 조선 파견을 알리는 전보는 대본영에 의해 '비(秘)' 즉 비밀로 취급되었다.[29] 하지만 『도쿄아사히신문(東京朝日新聞)』 1894년 11월 8일자 1면에는 「동학당 진압병」이라는 제목 아래 후비보병 제19대대의 조선 파견 사실이 보도되었다. 또한 그 신문 기사 속에는 후비보병 제19대대의 전임지(前任地)가 밝혀져 있어 주목을 요한다. 관련 기사를 인용한다.

> 동학당 진압병(7일 오후 12시 오사카 특발)
> 시모노세키(馬關)로부터 온 우편전보에 의하면, 야마구치현(山口縣) 히코시마(彦島) 수비병인 독립 19대대는 지난 3일(1894년 양력 11월 3일; 주)에 아지가와 마루(安治川丸), 4일에 야마토마루(大和丸), 사카타마루(酒田丸)로 시모노세키에서 서쪽 방향을 향해 출발했는데, 아마 조선 정부의 의뢰(이 '조선정부의 의뢰'라 는 표현은 전적으로 잘못된 것이다. 당시 조선정부는 7월 23일=음력 6월 21일 일본군에 의한 경복궁 불법점령으로 인해 친일괴뢰정권이 되어 있었으며, 그나마 이 친일괴뢰정권조차도 일본군에게 농민군을 진압해 주도록 정식으로 요청 한 바가 없었다; 인용자 주)에 응하여 동학당을 진압하기 위한 것으로 보인다.

위의 내용에서 알 수 있는 바와 같이 농민군 진압을 전담하기 위해 조선으로 출병한 '독립 19대대(후비보병 제19대대; 필자 주)'는 원래는 야마구치현 히코시마(彦島) 일대의 수비를 맡고 있던 수비대였다. 또한 이 19대대 병사들은 에히메현(愛媛縣)・카가와현(香川縣)・토쿠시마현(德島縣)・코치현(高知縣) 등 시코쿠(四國)의 4개 현 출신의 후비역(後備役) 병사들로 편성되어 있었다. 여기서 후비역 병사란 1894년 당시 현역(現役) 3년과 예비역(豫備役) 4년을 마친 병사들로 편성되었으며, 복무기간은 5년이었다. 연령은 만 28세부터 32세까지로 현역과 예비역에 비해 연장자들이었다. 청일전쟁 개전(開戰) 직전까지 야마구치현(山口縣) 히코시마의 수비 임무를 맡고 있었던 후비보병 제19대대는 청일전쟁이 발발하면서부터는 시모노세키(下關) 해협의 방위를 맡기에 이르렀다. 청일전쟁 개전[30] 당시 시모노세키 수비대의 배치에 대해서는 『메이지이십칠팔년일청전사(明治二十七八年日淸戰史)』 제1권에 다음과 같이 나타난다.

> 후비보병 제19대대(3개 중대로 편성) 8월 8일 도착
> 후비보병 제9연대 제 7중대 8월 10일 도착[31]

청일전쟁 개전 초기에 시모노세키 해협을 수비하던 후비보병 제19대대는 조선 출병 당시에도 수비대 편제와 똑같은 3개 중대로 편성되었다. 대대장은 당초에는 예비역 소좌인 오하라 사토마사(大原里賢)였으나[32] 1894년 9월 7일자로 미나미 고시로가 대대장으로 임명되었다.[33] 왜 대대장을 예비역인 오하라 대신에 후비역인 미나미 고시로로 교체했는지 그 자세한 배경은 밝혀져 있지 않다. 그러나 앞에서 언급했듯이, 메이지유신을 전후하여 일본 민중들이 일으킨 반란 진압 경험이 풍부한 미나미 고시로를 제19대대 대대장으로 임명했다는 사실 하나만으로도 당시 일본 정부 및 군부가 조선 농민군 진압에 어떤 '태도'로 임했는지를 추론할 수 있다. 한편, 미나미의 이력서에 따르면, 후비보병 독립 제19대대는 1894년 11월 7일(음력 10월 10일)에 인천에 상륙하고, 같은 날짜에 미나미는 '동학당정토대총지휘관(東學黨征討隊總指揮官)'으로 명을 받았다.[34] 그리고 11월 11일에는 이노우에(井上) 주한일본공사로부터 '특별훈령'을 하달 받고, 11월 12일(음력 10월 15일)에 용산(龍山)에서 동로(東路), 중로(中路), 서로(西路)의 세 길로 나뉘어 남하를 개시함으로써 전면적인 농민군 진압작전에 나선다.[35]

1894년 11월 12일 이후, 후비보병 제19대대의 동학농민군 진압 상황에 대해서는 별고(別稿)에서 자세하게 검토하기로 하고, 농민군 진압이 종결된 1895년 2월 이후의 후비보병 제19대대와 미나미 고시로의 주요 동향을 열거하기로 한다.

1895년 2월 28일　후비보병 제19대대 용산으로 귀진(歸陣)

1895년 3월 24일　용산(龍山) 병참사령관 겸임

1895년 5월 15일　남부병참사령관, 개성(開城) 병참사령관에 임명

1895년 6월 1일　후비역 만기로 다시 5년간 근속 출원

1895년 12월 4일　개성(開城) 출발

1895년 12월 17일　귀국(歸國)

1895년 12월 18일　귀향(歸鄕)의 명을 받음

1900년 4월 1일　후비역 만기로 퇴역

4. 미나미가 동학문서의 내용과 특징

야마구치현 현립 문서관이 2010년 3월에 작성한 「미나미가 문서 목록」에 의하면, 미나미가 문서는 총 74건 110점이다. 이들 문서는 후비보병 제19대대 대대장 출신 미나미 고시로(南小四郎, 1841~1921)의 행적과 관련하여 작성되었거나 수수(授受)된 문서들이 대부분을 차지하고 있으며, 그 외 미나미 고시로의 장남인 미나미 아키라(南璋)와 차남인 미나미 타다시(南井, 후일 柳井 家를 계승)와 관련된 일부 문서도 포함되어 있다. 이 미나미가 문서 가운데 동학문서(東學文書)가 다수 포함되어 있는데, 그것들은 모두 후비보병 제19대대 대대장 미나미 고시로가 조선 현지에서 가져온 것이거나 미나미 자신이

작성한 문서들이다. 그 내역은 아래와 같다.

번호	표제	연대	크기(가로*세로,cm)
1	가계영대기록	不明	18.2*26
2	이력서	1894(明治27).8	18.8*26.3
3	경력서(동학당정토)	1895(明治28).8	18.8*26.5
4	경력서	1896(明治29).11	19.6*27.5
5	명부(육군출신이래)	1900(明治33).11	20.1*27.5
6	이력서(육군출신이래)	1900(명치33).11	20*28
7	이력서	不明	20*27.7
8	대원군효유문	1894.8	75.7*23.1
9	동학경통	1894.8	80.5*23.5
10	나주목 공형문	1894.11.20	40.2*75.5
11	나주목 공형문서목	1894.11.20	40.2*76
12	고산현감 첩보	1894.11.27	50.5*28.8
13	도정 고태흥문보	1894.11.26	57.5*32.3
14	수성별군관 이기우서장	1894.11.20	79.5*23.8
15	이도재서장	1894	42.6*26.2
16	전라도금산대소민인등원정	1894.11	37.8*58
17	전라감사 이도재서장단편	1894	25.5*26.3
18	전봉준영칙	1894	24.3*24.4
19	은진 김포면풍헌등첩보	1894.11.20	79*30
20	호남소모관첩보	1894.11.30	64.7*30.1
21	호남소모관첩보	1894.12.5	60.4*35.8
22	동학도 활동상황	1894	98.3*23.8
23	이도재서장	1894.12.5	41.5*26.2
24	순창소모관첩보	1894	44.4*34.2
25	밀보	1894	37.6*23.4
26	호남소모관첩보	1894	43.4*35.3
27	민종렬서장	1895.1.27	49.4*31.2
28	민종렬서장	1894.12.25	44.8*23.9

29	각지동학도상황	1894	131*23.8
30	이철규소고	1894	10.8*23.3
31	전라도병마절도사서병무회이	1895.1.19	74.6*53
32	호남소모관첩보포지	1894	48*32.5
33	한글문서(동학지도자이력)	1894	45*23.4
34	육군보병특무조장鈴木政吉고보고	1895(明治28).1.14	142*23.3
35	육군보병특무조장鈴木政吉고보고	1895(明治28).1.18	112.5*23.3

(* 단, 문서 번호는 야마구치현 현립 문서관에서 분류한 번호이며, 일본 측 문서의 연도 표기는 양력, 조선 측 문서는 음력임)

이상에 열거한 35건의 문서가 필자의 안내로 동학농민혁명기념재단 실무자들이 2010년 12월 10일부터 13일까지 야마구치현 현립 문서관을 방문하여 촬영해 온 동학문서의 구체적 내역이다.[36]

그렇다면 이 미나미가의 동학문서에는 어떠한 특징적 내용들이 들어 있을까? 지면 관계상 몇 가지 핵심적인 내용에 대해서만 언급해 두기로 한다.

첫째, 이번에 발굴 소개하는 동학문서를 통해 후비보병 제19대대장 미나미 고시로와 주한일본공사 이노우에 카오루(井上馨)가 메이지유신 당시부터 매우 '친밀한' 사이였다는 사실이 밝혀졌다.[37] 주지(周知)하듯이, 동학농민혁명 당시 미나미 고시로가 지휘하는 일본군 후비보병 제19대대는 주한공사 대본영 및 조선 현지의 주한일본공사관 이노우에 카오루(井上馨) 공사의 지시를 받아 행동하고 있었다. 이노우에 카오루가 미나미 고시로의 직속상관인 셈이다. 그런데 두 사람은 메이지유신을 전후한 시기부터 메이지 신정부의 상비군 측에서 함께 행동한 사이였다. 그 같은 사실은 1894년에 작성된「이력서」에서 확인된다. 즉, 미나미 고시로는 1865년 4월에 370명으로 이루어진 홍성대(鴻城隊)라는 군대에 입대하였는데, 이 홍성대의 총독(總督)이 바

밀보(密報)
일본산구현문서관(日本山口縣文書館)
소장
1894년 작성된 비밀문서로 작성자와
수신자는 확인되지 않고 있다. 나주는
동도에 물들지 않았으며, 장흥은 처음
동학농민군의 소굴이었지만 대부분
체포하였다는 내용이다.

로 이노우에 카오루였다.[38] 이 같은 사실은 메이지유신 당시부터 미나미 고
시로와 '친밀한' 사이였던 이노우에 카오루가 메이지유신 전후의 일본 민중
들의 반란 진압 경험이 풍부한 미나미를 '의도적으로' 농민군 진압 전담부대
지휘관으로 추천했을 가능성을 시사한다는 점에서 주목을 요한다.

둘째, 이번 동학문서 발굴을 통해, 이미 알려진「동학당정토약기」라는 미
나미 고시로의 농민군 진압 보고서 외에 또 다른 진압 보고서가 발견되었다
는 점이다.「이력서: 동학당정토경력서(1895년 8월 작성, 이하 정토경력서)」가 바
로 그것이다. 이「정토경력서」에는 미나미 고시로가 지휘하는 후비보병 제
19대대가 주한일본공사관의 지시를 받는 것은 물론이려니와 일본 정부(외무
성)와 군부(대본영)의 지시를 받아 농민군 진압에 임하는 상황이 날짜별로 상
세하게 기록되어 있다.

이 같은 사실은 동학농민혁명 연구자들이 그간 농민군 진압을 전담했던
최일선 부대인 일본군 후비보병 제19대대와 그 대대장이었던 미나미 고시
로의 행적에만 주목해 왔던 시각에 근본적인 문제점이 있다는 것을 시사한
다. 즉 종래의 연구에서는 농민군 진압 과정에서 일본 정부나 군부가 구체
적으로 어떤 역할을 했는지 거의 주목하지 못하였는데, 이번에 발견된「정
토경력서」는 농민군 진압 작전이 조선에 출병한 현지부대(후비보병 제19대대)

단독의 작전이 아니라, 일본 정부(외무성)와 일본 군부(대본영)의 직접적인 지시에 따라 이루어지고 있었음을 적나라하게 보여주는 것이다.

셋째, 후비보병 제19대대의 역할이 농민군 진압에만 있었던 것이 아니라, 농민군을 지원했거나 또는 방조했던 전현직(前現職) 지방 관리를 비롯하여, 농민군 측에 동조하여 식량 등을 제공하거나 기타 편의를 베풀었던 광범위한 동조세력에 대한 사찰(査察) 및 정보수집, 체포구금 등 '또 다른 임무'를 수행하고 있었다는 사실이 이번에 발굴된 동학문서에서 확인되었다. 「문서번호 18: 전봉준영칙」을 읽어보면 그 내용이 여산부사(礪山府使) 유제관(柳濟寬)이 농민군에 협력한 죄상을 구체적으로 열거하는 내용이라는 사실을 알 수 있다.[39] 그 내용에 따르면, 유제관은 세곡으로 거둔 5백 석 가운데 2백 석을 농민군의 군량으로 내놓았을 뿐 아니라, 짚신 3천 켤레를 제공하고, 전봉준 등 농민군 지휘부가 여산을 지나갈 때는 소 7마리를 잡아 대접했다고 한다.[40] 그 외 「문서번호 29: 각지 동학도상황」이라는 길이 1미터 30센티, 폭 23.8센티의 두루마리 문서 안에는 전라도 각지에서 농민군을 직간접으로 도운 전현직 관리 10여 명의 죄상이 상세하게 기재되어 있다.

이상의 사실은 동학농민혁명 당시 동학농민군이 내걸었던 '제폭구민(除暴救民)'이나 '척왜양(斥倭洋)'의 기치에 공감하는 세력이 신분 고하에 관계없이, 그리고 동학 교도 여부에 관계없이 조선사회에 광범위하게 존재하고 있었다는 사실을 웅변해 준다고 하겠다.

5. 향후 과제

최근 들어 동학농민혁명에 대한 연구가 한일 양국 연구자에 의해 크게 진전됨에 따라 새로운 사실이 속속 밝혀지고 있는데, 최근에 괄목할 만한 연구의 진전을 보이는 분야가 바로 동학농민군 희생자 수에 관한 것이다. 이 분야 연구를 주도하고 있는 연구자로는 일본의 이노우에 가츠오(井上勝生) 교수와 조경달(趙景達) 교수, 한국의 강효숙(姜孝叔) 선생과 신영우(申榮祐) 교수이다. 이들 연구를 종합하면, 동학농민혁명 당시 일본군에 희생당한 농민군 숫자는 최소 3~5만에 이르고 있으며, 이 같은 숫자는 청일전쟁 당시 청국 측 희생자 2~3만, 일본 측 희생자 수천 명의 몇 배에 달하는 것이다. 요컨대 일본 측에서 중시하는 '청일전쟁' 최대의 피해자는 바로 조선 민중이었다. 그런데, 청일전쟁 과정에서 일본군 측에 희생당한 조선 민중의 숫자가 최소 3~5만에 이른다는 사실은 현재의 일본사회에 거의 알려져 있지 않다. 오히려 오늘의 일본사회 안에는 청일전쟁이야말로 동쪽 변방의 왜소한 나라 일본을 세계의 유수한 강대국으로 진입하게 만든 '문명의 전쟁'이었다는 왜곡된 선전(宣傳)이 하나의 상식(常識)으로 자리하고 있다. 이번에 발견된 미나미가(南家) 동학문서는 바로 이 같은 현대 일본의 잘못된 상식을 근본적으로 바로잡을 수 있는 역사적 진실을 담고 있다. 그 역사적 진실이란 바로 청일전쟁이야말로 조선이라는 나라의 새로운 지평을 열기 위해 '아래로부터의 혁명'을 도모했던 조선 민중에 대한 대대적인 학살을 자행한 '야만(野蠻)의 전쟁'이었다는 것, 따라서 현대 일본은 바로 그 같은 '야만의 전쟁'이라는 역사적 부채를 청산하지 않는 한 과거로부터 단 한 걸음도 자유로울 수 없다는 사실을 직시하지 않으면 안 된다는 것이다.

이번에 미나미가(南家) 소장 동학문서의 전반적인 내용이 한국 사회에 널리 소개되는 것을 계기로, 한국과 일본 안에서 농민군 학살 문제를 비롯하여 동학농민혁명, 나아가 청일전쟁 연구 전반에 걸쳐 기존 연구의 문제점에 대한 철저한 성찰과 함께 미나미가 소장 동학문서와 같은 1차 사료를 바탕으로 한 '역사적 사실(事實) 규명' 작업이 더욱 활성화되기를 기대한다.

일본의
동학농민혁명 연구 붐과
그 의의

국내외의 연구의 진전과 새로운 사료 공개에 힘입어 일본에
서는 최근 한국의 동학과 동학농민혁명에 대해 종래와는 다
른 시각으로 새롭게 이해하려는 움직임이 눈에 띄게 증가하
고 있다. 그 대표적 사례로서 가장 먼저 소개할 만한 사례로
는 '일본의 양심'이라고 불리는 나카츠카 아키라(中塚 明) 나
라여자대학(奈良女子大學) 명예교수가 중심이 되어 매년 시
행하고 있는 '한일 시민이 함께하는, 동학농민군 역사를 찾아
가는 여행'이란 답사여행이다.

올해 갑오년(2014년)은 1894년에 일어났던 동학농민혁명 120주년이다. 120주년을 어떻게 맞이해야 할까. 무엇을 어떻게 기념해야 조선 팔도 각지에서 소중한 목숨을 바쳐 싸운 수십 만 동학농민군 영령들에게 부끄럽지 않는 길이 될 수 있을까. 1983년에 동학과 동학농민혁명 연구를 시작한 이래로 30년 넘게 연구자의 길을 걸어 온 필자로서는 큰 숙제가 아닐 수 없다.

주지하듯이, 동학 및 동학농민혁명에 대한 연구는 동학농민혁명 1백 주년이 되던 1994년을 전후하여 괄목할 만한 진전을 이루었다. 동학의 '시천주'(侍天主)와 '보국안민'(輔國安民), '유무상자'(有無相資), '다시 개벽'(開闢) 사상 등이 혁명의 사상적 기반이 되었다는 사실이 실증적으로 밝혀졌으며, 전라도뿐만 아니라 경상도와 충청도, 경기도, 강원도, 황해도 등 조선 각지에서 수백 만 민중이 동학의 접포(接包) 조직을 기반으로 봉기한, 전국적 차원의 민중 대봉기였다는 사실도 동학농민혁명의 지역별 사례 연구를 통해 역사적 사실로 밝혀지게 되었다. 뿐만 아니라, "잘못되어 가는 나라를 바로잡고, 도탄에서 헤매는 민초들을 편안하게 하고자(輔國安民)" 봉기했던 농민군을 불법으로 대량학살한 군대가 바로 '후비보병(後備步兵) 제19대대'를 필두로 한 일본군이었다는 사실도 한일 역사가들의 공동연구를 통해 만천하에 드러났다. 일본군에 의한 농민군 학살과 관련하여 특히 주목할 만한 사실은 '후비보병 제19대대'의 대대장 미나미 고시로(南小四郎) 소좌가 동학농민혁명 당시 수집하여 일본으로 반출해 갔던 동학문서 및 후비보병 제19대대와 동학농민군 간의 전투 상황을 기록한 「동학당정토경력서」 등의 사료가 동학

농민혁명이 있은 지 118년 만인 2012년 4월에 전라북도 정읍시에 있는 동학
농민혁명기념관이 마련한 특별기획전시회를 통해 전면 공개되었다는 사실
이다. 뿐만 아니라, 미나미 고시로의 동학문서 공개의 뒤를 이어 2013년 8
월 29일에는 최전선에서 농민군 학살에 가담했던 '후비보병 제19대대' 제 1
중대 제2소대 제2분대에 소속되어 있던 쿠스노키 비요키치(楠 美代吉) 상등
병이 쓴 『메이지이십칠년 일청교전 종군일지』도 『한겨레신문』 보도를 통
해 전면 공개되었다는 점이다.

이 같은 국내외의 연구의 진전과 새로운 사료 공개에 힘입어 일본에서는
최근 한국의 동학과 동학농민혁명에 대해 종래와는 다른 시각으로 새롭게
이해하려는 움직임이 눈에 띄게 증가하고 있다. 이 글에서는 필자가 아는
범위 안에서 몇 가지 사례를 소개하고자 한다. 그 대표적 사례로서 가장 먼
저 소개할 만한 사례로는 '일본의 양심'이라고 불리는 나카츠카 아키라(中塚
明) 나라여자대학(奈良女子大學) 명예교수가 중심이 되어 매년 시행하고 있는
'한일 시민이 함께하는, 동학농민군 역사를 찾아가는 여행'이란 답사여행이
다. 이 답사여행은 2001년 5월에 전북 전주시에서 개최된 '동학농민혁명 국
제학술대회'에 학자, 시민운동가, 대학원생 등을 포함한 일본인 1백여 명이
참가한 것이 계기가 되어 2002년 여름에 처음으로 시행되었다. 첫 답사여행
은 일본 나라현 역사교육자협의회가 주축이 되었는데, 그 당시 동학농민군
전적지 답사에 참가했던 일본인 참가자들의 반응이 예상 외로 뜨거웠다. 그
리하여 2002년 답사여행에 참가했던 나카츠카 교수는 도쿄(東京)의 후지국
제여행사(富士國際旅行社) 측에 해외 답사여행 프로그램의 하나로 '한국의 동
학농민군 역사를 찾아가는 여행'을 제안하기에 이르렀고, 여행사 측에서도
나카츠카 교수의 제안을 흔쾌히 받아들임으로써 2006년부터 정례화되었
다. 이 답사여행은 2013년까지 총 8회 실시되었고, 참가한 일본인들이 170

여 명에 이르고 있다. 이 답사여행은 올해(2014)도 어김없이 10월 중순경에 부산, 경주, 대구, 남원, 전주 등지를 무대로 실시될 예정이다.

나카츠카 교수와 후지국제여행사가 함께하는 '한국 동학농민군 역사를 찾아가는 여행' 외에 동학농민군 전적지 답사와 관련하여 주목할 만한 업적이 또 하나 있다. 칸사이(關西) 고베시(神戶市)에 자리하고 있는 고베학생청년센터 내에는 '무쿠게 모임(무쿠게는 무궁화의 일본식 발음-필자주)'이라는 시민단체가 있다. 이 단체는 약 30년 전부터 일본인들과 재일동포들이 중심이 되어 매월 연구모임을 개최하면서 한국의 역사와 문화를 공부하고 연구해 온 시민단체이다. 그런데, 이 '무쿠게 모임' 회원인 노부나가 세이기(信長正義) 씨는 2010년 5월에 전라남북도의 동학농민혁명 전적지와 충청도 공주 우금치 전적지 등을 직접 답사한 뒤에 그 답사기를 『동학농민혁명 유적지를 찾아서』(2010년 9월, 초판)라는 제목으로 간행함으로써 동학농민혁명에 조금이라도 관심이 있는 일본인이라면 누구나 손쉽게 한국의 동학농민군 전적지 답사를 할 수 있도록 안내하고 있다.

동학농민혁명에 대한 일본인들의 관심이 점차 증가하는 현상에 호응이라도 하듯이 일본의 유력 일간지인 『아사히신문(朝日新聞)』도 「동아시아를 만든 열 가지 사건」이라는 기획 특집(2007년 6월-2008년 3월)을 통해 일본의 대표적 일간지로서는 처음으로 한국의 동학농민혁명에 대한 심층취재 기사를 게재한 바 있다.(『아사히신문』 2007년 7월 31일, 22면 참조) 일본의 대안언론 매체의 하나인 『미래공창신문(未來共創新聞)』도 『아사히신문』의 뒤를 이어 2013년 11월호 특집을 통해 한국의 동학사상과 동학농민혁명을 비롯하여 동학의 현대적 계승을 자처하고 있는 현대 한국의 '한살림 운동'에 이르기까지 한국현지 취재에 바탕한 심층적 보도를 한 바 있다.

이처럼 최근 일본사회에 불고 있는 동학과 동학농민혁명 붐은 학술 분야도 예외는 아니다. 예를 들면, 국내에도 이미 번역 소개된 나카츠카 교수의 역저 『역사의 위조를 밝힌다』(일본어판, 1997년; 한국어판은 『1894년, 경복궁을 점령하라』 제목으로 2002년 푸른역사 출판사에서 간행), 재일 사학자 조경달(趙景達) 교수의 『이단의 민중반란-동학과 갑오농민전쟁』(일본어판 1998년; 한국어판은 역사비평사에서 2007년에 간행), 홋카이도대학의 이노우에 카츠오(井上勝生) 명예교수의 일련의 연구(「제2차 동학농민전쟁과 탄압 일본군, 농민대학살」, 「동학농민군 포위섬멸작전과 일본정부, 대본영」, 「후비보병 제19대대 대대장 미나미 고시로 문서」 등), 근대 일본의 민중운동 가운데 가장 주목할 만한 민중운동인 '치치부농민전쟁(秩父農民戰爭)'과 동학농민혁명을 비교 연구한 카와다 히로시(河田 宏) 씨의 「민란의 시대-치치부농민전쟁과 동학농민전쟁」, 동학농민군 진압 전담부대였던 후비보병 제19대대의 출정 및 귀향 과정을 추적한 오노우에 마모루(尾上守) 씨 「카이난신문(海南新聞)에서 보는 동학농민전쟁」 등이 대표적이다. 그러나, 이상의 연구를 더욱 빛나게 한 결정적 연구는 재일(在日) 연구자 김문자(金文子) 선생의 「전봉준의 사진과 무라카미 텐신(村上天眞)-동학 지도자를 촬영한 일본인 사진사」이라 하지 않을 수 없을 것이다.

일본 내에 남아 있는 동학농민혁명 관련 1차 사료도 속속 발견, 공개되고 있다. 1차 사료 가운데 주목되는 것 하나만 소개한다면, 외무성 산하 외교사료관(外交史料館)에 소장되어 있는 「조선국 동학당 동정에 관한 제국 공사관 보고일건」, 방위성 산하 방위연구소 도서관에 소장되어 있는 「남부병참감부 진중일지」를 들 수 있다. 전자(前者)에는 동학의 남북접(南北接)이 제 1차 동학농민혁명 때부터 함께 싸웠다는 내용이 들어 있고, 후자(後者)에는 농민군에 대한 불법적인 '전원 살육' 명령을 내린 주체는 조선 정부가 아니라, 일본의 대본영(大本營) 병참총감 가와카미 소로쿠(川上操六)였다는 사실이 기록되어 있다.

이상과 같이, 한국의 동학농민혁명에 대한 일본 사회의 이해 및 평가는 시민운동, 학술 분야 , 저널리즘 분야 등 다양한 분야에서 큰 진전을 보이고 있는데, 동학농민혁명 당시 사상적으로 그리고 조직적으로 그 기반을 제공했던 동학사상에 대한 관심과 이해도 깊어지고 있다. 그 구체적 사례가 바로 일본의 세계적 학술운동단체인 '교토포럼' 주최 「공공철학 교토포럼」이다. '교토포럼'에서는 2009년 8월과 11월에 개최한 두 차례 포럼의 주제를 한국의 동학사상으로 삼았다.

　그렇다면 최근 일본 사회에 불고 있는 동학 사상과 동학농민혁명 붐은 무엇을 말해 주는 것일까? 그것은 바로 1894년 대봉기에 참여했던 우리 선조들이 내걸었던 혁명 이념이 역사적으로 정당했음을 말해 주는 동시에, 그 혁명 이념이 누구나 공감할 만한 세계사적 보편성을 지닌 것이었음을 증명해 준다 할 것이다. 그러므로, 120주년 기념사업은 바로 이 같은 세계사적 보편성을 널리 드러내는 일에 초점이 맞춰져야 할 것이다.

범부 김정설의 동학 이해

1 김정설, 『풍류정신』, 정음사, 1986, 82-90쪽.
2 김지하, 『소곤소곤 김지하의 세상이야기 인생이야기 4: 디지털생태학』, 이룸, 2009.
   최재목, 「범부 연구의 현황과 과제 및 범부의 학문방법론」, 『2009 범부연구회 제2회
   학술세미나 자료집』, 범부연구회, 2009년 10월 24일-25일 참조.
3 이용주, 「범부 김정설의 사상체계와 전통론의 의의--풍류도의 발견과 새로운 문화
   정통론의 구상」, 『2009 범부연구회 제 2회 학술세미나 자료집』, 121쪽.
4 『東經大全』, 「論學文」.
5 『동경대전』, 「논학문」.
6 2009년 10월 24일과 25일 양일간 영남대에서 개최된 2009년 제2회 범부연구회 학술
   세미나에서 서울대 이용주 박사는 범부 선생이 "샤머니즘-풍류도-단학-동학으로 이
   어지는 풍류도 도통론을 제시하고자 했다고 평가했다. 주목할 만한 견해이다.(이용
   주, 앞의 논문, 124쪽)
7 이런 사실은 『도올심득 동경대전』(김용옥, 2004), 177쪽에 상세하게 밝혀져 있다.
8 김지하, 『남녘땅 뱃노래』, 두레, 1985, 110쪽.
9 『경국대전』 「형전」 참조.
10 경상도 남부 지방은 가야시대 이래 철 생산지로 유명했다.
11 수운 선생이 이날 하늘님과 문답을 나누며 '내림, 즉 降靈'을 체험한 과정은 동학 경전
   인 『동경대전』과 『용담유사』에 상세하게 기록되어 있다.
12 강시원, 『최선생문집도원기서』, 1879 참조.
13 布德文: 덕(德)을 널리 펴는 글이라는 뜻으로 수운 선생이 동학의 가르침을 본격적으
   로 세상에 널리 포교하겠다는 의지를 담아 지은 글.
14 소문: 득도를 한 수운 선생이 가르침을 널리 편다는 소문.
15 소춘=김기전, 「대신사 수양녀인 팔십 노인과의 문답」, 『신인간』 16, 1927년 9월호,
   16~17쪽.
16 大神師: 수운 최제우에 대한 천도교 내의 존칭.
17 馬龍洞: 수운 최제우가 태어나 살던 동네 이름.
18 乾柿: 곶감.
19 「정운구서계」, 『비변사등록』, 1863(癸亥)년 12월 20일조.
20 侍天地: 侍天主를 잘못 쓴 것.
21 帷薄: 집회소
22 好財貨而有無相資 即貧窮者悅焉, 「동학배척통문」, 1863.

23 순망치한(脣亡齒寒): 중국이 서양에 당하면 조선도 당하리라는 것을 비유한 말. 필자 주.

공공(公共)하는 철학에서 본 동학의 공공성

1 동학(東學)은 1860년 음력 4월 5일에 수운 최제우(水雲 崔濟愚, 1824-1864) 선생의 '천사문답(天師問答)'을 계기로 성립된 '우리 학문' 또는 '우리 종교'이다. 초기 동학은 제도종교(制度宗教)적 측면보다는 새로운 사상운동을 위한 학문공동체적 성격이 강했다. 이 같은 초기 동학이 제도종교로 발전하게 되는 것은 2대 교주 해월 최시형(海月 崔時亨, 1827-1898) 시대에 들어와서부터이다.

2 오문환, 「동학의 공공성」(『제91회 공공철학 교토포럼 자료집』, 일본 교토포럼사무국, 2009년 8월)

3 Essays in the Public Philosophy.

4 야자키 카츠히코, 정지욱 옮김, 「교토포럼」, 『한 일본 기업인이 실천하는 실심실학』, 동방의 빛, 2010, 184-349쪽.

5 1999년 4월에 일본 교토에서 열린 제10회 공공철학 공동연구회에 참가한 김지하 시인은 "지금 전 세계적으로 유행하는 NGO 시민운동 배후에 있는 하버마스나 한나 아렌트의 공공성은 인간과 인간 사이의 사회적 공공성으로 한정된 계몽주의적 개념일 뿐이라고 전제하고, 이것을 끌어안으면서도 오히려 인간과 자연 사이의 생태적 공공성, 즉 '우주사회적 공공성' 또는 동양학 개념으로는 '천지공심(天地公心)'이 요구되고 있으니 바로 이 '천지공심을 중심으로 하는 한중일 동아시아 르네상스운동'을 전개해 보자."고 제안했다.(김지하, 『김지하의 예감』, 도서출판 이룸, 2007, 27쪽)

6 '공공하는 철학'의 특징에 대해서는 교토포럼 공공철학공동연구소에서 간행한 『공공철학』 시리즈. 학술저널인 『공공적 양식인』에 소개된 내용을 비롯하여, 2009년부터 공공철학교토포럼의 발제자로 참가하기 시작한 이래 필자 나름대로 이해한 내용을 정리한 것이다. 여기서는 구체적인 내용에 대한 각주는 생략한다.

7 '공공하는 철학'의 핵심 내용을 가장 상징적으로 잘 드러내고 있는 키워드이다.

8 김태창 편, 조성환 번역, 『상생과 화해의 공공철학: 중국과의 대화, 공동, 개신』, 동방의 빛, 2010, 27쪽.

9 '공동'의 한자 표기가 '共動'이 아닌 '共働'인데 주의를 요한다.

10 야자키 카츠히코, 정지욱 번역, 『한 일본 기업인이 실천하는 실심실학』, 동방의 빛, 2010, 221쪽.

11 박맹수, 『개벽의 꿈, 동아시아를 깨우다: 동학농민혁명과 제국 일본』, 모시는사람들, 2011, 33-40쪽.

12 김태창 편, 조성환 번역, 앞의 책, 27쪽.

13 동학의 '하늘님'은 우리 민족 고래의 하늘님 사상을 집약한 표현이다.

14 『동경대전』 「포덕문」 및 「논학문」 참조.

15 종래 학계에서는 '교조신원운동' 또는 '척왜양운동'이라고 불렀다.

16 박맹수, 「동학농민혁명 관련 동학교단 측 자료의 검토」, 『사료로 보는 동학과 동학농
민혁명』, 모시는사람들, 2010, 110-113쪽에 실려 있는 〈표2〉동학통문 및 격문(1862-
1894) 참조.

17 『용담유사』 「안심가」 및 「몽중노소문답가」 참조.

18 『용담유사』 「몽중노소문답가」 참조.

19 서울대학교 규장각 소장, 『이기대전(理氣大全) 내수도(內修道)』 참조.

1894년 동학농민혁명은 왜 혁명인가

1 동학 및 동학농민혁명에 대한 필자의 지난 30여년에 걸친 연구 성과는 아래와 같은
책으로 집성된 바 있다. 『사료로 보는 동학과 동학농민혁명』(모시는사람들, 2009),
『개벽의 꿈--동학농민혁명과 제국 일본』(모시는사람들, 2011).

2 동학농민혁명을 '혁명'으로 규정하고자 하는 필자의 견해는 2011년 11월 21일에 동학
농민혁명기념재단이 주최한 '동학농민혁명 특별기획 심포지움'에서 1차 발표한 적이
있으며, 이 글은 그때의 글을 전면적으로 수정 보완한 것이다.

3 『周易』 64卦 중 革卦의 '象傳'.

4 『書經』, 「多士篇」.

5 『書經』, 「召誥篇」.

6 小島祐馬, 『中國の革命思想』(筑摩書房, 1967); 平石直昭, 『一語の辭典 天』(三省堂,
1996) 참조.

7 『孟子』 「梁惠王」 下篇, 제 3장.

8 『書經』 「泰誓篇」.

9 『孟子』 「梁惠王」 上篇.

10 『孟子』 「梁惠王」 下篇.

11 『孟子』 「梁惠王」 下篇.

12 1860년에 창도된 동학이 근대적 의미의 '종교'로 바뀌는 것은 1905년 의암 손병희에
의한 '동학의 천도교로의 개신'부터이다. 이 점은 별고를 통해 논하기로 한다.

13 '동학'과 관련하여 최초로 '혁명'이란 용어를 쓴 것은 1920년대 천도교 측 인사들이 아
니다. 필자가 일본 외무성 산하 외교사료관에서 발굴하여 소개한 『朝鮮國東學黨動靜
＝關シ帝國公使館報告一件』에 실린 1893년 교조신원운동 관련 문서에서 이미 '혁명'
이란 용어를 쓰고 있다.

14 이 말의 정확한 근거는 현재 추적 중이다.

15 박정희의 부친이 동학농민군 지도자였다는 사실은 비교적 널리 알려진 사실이지만,
2004년 3월에 제정된 '동학농민혁명 참가자 명예회복에 관한 특별법'에 의거하여 명
예회복 신청을 한 사실은 현재까지 확인된 바 없다.

16 이 시기에 동학을 혁명 사상으로, 1894년의 대봉기를 혁명으로 평가했던 대표적인

연구자가 바로 중앙대학교 사학과의 김용덕, 부산여자대학교의 김의환, 고려대학교의 최동희, 신일철 교수 등이다.

17 동학농민혁명 1백 주년을 전후한 시기에 연구자, 시민운동가, 언론 등에 의해 이루어진 동학 및 1894년 동학농민혁명에 대한 재조명 성과는 방대한 분량이므로 이 글에서는 생략하기로 한다.

18 김범부, 「최제우론」, 『풍류정신의 사람 김범부의 생각을 찾아서』, 도서출판 한울, 2013, 110-149쪽.

19 소춘, 「대신사 생각」, 『천도교회월보』162호, 1924년 3월호, 17-18쪽; 최재목, 정다운 엮음, 『범부 김정설 단편선』, 도서출판 선인, 2009, 203쪽.

20 최옥, 『근암유고』, 경인문화사, 1979, 351-354쪽.

21 수운의 부친 근암공 최옥은 퇴계의 학통을 정통으로 잇고 있던 학자로, 그의 퇴계 학통의 계승 사실에 대해서는 『도올심득 동경대전』(통나무, 2004)에서 김용옥 선생이 자세히 논구한 바 있다.

22 이 시기의 결단에 대해 수운은 『동경대전』에서 '장궁귀상'(藏弓歸商; 활을 감추고 장삿길에 오르다)이라고 표현하고 있다.

23 수운이 창도한 동학은 서학을 무조건 배척하는 배외주의적 사상이 아니라, 서학의 긍정적 측면을 수용한 '西에게도 열린 東'으로서의 동학이란 점에 유의해야 한다.

24 수운 득도 직후인 1862년 삼남 일대에서 동시다발적으로 일어난 임술민란(壬戌民亂)의 근본 원인은 바로 삼정문란으로 인한 가혹한 세금 수탈이었다.

25 이 시기 수운의 사상적·정신적 고뇌와 그 처절한 모색의 과정은 1879년에 편찬된 수운의 일대기 「최선생문집도원기서」(崔先生文集道源記書)(아세아문화사, 『동학사상자료집』 1, 1979)에서 확인할 수 있다.

26 최제우, 『용담유사』(계미판, 1883) 「교훈가」.

27 위의 책, 「몽중노소문답가」.

28 西洋之人 道成德立 及其造化 無事不成 攻鬪干戈 無人在前(최제우 지음, 박맹수 옮김, 『동경대전』 「논학문」, 지식을 만드는 지식, 2009), 58쪽.

29 一世之人 各自爲心 不順天理 不顧天命(최제우 지음, 박맹수 옮김, 위의 책), 46쪽.

30 吾道 今不聞古不聞之事(최제우 지음, 박맹수 옮김, 위의 책), 61쪽.

31 최제우, 앞의 책, 「안심가」 및 「몽중노소문답가」.

32 최제우 지음, 박맹수 옮김, 위의 책, 61쪽.

33 앞의 책, 45쪽.

34 次第道法 猶爲二十一字而已(최제우 지음, 박맹수 옮김, 위의 책), 58-59쪽.

35 運則一也 道則同也 理則非也(최제우 지음, 박맹수 옮김, 위의 책), 59쪽.

36 김용옥, 『도올세설』, 통나무, 1991, 156쪽.

37 박맹수 옮김, 앞의 책, 43쪽.

38 '포덕'이란 말 그대로 '덕을 널리 펴다'라는 뜻이지만, 이 글에서는 동학의 가르침을 세상에 널리 편다는 뜻으로 해석하고자 한다.

39 '보국안민(輔國安民)' 사상은 1892-3년 교조신원운동의 주요 슬로건이 되어 민중들의 정치의식 및 민족의식 고취에 기여한다. 교조신원운동 과정에서 보국안민 사상이 가장 극적으로 표출된 것은 1893년 3월의 '보은취회' 때이다.

40 보국안민 사상은 1894년 음력 3월 20일경에 전라도 무장에서 포고된 「무장포고문」 속에서도 일관되게 강조되며, 전봉준의 최후 진술을 담고 있는 「전봉준공초」에서도 일관되게 주장되고 있다.

41 동학농민혁명 당시 동학농민군들의 내셔널리즘에 대해 재일사학자 조경달은 '전기적(前期的)' 내셔널리즘이라고 평가한 바 있다.(趙景達, 『異端の民衆反亂-東學と甲午農民戰爭』, 岩波書店, 1998)

42 "네 몸에 모셨으니 사근취원 하단말가."(최제우, 『용담유사』 「교훈가」, 1883).

43 최승희, 「서원(유림) 세력의 동학배척 운동 소고」, 『한우근박사 정년기념 사학논총』, 지식산업사, 1981, 559쪽.

44 홍종식 구연, 춘파 기, 「동학란실화」, 『신인간』 34호, 1929년 4월호.

45 최승희, 앞의 논문, 559쪽.

46 이 점에 대해서는 일찍이 김지하 시인이 탁월하게 지적한 바 있다.(김지하, 「은적암 기행」, 『남녘땅뱃노래』, 도서출판 두레, 1985, 184쪽)

47 『도쿄아사히신문』 1895년 3월 5일자 「동학당 대거괴와 그 구공」, 3월 6일자 「동학당 대거괴 심문 속문」 및 같은 날짜의 「동학 수령과 합의정치」, 5월 7일자 「동학당 거괴의 재판」, 5월 8일자 「동학당 거괴 선고 여문」 등 참조.

48 『도쿄아사히신문』 1895년 3월.

49 조광, 「한국근대사 서술에서 동학농민혁명의 위상」, 『동학농민혁명 특별기획 심포지움: 역사교과서 속의 동학농민혁명 서술 어떻게 할 것인가』, 동학농민혁명 기념재단, 2011년 11월, 15쪽.

50 최익한, 송찬섭 엮음, 『최익한 전집 1: 실학파와 정다산』, 서해문집, 2011, 500-501쪽.

51 김재계, 「환원동덕: 고 절암 윤세현 씨를 추도함」, 『천도교회월보』 267호, 1933년 7월호.

52 강재 박기현의 생애와 활동에 대해서는 다음의 논문이 참고가 된다.

53 황현 지음, 김종익 옮김, 『번역 오하기문』, 역사비평사, 1995 참조.

54 박맹수, 「매천 황현의 동학농민군과 일본군에 대한 인식」, 『한국근현대사연구』 55, 2010년 12월, 37-42쪽.

55 박맹수, 「최시형 연구--주요 활동과 사상을 중심으로」, 한국학중앙연구원 박사학위 논문, 1996, 122-123쪽.

56 1892년부터 1893년까지 동학교단 지도부가 주도한 교조신원운동은 『경국대전』 「형전(刑典)」에 들어 있는 '신소(伸訴)' 제도에 근거한 '합법적' 운동이었다. 1894년 동학농민혁명은 이 같은 합법 운동의 단계를 거쳐 그것이 한계에 직면하자 마지막으로 비합법적 수단을 통한 '혁명'을 달성하고자 하는 단계에서 일어났다는 사실을 이해할 필요가 있다.

녹두장군 전봉준과 다나카 쇼조의 공공적 삶

1 김지하, 「인간 해방의 열쇠인 생명」, 『일하는 하늘님』, 도서출판 일과 놀이, 1984, 98 쪽.

2 홋카이도대학 문학부에서 발견된 동학농민군 지도자 유골 문제에 대한 연구로는 다음의 성과가 있다.

3 코마츠 히로시(小松裕) 교수는 일본 내에서 다나카 쇼조 연구의 최고 권위자로 알려져 있다. 대표적인 저서로는 다음과 같은 것들이 있다.

4 철학자 하나자키 코헤(花崎皐平) 선생은 아이누 민족, 재일동포, 부락민 등 일본 내 차별받는 민중 문제를 비롯하여 반전평화운동 등 시민운동을 평생의 화두로 삼고 철학을 해 오신 분이다. 다나카 쇼조에 관한 최근의 저서로는 다음의 것이 있다.

5 다나카 쇼조의 생탄지가 있는 일본 도치기현(栃木縣) 사노시(佐野市) 일대 답사를 위해 여러 방면으로 진력해 주신 나라여자대학의 나카츠카 아키라(中塚明) 명예교수님, 교토대학의 오구라 기조(小倉紀藏) 교수님, 오사카시의 오니시 히데나오(大西秀尙) 선생님, 현지 안내를 맡아주신 사노시의 이다 스스무(飯田進) 선생님께 지면으로나마 심심한 사의를 표하고자 한다. 다나카 쇼조 관련 유적과 '아시오 구리광산 광독 피해 사건' 관련 유적지에 대한 안내서로서는 다음의 책이 가장 자세하다.

6 이 글은 필자의 아래와 같은 글을 대폭 수정한 것이다.

7 김지하, 앞의 책, 83-84쪽.

8 이러한 서구문명의 동점 현상을 일러 한자의 사자성어로는 '서세동점(西勢東漸)', 영어로는 'Western Impact'라 부른다.

9 최제우 지음, 박맹수 역, 『東經大全』, 지식을 만드는 지식, 2009, 59쪽.

10 '자유민권운동'이 한창이던 1880년대에 다나카 쇼조 역시 '자유민권운동' 바람의 영향을 받았다는 사실이 선행 연구를 통해 밝혀져 있다.

11 치치부 곤민당의 봉기에 대해서는 다음의 자료가 참고가 된다.

12 전봉준이 어린 시절에 서당에 다녔던 원평은 동학농민혁명 과정에서 군량 조달 등의 책임을 맡았던 김덕명(金德明) 대접주 출신지이자, 동학농민혁명 최후 전투의 하나인 '구미란 전투'가 있었던 곳이기도 하다. 지금도 원평에 가면 전봉준이 다녔던 서당 터를 확인할 수 있다.

13 국사편찬위원회, 『동학란기록』 하, 탐구당, 1971, 534쪽.

14 崔炳鉉, 『南原郡 東學史』, 1924, 3-8쪽.

15 최병현, 위의 책, 3-8쪽.

16 『전봉준공초』에 따르면, 1893년 11월에는 고부군수에게, 같은 해 12월에는 전라감영의 전라감사에게 진정서를 제출했지만 투옥당한 후 퇴출당했다고 한다. (국사편찬위원회, 앞의 책, 526쪽.)

17 다나카는 투옥되어 있는 동안에 실시된 메이지 일본의 신정(新政)에 대해 당황하여 마치 어린이 같았다고 회상하고 있다. 그러나 옥중에서 사뮤엘 스마일즈의 『서국입

지편(西國立志編)』등을 접하였고, 출옥하고 나서는 열심히 학습하여 서양 근대사상에 접하였다.(小松裕, 金泰昌 編, 앞의 책, 286쪽.)

18 小松裕, 金泰昌 編, 위의 책, 286쪽.

19 씨알사상연구소 편,『씨알철학과 공공철학의 대화: 모색』, 도서출판 나눔, 2010, 227쪽.

20 청일전쟁 당시, 러일전쟁 때부터 일본을 대표하는 반전평화사상가로 유명해지는 우치무라 간죠(內村鑑三) 마저도 「의전론(義戰論)」이라는 글을 발표할 정도로 메이지 일본 정부의 선전에 현혹되어 있었다.

21 이것은 '가와마따사건(川俣事件)'이라 불리는 것으로, 도치기현에서 도쿄로 가는 도중에 있는 토네가와강(利根川) 북쪽 연안의 가와마따(川俣)에서 상경 도중에 있던 광독 피해민들을 메이지 일본 정부가 무력으로 진압, 수백명을 체포하고 수십 명을 재판에 회부함으로써 사회적으로 큰 물의를 일으켰다.

22 이것을 일러 삼례집회(參禮集會)라 부른다. 삼례집회는 1892년 음력 11월초에 시작되어 약 1개월 뒤에 공식 해산했으나, 일부 해산하지 않은 동학지도자 및 신자들에 의해 이듬해 1월까지 산발적인 집회가 계속 이어지고 있었다는 사실이 최근의 연구에서 밝혀진 바 있다.

23 국사편찬위원회, 앞의 책, 529쪽.

24 위의 책, 538쪽.

25 1894년 동학농민혁명 당시 일본은 음력 6월 21일에 일본군이 경복궁을 불법 점령한 행위가 국제법 위반이라는 사실을 이미 알고 있었다. 그래서 사건 당초부터 은폐에 급급하였다. 경복궁 불법 점령 사실의 진실은 100년이 지난 1994년에 나카츠카 아키라 교수의 사료 발굴을 통해 밝혀졌다.(中塚明,『歷史の僞造をただす』, 東京: 高文硏, 1997.)

26 동학농민혁명 당시 특파원을 파견한 일본의 신문사 및 잡지사는 66개사, 특파원 수는 지금까지 알려진 인원 만도 129명에 달하고 있다.

27 동학농민혁명 당시, 코노 히로나카가 입수한 조선 '동학당' 관계 정보는 일본 국회도서관 헌정자료실의 코노 히로나카 관계 문서 목록 안에 들어 있다.

28 由井正臣, 小松裕 編,『田中正造文集(一)』, 東京: 岩波書店, 2004, 138쪽.

29 위의 책, 137쪽.

30 三浦一夫, 飯田進 編,『東アジア共同體構想と日本國憲法 田中正造のアジア認識』, 東京: 下町總硏, 2008, 129쪽.

31 '보국안민(輔國安民)'은 원래 동학을 창도한 수운 최제우가 1861년에 쓴 「포덕문(布德文)」이라는 글에서 처음으로 등장하며, 1894년 음력 3월 20일에 조선 각지에 포고한 전봉준의 「무장포고문(茂長布告文)」, 「전봉준공초」에서도 일관되게 강조되고 있다.

32 由井正臣, 小松裕 編, 앞의 책, 137쪽.

33 일본 외무성 외교사료관 소장,『朝鮮國 東學黨 動靜에 關한 帝國公使館 報告一件』,

문서번호 5문 3류 2항 4호).

34 小松裕, 金泰昌 編, 앞의 책, 7쪽; 씨알사상연구소 편, 앞의 책, 228쪽.

35 씨알사상연구소 편, 위의 책, 229쪽.

36 小松裕, 金泰昌 編, 앞의 책, 11쪽; 씨알사상연구소 편, 앞의 책, 236-237쪽.

37 위의 책, 3쪽.

38 김지하, 앞의 책, 88쪽.

39 김지하, 『김지하의 예감』, 도서출판 이룸, 2007, 496쪽.

용암 김낙철 대접주와 동학농민혁명

1 용암 김낙철에 대한 학계의 연구는 현재 공백 상태에 있다. 다만, 용암이 남긴 「김낙철역사」를 비롯한 일련의 자료가 1994년에 『전북일보』 특별취재팀에 의해 발굴되어 일반에게 소개된 이후, 용암의 동생인 김낙봉이 남긴 「김낙봉이력」이 추가로 발굴됨으로써 용암의 생애와 활동을 규명할 기초 자료가 확보되기에 이르렀다. 「김낙철역사」와 「김낙봉이력」은 그 일부가 1996년에 한국정신문화연구원에서 『한국학자료총서 9: 동학농민운동편』으로 영인 간행되었으며, 역시 같은 해에 간행된 『동학농민전쟁사료총서』 제 7권에도 수록되었다.

2 「金洛喆歷史」, 『東學農民戰爭史料叢書』7, 史芸硏究所, 1996, 235쪽.

3 종래에는 執綱所라 불렀으나 최근 연구에서는 都所로 부르는 것이 타당하다는 견해가 설득력을 얻고 있다.

4 「全琫準 判決宣告書 原本」, 『韓國學報』39, 一志社, 1985, 189-190쪽.

5 「光武 2年 5月 1日 質稟書」, 『司法稟報』 참조.

6 『天道敎會月報』1918년 1월호 참조.

7 拙稿, 「海月 崔時亨 硏究」, 한국정신문화연구원 한국학대학원 박사학위논문, 1996년 2월, 114-122쪽.

8 「김낙철역사」, 앞의 책, 235쪽.

9 위의 글, 235쪽.

10 용암 김낙철이 무장 동학 대접주 손화중과 함께 여러 차례 해월을 방문한 사실은 주목을 요한다. 손화중은 전봉준, 김개남과 함께 동학농민군 3대 지도자로 일컬어지는 인물이기 때문이다.

11 「김낙철역사」, 위의 책, 235쪽.

12 「김낙철역사」, 위의 책, 236쪽.

13 拙稿, 「敎祖伸寃運動期 參禮集會에 대한 再檢討」, 『한국독립운동사연구』 28, 독립기념관 한국독립운동사연구소, 2007, 2쪽.

14 「김낙철역사」, 앞의 책, 236-237쪽.

15 다른 기록에는 金錫允으로 나타난다. 김영조와 김석윤은 동일 인물이다.

16 「김낙철역사」, 앞의 책, 237쪽.

17 졸고,「동학 교조신원운동」,『한국사』39, 국사편찬위원회, 1999, 291-297쪽.

18 「김낙철역사」, 앞의 책, 236-237쪽.

19 교조신원운동 단계부터 남북접이 대립했다는 견해는 국내의 鄭昌烈과 재일연구자 趙景達의 연구가 대표적이다.

20 「김낙봉이력」,『동학농민전쟁사료총서』7, 사운연구소, 1996, 377쪽.

21 정창렬과 조경달이 대표적이다.

22 「김낙봉이력」, 앞의 책, 377쪽.

23 위의 글, 377쪽.

24 윤병석 직해,『백범일지』, 집문당, 1995, 33쪽.

25 「東匪討錄」,『東學農民戰爭史料叢書』~6, 사운연구소, 1996, 162쪽.

26 기존의 연구에서는 해월은 제 1차 동학농민혁명에 대해 반대했으며, 심지어는 '사문의 난적'이므로 토벌해야 한다고 말했다고 알려져 왔다.

27 「김낙철역사」, 앞의 책, 239쪽.

28 위의 글, 239쪽.

29 위의 글, 239쪽.

30 위의 글, 239-240쪽,「김낙봉이력」, 앞의 책, 383-385쪽.

31 李眞榮,「金開南과 동학농민전쟁」,『한국근현대사연구』2, 한국근현대사연구회, 1995, 73-97쪽.

32 『천도교 임실교사』와 똑같은 내용을『천도교회사초고』에서도 확인할 수가 있다.

33 1993년 7월 '전북일보 동학농민혁명 특별취재반'은 임실군 雲岩面 仙居里 감나무골에 거주하는 金正甲옹(당시 70세, 임실 동학접주 金榮遠의 손자)을 찾아가 임실지역 동학농민운동에 관한 증언을 들었다. 증언 내용은 그후『全北日報』13,622호(1993년 9월 13일자) 7면에 자세히 소개되었다.

34 『駐韓日本公使館記錄(한글본)』1, 국사편찬위원회, 196쪽.

35 「김낙봉이력」, 앞의 책, 378쪽.

36 今年三月 分設接於本郡蘇野地 無論他道本道 誘募徒黨(甲午斥邪錄); 申榮祐,「甲午農民戰爭과 嶺南保守勢力의 對應」,『博士論文』延世大, 1991, 60쪽에서 재인용.

37 「歲藏年錄」, 앞의 책, 245-246쪽.

38 필자 소장,「상주 화북면 동학고문서」중 〈甲午 4月 牒呈〉 참조.

39 김준형,「서부경남지역 동학군 봉기와 지배층의 대응」,『慶尙史學』7·8, 慶尙大, 1992, 80-81쪽.

40 박성수 주해,『저상일월』, 185-186쪽.

41 「김낙철역사」, 앞의 책, 239쪽.

42 위의 글, 239쪽.

43 위의 글, 239-240쪽.

44 위의 글, 266-267쪽.

45 위의 글, 239쪽.

46 『한국학보』 39, 일지사, 1985, 189-190쪽.

47 「김낙봉이력」, 앞의 책, 386쪽.

48 「김낙철역사」, 앞의 책, 240쪽.

49 위의 글, 240쪽.

50 1894년 말 전라도 나주에는 동학농민군 진압을 위해 湖南招討營이 설치되어 있었으며, 12월 10일 이후에는 농민군 진압을 전담하는 일본군 후비보병 제 19대대 본부가 설치되어 있었다.

51 「김낙철역사」, 위의 책, 247-249쪽.

52 위의 글, 249-250쪽.

53 위의 글, 250쪽.

54 위의 글, 250-251쪽.

55 위의 글, 251쪽.

56 위의 글, 251-252쪽.

57 위의 글, 265-268쪽.

58 용암의 묘는 원래 서울 이태원에 있었으나 후손들에 의해 충남 논산군 恩津面 남산리 593번지로 이장되었다. 충남 대전에 용암의 손자 金英雄 씨가 살고 있다. 용암의 회고록인『김낙철역사』의 내용을 보완할 수 있는 관련 자료로는『大先生事蹟』,『隨錄』에 실린「四月 初五日 啓草」,「全琫準 判決宣告書 原本(『韓國學報』 39, 1985)」,『司法稟報』光武 2년 5월 1일 質稟書,『萬歲報』 111호(1906년 11월 7일자), 114호(1906년 11월 10일자), 121호(1906년 11월 18일자) 외 137호, 138호, 147호, 149호, 151호 등 다수와『天道道敎會月報』1918년 1월호 등이 있음을 부기한다.

매천 황현의 동학농민군에 대한 인식

1 1894년의 대봉기에 대해서는 다양한 호칭이 있다. 이 글에서는 첫째, 동학의 평등사상과 접포 조직의 역할이 지대하였다는 점, 둘째, 동학 교도뿐 아니라 당시 인구의 대부분을 차지한 농민들이 대거 참여하였다는 점, 셋째, 폐정개혁안 27개조로 대표되는 혁명의 강령을 명확하게 제시하고 있다는 점 등을 고려하여 동학농민혁명으로 부르기로 한다.

2 김창수,「황현의 동비기략 초고에 대하여―오하기문 을미 4월 이전 기사의 검토」,『천관우선생환력기념 한국사학논총』, 정음문화사, 1985.

3 이이화,「황현의 오하기문에 대한 내용 검토-1894년 동학농민전쟁 기술을 중심으로-」,『서지학보』 4, 1991.

4 김종익,「번역 오하기문 출간의 가치와 의의」,『번역 오하기문』, 역사비평사, 1995.

5 노용필,『동학사와 집강소 연구』, 국학자료원, 2001.

6 매천의 동학농민혁명 인식에 대해 고찰한 연구로는 다음과 같은 성과들이 있으며, 이들은 대부분 매천이 동학농민군에 대해 부정적으로 인식했던 측면만을 주로 부각시

키고 있다.

7　김창수, 「갑오평비책에 대하여--매천 황현의 동학인식」, 『남사정재각박사고희기념 동양학논총』, 고려원, 1984.

8　「매천 황현의 역사의식」, 『매천 황현의 생애와 사상』, 한국정신문화연구원, 1999.

9　김용섭, 「황현의 농민전쟁 수습책」, 『고병익박사회갑기념사학논총』, 1984.

10　이이화, 「황현의 삶과 사상」, 『매천 황현의 역사의식과 문학』, 광양시, 1999.

11　매천은 생전에 강화학(양명학)파와 긴밀한 교유관계를 맺고 있었으며, 그의 시문집 인 『매천집』 등에는 강화학에서 추구했던 '지행합일', '동기의 순수성' 등에 관한 다수 의 시문을 남기고 있다. 매천과 강화학의 관계에 대해서는 別稿를 기약한다.

12　이 글은 본래 대학에서 정년 퇴직한 분들의 동인지였던 『回歸』 제3집(1987)에 실렸다 가, 1994년에 조흥윤 교수가 묶은 민영규 선생의 문집 『강화학 최후의 광경--西餘文 存 其一』에 다시 실린 글이다.

13　민영규, 『강화학 최후의 광경--서여문존 기일-』, 도서출반 우반, 1994, 35-36쪽.

14　이 점에 대하여는 김지하, 「매천을 다시 곡함」, 『살림』, 동광출판사, 1987, 80-81쪽 참 조.

15　김종익 옮김, 『번역 오하기문』, 역사비평사, 1995, 79-80쪽.

16　위의 책, 131쪽.

17　위의 책, 129쪽.

18　위의 책, 231쪽.

19　위의 책, 232쪽.

20　東道大將 下令於各部隊長 約束日 每於對敵之時 兵不血刃而勝者爲首功 雖不得已戰 切勿傷命爲貴 每於行陣所過之時 切勿害人之物 孝悌忠信人所居村十里內 勿爲屯住. (일본 외무성 외교사료관 소장, 『조선국 동학당 동정에 관한 제국 공사관 보고일건』, 문서번호 5문 3류 2항 4호, 「발 제 63호 동학당에 관한 속보」참조.

21　위의 주 13) 참조.

22　홍종식 구연, 춘파 기, 「70년 사상의 최대 활극 동학란 실화」, 『신인간』 34호, 1929년 4월호, 45-46쪽.

23　「동학배척통문」, 1863.

24　앞의 주17과 같음.

25　현재의 행정구역으로는 전라북도 고창군 공음면 구수리이다.

26　농민군이 제1차 봉기를 단행한 날짜에 대해서는 여러 설이 있다. 그런데 동학(농민 군)의 주요 행사나 모의 등은 동학 창시자 수운 최제우 또는 2대 교주 해월 최시형의 誕辰日, 得道日, 忌日에 이루어지는 경우가 일반적이었다. 3월 21일은 2대 교주 해월 의 탄신일인 바, 바로 이 날을 기해 농민군이 봉기했을 가능성이 크다.

27　일설에는 당시 농민군 지도부 내에서 전봉준 장군의 참모 역할을 했던 인물이 썼다는 주장도 있다. 종래, 학계에서는 이 「무장포고문」을 농민군이 고부에서 전면 봉기를 단행한 뒤에 정읍, 흥덕을 거쳐 전라도 무장을 점령했던 1894년 4월 12일경에 포고한

것으로 잘못 이해하여 왔다. 예를 들면, 후래 연구자들에게 상당한 영향을 끼친 김의 환의 『전봉준전기』(정음사, 1981)의 97-100쪽에 실린 내용이라든지, 在日同胞 출신 사학자 강재언의 『한국근대사연구』(한울, 한글판, 1982) 168-169쪽에 실린 내용이 바로 그것이다. 이러한 오해는 전라도 益山 출신 동학 접주였던 오지영의 『동학사』에도 동일하게 나타나고 있다. 그는 갑오년 당시 농민혁명을 직접 체험한 당사자인 데도, 자신의 체험을 바탕으로 쓴 『동학사』에서 「무장포고문」 포고 시기를 갑오년 3월이 아닌 1월에 포고된 것으로 잘못 서술하고 있다. 오지영을 비롯한 연구자들이 「무장포고문」의 포고 시기를 갑오년 3월이 아닌 동년 1월 또는 4월로 오해한 이유는 첫째, 관련 사료에 대한 치밀한 검토 없이 농민군의 전면봉기 장소를 茂長이 아닌 古阜로 잘못 이해한 데서 비롯되었으며, 둘째, 갑오년 1월 10일의 '古阜民亂' 즉 고부농민봉기를 3월 21일의 '茂長起包' 즉 제 1차 동학농민혁명과 별개의 봉기로 이해하지 못하고 1월에 이미 전면봉기가 시작된 것으로 오해한 데서 비롯되었다.

28 노용필은 오지영이 익산 출신이 아니라 고창 출신이라고 말하고 있다. 앞의 책, 18 쪽.

29 국사편찬위원회, 『주한일본공사관기록(한글판)』 1, 1986, 53-59쪽.

30 필자 나름대로 교감을 본 「茂長布告文」 원문은 다음과 같다.

31 人之於世最貴者 以其有人倫也 君臣父子 人倫之大者 君仁臣直 父慈子孝然後 乃成家 國 能逮無疆之福 今我聖上 仁孝慈愛 神明聖睿 賢良正直之臣 翼贊佐明 則堯舜之化 文景 之治 可指日而希矣

32 김종익, 앞의 책, 54-55쪽.

33 위의 책, 63쪽.

34 위의 책, 64쪽.

35 위의 책, 82쪽.

36 위의 책, 235-236쪽.

37 민영규, 앞의 책, 35-36쪽.

38 김종익, 앞의 책, 123쪽.

39 위의 책, 64쪽.

40 위의 책, 64-65쪽.

41 위의 책, 65쪽.

42 위의 책, 110쪽.

43 위의 책, 68-70쪽.

44 위의 책, 71쪽.

45 위의 책, 114-116쪽.

46 『조선국 동학당 동정에 관한 제국 공사관 보고일건』 「발 제66호 동학당 휘보」 참조.

47 위의 책, 88-89쪽.

48 민영규, 앞의 책, 36쪽.

49 '운양호사건'은 그간 1875년 양력 8월 21일 일본 군함 운양호가 물을 구하러 강화도에

들어왔다가 조선군의 포격을 받고 응전함으로써 일어난 사건으로 알려져 왔다. 그러나 최근(2002) 운양호 함장 이오우에 요시카가 작성한 9월 29일자로 작성한 최초보고서가 발견됨으로써, '물을 구하러 들어갔다'는 10월 8일자 공식보고서는 날조되었음이 확인되었다.

50 동학농민혁명 직전 조선 거주 일본인, 즉 在朝日本人의 수는 1890년 7,245명, 1891년 9,021명, 1892년 9,137명, 1893년 8,871명에 달하고 있었다.(高崎宗司,「재조일본인과 일청전쟁」,『近代日本と植民地』5, 岩波書店, 1993, 5쪽)

51 當今西夷之學 混入於東土 倭酋之毒 復肆於外鎭 罔有其極. 이 내용은 1892년 음력 10월의 공주집회와 동년 음력 11월의 삼례집회 당시 신원운동 지도부가 충청감사와 전라감사에게 제출한 議送單子에 동일하게 나오는 내용이다.

52 今倭洋之賊 入於心腹 大亂極矣. 이 내용은 경상도 예천 유생 박주대의『나암수록』, 1893년 음력 3월 6일에 부산 성문에 게시된「동학당통고문」, 1893년 음력 3월 10일에 보은관아 삼문에 세시된「보은관아통고」등에 동일하게 나오는 내용이다.(鈴木 淳, 「史料紹介: 雲揚艦長井上良馨の明治8年9月29日付け江華島事件報告書」,『史學雜誌』, 111-12, 東京大學文學部, 2002年 12月號 참조)

53 倡義斷無他故 專爲斥倭洋之義. 이 내용은 1893년 3월 11일부터 시작된 보은집회에 대하여 기록한「취어」,『동학농민전쟁 사료총서』2, 1996 참조.

54 忠孝雙全 濟世安民 逐滅洋倭 澄淸聖道 驅兵入京 盡滅權貴. 이 내용은 1894년 음력 3월의 동학농민군 제 1차봉기 상황을 조정에 보고한 全羅監司「書目大槪」참조.

55 오지영의『동학사』에 실린 폐정개혁안 12개조 참조.

56 민영규, 앞의 책, 36쪽.

57『동경조일신문』명치 28년 3월 5일자, 5면,「동학당거괴와 그 口供」참조.

58『동경조일신문』명치 28년 5월 7일자, 2면,「동학당 거괴의 재판」참조.

59 김종익, 앞의 책, 123쪽.

60 위의 책, 125쪽.

61 위의 책, 126쪽.

62 위의 책, 146쪽.

63 위의 책, 147쪽.

64 위의 책, 149쪽.

65 위의 책, 303-304쪽.

66 졸고,「동학농민혁명기 전라도 지식인의 삶과 향촌사회--강진유생 박기현의 일사를 중심으로-」,『한국사상사학』31, 2008년 12월, 594쪽.

전라도 유교지식인의 동학농민군 인식과 대응

1 1894년 대봉기에 대한 호칭은 여전히 통일되어 있지 않다. 이 글에서는 편의상 2004년 2월에 국회에서 통과된 '동학농민혁명참여자명예회복에관한특별법'에 근거하여

'동학농민혁명'이라 부르기로 한다.

2 이 글에서 사용하는 유교지식인이란, 동학농민혁명 당시 斥邪衛正의 유교적 관점에
   서서 동학농민군을 배척하거나 탄압하는 데 가담한 在地 儒生을 말한다.

3 충청도 서산 출신 홍종식, 전라도 고부 출신 전봉준이 그 대표적 사례이다.

4 전라도 장성과 나주 일대에서 전개된 동학농민혁명에 대해 자세한 기록을 남긴 장성
   유생 邊萬基가 이 경우에 해당한다.

5 동학 지도부는 "동학교조 수운 최제우의 억울한 죽음에 대한 伸寃, 동학 금단을 구실
   로 한 동학교도 및 일반민중들에 대한 지방관 및 토호들의 가렴주구 행위 금지, 일본
   상인을 비롯한 외국상인들의 불법 상행 위 금지 즉 斥倭洋" 등의 요구를 내걸고, 1892
   년 10월 충청도 공주에서 처음으로 대대적인 집단시위운동 을 전개하였고, 이어서 동
   년 11월에는 전라도 삼례에서도 집단시위운동을 전개하였다. 이를 일러 학계에 서는
   敎祖伸寃運動이라 부른다.

6 동학농민전쟁 100주년 기념사업추진위원회편,『동학농민전쟁사료총서』, 전 30권, 사
   운연구소, 1996.

7 전라북도동학농민혁명기념관,『동학농민혁명기념관개관기념도록』, 동 기념관,
   2004.

8 泰仁 武城書院의 掌議와 色掌을 지냈던 金榮遠(1853~1919)의 경우가 대표적이다.

9 전라도 泰仁의 도강김씨 문중에서 金開南(金箕範)은 농민군 지도자로, 金箕述은 반
   농민군 지도자로 나선 것이 그 대표적인 사례라 할 수 있다.

10 이 권역의 민보군 활동에 대한 연구로는 다음과 같은 성과가 있다.

11 이이화,「동학농민운동에 대한 유림의 대응」,『벽사 이우성교수 정년기념 퇴직논총:
   민족사의 전개와 그 문화』하, 창작과 비평사, 1990.

12 신규수,「개화기 호남지역 유림의 동향에 관한 연구-동학 배척운동을 중심으로」,『한
   국사상사학』4-5, 한국사상사학회, 1993.

13 이 권역의 민보군 활동에 대한 연구로는 다음과 같은 성과가 있다.

14 이 권역의 민보군 활동에 대해서는 다음의 연구가 참고가 된다.

15 배항섭,「나주지역 동학농민전쟁과 향리층의 동향」,『동학연구』19, 한국동학학회,
   2005.

16 이 권역의 민보군 활동에 대한 연구로는 다음과 같은 성과가 있다.

17 이 목록은 2008년 10월 25일 현재까지 필자가 조사한 자료 가운데 출신지(또는 거주
   지)가 전라도가 확실한 인물들의 기록만을 정리한 것이다. 출신지가 不明인 인물들
   의 기록도 다수 발견되었기 때문에 이 목록은 추후 계속 추가할 예정이다.

18 朴孟洙,「海月 崔時亨 硏究-主要 活動과 思想을 중심으로」,『한국정신문화연구원 한
   국학대학원 박사논문』, 1996, 114 쪽.

19 『東經大全』(戊子版),「布德文」참조.

20 崔承熙,「書院勢力의 東學排斥運動 小考」,『韓㳓劤博士 停年紀念史學論叢』, 1981,
   554쪽.

21 경상도 성주 출신 凝窩 李源祚(1792~1872)의 상소가 대표적이다.

22 최승희, 앞의 논문 참조.

23 김종익 옮김, 『번역 오하기문』, 역사비평사, 1995, 60쪽.

24 「天道敎會史草稿」, 『東學思想資料集』壹, 아세아문화사, 429쪽.

25 「천도교서」, 앞의 책, 298쪽.

26 「礪山宗理院沿革」, 『天道敎會月報』203, 1927.11, 31쪽.

27 朴致京이 1884년 10월 최시형이 益山 獅子庵을 중심으로 포교 활동을 할 때 경제적 후원을 맡은 것으로 보아 적어도 1883년 이전에 동학에 입교한 것으로 생각된다.

28 崔炳鉉, 『天道敎 南原郡宗理院史』(筆寫本), 2쪽.

29 『天道敎會月報』202, 1927.10, 25쪽.

30 「益山宗院沿革」, 앞의 책, 31쪽.

31 「金洛喆歷史」(影印本), 『圓佛敎靈山大學 論文集』創刊號, 1993, 1쪽.

32 『天道敎會月報』123, 1920.11, 102쪽.

33 『天道敎會月報』126, 1921.2, 108쪽.

34 현재 임실군 靑雄面 南山里에 있음.

35 金在桂, 「故 自庵 朴準承의 一生」, 『天道敎會月報』199, 1927.7, 31쪽.

36 『天道敎會月報』202, 1927.10, 24쪽.

37 金在桂, 「故 琴庵 宋年燮氏를 追悼함」, 『天道敎會月報』252, 1931.12, 44쪽.

38 許南湖, 「故 蕭庵 趙斗桓氏를 追悼함」, 『天道敎會月報』279, 1935.9, 37쪽.

39 『天道敎會月報』199, 1927.7, 32쪽.

40 「天道敎 長興郡宗理院」, 『天道敎會月報』163, 1924.4, 47쪽.

41 세 번째 전라도 순회 포교활동에 나서기 직전인 1891년 2월경에 최시형은 尹相五(충청도 公州 출신)의 주선으로 鎭川 金城洞에서 公州 薪坪 尹相五家로 옮겨 왔다. 尹相五는 전북 扶安 新里에 小室의 집이 있어 전라도와 일정한 연고를 가진 인물이었다. 『해월선생문집』에 1891년 2월 公州 東幕으로 옮겼다는 기록, 『시천교종역사』의 1891년 1월 15일 公州郡 薪坪里 尹相五家로 옮겼다는 기록, 그리고 『천도교회 사초고』의 1891년 2월에 尹相五의 주선으로 公州郡 薪坪里로 옮겼다는 기록, 『천도교서』의 1891년 2월에 금성동에서 公州郡 薪坪里로 옮겼다는 기록, 『김낙철역사』에 "海月先生主게서 與龜菴 蔣伯元 張喜用 崔德基로 搬移于公州梁坪云 主人은 尹相五也라." 한 기록 등을 종합할 때, 최시형이 1891년 2월경에 공주 신평 윤상오가로 옮겨온 것은 틀림없는 사실이다.

42 「東學史」, 『東學思想資料集』貳, 亞細亞文化社, 1979, 425쪽.

43 이때의 순회 포교활동에 관한 내용 역시 앞에서 인용했던 『海月先生文集』, 『本敎歷史』, 『侍天敎宗繹史』, 『天道敎會史草稿』, 『天道敎書』, 『金洛喆歷史』 등에 상세하게 실려 있다.

44 1892년 11월 2일에 전라감사 李耕稙에게 제출된 「各道東學儒生議送單子」 참조.

45 1892년 10월 17일 해월 최시형이 지방의 동학 접주 및 일반 도인들에게 발한 「立義通

文」참조.

46 金澤柱, 『敬述』, 「以斥東匪事通于太學」, 계사(1983) 2월조. 이 자료는 김택주에 대해 전남대학교 대학원에서 「한말 일제 시기 남원유생 김택주 생애와 활동」이라는 석사논문을 쓴 金坤 선생의 후의로 열람하였다.

47 김택주, 앞의 글, 계사 2월조.

48 『高宗實錄』 권30, 계사 2월 27일조.

49 김종익 옮김, 『번역 오하기문』, 역사비평사, 1995, 67-68쪽.

50 羅州牧鄕土文化硏究會 『錦城正義錄』(국역본)(1991), 33-34쪽.

51 1893년 12월, 나주 향약에 참여한 이들 유교 지식인들은 이듬해 3월에 동학농민혁명이 일어나자 목사 민종렬을 중심으로 守城軍을 조직하여 나주성 수성에 나선다. 그들은 농민군과 일곱 차례에 걸친 攻防戰을 벌이면서도 끝내 나주성을 수성하는 데 성공하기에 이른다.

52 朴冀鉉, 『剛齋日史』癸巳 7월 19일조.

53 서울대 규장각에 소장되어 있는 계사년 4월 8일과 9일자 보성군 고문서 22건에는, 각 면의 執綱과 군수 사이에 동학교도들을 일일이 적발하라는 내용의 지시가 오가고 있다.(서울대학교 규장각 소장, 『古文書 4: 官府文書』(서울대학교 도서관, 1987), 33-40쪽 참조)

54 김종익 옮김, 앞의 책, 68-70쪽.

55 위의 책, 71쪽.

56 지금까지의 연구는 1894년 3월의 무장기포와 1월의 고부농민봉기를 혼동하여 기록한 吳知泳의 『東學史』를 토대로 농민군이 전면봉기한 곳을 古阜로 오해하였다. 그러나 1985년 愼鏞廈 교수가 동학농민이 전면 봉기한 시기와 장소를 1월의 고부농민봉기가 아니라 3월의 茂長起包라고 밝힘으로써 무장기포설이 처음으로 제기되었으며, 이 무장기포설은 1894년 3월의 무장기포를 뒷받침하는 『隨錄』, 『石南歷事』, 『林下遺稿』등 새 사료들이 잇따라 발굴됨으로써 학계의 정설이 되었다.

57 「무장포고문」이 실려 있는 사료로는 오지영의 『동학사』, 황현의 『오하기문』, 『동비토록』, 『취어』, 『수록』, 「뮈텔문서」, 일본인 파계생의 「전라도고부민요일기」 등이 있다. 『동학사』에는 국한문으로, 「전라도고부민요일기」에는 일본어로, 나머지 사료에는 모두 漢文으로 수록되어 있다. 『취어』에는 총 405자, 『수록』에는 총 400자의 한자로 되어 있으나 내용은 거의 동일하다. 이 글에서는 『오하기문』과 『동비토록』, 『취어』에 실린 포고문을 대조하여 필자가 번역하였다.

58 이 격문이 유명한 白山 檄文이다. 오지영의 『동학사』(간행본)에 실려 있다.

59 종래는 황토현이라 하여 한자식으로 호칭했으나 이 글에서는 황토재라는 한글 호칭으로 바꾼다.

60 「甲午四月初四日 倡義有司望」, 『甲午東匪倡義遺事』(『전라문화논총』6, 1993), 274-276쪽.

61 「泰仁 古縣內面民 金箕述」, 『甲午東匪倡義遺事』(『전라문화논총』6, 1993), 288쪽.

62 박기현, 『강재일사』, 갑오 4월 14일조.

63 위의 책, 갑오 4월 24일조.

64 위의 책, 갑오 4월 27일조.

65 위의 책, 갑오 5월 9일, 13일, 22일조.

66 『剛齋遺稿』附錄卷之一, 「行狀」참조.

67 강재의 출생지는 현재의 행정 구역상으로는 강진군 봉림리 梧秋 마을이다. 필자는 2002년 1월 18일 강재의 증손자 박병채 씨, 강진군청 문화공보과 문화재 계장 김광국 씨와 함께 梧秋 마을 일대를 답사한 바 있다. 오추 마을은 산간 지대로 장흥군 有治面과 인접하고 있다. 답사 당시, 탐진댐 건설로 인해 수몰되는 舊 도로를 대신하는 新 도로 건설 공사가 한창이었다.

68 강재의 부친 재빈은 55세 때인 1885년에 학행이 돈독하다 하여 童蒙教官에 임명되었다. (『강재유고』권지삼, 「先考 堂公 府君實蹟」참조) 이러한 사실은 강재 집안의 학문적 기반이 강진 일대에서 '일정하게' 평가받을 정도로 상당한 기반을 갖추고 있음을 알려 주는 증거라 할 것이다.

69 강재의 「행장」에는 "金吾南, 鄭日新, 文龜巖諸公遊 互相質疑"라는 표현이 여러 군데 등장하고 있다. 여기서 김오남은 강진의 김한섭, 정일신은 능주의 정의림, 문구암 역시 능주 일대에서 文名이 있던 유생이 다.

70 강재는 부친의 간곡한 권유에 따라 과거에 급제하기 위해 열심히 독서를 하였으며, 1891년 8월에 시행된 寶城鄕試와 1893년 8월에 시행된 綾州鄕試에 응시했지만 낙방한 사실이 있다.

71 일신재 정의림은 『日新齋集』이라는 문집을 남겼다. 일신재와 강재의 교유 관계에 대해서는 후술한다.

72 오남 김한섭 역시 『吾南集』이라는 문집을 남겼다. 오남과 강재의 교유관계에 대해서도 후술한다.

73 1993년 4월 3일 필자가 면담하는 과정에서 확인한 사실이다.

74 『일사』상권, 계사년(1893년) 1월 14일자 일기 참조.

75 『강재유고』속에는 동학농민혁명 당시 강진 보암면 도통장이 되어 강진현을 사수하다가 농민군에게 희생당한 오남 김한섭에 대한 祭文과 行狀 등이 실려 있어 참고가 된다.

76 『일사』상권, 계사년(1893년) 7월 19일자 일기 참조.

77 오남 김한섭은 강진현을 지키기 위해 조직된 守城軍의 都統將이 되어 동학농민군의 강진현 관아 점령을 저지하려다가 1894년 12월 7일 농민군과의 전투 도중에 전사한다.

78 매천 역시 강재와 마찬가지로 반농민군 측 입장에 서 있었지만 직접적으로 반농민군 활동에 가담하지는 않았다. 그는 비록 반농민군 입장이 반영되긴 했지만 농민군 측의 동향을 가장 상세하게 기록한 『梧下記聞』이란 사료를 남겼다. 『오하기문』은 현재 동학농민혁명을 연구하는 데 빠뜨릴 수 없는 필수자료의 하나로 꼽히고 있다.

79 박기현의 종형 昌鉉은 농민군이 전라 병영을 공격할 때, 전라 병사마저 도망가 버린 병영을 사수하기 위해 金柄輝, 金柄潤 형제 등과 수성군을 조직하여 병영으로 들어갔다. 12월 9일 밤, 박창현은 병영 수성도총 尹衡殷에게 포군 3백여 명으로 君子村(현 강진군 작천면 군자리)에 주둔하고 있는 농민군에 대한 기습 공격을 감행할 것을 건의하지만 묵살 당하고 만다. 병영 수성군 1천여 명은 12월 10일 새벽, 농민군의 대대적인 공격을 받아 분전했지만 중과부적으로 괴멸 당한다. 前 都正 박창현은 갑옷을 입고 농민군에 맞서 대포를 쏘며 저항하다가 전사하였다.(졸고 「장흥 동학농민혁명사」, 1991, 195쪽 및 2002년 1월 18일 박창현의 집이 있었던 강진군 옴천면 봉림리 오추마을 답사 때 오추마을에 거주하는 金又岩, 1915년생) 옹의 증언에 따름)

80 필자는 2000년 11월 2일과 2002년 2월 3일 강진 작천면 용상리 박병채 씨를 방문하여 강재 박기현의 생애에 대한 증언을 듣는 과정에서 이와 같은 증언을 되풀이하여 들었다.

81 강진군 작천면 용상리 龍井 마을에는 강재 박기현이 1894년 12월 28일에 병영으로부터 이사하여 1913년에 타계할 때까지 거처했던 집(현재는 강재 선생의 증손인 박병채 씨가 거주하고 있음), 후학들을 모아 가르쳤던 강당인 興雲齋, 강재 선생의 사후 후학들이 건립한 사당 龍田祠가 현존하고 있다.

일본군 후비보병 제19대대장 미나미 고시로와 동학문서

1 야마구치현 현립 문서관은 현립 도서관과 같은 건물에 있으며, 주소는 山口県 山口市 後河原 150-1이며, 우편번호는 753-0083, 전화번호는 083-924-2116이다.

2 미나미 사부로(南三郎) 씨는 미나미 고시로(南小四郎)의 장남인 미나미 아키라(南璋, 1877-?)의 삼남(三男)으로 1916년생이다. 현재 야마구치시(山口市) 다이조 오지(大藏大路) 168-1번지에 거주하고 있다.

3 『마이니치신문(毎日新聞)』, 1995년 8월 3일, 朝刊 및 『홋카이도신문(北海道新聞)』, 1995년 8월 3일 夕刊 참조.

4 井上勝生, 「甲午農民戰爭(東學農民戰爭)と日本軍」, 『近代日本の內と外』, 日本 東京, 吉川弘文館, 1999, 265-270쪽.

5 이노우에 가츠오(井上勝生) 교수는 메이지유신사에 관해 다음과 같은 탁월한 업적을 낸 바 있다.

6 이노우에 교수가 발굴하여 한국 측에 제공한 동학농민혁명 관련 사료의 전반적인 내용에 대해서는 別稿를 통해 상세하게 검토하기로 한다.

7 井上勝生, 「第2次東學農民戰爭の日本軍, 農民大虐殺--兵士の郷土, 四國各地を訪ねて」(札幌郷土を掘る會編, 『2004活動記錄集』, 2004년 7월);『朝日新聞』2004年 8月 15日, 愛媛 32面, 「甲午農民戰爭の史實解明に取り組む歷史研究者たち」;『愛媛新聞』2004年 9月 11日~12日, 「彈壓の記憶:甲午農民戰爭と愛媛」上, 下 등 참조.

8 이노우에 교수는 에히메현(愛媛縣)에서 발행되고 있던 지방신문 『카이난신문(海南

新聞)』과 『우와지마신문(宇和島新聞)』 등에 실린 동학농민혁명 관련 기사를 치밀하게 조사, 분석하는 과정에서 후비보병 제 19대대의 편성지 및 해산지가 에히메현 마츠야마시(松山市)였다는 사실을 밝혀냈다.

9 필자가 이노우에 교수로부터 미나미 고시로의 묘를 찾아냈다는 국제전화를 받은 것은 2004년 11월 5일 밤이었으며, 미나미 고시로의 묘소와 구(舊) 저택 사진 등을 제공받은 것은 2005년 2월 27일 마츠야마시(松山市)에서였다.

10 필자는 2005년 2월 28일에 이노우에 교수 및 '에히메현 일본코리아협회'의 협조를 얻어 후비보병 제 19대대의 편성지(松山市 소재)를 비롯하여, 동학농민혁명 당시 전사한 후비보병 제 19대대 병사 카타야마 키이치로(片山嘉一郎)의 묘(宇和島 吉田町 소재)를 직접 답사한 바 있다.

11 2010년 5월에 필자와 한국방송(KBS) 관계자가 야마구치현 문서관에 보존되어 있는 미나미가 소장 동학문서를 촬영하러 갔을 때, 그 자리에 동석했던 이노우에 교수가 증언한 내용이다.

12 井上勝生,「東學農民軍을 鎭壓한 日本軍隊를 探究하여-遺蹟과 史料의 發見-」,(『중원문화학술회의 자료집』, 충북대 중원문화연구소, 2008년 12월 19일) 참조.

13 야마구치현 현립 문서관 작성,「야마구치시 미나미가 문서목록(山口市 南家 文書目錄)」, 2010년 3월, 1쪽.

14 한국방송(KBS)은 2010년 8월 11일 밤 10시에 방영된「국권침탈 100년, 우리 시대에 던지는 질문 제2부: 문명의 두 얼굴」이라는 다큐멘터리 빙송프로그램을 통해 한국방송사상 최초로 '미나미가(南家) 소장 동학문서'의 내용을 전면 공개하였다.(2011년 8월 11일 밤 9시 KBS 뉴스 참조)

15 야마구치현 현립 문서관 소장,「미나미가 문서목록 1: 가계영대기록」및「미나미가 문서목록 2: 이력서(메이지 27년 8월 작성)」참조.

16 야마구치현 현립 문서관 소장,「미나미가 문서목록 1: 가계영대기록」참조.

17 이 자료는 이노우에 교수의 제공으로 열람할 수 있었다. 이노우에 교수께 사의를 표한다.

18 야마구치현 현립 문서관 소장,「미나미가 문서목록 2: 이력서(메이지 27년 8월 작성)」참조.

19 『수정증보 방장회천사』 제 5편 하, 60-61쪽.

20 야마구치현 현립 문서관 소장,「미나미가 문서목록 2: 이력서(메이지 27년 8월 작성)」참조.

21 미나미 고시로는 원래 쵸슈번(長州藩)의 요리구미(寄組; 상급 家臣)인 다카스 사부로(高須三郎)의 부하로서 바이신(陪臣; 家臣의 家臣) 출신이다. 즉 사무라이 중에서도 하급 사무라이 출신이다.

22 井上勝生, 앞의 논문, 1999, 267쪽.

23 야마구치현 현립 문서관 소장,「미나미가 문서문록 5: 이력서(메이지 33년 11월 작성)」참조.

24 『南部兵站監部陣中日誌』, 明治 27(1894)年 10月 28日 午後 6時 35分, 川上兵站總監 ヨリ左ノ電報 참조.

25 『南部兵站監部陣中日誌』, 明治 27年 10月 28日 午後 9時 25分, 京城井上公使ヨリ左 ノ電報 참조.

26 아리스가와노미야 타루히토(1835-1895)는 일본 皇族으로 1889년에 참모총장이 되어 1895년 병사하기까지 참모총장의 자리에 있으면서, 동학농민군 진압작전과 청일전 쟁을 지휘한 인물이다.

27 井上勝生 교수와 姜孝叔의 연구가 대표적이다.

28 井上勝生, 「日本軍による最初の東アジア民衆虐殺」, 『世界』693 2001年 10月, 245- 247쪽.

29 일본 방위청 방위연구소도서관 소장, 『戰史編纂準備書類 東學黨 暴民 全』참조.

30 1894년 청일 양국의 開戰은 1894년 7월 25일(음력 6월 23일)의 조선 인천 앞바다에서 일본 해군이 청국의 함대를 기습하여 격파한 豊島海戰에서부터 시작되었다.

31 參謀本部 編纂, 『明治二十七八年日淸戰史』제1권, 105쪽.

32 위의 책, 104-105쪽.

33 야마구치현 현립 문서관, 「미나미가 문서목록 5: 이력서(메이지 33년 11월 작성)」참 조.

34 위의 주 및 南部兵站部 陣中日誌』, 1894년 11월 6일조.

35 야마구치현 현립 문서관, 「미나미가 문서목록 5: 이력서(메이지 33년 11월 작성)」참 조.

36 2010년 12월 10일부터 13일까지 야마구치현 현립 문서관 소장의 동학문서 촬영에 동 행한 동학농민혁명 기념재단 관계자로는 김대곤 이사, 이용이 사무처장, 박영진 부 장, 유바다 연구원 등이었다. 이 자리를 빌려 촬영을 위해 진력한 재단 관계자 및 동 문서 촬영에 적극 협조해 주신 야마구치현 현립 문서관의 가나야 마사토(金谷匡人) 부관장님께 심심한 사의를 표한다.

37 야마구치현 현립 문서관, 「미나미가 문서목록 : 동학당정토경력서」참조.

38 井上勝生, 「後備步兵第19大隊大隊長, 南小四郎文書」(『韓國倂合100年を問う』: 2010 年國際シンポジウム, 岩波書店, 2011年 3月), 352쪽.

39 여산부사 유제관의 죄상은 『주한일본공사관기록』6권(한글본)에 실려 있는 미나미 고시로의 「동학당정토약기」에서도 언급되고 있다.

40 야마구치현 현립 문서관, 「미나미가 문서목록 18: 전봉준영칙」참조.

생명의 눈으로 보는 동학

등록 1994.7.1 제1-1071
1쇄 발행 2014년 7월 15일
3쇄 발행 2023년 2월 25일

지은이   박맹수
펴낸이   박길수
편집장   소경희
편 집   조영준
관 리   위현정
디자인   이주향
펴낸곳   도서출판 모시는사람들
        03147 서울시 종로구 삼일대로 457(경운동 수운회관) 1207호
전 화   02-735-7173, 02-737-7173 / 팩스 02-730-7173
홈페이지   http://www.mosinsaram.com/

인 쇄   피오디북(031-955-8100)
배 본   문화유통북스(031-937-6100)

값은 뒤표지에 있습니다.
ISBN   978-89-97472-74-1   93900